六庵文库

排序按作者姓氏笔画:

马重奇《汉语音韵与方言史论稿》

朱　玲《中国古代小说修辞诗学论稿》

张善文《学约斋文录》

李小荣《晋宋宗教文学辨思录》

陈庆元《文学文献: 地域的观照》

陈泽平《福州方言的结构与演变》

林志强《字学缀言》

欧明俊《古代文体学思辨录》

祝敏青《文学言语的修辞审美建构》

涂秀虹《叙事艺术研究论稿》

郭　丹《经典透视与批评》

谭学纯《问题驱动的广义修辞论》

字学缀言

林志强　著

人民出版社

责任编辑:詹素娟
封面设计:周涛勇

图书在版编目(CIP)数据

字学缀言/林志强 著. —北京:人民出版社,2015.10
ISBN 978-7-01-013871-8

Ⅰ.①字… Ⅱ.①林… Ⅲ.①汉字-文集 Ⅳ.①H12-53

中国版本图书馆 CIP 数据核字(2014)第 198648 号

字 学 缀 言
ZIXUE ZHUIYAN

林志强 著

人民出版社 出版发行
(100706 北京市东城区隆福寺街 99 号)

北京中科印刷有限公司印刷 新华书店经销

2015 年 10 月第 1 版 2015 年 10 月北京第 1 次印刷
开本:710 毫米×1000 毫米 1/16 印张:25.25
字数:400 千字

ISBN 978-7-01-013871-8 定价:60.00 元

邮购地址 100706 北京市东城区隆福寺街 99 号
人民东方图书销售中心 电话 (010)65250042 65289539

序

陆游诗曰:“呜呼大厦倾,孰可任梁栋?愿公力起之,千载传正统。”(《喜杨廷秀秘监再入馆》)这四句吟论,反映了诗人对传统学术正脉的孜孜追求,也俨然是中国古代正直知识分子学术情操的典型写照。清儒方东树所谓“表人物,正学脉,综名实,究终始”(《刘悌堂诗集序》),方宗成云:“标名家以为的,所以正文统也”(《桐城文录序》),皆合斯旨。因此,我常想,对先辈优秀学者的最好纪念,莫过于承传其学术,弘扬其文绪。

一所百年高校,必有深厚的学术蕴蓄。福建师范大学创校于清光绪三十三年(1907),百余载间,英贤辈出,晖光日新。若如国学宗师六庵先生者,其宏敷艺文的纯风休范,允属我校文学院在特定时期中国古代文学学科建设的学术标帜。记得他在二十世纪五十年代所撰诗有“及门子弟追洙泗,开国文章迈汉唐”之句,多年来为学界识者所激赏,盖缘诗句抒发了一位敦厚学者对所从事的教学和著述事业的豪迈情怀。

先师六庵教授,姓黄氏,讳寿祺,字之六,自号六庵,学者称六庵先生。民国元年(1912)生于福建霞浦,公元1990年卒于福州。早岁游学北平中国大学国学系,师事曾国藩的再传弟子尚节之(秉和)及章太炎的高足吴检斋(承仕)等著名学者。曾执教于北平中国大学、华北国医大学、国立海疆学校、福建省立师范专科学校等高校,1949年以后,长期担任福建师范大学(初名福建师范学院)中文系教授、系主任、副校长等职,兼任福建省政协常委、福建文学学会会长、福建诗词学会会长、中国周易学会顾问等。先生毕生以教书育人为己任,敦于培才,勤于著述;精研群经子史,尤深于《易》;通贯诗律,博赡文词。有《群经要略》、《易学群书平议》、《汉易举要》、《周易译注》、《楚辞全译》、《六庵诗选》等行世。

学科建设，固需旗帜，更需队伍，尤其是组建能承前启后的优质学术团队。我校文学院各学科的建设多年来卓有成效，蜚声海内外，端赖于有这样的体认和措施。如现代文学学科以桂堂先生为旗帜，形成了坚壮的学术群体；古代文学学科以六庵先生为旗帜，聚合着谨实的科研力量。今文学院以六庵、桂堂的名义编为文库，分别捃采古代与现代文学两大学科群中诸多学者的学术成果，汇集出版，其用意宜颇深厚：既可缵绍前修，又堪率勉后学，于我院将来学科建设的进一步发展，及与学术界的多方交流共谋进步，应当均有重要意义。

《六庵文库》初辑，汇合了我院古代文学学科文学专业与语言专业十二位教授的学术著作，人各一集。其中治古文学专业者六，有陈庆元《文学文献：地域的观照》，述八闽文学之史迹；郭丹《经典透视与批评》，探索先秦两汉文学经典之源头与精华；李小荣《晋宋宗教文学辨思录》，寓佛道文学之潭思；欧明俊《古代文体学思辨录》，作各类文体之谛辨；涂秀虹《叙事艺术研究论稿》，论古代小说戏剧叙事之精义；拙稿《学约斋文录》乃滥厕其间，略抒关乎旧学的些微浅见，未足道也。治语言专业者亦六，有马重奇《汉语音韵与方言史论稿》，判析音韵而兼及方言；谭学纯《问题驱动的广义修辞论》，宏拓修辞而绎寻新义；朱玲《中国古代小说修辞诗学论稿》，推扬修辞而衍及诗学；陈泽平《福州方言的结构与演变》，专注一域而精研其语；祝敏青《文学言语的修辞审美建构》，立足文学而考鉴修辞；林志强《字学缀言》，辨字考文而泛涉金石。凡诸家所论撰，皆不离本学科范畴，其学术造诣之浅深若何，固有待于学界确评，但其中所呈现的克承前辈学风，商兑旧学、推求新知的精神，则是颇为鲜明的。

我曾忝列六庵先生门墙，1982 年研究生毕业后即留校任先生的学术助手，直至先生辞归道山。回思数十年的为学历程，每前行一步，都凝聚着先师培育的心血。今承命为《六庵文库》制序，不胜厚幸之至，因就文库的编纂始末，略书数语，以赞明其意义。同时，也藉此企望与学界同道共勉互励，取长补短，为踵继先辈学者的优良学风，“传正统”、“正学脉”，而共同奉献绵薄之力。

张善文谨述于福州

公元 2014 年 7 月岁在甲午大暑后三日

目 录

CONTENTS

汉字现象阐释

试说汉字初文的“同象异字”现象

一

汉字“初文”或称“字原”,是汉字源流中“源”的部分,又是汉字系统中最核心的部分。这一部分汉字资格老,繁衍能力强,对后来汉字的演变以及整个汉字体系的形成起了重要的作用。

那么古人是如何创制初文的?《说文解字·叙》云:“盖依类象形,故谓之文”,“文者,物象之本。”[①] 可见初文乃描摹物象而得。《周易·系辞下》说:“古者包牺氏之王天下也,仰则观象于天,俯则观法于地,观鸟兽之文与地之宜,近取诸身,远取诸物。”《说文·叙》里也有基本相同的说法[②]。孔颖达解释说:“仰则观象于天,俯则观法于地者,言取象大也;观鸟兽之文与地之宜者,言取象细也。大之与细,则无所不包也。地之宜者,若《周礼》五土动物植物,各有所宜是也。”“近取诸身者,若耳目鼻口之属是也;远取诸物者,若雷风山泽之类是也,举远近则万事在其中矣。”[③] 系辞之文与孔氏之语虽然说的都是八卦的创制,其中还包含着哲学的意味,但也完全符合汉字初文的取象原则。也就是说,古人

---

① “文者,物象之本”六字大徐本无,段玉裁据《左传·宣公十五年》正义补。见《说文解字注》,上海书店 1992 年版,第 754 页。

② “包牺”之“包”,《说文》作“庖”,“观鸟兽之文”之“观”,《说文》作“视”。“包”、“庖”通用,“观”、“视”同义。

③ 见《周易正义》,阮元校刻《十三经注疏》上册,中华书局 1980 年版,第 86 页。

创制汉字初文，就是通过仰观俯察，近取诸身，远取诸物，用线条把有形可象的事物描摹下来，形成一个又一个汉字的初文，构拟出汉字系统的基本元素。

然而汉字作为以象形为基础的符号体系，它的具象性特点使它不可能像八卦符号那样具有抽象性和概括性——以非常抽象的阴阳两种符号来表示大小远近的天地万物，达到“通神明之德”、“类万物之情”——汉字初文的远观近取一般都是有形可象的事物，其取象对象实际上还是比较有限的，亦即说，由异象形成异字的生成资源不够，必然造成汉字初文的生成能力不足，就必须解决有限的取象对象与汉字记录语词和表情达意的丰富性之间的矛盾。根据对汉字初文的研究，我们认为古人在这方面显示出了伟大的创造力。本文主要从“同象异字”① 的角度谈谈汉字初文的创制及其在初文系统生成方面所具有的地位和作用，并就“同象异字”与“异字同形”“同象同字”的问题进行辨析。

二

所谓汉字初文的“同象异字”，可以分为广狭两种含义。狭义的“同象异字”，指的是汉字初文取象的对象完全相同，但由于取象动机、取象角度和取象焦点的不同，就形成不同的文字符号，代表不同的语词。比如同是取象于整个人形，或为“人”字，或为“大”字；同是取象于眼睛之状，或为“目”字，或为“臣”字，就是狭义的“同象异字”；广义的“同象异字”，是指汉字初文取象的主体对象相同，但由于主体对象的附加物等方面的差异，就形成不同的文字符号，代表不同的语词。比如主体对象是正面而立之人，腋下施点为“亦”字，臂下加人为“夾”字，头上加横为“夫”字，脚下加画为“立”字等，当归属于广义的“同象异字”。显然，从取象的角度来研究汉字生成的问题，狭义的“同象异字”体现了古人造字的机巧聪慧，但所受限制毕竟较多，而广义的“同象异字”则扩展了古人造字的思路视野，也给我们提供了更大的思考空间。本文在列举有关字例时，狭义、广义兼顾，不复细分。下面先以“近取诸身”和“远取诸物”为纲列举若干“同象异字”现象，然后再进行讨论。

汉字初文“近取诸身”的最直接体现，就是取象于人形，包括人的全形、局

① 本文所谓“同象”“异象”之“象”即物象之象，非图像之“像”。

部或各具体的器官之形。比如，在人的全形中，以侧面而立的人形为基本概念的“人”字，以“人”的反向为“匕”（如“牝”字所从），以“人”的倒转为“𠤎”（如“化”字所从），突出头部为“元”字，以侧立之人而双举其手为“丮”（如“埶”字所从），以侧立之人而稍曲其腿为“尸”（如“尾”字所从），又以两个侧立之人并列，右向者为“比”，左向者为“从”，相靠背者为“北”（即“背”之初文），加二横者为“并”，又以三个侧立之人为“众”（后变体作“㐺”，音 yín，只作偏旁，如“眾”、“聚”等字所从），等等。又如，在人的全形中，以正面而立的人形“大”字为基本形体，突出头部为“天”字[①]，弯曲其脚为“尢”字（即“尪”之初文，“尴尬”二字所从），交叉其腿为“交”字，倒立为“屰”字（即“逆”之初文），侧头为“夨”字，扬臂为“夭”字，上加一横为“夫”字，下加一笔为“立”字，两“夫”并排为“扶”字（即“伴”之初文），两“立”相连为“並”字，两“立”高低为“替”（中山王鼎“毋替氒邦”之“替”作𠀤）等。同样是正面而立之人，腋下施点为“亦”字（即“腋”之本字），臂下加人为“夾”字，双手持物为“無”字（即“舞”之本字），两脚上树为“乘”字，等等。此外，关于人形的取象，还有跪跽之人形为“卩”字，双手交叉为“女”字，两手理发为“若”字，胸前两点为“母”字，头上一中为“每”字。又有象长发者为“长”字，象柱杖者为“老”字，象双臂挥舞者为“子”字，等等，都是在一象之中，衍生不同文字。

在取象于人的具体器官的文字中，也有不少“同象异字”的现象。如“首”、“页”、“囟”、“皃”（即“貌”之本字）等字都取象于人的头部，“目”、“臣”（如“望”字所从）、“眉”等字都取象于人的眼睛，“须”、“而”（后作“髵”）都取象于人的胡须，“手”、“又”、“爪”、“叉”都取象于单手之形，“友”、“収”（如“兵”字所从）、“丮”、“臼”（如“學”字所从）、“𡭔”（如“受”字所从）则取象于双手之形。“止”取象于脚趾，两“止”上下则为“步”，左右则为“癶”（如“登”字所从）；反“止”为“夂”（如“各”字所从），两“夂”上下则为“夅”（如“降”字所从），左右则为“舛”（如“舞”字所从），皆取象于脚而各成文字也。

汉字初文既“近取诸身”，又“远取诸物”，其所取之物，即《说文解字·叙》和《周易·系辞下》所说的“观象于天”、“观法于地”、“鸟兽之文”与“地之宜”，

---

① 甲骨文的“天”在具体的例子中又用同“大”，如“天邑商”即“大邑商”、“天庚”即“大庚”，则“天”与“大”不能算是“同象异字”。类似情况不再说明。

即天象、地象、动物、植物之类。从这些取象来看,同象异字的现象也十分普遍。以天象言,“日”、“旦”都取象于太阳,“月”、“夕”都取象于月亮,“星”、“晶”都取象于星星,“申”、“电”都取象于闪电;以地象言,“水”、“川”、“永”、“𠂢”(即“派”之初文)都取象于流水,“泉”、“原”都取象于山泉,“丘”、“阜”都取象于土堆,“仌”(即“冰”之初文)、“冰”(即“凝”之本字)都取象于水凝结等;以动物言,“它”、“虫”、“禹”都取象于蛇形,“鸟”、“隹”、“雚”都取象于鸟形;以植物言,“中”、“生”、“屯”、“才”、“耑”都取象于初生之草木,“木”、“本”、“朱”、“未”、“末”都取象于成形之大树,“来”、“麦”取象于麦穗,“秝”(“歷歷在目”之“歷”的本字)、“齐”取象于禾苗,等等。又如,同是取象于以手持禾,单禾为“秉”,双禾即“兼”,同是取象于以手开门,或为“启”,或为“闢”,同是取象于古人穴居之室,或为“复”,或为“良”,同是取象于古代高台建筑,或为“高”,或为“京”,同是取象于房屋门窗,或为“向”,或为“囱”,或为“囧”,同是取象于护卫城邑,或为“或(国)”,或为“或(域)”……类例众多,不能尽举[①]。

由上可见,汉字初文的“同象异字”现象是十分普遍的,这是古人造字智慧的集中体现,值得我们深入体会和思考。

三

汉字初文象与字之间的关系,从理论逻辑上说,可以分为“同象同字”、“异象同字”、“同象异字”,“异象异字”四种类型。其中“同象同字”和“异象同字”现象,虽然可以用来观察古人造字思维的差异和研究汉字文化的内涵,但无益于汉字表词能力的增加和汉字系统的完善[②],从文字符号经济性的角度说,是一种冗余。也就是说,对汉字体系的初步形成起着奠基作用的,主要靠“异象异字”和“同象异字”两种方法。靠这两种方法所生成的文字符号,可以基本满足记录语言中的核心词汇[③]。但若再进一步追问,我们又会发现,“异象

① 曾宪通、林志强《汉字源流》(中山大学出版社 2011 年版)设有“汉字初文”一章,列举较多初文字例,以上有关例子多数即归纳自该书,请读者参看。

② “同象同字”,如取象于头,形成“首”和“百”,后者不能独立成字;“异象同字”,如甲骨文“牢”或从“羊”作,形成异体。

③ 汉字在初文系统基本完成后,再经过形声相益(或称“子母相生”)、转注假借等环节,汉字系统更加完善,可以实现字词对应,准确记录汉语。

异字”和“同象异字”两者在汉字体系初步形成的过程中所发挥的作用其实还是不一样的。“异象异字”基本上是简单的仿象,比如取象于水流表示“水”,取象于山峰表示“山”,一象一字,简单对应,只是汉字符号生成的初级形式。这样简单的随物赋形,不可能创造出非常多的符号,因为真正有形可象又互相区别的事物并不是很多,资源有限。因此,由异象形成的文字只构成了汉字系统的基本框架和底层基础,还难以形成比较完整的体系,实现基本的字词对应。而“同象异字”则包含着造字者的角度选择、焦点移动和主客体配合等创造性的思维[①]。如上举“囧”字,王筠《释例》云:“案此字之形,与囱相似,皆是外匡内櫺,而不得与囱同为象形者,取义于丽廔闿明也。”[②]可见“囱”、“囧”二字,取象虽同,字义有别,再加上方向之“向”,同取窗户之形,也另表一义。这样,同一对象“窗户”,就形成三个不同的文字,这就打破了“异象异字”的局限,可以从有限的取象对象中创制出尽量多的符号形体来记录语词,象与字之间不再是一对一的关系,而是一对多的关系。朱骏声在《说文通训定声·颐部》“巳”字条下说:“巳,似也。象子在包中形,包字从之。孺子为儿,襁褓为子,方生顺出为㐬,未生在腹为巳。”说的是同为子象,而字各别,也是近似的例子。从符号生成的角度看,“同象异字”实现了体、用辩证的飞跃,符合语言文字的经济性原则,因而它是汉字系统初步生成的一个重要的关键环节。如把假借因素也考虑在内,如鼻子之“自”借为自从之“自”,胡须之“而”借为而且之“而”等,一象多字就更多了。从这个角度看,“同象异字”的生成机制在汉字系统的建立过程中,具有重要的地位和作用。

四

当然,由于汉字系统和汉字演变的复杂性,在象与字的简单对应框架内观察到的同象异字现象,在汉字系统框架内可能又有不同的表现;在共时平面系统内

① 通过直接取象和加减取象,创造不同的符号,形成不同的文字,建立起“象”与“符号”的内在联系,体现了古人的哲学思辨精神,也说明“人不仅是理性和道德的动物,亦是符号的动物”(饶宗颐:《符号、初文与字母——汉字树》,上海书店出版社 2000 年版,第 2 页)。

② 见王筠:《说文释例》卷一,中华书局 1987 年版,第 17 页。

观察到的同象异字现象,在历时系统内可能也会有不同的表现。这就需要我们进一步研究“同象异字”现象在不同条件下的具体问题。下面我们主要就“同象异字”与“异字同形”以及“同象异字”与“同象同字”两个问题略作申论。

甲骨文“目”和“臣”字均取象于眼睛,属于同象异字。作为异字,甲骨文在写法上有所区别:横者为“目”,竖者为“臣”,但由于取象相同的原因,在有些情况下,它们的写法又容易混淆,如《京都》2359小臣之“臣”作横目之形,《明》99地名之“目”又作竖目之形,乃属于“异字同形”现象,需要认真分辨。“母”与“女”、“从”与“比”、“月”与“夕”等也存在类似情况,需要根据具体的语境进行具体辨析。[①] 亦即说,“同象异字”是物象与文字的关系问题,“异字同形”是文字与书写的关系问题,本来分属于两个不同的层面,但后者中的部分例子,由于取象来源一致以及早期文字写法上的不固定,可能使得本是异字而趋于同形,这样,两个不同层面的问题就产生了内在联系,需要借助语境作出判断[②]。

甲骨文“子”字有繁简二体,繁者作□、□,简者作□、□,从象与字的关系来看,二者都取象于小孩之形,但在干支用法上,却分为两系:作□、□者用为地支第一位,即子;作□、□者则用为地支第六位,即巳。在早期金文系统里,来源于甲骨文□、□一系的,仍用作地支之“子”(如利簋“甲子”之“子”作“□”),与甲骨文同;来源于甲骨文□、□一系的,金文多见,除多用作子孙字外,还用作地支之“巳”(如辛巳簋“巳”字作“□”),继承了甲骨文的用法[③]。而到了《说文》系统,来源于甲骨文□、□一系的,就是籀文之“□”字,来源于甲骨文□一系的,就是小篆之“□”字,二者繁简不同,但都是“子”字,与甲、金文的分用不同。也就是说,“□”与“□”在甲骨文阶段是分流的,在记词功能上各有所专,是真正的“同

① 参见陈炜湛:《甲骨文异字同形例》,《古文字研究》第六辑,中华书局1981年版;收入《甲骨文论集》,世纪出版集团、上海古籍出版社2003年版。

② 有些古文字,如商代金文□和□,《金文编》入“集”字下(见第264页),何琳仪则以为“枭”字(见《战国古文字典》第297页),黄德宽主编之《古文字谱系疏证》既归为“集”字(见第3897页),又以为“枭”字(见804页)。像这种情况,到底是同象异字还是异字同形,疑不能定,需要进一步研究。

③ 甲骨文简写之“子”字,也用作子女之“子”。参见陈炜湛:《甲骨文异字同形例》,《古文字研究》第六辑,中华书局1981年版;收入《甲骨文论集》,世纪出版集团、上海古籍出版社2003年版。金文“子”字使用情况,参见容庚:《金文编》,中华书局1985年版,第981—982页。

象异字”,金文继承了甲骨文用法,《说文》则完成了合流,变成了“同象同字”。

像“”和“”这样由“同象异字”变为“同象同字”的情况,在独立的汉字中恐不多见,但在汉字偏旁的使用上,则是比较常见的。

汉字作为表意体系的文字,意义范畴相同或相近的独体字,在合体字中充当偏旁的时候,往往可以通用,这是一般的规则。由同象而产生的异字,其意义范畴自然是相同的,因此在充当合体字的偏旁的时候,互相通用也就顺理成章了。也就是说,由于表意作用是相同的,本来是“异字”,现在则成了“同字”了[①]。古文字的例子中,比如甲骨文的“焚”字,既可从林作(《合》10408 正),也可从艸作(《合》10408 正);既可从木作(《合》10685),也可从中作(《合》34495)[②]。又如金文的“对”字,既可以从又作(《颂鼎》),又可以从廾作(《盠尊》),还可以从収作(《燮簋》)[③]。这种现象在古文字中是很常见的,延续至后代文字,仍然是造成异体字的主要原因之一。如“鸟”与“隹”本是同象异字,但在“雞”和“鷄”字中,它们是可以通用的偏旁,起着同样的表意作用,没有区别。同样的例子还有“口”与“言”之于“咏”与“詠”,“足”与“辵”之于“跡”与“迹”,“广”与“厂”之于“廚”与“厨”,“又”与“手”之于“攴”与“扑”等。

要之,从取象角度上观察到的“同象异字”现象,在进入汉字系统、并随着汉字的发展而发展的情况下,需要根据具体的情形具体分析,也就是说,“同象异字”的关系在不同的条件下是会发生变化的,有的可能变为“异字同形”,有的可能变为“同象同字(符)”。认识到这一点,我们才能对“同象异字”现象有一个更为全面的看法。

原载《中国文字学报》第五辑
商务印书馆 2014 年版

---

① 在这种情况下,独立的字变成了偏旁部件,因此我们也可以把“同象异字”和“同象同字”分别表述为“同象异符”和“同象同符”。

② 参见刘钊、洪飏、张新俊:《新甲骨文编》,福建人民出版社 2009 年版,第 562—563 页。

③ 参见容庚:《金文编》,中华书局 1985 年版,第 155—158 页。

汉字行废现象琐议①

汉字历史上有古文有今字，有正体有俗字，古今正俗之分，大抵根据时代标准及行用实际。从行用角度看，一般而言，新生者通行，古旧者废弃，规范者通行，别异者废弃，常用者通行，罕用者废弃；或行或废，或由行而废，或由废而行，其间情状，至为纷繁。以此观之，汉字之流变，亦行废之过程②，自殷商迄于现代，可论者多。限于才学与精力，本文只识其小，不及其大，以下略述数端，以乞正于同道方家。

一、宏观行废与微观行废

根据现有材料，成体系的汉字从殷商时期开始，历经西周春秋进入战国秦汉，从古文字隶变成为今文字；又经过楷化定型，繁简变换，汉字走进现代社会。从这个过程看，汉字的演变，是经历了多种多样的变化，总的情况是旧的消亡和新的产生，推动了汉字的不断发展。消亡即废弃，产生即通行，在这

① 基金项目：福建省社科规划项目"秦汉以后汉字的流变现象"，项目编号：2008B057。

② 这里的"行废"，当然是指汉字体系内部新旧特征、新旧要素或新旧成员的"行废"，是汉字体系内部的调整和优化过程，与作为汉语之记录符号的整个汉字体系的行废无关。本文关于行废字的概念，主要着眼于文字符号的行用与废弃，行废字之间，既包括音义相关的古今字，也包括音义不同的同形字，比如文中所举的"她"、"胜"、"找"、"仪"、"搞"等，都属于历时同形字。这是需要特别说明的。行废之"废"，只是就其现实的使用功能而言，并非无价值。

个意义上的行废,可以有不同层面的内涵,既有宏观的行废问题,也有微观的行废现象,在汉字史的研究中,两个层面的研究都需要。

宏观的行废问题有不同的角度:因不同书写材质而形成的不同风格的汉字有行废的问题,比如甲骨文和金文在商代晚期和西周早期是并行同用的,它们主要的区别是书写材质的不同,当然也带来文字风格的差异,但不存在孰行孰废的问题。从西周中期开始,甲骨文退出历史舞台,金文却大行其道,这就产生了行废的问题。从发现的古文字材料看,春秋战国开始,汉字的书写材质变得更加丰富了,铜器、玉石、陶器、竹简、木牍、缣帛等都是汉字的书写载体,各呈风采,但随着纸张的发明和使用,它们作为书写材料也逐渐不再行用,"书于竹帛"也就成为历史话语,铜器铭文、玉石文字、简牍文字等也变成历史汉字研究的范畴。战国时期"文字异形",各区各系各有特色,秦始皇统一中国,李斯上奏,"罢其不与秦文合者",也造成了许多地域性行废之例。从汉字字体的发展角度看,不同书写体式的汉字也有行废的问题,比如先秦古文字多以屈曲笔画来书写汉字,战国中晚期开始出现隶变,其时正体之篆书和简率之隶体,大概只是使用场合的不同或不同地区的差异,也不存在行废的问题,经过一段时间的发展,到汉代隶变成熟形成新的书体——隶书,则篆书废而隶书行矣。后来的隶书楷化和繁简变换,大致也是如此——虽然从书法和学科分立的角度看,以前各种旧体汉字仍然有其表现的需要和存在的领域。因此也可以说,行废的问题不是一刀切的非行即废,行废问题的复杂性也表现在这里,宏观的问题也需要细致分析、辩证看待。

相对于宏观的行废问题,微观的行废现象更需要做扎实的工作。据研究,每个时代的常用字基本上都差不多,约在三五千之数,但汉字经过历代积累,其总数已不下十万,从行废的角度说,大量汉字属于废字。这就需要我们深入研究具体汉字的行废问题。微观的研究也有很多角度,比如某个新字的产生和某个旧字的消亡是一个行废的问题,某个新义的产生和某个旧义的消亡也是一个行废的问题,甲字取代乙字、甲义取代乙义也是一个行废的问题。等等。由于汉字的使用,领域众多,层次有别,再加上行废汉字间的字际关系相当复杂,确定行废的标准也因字而异、因时而异、因人而异,因此对于具体汉字的行废的判断,是一个十分复杂的问题。比如在特殊领域专用的行字,在大众视野中可能被视为废字，在特殊著作中使用的行字，在常见文本中可能被视为废字，因此对于具体汉字的行废的判断，也应该如宏观行废问题一样，只能就大体情况而言，不宜作简单绝对的断定。以下论及具体汉字的行废问题，也应作如是观。

二、对应行废与连环行废

如上所述，具体汉字的行废现象中的字际关系相当复杂，就表面对应情况而言，常见的有两两相对的一行一废，比较特殊的有三个字的连环行废。

两两相对一行一废的情况，是汉字行废的典型现象。对这种现象，古人在注释实践和字典编纂过程中已有所说明。古书注解及历代韵书字书中常见“某字古作某”、“某字今为某”、“某字经典通用作某”等注释条例，实际上都揭示了两两相对的汉字在某种程度上一行一废的情况，如：

桼，《玉篇·桼部》：“桼，今为漆。”《广韵·质韵》：“桼，经典通用漆。”

啚，《集韵·旨韵》：“啚，通作鄙。”

上，《正字通·一部》：“上，古文作二。”

𠂇，《说文通训定声》：“经传皆以左为之。”

但是把这类现象归结为“行废现象”的，似乎到了段玉裁才明确起来。段氏在《说文解字注》中用“某字行某字废”的程式性句式对这类文字现象进行解说，使得汉字行废现象凸显，行废关系明确，这是他的一个重要贡献。上举“桼”、“啚”二例，《段注》就明确标明“今字作漆而桼废矣”，“鄙行而啚废矣。”又比如：

《说文·麤部》：“麤，行超远也。”《段注》：“鹿善惊惧，故从三鹿。引申之，为卤莽之称……不精也、大也、疏也，皆今义也……今人概用粗，粗行而麤废矣。”

《说文·鱼部》：“鱻，新鱼精也。从三鱼，不变鱼。”《段注》：“释从三鱼之意，谓不变其生新也……死而生新自若，故曰不变。”又云：“凡鲜明、鲜新字，皆当作鱻。自汉人始以鲜代鱻，如《周礼》经作‘鱻’，注作‘鲜’，是其证……今则鲜行而鱻废矣。”

对《段注》所揭示的这种行废现象，近年来颇引起一些学者的注意，笔者目力所及，已有三篇硕士学位论文专论此题，即杨怀源《〈段注〉行、废字研究——试探古汉语单音节词书写形式的更替》①、亓瑶《〈说文解字注〉行废字研究》② 和张娟《〈段注〉"通行字"与"废弃字"研究》③。由于方法和角度有所不同，各家统计《段注》行废字的字组数量也有所不同，杨文统计为 228 组，亓文统计为 278 组，张文统计为 257 组，其范围在二百到三百之间。但从汉字行废的实际情况看，行废字的数量当不止此数，《段注》显然没有穷尽举出行废现象。比如上举"上"之与"二"，"左"之与"𠂇"，《段注》并没有明言其行废关系。因此对于汉字行废现象的梳理和挖掘，还需要我们做更多的工作。下面再举一个比较典型的例子：

"缁衣"之"缁"，就目前所发现的古文字材料而言，郭店简作"兹"，用的是借字，上博简作"纣"，当是专造的形声字，《礼记》作"缁"，则为后起形声字。就专用字而言，后世"缁"行而"纣"废，是一对明确的行废字组。上述三篇论文都没有把"纣"、"缁"当作行废字来考察。《段注》"缁"条下也未明言"缁"行而"纣"废，需要具体分析他的注释语言，才能确定。段注云："《玉藻》'大夫佩水苍玉而纯组绶'注：'纯，当为缁，古文缁字或作糸旁才。'又《周礼·媒氏》'纯帛'注：'纯，实缁字也，古缁以才为声，《祭统》'王后蚕于北郊，以供纯服'注：'纯以见缯色。'《论语》'今也纯'，郑读为缁。郑意今之'纣'字俗讹为'纯'耳，然则许书当为纣篆，解云'古文缁，从糸才声'，而缺者，岂从今书不从故书之例与？"其中引《礼记·玉藻》注和《周礼·媒氏》注，实际上已经透露出"纣"、"缁"为一古一今一行一废的关系。

其他字书中关于此字的记载，也需要具体分析。今本《玉篇·糸部》："缁，黑色也。纣，同缁。"根据这条材料，缁、纣似乎是平行的关系，其行废关系并不明显。但《原本玉篇残卷》云："《周礼》：'入币纯帛'，郑玄曰：'实缁字也，古缁以才为声。'"④ 则可推导出缁、纣二字的古今关系，一行一废。这

① 广西师范大学 2003 年硕士学位论文。

② 浙江大学 2007 年硕士学位论文。

③ 福建师范大学 2009 年硕士学位论文。

④ 原文作"实缁字字也，古作缁，以才为声。"（梁·顾野王：《原本玉篇残卷》，中华书局 1985 年版，第 145 页）根据上引《周礼》注文，抄本此处前衍一"字"字，后衍一"作"字。当然也可能作"实缁字也，古作纣，以才为声。"

也是原本《玉篇》胜于今本的一个例证。现今上博简“缁衣”之“缁”，正作紂，证明原本《玉篇》所引郑注完全正确，今本《玉篇》没有正确反映缁、紂的字际关系。

对应行废除了上述一行一废之外，《段注》中还揭示了一行对多废，或一废对多行的现象，如《段注》云：“调声曰龢，调味曰盉，今则和行而龢、盉皆废矣。”又如《段注》认为晐为晐备正字，“今字则该、赅行而晐废矣。《庄子》、《淮南》作赅，今多作该”①。此不备述。

与一行一废相关的比较特殊的行废现象，值得一提的是甲字取代乙字、丙字又取代甲字而形成的连环行废现象。这种现象中的甲字，处于行与废之间，需要具体分析。下面举一些这方面的例子：

“忧愁”之“忧”本作𢝊，从页从心会意，徐锴曰：“𢝊形于颜面，故从页。”而“憂”字，据《说文》，其义为“和之行也”，当指走路从容不迫②。至于“忧”字，《说文·心部》云：“心动也。”③从行废的角度看，把简化字也算在内，后世“憂”行而“𢝊”废，“忧”行而“憂”废④。其中“憂”字，相对于“𢝊”而言，是行字；相对于“忧”而言，又是废字。

“冰”本是“凝”字，后世以“冰”代“仌”，又以“凝”代“冰”。就“冰”字来说，相对于“仌”字，它是行字；相对于“凝”字，它又是废字。

“渴”本是“竭”字，口渴之“渴”本作“激”，段玉裁云：“今则用‘竭’为‘水渴’字，用‘渴’为‘饥激’字，而‘激’字废矣。”就“渴”字而言，相对于“竭”字，它是废字；相对于“激”字，它又是行字。

《说文·竹部》：“笨，竹里也。”《广韵·混韵》：“体，麤皃（貌），又劣也。”后世以“笨”代“体”，以“体”代“體”。相对于笨拙之“笨”，“体”是废字；相对于身體之“體”，它又是行字。

《说文·肉部》：“胜，犬膏臭也。从肉生声。一曰不孰也。”“腥，星见食

---

① 亓瑶《〈说文解字注〉行废字研究》第一章第二节“‘段注’行废字的说解形式和对应状况”对这些情况做了归纳总结，可以参看。

② 徐灏《说文解字注笺》：“许云‘和之行’者，以字从夊也。凡言优游者，此字之本义。”

③ 据《段注》本。大徐本《说文》作“不动也”。段玉裁据《玉篇》等改。见《段注》该字条下。

④ 当然繁体字仍有特定的使用领域，在适用领域，不算废字，下同。

豖,令肉中生小息肉也。”段注:“今经典膏胜、胜肉字通用腥为之,而胜废矣,而腥之本义废矣。”现行简化字又以“胜”代“勝”。相对于腥臊之“腥”,“胜”是废字;相对于勝利之“勝”,它又是行字。

《说文·隶部》:“隶,及也。从又从尾省。又持尾者,从后及之也。”段注:“此与辵部逮音义皆同,逮专行而隶废矣。”又《说文·隶部》:“隸,附箸也。从隶柰声。”相对于逮捕之“逮”,“隶”是废字,相对于隸属之“隸”①,“隶”又是行字。

这些行废字之间的字际关系比较复杂,需要一一分析。有的是同词异字,有的是借字借义。但就行废关系来说,不管是今字行而古字废,还是借字行而本字废,或借义行而本义废,都是行与废的对应交替。

三、由行而废与由废而行

汉字由行而废的情况,只要把历史汉字与现行汉字做一对比,情况就十分清楚。从汉字产生到现在,大量汉字贮存于字典辞书之中,或出现在出土文献之中,成为历史汉字,它们具有丰富的研究价值,但不作为现实行用的文字符号。从行废的角度说,它们曾经是行字,但随着时间的推移,这些汉字在某种意义上都变成废字。也就是说,这些汉字是由“行”而变成“废”。与这种情况相反,个别汉字则由“废”而变成“行”,颇有理趣,值得探寻。下面谈谈“她”的问题。

现代汉字第三人称女性的“她”字的流行,与“五四”时期的白话文运动以及刘半农的提倡有密切的关系。在早年的白话文中,“他”的使用范围比较广,男性、女性及事物之称均用“他”。后来用“伊”称女性,分流了“他”字的一个职能,但似乎没有流行开来。1920年,刘半农写了《“她”

---

① 从文字学的角度说,“隸”字本身还有一个行废的问题。从有关文字材料看,“隸”字之右旁本是从“又”从“米”,作隸,无有从“隶”者。殆因古字“米”符竖笔延伸而与“又”符交叉,如高奴权作“隸”,秦简作“隸”,其右旁遂与“隶”形相近,后遂讹从“隶”。此讹变之体,经典相承,竟至“隸”行而“隸”废矣。参见林志强:《汉碑隶体古文述略》,《古文字研究》第二十六辑,中华书局2006年版。

字问题》,发表在上海《时事新报·学灯》栏。他在文章中说:"一,中国文字中,要不要有一个第三位阴性代词? 二,如其要的,我们能不能就用'她'字?"[①] 刘氏还用"她"字写了一首情诗,即著名的《叫我如何不想她》,对"她"字的流行起了推动作用。但是他对"她"字的由来并没有深入探究,他说:"要是这个符号是从前没有的,就算我们造的;要是以前有的,现在却不甚习用,变做废字了,就算我们借的。"[②] 从汉字历史来看,刘半农的后半句说对了。他对"她"字的提倡,实际上是使得"她"从废字变为行字了。因为在《玉篇》、《集韵》、《字汇》等字书中,都记载有"她"字。摘录如下:

> 《玉篇·女部》:"她",同"姐",古文亦作"毑"。[③]《集韵·支韵》:"她,女字。"[④]《集韵·马韵》:"姐、毑、她、媎:之野切。《说文》:'蜀谓母曰姐,淮南谓之社。'古作毑,或作她、媎。"[⑤]《字汇》:"她,兹野切,音姐,长女。又臧可切,音左,《博雅》:婢母也。"[⑥]

《康熙字典》除了综合了《玉篇》、《集韵》等字书的材料,还引用了《六书故》。《康熙字典·女部》云:"她,《玉篇》:古文姐字。《说文》:'蜀谓母曰姐,淮南谓之社。'亦作她,或作媎。又子我切。音左。《博雅》:'婢母也。'又陈支切。音驰。女字。《六书故》:姐,古文或从也声,作她。或从者声,作媎。"[⑦]

可见古有"她"字,主要是作为"姐"字的异体存在。由于"姐"字已流行,"她"其实只是一个存于字典中的死字。但因为刘半农的提倡,"她"被用来记录女性第三人称,与"他"、"它"一起构成现代汉语第三称代词的完整体系,成为一个使用率极高的汉字。此为由"废"而"行"的一个典型例子。

"搞"字也是一个比较典型的例子。《集韵·爻韵》:"敲,《说文》:'横

---

① 萧枫:《中国现代文学作品选·刘半农散文经典》,河南大学出版社 2005 年版,第 102 页。

② 同上书,第 104 页。

③ 顾野王:《大广益会玉篇》,中华书局 1987 年版,第 18 页。

④ 丁度等:《集韵》,上海古籍出版社 1985 年版,第 30 页。此音陈知切,音 chí。

⑤ 同上书,第 409 页。"姐、她、媎"是声母不同的异体字。"毑"字从母,从女从母古文可通用。

⑥ 梅膺祚、吴任臣:《字汇 字汇补》,上海辞书出版社 1991 年版,第 101 页。

⑦ 《康熙字典》,世纪出版集团、汉语大词典出版社 2002 年版,第 191 页。

擿也。’或作搞。”可知“搞”原来只是“敲”的或体①。王乾荣在《钱学森造新词》②一文中说：

> 夏衍在《懒寻旧梦录》中说：“不久前胡愈之问我，你是不是在桂林‘造’了一个‘搞’字？我承认，这是我根据实际需要而试用的，但不久，这个一般字典上没有的新字，就被其他报刊接受了。”其实《康熙字典》即收有“搞”字，只是读音和词义跟夏衍的“搞”不一样。夏是剧作家、报人，将“搞”现代化，有创意。上世纪40年代以后，广为应用，凡“做”均可替代为“搞”，也是功绩。

按，《康熙字典》：“搞，《集韵》、《韵会》并丘交切。同敲。横擿也。或作擎。又《集韵》口到切。音犒。相违也。与靠同。”这样看来，古字典中确有“搞”字，本来也只是一个废字，由于夏衍的提倡，成了一个行字了。在现代汉语里，“搞”的使用率非常高，表示“做”、“干”、“弄”等意思，基本上什么都可以“搞”了。

像“她”和“搞”这样由废而行的例子，在汉字中绝并非个别现象。比如“仅”字曾作为“奴”字和“付”字的异体而存于字书之中③，实为废字，后因作为“僅”字简体而流行，成为行字。“找”字在字书中只是“划”字的异体④，属废字，后又成为寻找之“找”，成为行字，例多不赘举。

随着电子网络的发展，某些用字现象也体现了汉字的行废变化。由废而行的例子，“囧”字就比较典型。据《说文》，“囧”字本是一个象形字，取象于窗棂，义为明亮，历来就颇为罕用，据说起码90%的中国人不知道怎么读。但这个字形比较形象奇特，可以把外框视为人的头部，把内“八”看

---

① 丁度等《集韵·号韵》又云：“搞”同“靠”。

② 王乾荣：《钱学森造新词》，《群言》2010年第1期。

③ 释空海《篆隶万象名义》：“仅，乃都反，奴，耻累。”（中华书局1995年版，第20页）《类篇》：“仅，农都切，奴婢，皆古之罪人。奴古从人，或作仅。”按，《汉语大字典·人部》以“仅”为“奴”字异体，是，但引《说文·女部》“奴”字古文为证，曰“仅，古文奴，从人”。非。《说文》“奴”字古文乃从人从女，非从人从又。《正字通》：“仅，同付。”《六书故》：“仅，从又。授物于人，仅之义也。”按，金文“付”字或作[illegible]，正从又。

④ 梅膺祚《字汇》：“找，户瓜切，音骅，与划同，拨进船也。俗音爪，如找寻、找还等语。”（《字汇 字汇补》，上海辞书出版社1991年版，第172页。

成眉毛，把下“口”看作嘴巴，整个字看起来像一张富有表情的人脸，其音同“窘”，所以被用来表达“窘迫尴尬”一类意思，还引申出各种用法，正用反用都有。从“窘迫尴尬”这一主要用法来说，其形、音、义也颇为契合。从现有情况看，此字不仅在网络上流行，在平面媒体上也使用，就其“窘迫尴尬”这一意义来说，因为具备形音义相契合的条件，它从废字变为行字的可能性不是没有的，甚至“囧”行而“窘”废的可能性也存在①。

四、行废现象的产生原因

汉字行废现象的产生，从道理上说，应该都是有理由的。本文开头即已说明，汉字的流变过程，也是汉字的行废过程，因此汉字行废现象产生的原因，亦与汉字流变规律相关联。从宏观角度看，时代之演进，语言之发展，材质之变化，字体之革新，都是促使汉字行废变化的主要因素。汉字在发展过程中，简化与繁化、音化与意化、分化与同化、变异与规范等相互之间的矛盾和斗争，也是汉字或行或废的主要根据。大致而言，形声字较表意字易流行，形义关系清晰的字较形义关系模糊的字易流行，字形简单的字较字形复杂的字易流行，区别度高的字较区别度低的字易流行，适应社会需求的字较古旧过时的字易流行，等等，都是汉字主要演变规律的体现。也有一些行字与其对应的废字，在构形理据和字用功能上未必都有优势，其之所以成为行字，大概只能归结为约定俗成的力量使然。汉字作为记录汉语的符号，社会约定的作用大于构形理据的力量，这是毋庸置疑的。具体探究汉字行废的原因，有助于我们了解汉字演变的具体规律和社会用字心理，为汉字的健康发展提供历史依据。本文所涉及的行废字例，也能体现上述某一方面的原因，下面略举数例：

上引《周礼·媒氏》“入币纯帛”注：“纯，实缁字也。”又《礼记·玉

---

① 百度百科上有“囧文化”一条目，对“囧”字做了比较全面的分析，其中有一段话颇有意思，不妨引在这里：“第一个把‘囧’和人脸联系起来的人已经不可考，他发明了一个新玩法，然后为大家所接受。也许一段时间之后，《新华字典》里会增加一条新的解释。而我们的后人在一千年后翻出这个字，他们能感受到我们现在的感受。想到那么久以后汉语（引按，当作‘汉字’）还依然存在，让人觉得很宽慰。想到自己早已不在，让人觉得非常之囧。”http://baike.baidu.com/view/1537126.htm.

藻》“大夫佩水苍玉而纯组绶”注:“纯,当为缁。”这说明古文“缁”字在传写过程中误为“纯”。“缁”字之所以误为“纯”,其实是与“缁”字的对应废字“紂”有关。因为“紂”字古文字作“[illegible]”[①],其右边写法正同“屯”,所以在转写过程中发生了错误[②]。后来以“缁”取代“紂”,很可能是为了避免这样的相混而造了一个区别度比较高的后起字。“紂”比“缁”简单而遭废弃,当然是趋简律所不能解释的,“缁”行而“紂”废的原因,只能归之于避混。“上”“下”两字古文作“𠄞”“𠄟”,以长横为标准线,短横表示位置在上或在下,但与数目字“二”易混,春秋战国之际异化为“上”、“下”,结果“上”“下”行而“𠄞”“𠄟”废,也是避混的结果[③]。

在连环行废现象一节中,其行废字产生的原因,有的可能是因为声符的易读易认,比如“憂”从“𢚧”声,不如“忧”从“尤”声易读,“勝”从“朕”声,不如“胜”从“生”声易认。有的可能是因为字体简单而又表意明晰,比如“体”字以“人”、“本”表麤劣,不如以“人”“本”表身體更为明白易晓,故以“体”代“體”而废其本义。

某些汉字由废而行,比如“她”字,其主要原因大概是出于使用的需要,当然也跟适时的提倡和积极的推动有关。至于“囧”字,除了表达的需要外,还与网民之爱新求异的取向有关。

总而言之,凡所造字,皆为使用。但在汉字流变过程中,所造非所用,所用非所造,某字行,某字废,某字由行而废,某字由废而行,有必然有偶然,其中种种因由理趣,有一目了然者,亦有非深思不能得者,更有虽深思而不可解者,有待我们不断的探索。

原载《中国文字学报》第三辑
商务印书馆 2010 年版

---

① 见《上海博物馆藏战国楚竹书(一)·缁衣》,上海古籍出版社 2001 年版。

② (梁)顾野王《原本玉篇残卷·系部》“纯”字下云:“郑玄注《礼记》,古文缁字或作丝旁才,所以书家多误以缁为纯字。”说得非常正确。见《原本玉篇残卷》,中华书局 1985 年版,第 124 页。

③ 𠄞、𠄟为了避混,可能先异化为丄、丅,在此基础上加饰笔形成上、下。《玺汇》4207“上”字或作“丄”,为这种假设提供了证据〔参见何琳仪《战国文字通论》(订补),江苏教育出版社 2003 年版,第 56—57 页〕。𠄞、𠄟为殷周古文,丄、丅和上、下都是战国古文,最后上、下行而𠄞、𠄟与丄、丅皆废。

关于汉字的讹变现象

一

汉字从产生到现在，已经走过了五六千年的历史。汉字发展成现在这个样子，是经过长期不断的演变逐渐形成的。拿现代汉字与古代汉字相比，初看之下，其形体之差异、面貌之不同，往往令人诧异不已。但沿流溯源，把各个时期的字形进行排列，仔细寻绎，大多数汉字的演变脉络，依然清晰可辨，不离本源。如甲骨文字，金文作，小篆作，楷书作取，只是笔势有所不同，偏旁部件均无变异。这说明汉字形体的演变，基本上是一种循序渐进的有迹可寻的正常的变化。我们姑且把这种变化叫做“正变”。正变使得现代汉字可以比较容易地通过隶书、小篆上溯金、甲等古代文字，体现了古今汉字一脉相承的关系，有利于汉字的溯源研究。

但是，在纷繁复杂的汉字演变过程中，却也有不少非正常的变化和特殊的历史误会，某些汉字如按照正常的演变序列，就无法解释其形体的构成和由来。如“射”字由“寸”、“身”组成，以致有人据形释义，将它的意义误解为“矮”。这就是说，在汉字形体的演变过程中，还有一种与正变不同的演变情况，文字学界把它称为“讹变”。所谓讹变，指的是某些汉字在演变过程中，由于各种原因，使用者把本来是有理据的结构或构件偏旁误写成了与之相似而意义不相干的结构或构件偏旁，从而使得文字的形体结构丧失或脱离了原来的形义关系的错误现象。就演变的方式而言,讹变与正变不同。讹变是一种超出常规的变化,往往造成古今字形联系上的中断,也使得形义解释歧说纷出。因此,在研究汉字的形体演变、讨论汉字的形义关系等问题时,讹变现象应引起我们的注意。

二

汉字在造字之初,用什么字形来表示什么意思,应该是清楚明确的。但随着文字使用的日渐广泛,层次水平各不相同的使用者也就多了起来。字学修养较高的人对字形的把握比较清楚,对文字的源流变化比较熟悉,对形义关系比较了解,就不容易写错字、讹字。反之,字学水平较低或比较粗心的使用者,不了解或不注意形义之间的关系,就容易写出形近而实误的字形。可见,书写者误解或忽视汉字的形义关系,是产生讹变的主观原因。

汉字中的象形字是“画成其物,随体诘诎”而形成的,而大千世界中的许多客观事物在外形上又多具有相似性,又由于书写时笔画线条的运用具有一定的灵活性,因此,用象形的方法以简单的线条创造出来的文字,必有许多是形状相近的,比如“山”和“火”、“月”和“肉”等在古文字里有时就比较接近,如果书写时不了解或注意形义关系,不求精确而只求近似,就极易造成讹变。可见字形中存在形近部件是产生讹变现象的客观因素。

此外,讹变现象的产生与书写材料和书写速度也有一定的关系。甲骨文是刻上去的,直笔易刻而曲笔难成,圆形就易讹为方形。战国时期诸侯力征,战事频仍,书求急就,无暇求精,也就产生了大量的讹体。

由上可见,在汉字形体的演变过程中,由于各种原因,讹变现象的产生是不可避免的。讹变现象产生之后,它的命运又将如何呢?

三

裘锡圭先生在《文字学概要》里根据汉字所由构成的符号把汉字字符分为意符、音符和记号三类。意符是指与文字所代表的词在意义上有联系的字符，音符是指在语音上有联系的字符，而记号则是在语音和意义上都与语言中的词没有联系的字符。[①] 讹变的结果除了一部分从其他的途径（比如附会词的引申义、假借义或者原意符变为形近的声符等）而重新获得形义、形音的联系外，大部分则都变成了记号。按照常理，讹变既是一种超越常规的变化，又常常以失去理据为代价，使本来是有理据的字符变成了没有表音或表意作用的记号，这在以表意为主要特征的汉字里本是一种应受到抑制的现象，不会有强盛的生命力。但事实却并非如此。讹变了的字形，除个别只是昙花一现以外，大部分则由于反复出现而积非成是，跻身于正字的行列，成为汉字家族中合法的正式成员。这种情况值得我们深思。

张桂光先生在《古文字中的形体讹变》一文中说："讹变虽是发生了讹误的变化，但是，在反复淘汰中有资格得到幸存、取得人们承认的讹变形体，一般来说，都是符合简化、声化、规范化的总趋势的要求的。讹变实际上是以特殊的方式，推动古文字朝简化、声化、规范化的方向前进；另外，不少讹变形体取得了合法地位这一事实，说明积非成是是汉字发展过程中的一个突出现象，文字作为符号，只要利于交际，便于使用，在结构上有些错误的变化也是允许的、可以得到人们承认的，而且讹变使得字义与字形更加脱离，使得文字更加符号化，也就更有利于文字向着更高级的阶段发展。"[②] 这段话简要揭示了讹变现象之所以能积非成是的基本原因。但是，讹变字如果不讹变是否也可能朝着简化、声化、规范化的方向发展呢？答案是肯定的。因为所有正变的现象实际上也是朝着简化、声化和规范化的方向发展，这是汉字发展过程中已经得到证明的事实。而且，某些字的讹体有时还比正体更加复杂，如上举"射"字的"身"旁系由"弓"字讹化而来，"寸"旁本是"又"字，讹体显然比正体繁复。这就不是简化所能回答的问题了。至于声化和规范化，"射"字也都挂不上钩："寸"、"身"都不是声符，从"弓"从"又"也未必不如从"身"从"寸"的"射"规范。这样看来，讹变之所以能积非成是，虽然与简化、声化、规范化不无关系，但更根本的原因恐怕还在于人们对汉字作为一种记录汉语的符号这一性质的有意无意的认识和肯定。亦即说，当人

① 参见裘锡圭：《文字学概要》，商务印书馆 1988 年版，第 11 页。

② 张桂光：《古文字中的形体讹变》，《古文字研究》第十五辑，中华书局 1986 年版。

们接受那些已经讹变了的字形的时候，人们在意识里已经把它们当作某种意义的特定的硬性代码，不再考虑符号和意义之间原有的理据内涵，它们只不过是符号而已。只有这样，讹变现象才能被允许存在，才能够积非而成是，获得合法的地位。

关于汉字的发展趋势，学术界比较一致的看法是简化。但也有学者持不同意见，认为简化也要有一个度，否则，不断简化下去，汉字可能就只剩下一些笔画了。确实，一味强调简化，有简单化的倾向，对汉字改革是一种误导。我们觉得，与其强调简化，不如强调符号化。从汉字的发展情况来看，符号化的趋势是十分明显的。因为即使是正变，由于字形的不断演变，许多本来是有理据的字形到了后来也都变成了既不表音也不表意的记号、半记号字，如“年”、“武”、“日”、“月”等字，对于不熟悉字源的人来说，它们也只是一些无法进行形义联系的硬性代码。然而即使是这样，它们也不失成为正式汉字的资格。也就是说，汉字作为一个符号系统，各个符号之间只要能够保持一定的区别度，以便于人们的区别和使用，即使丧失了理据或者形义关系变得相当松弛，人们也还是愿意接受它们。讹变现象之被接受，其内在原因也正在于此。

四

文字学界对讹变现象的研究开始于古文字学界，这是由于古文字阶段汉字的规范程度低，异形异构现象突出，讹变的概率比较高，容易引起学者的注意。80年代中期，林澐、汤馀惠、张桂光等先生都曾把“讹变”作为一个重要问题予以研究，所获甚丰。[①] 特别是张桂光对古文字中形体讹变的历史情况和具体类别以及研究这一问题的现实意义做了深入探讨，给我们以很多启发。根据张先生的研究，讹变现象在殷商时期就已经出现，西周更甚，春秋战国最为激烈，秦初的“书同文”则起了集其大成和使讹变定型化的作用。就

① 参见林澐：《古文字研究简论》（吉林大学出版社1986年版）、汤馀惠：《略论战国文字形体研究中的几个问题》、张桂光：《古文字中的形体讹变》（汤、张二文并载《古文字研究》第十五辑，中华书局1986年版）。

古文字阶段而言,张先生的概括无疑是正确的。但是,我们对于讹变现象的研究,还应该把眼光扩大到整个汉字的演变过程中,因为只要有演变,只要有变异与规范的矛盾运动存在,都可能有讹变现象产生。秦篆以前的古文字阶段,由于字少定型,讹变现象自然很突出,但是隶变楷化甚至于解放后的规范字,也仍然存在不少讹变现象。特别是隶变,由于笔势的变化和笔画的形成,出现了大量的讹变现象,如“春”、“秦”、“泰”、“奉”等字,就是明显的例子。楷化字以及新旧字形之间的变化,也都有讹变产生。如“及”字,旧字形为四画,多少还保留从“人”从“又”会意的影子,规范的新字形并为三画,就讹为一个抽象的符号了。总之,讹变现象在整个汉字的演变过程中不是个别的特殊的阶段性的现象,我们应结合汉字符号学对这一现象予以全面研究,从而对汉字符号的形成及其实质有更深刻的理解。

原载《福建师范大学学报》1999 年第 4 期

论“字说”现象

在宋代的字书中，最标新立异的大概要算王安石的《字说》。这本书在宋代就已受到不少学者的批评，但由于王安石当时政治地位极高，在他当政期间，主司用此书取士，读书人不敢不学习，所以也曾风行一时，产生了一定的影响；而在中国文字学史上，《字说》一书也因其荒诞不经而成为字学发展中的有趣故事，知者亦复不少。可惜的是，《字说》在元初以后便散失①，全貌不得而知。但从一些学者的论著或笔记中，尚可钩稽出五六十条内容②，诸如“波者水之皮”、“坡为土皮”、“诗为寺人之言”、“同田为富”等等，足以窥斑见豹。此书的主要特点，正如前人所指出的，是不问“六书”，昧于形声之旨，把一切文字都看成会意字，单纯从通行字形出发而对字义作非造字本意的随意解释，穿凿附会，多荒谬之论。从纯文字学的角度看，《字说》一书恐怕不会有太大的价值，但是，从汉字阐释的灵活性而言，应该也有其存在的理由，况且《字说》式解说文字的现象，在中国文字的研究中，也不是个别的偶然的现象，值得我们深加探究。为方便起见，本文把《字说》式说解文字的现象，即根据通行字形而对字义作非文字学的随意的解释，称为“字说”现象。

---

① 参见刘叶秋：《中国字典史略》，中华书局1983年版，第118页。

② 参见罗君惕：《汉文字学要籍概述》，中华书局1984年版，第40页。

一

许多文字学家都提到，远在春秋战国时期，中国人就有说解文字的风气了。《左传》里有三个有名的例子经常被引用，即宣公十二年楚庄王说的“夫文止戈为武”、宣公十五年伯宗说的“故文反正为乏”以及昭公元年医和说的“于文皿虫为蛊”。《韩非子·五蠹》中也说：“古者仓颉之作书也，自环者谓之厶，背厶谓之公。”这些都是真正字学还没产生之前人们通过观察字形而对字义所作的解释，借以阐明某些道理或政治主张。从文字学的观点看，这些解释大都不合造字本意（详下），有人曾把它们视为“字谜”的开始①，其实它们也是“字说”现象的源头。

汉代的文字学很发达。为了驳斥今文经学家胡乱解字的陋习，许慎写了一部中国文字学的经典著作——《说文解字》，标志着中国文字学正式成为一门科学。然而就是在许慎的著作中，“字说”现象也不乏其例。唐兰先生曾经就指出：在《说文解字》里，“像‘一贯三为王’，‘推十合一为士’，‘甲象人头’，‘乙象人颈’，说字的方法，比之那班今文经学家是不相上下的”②。此外，在《说文》之中，如“甘……从口含一；一，道也”“朢……与日相望，以朝君也。从月从臣从壬；壬，朝廷也”“示，天垂象，示吉凶，所以示人也；从二，三垂日月星也。观乎天文，以察时变，示神事也”这些说法，也都是望“文”生训，不能算是真正的文字学的解释。因为从口含一之“一”不可能是所谓的“道”，王筠认为“一”象口中所含之物，似较可信。“朢”字在甲骨文里作人企足睁眼以观之形，金文中开始在人眼旁加月形，许君据后起字形立说，自非朔义。“示”为宗庙中之神主形，“三垂日月星”云云，亦非造字本意。至于作为许书所要批驳的今文经学家的字学，望“文”释义的情形就更加严重了。今文经学派认为，文字是父子相传沿袭下来的，中途不可能发生变易，于是“马头人为长”、“人持十为斗”、“虫者屈中也”、“士力

---

① （宋）庄绰：《鸡肋篇》卷上：“筋屐之谜，载于前史……其原出于‘反正’、‘止戈’，而后人因作字谜。”

② 唐兰：《中国文字学》，上海古籍出版社1979年版，第15页。

于乙者为地”、“八推十为木”、“苛人受钱,苛之字止句也”等奇谈怪论纷涌而出,成为一时风尚。显然,这些说法只能算是“字说”现象。

汉唐以降,虽然文字学得到不断发展,但不管是文字学家还是一般学者,都难免以私意说解文字的毛病。如后魏阳承庆之《字统》,唐代李阳冰之刊定《说文》,都有新说。见于《字统》的如:“窳,懒人不能自起,瓜瓠在地不能自立,故字从瓜;又懒人恒在室中,故从穴。”见于李阳冰新说的如:“尗,父之弟为叔,从上小,言其尊行居上而己小也。”“土,土数五,成数十,取成数,下一地也”等,受到《说文解字系传》的作者徐锴的批驳。浸染所及,一般的学者也受影响。如宋代的袁文,所作《瓮牖闲评》,不仅多次引用王安石之成说,还自为新论,如谓“忍字藏刃于心,是能忍也”。“鸲鹆,交则以足相勾,故其字从句,谓之鸲鹆者以此。”[①] 与王安石之说如出一辙。胡朴安在《中国文字学史》中指出:这种以私意说解文字的风气,“明人的文字学,亦复如是(原注云:赵宧光《说文长笺》,顾炎武斥其‘好行小慧’,如以‘青青子衿’之‘衿’即‘衾’字是。韩洽之《篆学测解》,亦多新说,如以‘风’字之‘凡’为‘帆’,‘虫’为‘它’,风借‘帆’为用,‘它’者动之意是)。近代四川云南等省治文字学者,尚未脱此私意解说之习(原注云:四川吕吴之《六书十二传声》,东,古栋字,曰在木间,象木工所图太极形也是。吕,清光绪间人。而民国十八年、二十年出版之《苍石山房文字谈》与《说文匡緐》,尚多此种无根之新说)。”[②] 到了现在,诸如“妇,‘女’人力量推倒‘山’”、“弓长为张”、“立早为章”等说法尚颇流行,仍属“字说”现象。

可见,春秋战国以来,这种根据字形分析而对字义作非文字学的随意的解释是一种普遍的现象,只要有以象形为基础的表意汉字存在,它就永远不会消失。

二

“字说”现象在中国文字学史上之所以盛行不衰,有其深刻的原因。

---

① (宋)袁文:《瓮牖闲评》卷一、卷七,上海古籍出版社 1985 年版,第 1、68 页。

② 胡朴安:《中国文字学史》,据商务印书馆 1937 年版影印,中国书店 1983 年版,第 106、113 页。

从汉字的产生到研究汉字的专门学问的形成，其间经历了相当长的时间，而在这漫漫的岁月中，大量汉字的造字本意随之湮没，成为永远解不开的谜。如果一定要说明字形结构与字义之间的关系已经消失的某些字的造字本意，强作解人，比如“笑”字为何从“竹”？有人以为“竹得风，其体夭屈如人之笑”，有人以为“竹为乐器，君子乐，然后笑”，随意猜测，就难免出现主观臆断的“字说”现象。这是“字说”现象之所以产生的客观历史原因。

汉字是表意性质的文字，字形结构与字义之间是一种体现与被体现的关系，比如象形字通过形象体现字义，指事字通过指事符号显示字义，会意字通过会合构字偏旁产生字义，形声字则通过形符规定字义范畴或直接体现字义，因而，要说文解字，最直接的手段莫过于从字形入手，据形说义。“六书”理论的精彩和成功之处也正是抓住了这个核心内容。但是，客观生活是多样化的，由于思维角度的不同，字形的发展变化以及字学材料的缺乏，一个字形如何体现字义，往往会有各种不同的解释。比如“信”字，许慎认为“诚也，从人从言，会意”。段注：“人言则无不信者，故从人言。”他们是从人言可信的角度进行分析的。宋代的袁文则认为，“信者，使人也”①。徐灏在《说文解字注笺》中亦认为，“使人传言，故从人言会意；信使既通，然后知其事实，因有诚信之义，又因之信使所赍之书谓之信也”。则又是从信使传言以证事实可信的角度进行分析的。前者以“诚信”作为“信”的本义，后者以“信使”作为“信”的本义，角度不同，说法各异。又如“龙”字在甲骨文、金文中都是一个完整的象形字，字形发展变化后，龙的头部和身体分离了，许慎不明真相，便误以为“从肉飞之形，童省声”。这样，在据形释义时出现非文字学的说解就成为不可避免的了。这是“字说”现象得以产生的最根本原因。

毫无疑问，《字说》式的解释有许多是荒谬绝伦、没有价值的，但也有一些解说中包含着某种哲理和生活常识，或者说明了某种政治主张，从非文字学的角度看，也是合理合情、令人信服的。这也是“字说”现象之所以能与真正字学鱼目混珠流行不衰的一个重要原因。比如，根据古文字的研究，“武”字所从之“止”即“趾”的初文，唐兰先生说：“‘武’字在古文字里本

① （宋）袁文：《瓮牖闲评》卷四，上海古籍出版社1985年版，第41页。

是表示有人荷戈行走,从戈形的图画,可以生出‘威武’的意义,从足形的图画里,又可以看出‘步武’的意义,可是总不会有‘止戈’的意义。”[①] 而楚庄王之所以说“止戈为武”,把“武”字所从之“止”说成“制止”或“停止”的意思,除了他不懂“武”字的朔形本义之外,更重要的是这样说有利于阐发春秋时期的一种军事思想,即所谓“战以止战”。所以楚庄王接着说:“夫武,禁暴戢兵,保大定功,安民和众丰财者也。”其字形解释和他的军事思想相一致,从非文字学的观点看,应该也是自圆其说、言之成理的。又如古文字中“正”字与“足”字容易相混。乏,不足也,所以林义光《文源》不同意“反正为乏”之说,他认为是“反足为乏”,似较可信。而伯宗之所以强调“反正为乏”,是说潞国的相酆舒杀了晋景公的姐姐潞君夫人,恃才不恃德,“反德”(反正)就该灭亡“乏绝”。显然,伯宗之解“乏”字,虽非造字本意,但却有利于说明“反德就该杀”的道理,设辞取譬,亦无不可。再如《韩非子》说“自环者谓之厶”,颇为迂曲;至于“背厶谓之公”,则更有悖于造字本意。甲骨文、金文中的“公”,字下所从是一圆圈或一四方形或一三角形,与“厶”有别。而韩非之所以强调“自环者谓之厶,背厶谓之公”,是借公私之相背来批评当时的“公私同利”之弊,阐明“不相容之事不两立”,如果“无功而受事,无爵而显荣”,“则国必乱,主必危”等道理,所以他的公私之说不是文字学,而是为其政治主张服务的;我们以生活常理来衡量“公私相背”之说,也不能说完全没有道理。

汉代的“字说”现象同样也有文字学以外的某种合理性。比如“王”字,董仲舒的解释是:“古之造文者,三画而连其中谓之王,三者,天地人也,而参通之者,王也。”[②] 显然很符合他的“天人感应”、“王权神授”等思想。又如《汉令》有“苛人受钱”之说,谓有治人之责者而受人钱。而当时人根据已经讹变的隶书“𦫳”来解释律令,说这个字从止从句,“句”读为“钩”,意思是“止之而钩取其钱”[③],于字学则纯属无稽,于说律则略有理据,勉强也可以说得过去。

---

① 《中国文字学》,上海古籍出版社 1979 年版,第 71 页。
② 《说文解字》“王”字下引,中华书局 1963 年版,第 9 页。
③ 参见段玉裁:《说文解字注》,上海书店 1992 年版,第 763 页。

宋代的王安石集“字说”现象之大成,著成《字说》。他的弟子蔡卞说,王安石著《字说》,是想要把天地万物之理寓于此书,与《易》理相阐发[①],“附经义以推论之”[②],可见王安石的说文解字,也不是一时兴起,故作奇谈。虽然他对不少文字的解释,勉强立说,牵强附会,但也有不少解释,虽有背于字学原则,但于人情物理,却也不甚违碍,能自圆其说,颇见理趣。比如他在解释《周礼》“大宰之职”时认为政府的职责在于“保民常产”,他说:“事典之职,皆以富邦国。盖事典之为书,事官之为职,以富邦国而已。事典以生万民,事职以养万民。”所以他在解释“卿”和“胥”这两种官名的字义时,说:“卿,从皂,黍稷之气也。黍稷地产,有养人之道。”“胥,从肉,肉则以其能养人。”(《周礼新义》卷一)使字义解释与其观点相一致。王安石还反对贫富不均,他认为“君子以裒多益寡,称物平施,顺天休命。”“损有余以补不足,天之道也。”(《临川集》卷六十五、卷七十八)据此,则上举“同田为富”之说,可能亦有所指。至于“中心为忠”、“如心为恕”之说,被朱熹所采用,显然很符合宋代的理学思想。此外,如“人为之谓伪”,“位者人之所立”,“讼者言之于公”,“五人为伍”,“十人为什”,“歃血自明而为盟”,“二户相合而为门”,“以兆鼓则曰鼗”,“与邑交则曰郊”,“同田为富”,“分贝为贫”[③],“伶非能自乐也,非能与众乐乐也,为人所令而已”[④]。“府之字从广从付。广则其藏也,付则以物付之。”“徒之字从辵从土。徒,无车从也。其辵而走,则亲土而已。故无车而行谓之徒行。”[⑤]“笼,从竹从龙,内虚而有节,所以笼物。虽若龙者,亦可笼焉。”[⑥]等等,大都不是文字学原则的解说,但这些解说,或本诸生活常理,或符合一般知识,体现了人们对一些事物的理解和认识,跳出文字学的圈子,还可见到其合理的一面,可称得上是“新而不诡于理”[⑦],所以叶大庆认为他所引的那些说法“无所穿凿,至理自明”[⑧],陆游也

① 见晁公武:《昭德先生郡斋读书志》卷一下《字说》二十卷。

② 王安石自序。见马端临《文献通考》卷一九〇《经籍》十七《字说》的提要。

③ 以上见叶大庆《考古质疑》卷三所引,中华书局1985年版,第29页。

④ 见袁文《瓮牖闲评》卷一所引,中华书局1985年版,第9页。

⑤ 见王安石:《周礼新义》卷一。

⑥ 杨龟山《字说辨》引,见《杨时集》(林海权点校),福建人民出版社1993年版,第133页。

⑦ 马国翰语,见《字统·序》,收入《玉函山房辑佚书》。

⑧ 《考古质疑》卷三,中华书局1985年版,第29页。

认为对王氏之说应区别对待，“谓之皆无足取，则过也”①。

总之，由于历史原因，汉字的表意性质以及《字说》式解释在非文字学范围的某种合理性，才使得“字说”现象得以产生并盛行不衰。

三

“字说”现象不是真正的文字学，但与真正字学又有着千丝万缕的联系。《左传》“止戈”、“反正”之类，说明春秋战国时期人们已经开始注意字形结构与字义之间的联系，而注意形义关系正是中国文字学最本质的东西，因此有人把“止戈”、“反正”等记载视为中国文字学的萌芽，也就是说，非文字学的“字说”现象是真正字学的前身或者说是真正字学得以产生的诱因。我们从汉代的今古文之争中，可以把这种情形看得更为清楚。经学家们要解释经义就必须说解文字，字说不通，经义不解，经书不立。因此，在某种意义上，今古文之争首先是关于文字学的争论。今文经学派否认文字是变化发展的，以为文字乃父子相传，何得改易，所以隶书就是仓颉时候的文字。他们根据隶书结构来解释字义，结果自然是谬误百出。而古文学派则认为文字是发展变化的，很注意文字的源流演变。正是为了批驳今文经学派那班俗儒鄙夫的谬论，古文经学派建立了一个文字学系统，即有名的“六书”理论，并且产生了中国文字学的经典著作《说文解字》，从而真正创立了真正科学的中国文字学。从发生学的角度看，如果说先民们通过仰观天文、俯察地理、辨别鸟兽虫鱼花草树木而创造了千姿百态的汉字，那么，通过观察字形来探究字义而产生的“字说”现象，却是真正字学得以产生的最直接契机。

文字学作为一门科学，客观上当然不能容忍“字说”现象的存在，不知则付诸阙如，不要强作解人，但正如上文所说，历史的烟尘湮没了不少造字本意，文字学的产生和发展，实际上并不可能把所有汉字形义之间的关系都解释得清清楚楚，毫无疑义；又由于《字说》式思维在非文字学范围具有某种合理性，“字说”现象并非完全没有存在的理由，因而，虽然文字学在不断发

---

① 陆游：《字说跋》。

展，研究在不断深入，但仍无法完全杜绝以私意说解文字的“字说”现象，许多文字学著作中真知灼见与荒谬之论杂糅并存可以说明这种情况。总之，在文字学的发展过程中，“字说”现象的存在是不可避免的，它们与科学的字学解释混在一起，结伴而行。这是一个方面。另一方面，“字说”现象对于字学的发展所起的作用也并非完全是负面的，“字说”现象的存在规模可以反映一个时代字学研究的深入程度和字学知识的普及程度：字学研究越深入，字学知识越普及，“字说”现象就会相对减少；反之，就越多。而如果“字说”现象泛滥成灾，则又会加强对字学研究的重视。今文经学派的曲解，引出了许慎的《说文解字》，李阳冰的“妄说”，则遭到徐锴的驳斥，促进了《说文》学的发展；王安石说字的荒谬可笑也引起了人们对字学的注意，这都是最好的例子。可见，“字说”现象只是字学的“误区”，而不是“绝域”；踏入“误区”就会促使人们思考如何摆脱困境，而走出“误区”则意味着进步。随着古文字材料的不断发现，许多前人错误的解释都可得到修正，文字学的“误区”虽然不可能完全消失，但肯定会越来越小，文字学的科学价值也将越来越高。

综上所述，“字说”现象不仅刺激了真正字学的产生，也促进了字学的发展。“字说”现象与中国文字学有着必然的联系。研究中国文字学史，对“字说”现象是应该予以注意的。

原载《福建师范大学学报》1995 年第 2 期

汉字理论探索

原始思维、原始艺术与汉字创造

艺术是有意味的符号体系，而汉字的意味性是很浓烈的，只不过这种"意味"有时表现得更为抽象一点而已。汉字的书写在后世成为一门很特别的艺术，与凝结在汉字点线之间的"意味性"是不无关系的。所以，从线条艺术的角度来探索汉字的发生发展是有意义的。

但这离不开对原始思维的研究。原始记事、原始艺术都离不开原始思维，当时的思维方式导致了当时的记事方法和艺术表现手法的产生。法国著名社会学家列维－布留尔把原始人的思维叫做原逻辑思维，认为"原逻辑思维很不喜欢分析"，"原逻辑思维本质上是综合的思维"。[①] 史前人的生理机能和心理活动还处于相当幼稚和简单的阶段，理智、情感、想象等都是相互交织、相互融合、密不可分的。所谓原逻辑思维不喜欢分析，就是指这种混沌状态的思维方式。这种思维分不清主观和客观，"原始人把自己的一切印象都当作真实，他几乎从来不产生怀疑"[②]，比如，"当原始人梦见自己在行动着、旅行着、与处在远方或者已故的人们交谈着，他是相信做梦时灵魂真的离开了身体，去到他在梦中看见自己所在的那个地方"。因此列维－布留尔引波威尔少校的话说："客观的东西和主观的东西的混淆，乃是不文明人思想中

① ［法］列维－布留尔：《原始思维》，商务印书馆1981年版，第71、101页。

② 沙利·安什林：《宗教的起源》，生活·读书·新知三联书店1964年版，第67页。

的极大混乱。”① 然而正是这种不分主客观的混乱的思维，使得原始人毫不怀疑地把臆想出来的含义或“因果关系”当成真实而加以确认，根据臆想建立起人与自然之间的各种相应关系。因此，当原始人由于某种冲动而描摹下他们所熟悉的对象时，便很自然地赋予他们的“作品”以实际的魔力，如画一支箭射中野牛，他们就相信他们的狩猎将会取得成功。这是原始宗教意识在线条艺术中的体现。这样，线条与意义之间的关系就被确立起来，一定符号代表一定意义的观念就得到确认。也就是说，用约定符号来表情达意的基础就这样被奠定了。也许可以说，没有这种基础，“文字”可能是另外一种东西，而不是像现在这样的以线条构成的符号体系。

史前人对周围具体事物的认识不可能深入到其本质中去，但仔细观察事物的外在形式还是可能的。长期对事物外在形式的关注培养了原始人对具体形象的敏锐感觉和成熟的表象思维能力。这一点跟文明人的童年也许是很相近的。黑格尔就曾说过，“表面形象”是儿童和民族的童年期的一种共同爱好。儿童经常被具体事物的外部形式和鲜艳色彩所吸引，人类的童年大概也是如此。这从当代一些未开化的民族对具体形象的把握和对具体事物的惊人的辨识力和记忆力上也可以得到间接的证明。例如，澳洲土人能在矮草地上、在硬土地上、甚至在石头上发现足印，并且按照足印的形状、走向和彼此间的距离，分辨出各种部族的人的足迹，而且分辨出是男是女。② 在新墨西哥的特瓦印第安人，很注意事物之间的细微区别，“他们给该地区的每一种针叶树都取一个名字，尽管各种树木之间的区别微不可辨”③。正是由于原始人对具体形象有着敏锐的感觉，有成熟的表象思维能力，使得他们在运用线条去描摹具体事物的时候，能够很准确地抓住对象的特征。早期岩画如法国尼奥洞中的野牛，寥寥几笔就形神俱现，并不比今人逊色多少。象形字都是对有形可象的事物的描绘，与原始形象思维和对具体事物进行描摹的线条艺术的关系尤为密切。没有充分发达的形象思维和线条艺术的长期积累，

---

① ［法］参见列维－布留尔：《原始思维》，商务印书馆 1981 年版，第 50 页。

② 同上书，第 106 页。

③ 罗宾斯、海灵顿和弗莱雷·马尔柯：《特瓦印第安人的人种植物学》，转引自列维－斯特劳斯：《野性的思维》中译本，商务印书馆 1987 年版，第 9 页。

象形字的产生是缺乏主观和客观的基础的。虽然象形字作为一类文字，它的产生有赖于抽象思维的发展（详下），但它的最直接的主观条件仍是形象思维的发达。另外，由于形象思维的发达在艺术或文字上的突出表现是对具体事物的整体特征的准确把握，所以认识象形文字强调把握整体特征而不必拘泥于笔画之简繁是正确的、必要的。

从线条艺术的产生到文字符号的产生是一个相当漫长的历程。法国、西班牙等地洞穴中的岩画已经是水平较高的岩画了，但还没有材料能证明物件记事和符号记事比这更早。文字符号之所以晚于线条艺术产生，从人类思维发展历史的角度来考察，是由于文字符号——作为有条有理地记事和交际的手段——必须随着人类抽象思维的发达、逻辑推理能力的提高才有可能最终完成。而史前人“对形象的感知、把握能力与其逻辑思维能力处于一种很不平衡的状态：对形象的感受能力大大超过了抽象思维能力；对具体事物的兴趣显然胜过了对抽象概念的理解；给某些现象附加上所谓的‘因果关系’的能力，比用逻辑推理去解释某一现象的能力不知要高出多少倍”[①]。比如，南非的一个土著霍屯督人，知道把一个玻璃珠放到一枚铜币旁边，再将另一个玻璃珠放到另一枚铜币旁边，如此接二连三地排列下去而获得玻璃珠多还是铜币多的答案：假如放完了珠子而剩下一些铜币，他就知道他的铜币比珠子多，反之，珠子就比铜币多，如果两者相同，他就知道他的铜币和珠子数是相等的。但抽象的算术，霍屯督人却只能数到 3。[②] 澳大利亚或巴西北部的土人，能记住道路中最微小的细节，能够把感性印象中的最小细节按其出现顺序正确再现，却不能数出多于 2 或 3 的数。只要是抽象的推理，不管是多么简单，稍稍费点脑筋，就会惹得他们讨厌，以至声称累了，不再推下去了。[③] 柯斯文《原始文化史纲》也指出：“落后的部落中间，数学的发展是特别落后的……在最落后的部落中间，由于它们（他们）没有什么可以计数，从而无须计数，所以计数和数目也就当然处于萌芽状态。这些部落从事计数时，往

① 邓福星：《艺术前的艺术》，山东文艺出版社 1987 年第 2 版，第 106—107 页。

② George Gamow, *One*, *Two*, *Three*… *Infinity*, Viking Press, 1961.

③ 参看列维 – 布留尔：《原始思维》，商务印书馆 1981 年版，第 109 页。

往只能到三为止，三以上的数目，就都用‘多’字表示了。”[①] 文明人的童年在思维方面也有大致相同的情形。在现实生活中我们可以看到，要儿童接受抽象的道理显然比较困难，比如教儿童记数，抽象的说明他们就不容易接受，而用手指、苹果或其他具体事物进行类比，则会收到比较满意的效果。儿童心理学家认为，人的感知活动从出生到一岁就开始了，而具体智力运算即逻辑的开端要到七至十一二岁，抽象思维能力的发展大大迟于形象感受能力的发展。从原始艺术风格来看，法国、西班牙等地早期的岩画风格基本上是写实的，形象逼真，而晚于此时的地中海周围的卡比新文化（Capsien Culture）类型，则明显具有抽象化、程式化的风格。在雕塑、制陶等艺术类型中，同样也可以看到它们风格上的这种变化。这种转变是多方面的原因促成的，但早期以形象思维为主导，后来则抽象思维逐渐发生了作用应该是这种转变的思维方式方面的原因。抽象思维在线条艺术中的“抽象”作用对文字符号的最终形成具有重要意义。因为抽象思维对线条艺术的渗透使线条包蕴了更为丰富复杂的“意味”，我国新石器时代晚期的线条艺术，如西安半坡的人面图案，抽象意味十足，它显然不是对人面的如实描绘，它是由各种图案组成的，其意义至今尚未十分明了，就是抽象排列组合的结果。使线条包蕴更为丰富的“意味”，对于用线条符号来表情达意这一手段的产生无疑是一个必要的基础和前提。同时，抽象思维在文字形成的最后关头也起着重要作用。有一种观点认为，在某字产生以前，语言中关于这个字所代表的词的义项都略具备，造字时只是选择便于造字的义项进行造字。对语言中相同相关义项的排列、归纳和造字时如何选择最佳造字方案，没有抽象思维的能力是办不到的。《说文解字·叙》说：“黄帝之史仓颉，见鸟兽蹄迒之迹，知分理之可相别异也，初造书契。”其中所说的“知分理之可相别异”，就是一种抽象思维。只有到了这个时候，才能对“鸟兽蹄迒之迹”进行抽象概括、分门别类使之发生质的变化而形成文字。

总之，在原始思维中，原始形象思维和原始抽象思维曾经有过一个极不平衡的阶段，原始艺术曾以不同的风格体现了这两种思维方式。文字符号，

---

① 柯斯文：《原始文化史纲》，人民出版社 1955 年版，第 164 页。

离不开形象思维的发达和线条艺术的成熟，但它的最终形成，则以抽象思维的成熟为其主观条件。

以上是就原始思维、原始艺术的发展来看文字符号的最终形成。可以看出，直到文字符号真正产生为止，原始思维、原始艺术和文字符号三者的关系是非常密切的。总而言之，文字是原始思维、原始艺术发展到一定历史阶段的产物。原始思维的发展是文字产生的心理基础，原始艺术的成熟是文字产生的凭借手段；没有思维的发展就想不出也造不出文字符号，没有线条艺术的手段，文字符号也就无所凭依。

最后，关于指事字和象形字的先后问题，因与本文所谈内容有关，也附此作简单讨论。

许慎在《说文解字·叙》中把指事字排在象形字之前，后代不少人也认为指事字先于象形字，其理由主要是指事字较简单。曾经在甲骨文上发现的异形文字所引起的讨论也关涉到这个问题。郭沫若认为，"这些刻划文字，很明显地，和彩陶上的刻划符号是一个系统"，属于汉字的指事系统，"这一系统应该在图形系统（即象形）之前"，"指事先于象形也就是随意刻划先于图画"①。这是一种意见。另一种意见与此相反，认为象形字先于指事字，理由是指事字较抽象，不能比很形象的象形字早。班固在《汉书·艺文志》里，郑众在《周礼·保氏》注中，都把"象形"列为第一位，或许也有这种意思。

我们从原始思维和文字创造的关系进行考察，认为这两种说法都过分绝对。我们已经知道，原始人形象思维和抽象思维曾经有过一个极不平衡的阶段，形象思维早于抽象思维成熟。仅从这一阶段出发，认为象形字先于指事字似乎是顺理成章的事。问题是，在这个抽象思维还未成熟的时候，是不可能产生文字的，不管是象形字还是指事字。我们已指出，文字的最终形成离不开思维发展的程度，特别与抽象思维成熟与否有关。象形字先于指事字的看法没有考虑到这一问题。而认为指事字先于象形字的人则把人类思维在最初阶段的发展程序搞颠倒了。随意刻画很早就有这一点也许可以肯定，但随意刻画毫无意义，即线条中不凝结"意味"，不是构成文字的线条，所以随

① 参看郭沫若：《古代文字之辩证的发展》，《考古学报》1972 年第 1 期。

意刻画不是指事字,也不是什么其他类型的文字。不能根据随意刻画早于象形字而认为指事字先于象形字。同时,指事字看似简单但很抽象,它们必然是抽象思维较发达时的产物,所以指事字不能早于象形字。

总之,从总体上看,说指事字先于象形字和说象形字先于指事字一样都没有考虑到文字的产生和人类思维的关系而失之偏颇。在无法对文字产生时的具体情形作精确调查的情况下,根据原始思维和文字创造的关系而认为象形字和指事字大致同时产生是比较客观的、谨慎的。

原载《中山大学研究生学刊》1990 年第 1 期
人大复印资料《语言文字学》1990 年第 8 期全文转载

略论动态的汉字形义关系

一、汉字的形义关系是一种动态结构

汉字是表意体系的文字，形体和意义有密切的关系。从文献记载来看，中国人远在春秋战国时期就已经很有意识地利用汉字的形体来说明其意义了，《左传》“止戈为武”、“反正为乏”、“皿虫为蛊”诸说开启其端，此后这种传统绵延不断、世代相传，对汉字学和汉字文化学都产生了极为深远的影响。在浩如烟海的古今书籍中，只要涉及到汉字的话题，都特别注重对汉字形义的分析。由于文字学和文化学的共同关注，汉字的形义关系变得相当复杂，有时候一个字形如何体现字义，往往有许多种不同的解释。比如“武”字，楚庄王以为“止戈为武”，“止”为“制止”或“禁止”之意，“戈”借指“武力”、“战争”[①]。唐兰先生根据古文字字形，认为“武”字之“止”即“足”，其形象即表示脚在行走，他说：“‘武’在古文字里本是表示有人荷戈行走，从戈形的图画，可以生出‘威武’的意义；从足形的图画里，又可以看出‘步武’的意义，可是总不会有‘止戈’的意义。”[②] 又如“信”字，汉代的许慎、清代的段玉裁都认为其本义为“诚信”，人言可信，故

① 见《左传·宣公十二年》。

② 唐兰：《中国文字学》，上海古籍出版社 1979 年新 1 版，第 71 页。

从人言[①]。而宋代的袁文、清代的徐灏则认为其本义是“信使”，“使人传言，故从人言”[②]。这两种意见都是把“信”当作会意字来分析的，而唐兰则把它看作形声字，先认为它是从人言声[③]，后又改为从言人声[④]。上举“武”、“信”二字的诸种形义解释，都从不同的角度说出了各自的道理。“武”字的“止戈”之说，是春秋时期所谓“战以止战”之军事思想的反映，正如楚庄王自己的解释：“夫武，禁暴戢兵，保大定功，安民和众丰财者也。”《汉书·武五子传》亦承其说而讲得更明白：“仓颉作书，‘止戈’为‘武’。圣人以武禁暴整乱，止息兵戈，非以为残而兴纵之也。”因此说由来已久，影响颇大，故《说文解字》亦予采纳，成为解释“武”字形义关系的流行观点。唐兰先生以“止”的形象意义（表示步行前进）来解释“武”字的形义关系，与楚庄王以“止”的后起的文字意义（表示“制止”）来解释迥然不同，但却是被文字学界所普遍接受的一种新说法，因为早期会意字是以形象会意的。至于“信”字，许慎、段玉裁以人言为信，故以“诚信”为其本义，自然不为无据；袁文、徐灏则从信使传言以证事实可信的角度进行分析，认为“信”的本义为“信使”，单就形义分析的角度来说，也是言之成理；至于认为“信”是从人言声或从言人声的形声字，也都能找到音韵学上的根据，其解释也算融通[⑤]。总而言之，以上诸说，角度不同，说法各异，但都能自圆其说，可见汉字的形义关系决不是简单的一一对应关系。汉字以形表意就如同庄子用寓言故事说理一样给人以多角度多层次的思考空间；庄子寓言所蕴含的思想博大精深，汉字形体所表现的意义丰富多彩。所以汉字的形义关系是一种动态的结构。

汉字形义关系的动态结构是由多方面的原因共同促成的。

首先，汉字形体的世界是一个充满动感的世界。第一，从共时状态看，

---

① 见《说文解字》及《说文解字注》。

② （宋）袁文：《翁牖闲评》卷四：“信者，使人也。”（清）徐灏：《说文解字注笺》：“使人传言，故从人言会意。信使既通，然后知其事实，因有诚信之义，又因之信使所赍之书谓之信也。”

③ 唐兰：《古文字学导论》（增订本），齐鲁书社1981年版，第263页。

④ 《中国文字学》，上海古籍出版社1979年版，第71页。

⑤ “信”为心母真部字，“言”为疑母元部字，“人”为日母真部字，比较而言，以信为从言人声更为融通，因为信人二字声母均为齿音，韵部相同。

汉字存在许多变体异构，它们有的是地域性的不同，所谓“言语异声，文字异形”，比如“厨”字，秦国从“广”，楚国从“肉”，意符各不相同；有的是构形理据不同，比如“匜”字，古文字或从“金”，或从“皿”。从“金”者，以“匜”为金属所造也，从“皿”者，以“匜”为器皿之用也。又如“星”字，甲骨文一作“晶”，象群星之形，一作加“生”声，为形声字；还有的是因为书写不规范而造成字形讹误变化，如《后汉书·马援传》注引《东观记》云，同县令吏，印文各不相同，“成皋令印，‘皋’字为‘白’下‘羊’；丞印‘四’下‘羊’；尉印‘白’下‘人’，‘人’下‘羊’”。诸如此类，均为共时性的变体异构，若据形释义，必多歧说。第二，从历时状态看，汉字形体的发展也是一个动态的过程。从成体系的甲骨文算起，汉字已经经历了甲骨文、金文、大篆、小篆、隶书、楷书等不同的字体，这些字体在结构和笔势方面都在不断地发生或大或小的变化；今后汉字的进一步改革，也必然牵涉到形体的变化。汉字的发展过程，一如人的成长过程，其面貌肌肤手脚器官无时不在发生变化。这些变化，除了正常的演变以外，还包括一些非正常的讹变，一些积非成是的历史误会。但不管怎么变，只要形体不同，形义解释也就不同。比如“龙”字，在甲骨文、金文中它都是完整的一个象形字，篆书的“龙”则身首分离了，所以许慎不释作“象龙之形”而释以“从肉飞之形，童省声”。又如“射”字，古文字正象张弓搭箭而射之形，后来象弓箭的那一部分讹变成了与之相似的“身”字，字作“躲”，故《说文》把它释作“弓弩发于身而中于远”，与原来的形义关系变得风马牛不相及了。第三，汉字深于取象，近取诸身，远取诸物，同时又善于托物寄意，比类合谊，各取所爱。正如绘画作文可以从不同的角度下笔一样，造字也有各不相同的造法，亦即说，造字的心理和思维角度是多样变化的。这种变化，既有共时的，也有历时的，上述两点，也都跟造字思维不同有关。由思维角度的差异而造成的变体异构，自然也引起了形义解释的变化。比如“明”字，甲骨文里有从“日”从“囧”两种写法，我们据形释义，从“日”者不妨说成“日、月，光明之所生，故日、月为明。”从“囧”者则可说成“月照窗牖（即‘囧’），故明。”两说均不违碍事理。又如“虹”字，甲骨文作长虹如虫下饮江河之状，故《说文》入“虫”部，释曰“状似虫，从虫工声”。马王堆帛书《天文气象杂占》有一异构以上“雨”下“工”构成,不妨释为“虹者雨所致,从雨工声”。前者取其形象,后者取其成因,异曲而同工,可谓各有千秋。由上可见,汉字的形体从产生到发展,无时不在变化之中,那么,对汉字形义关系的解释必然不可能一成不变。

其次,汉字是表意文字,汉字的线条是在象形的基础上进行“写意”的线条,具有极广泛的象征性。比如一横画,在“上、下”二字中,它代表水平线;在“元”字中,它代表人头;在“旦”字中,一说表示地平线,一说表示海平面;在“曰”字中,它表示词从口中说出;在“王”字中,则分别表示“天地人”①……又如囗字,在“或(國)”中它表示都邑或国土;在“圃”中它表示菜园范围;在“囚”中它表示监狱;在“囿”中它表示苑囿范围……客观生活中有许多事物同中有异,异中有同,具有象征意味的汉字线条,极容易比附上与之相关的具体事物的形象,通过联想便觉得形也似,神也似,于是乎据形释义便有歧说纷出,变动不居。

再次,汉字既记录汉语,也记录汉文化,是一种紧扣时代脉搏、切合时代精神、反映各种思想、包含丰富信息的文字(详下)。时代不同了,思想变化了,据形释义时也必然打上这些烙印。比如“婦”字,《说文解字》的解释是:“服也。从女持帚洒扫也。”这无疑是封建社会歧视妇女思想的反映。“婦”字简化作“妇”后,有人便释作“女人力量推倒‘山’”,虽系笑谈,却也道出了新时代对“半边天”力量的肯定和欣赏,是新时代男女平等思想的反映。春秋时期流行“战以止战”之说,故楚庄王把本是荷戈行走的“武”字说成“止戈为武”。汉代流行“天人感应、王权神授”的思想,故董仲舒把本是由大斧形线条化而成的“王”字说成“三画而连其中,谓之王。三者,天地人,而参通之者,王也”②。神学特征很明显。宋人重理学,故以会意的方式把“忠”、“恕”两个形声字解释成“中心为忠”、“如心为恕”③。可见时代精神的变化发展,也是造成汉字形义关系变动不居的一个原因。

---

① 见《说文解字》“王”字条引董仲舒说,中华书局 1963 年版,第 9 页。

② 《说文解字》“王”下引,中华书局 1963 年版,第 9 页。

③ 叶大庆《考古质疑》卷三引王安石说,朱熹亦用此说。中华书局 1985 年版,第 29 页。

最后,汉字历史悠久,漫漫岁月湮没了许多字学材料,大量汉字的造字本意无从知晓,许多字形的演变过程找不到中间环节,因而据形释义也免不了半猜半测,比如"笑"字为何从"竹"?人发笑与竹子有什么关系?有人以为"竹得风,其体夭屈如人之笑"①,有人以为"竹为乐器,君子乐,然后笑"②,虽难免"射覆"之讥,但毕竟也成一说,多了一种形义解释。此外,民间的文字游戏、测字神算,如"此木为柴山山出,因火成烟夕夕多"、"魏为千八女鬼"等,虽都是非常肤浅的望形生义,但也都是着眼于形义分析。所有这些,无疑都丰富了汉字的形义解释,增强了形义关系的动态感。

二、动态的汉字形义关系与科学汉字学

既然汉字学作为一门科学文字学,据形释义作为中国文字学的核心内容,而据形释义又显得如此灵活多变,见仁见智,异彩纷呈,那么,如何解释汉字的形义关系才算科学文字学就成为一个值得我们深加思考的问题了。有人认为凡是据形释义,就是在讲中国文字学。这种看法是不严密、不科学的,因为它没有考虑到汉字形义关系的动态结构。

从理论上讲,就字源学的角度而言,文字学作为一门科学,在解释其形体如何体现字义时,其解说应该符合文字学原则,符合造字本意。但如上所述,由于种种原因,汉字的形义关系呈一种动态的结构,一种字形常有多种形义解释并存,这些解释,有的偏离了文字学原则,超出了文字学的范围,有些甚至是谬说或迷信,如"鸠者九鸟"、"诗为寺人之言"、"董为千里草"等等,都不是文字学的解释。如果我们把汉字的形义解释等同于文字学,势必使得我们在就形义关系来谈中国文字学的时候处于一种十分尴尬的境地。因为众说纷纭,矛盾互见,若是兼收并蓄,此说可据,彼说有理,就会令人莫知所从,时遭"射覆"之讥也只好保持沉默,因而大大降低了文字学作为一门科学的可信度。由此可见,汉字形义关系的动态结构对科学文字学具有负

---

① 《说文·新附》徐铉注引李阳冰说,中华书局 1963 年版,第 99 页。

② 唐玄度《新加九经字样》引阳承庆《字统》。

面影响。

为此,我们首先要在观念上把汉字的形义关系与科学文字学区别开来,不宜将二者混为一谈。其次,也是更重要的,是要加强字源学的研究,尽量弄清某些文字形义关系的来龙去脉。近代以来,随着古文字学研究的深入,在这方面已经取得了很大进展。如上举“武”字,唐兰以古文字字形为证,“持戈行进以示勇武”之说,自然比“止戈为武”之说更符合文字学原则。又如“也”字,曾经也有三说:象“匜”的俯视形、象女阴之形、从“它”(“蛇”本字)字分化而来。由于金文里有许多“匜”字都写作“它”,典籍里的“池”字金文都作“沱”,此外,“陀”与“阤”、“佗”与“他”、“蛇”与“虵”等也都是曾经通用的异体字,可见“也”字当是从“它”字分化而来〔编按:根据对有关古文字材料的研究,“也”字的早期字形作口下加一曲笔或一竖笔,表示口中出气之形。“也”和“它”来源不同,但在演变过程中常发生混同,上述例子都是“也”“它”讹混的结果,二者不是分化字的关系。参见黄德宽《说“也”》(香港中文大学中国文化研究所、中国语言及文学系编《第三届国际中国古文字研讨会论文集》,问学社有限公司 1997 年版)、何琳仪、房振三《“也”、“只”考辨》(北京师范大学民俗典籍文字中心编《民俗典籍文字研究》第三辑,商务印书馆 2006 年版)、徐宝贵《以“它”“也”为偏旁文字的分化》(《文史》2007 年第三辑)、赵平安《对上古汉语语气词“只”的新认识》(《简帛》第三辑,上海古籍出版社 2008 年版,收入《新出简帛与古文字古文献研究》,商务印书馆 2009 年版)〕,并非象“女阴”或“匜”之形。通过加强字源学的研究,我们相信许多有歧说的汉字形义解释都能得到纠正,实在无法取舍的不妨存疑,等待新材料的出现,这样做,对提高汉字学的科学性无疑是很有益处的。

汉字形义关系的动态结构对科学汉字学有负面影响,但对我们正确认识汉字的性质却也不无积极的作用。汉字形义关系的动态结构显示汉字体系是一个内部充满活力、可以为适应社会历史的发展而进行自我调整的文字体系,汉字从古至今几经沧桑依然屹立于世界东方这一事实有力地说明了这一点;汉字形体和意义之间多途径的通释性表明汉字即使改变(有时甚至是讹变)自身容貌也仍能通过各种方式实现其形义上的互相吻合,使得汉字的表意性质从古至今保留不变。所以,从汉字发展的角度看,汉字形义关系的动态结构至少可以给我们这样一个启示:汉字可以在不改变其表意性质的前提下通过不断改革优化以适应社会历史发展的需要,汉字的发展有其固有而独特的方向,不一定要走拼音化的道路。

三、动态的汉字形义关系与汉字文化学

如果说汉字形义关系的动态结构使得许多汉字的形义解释超越了文字学的范围从而对科学汉字学产生负面影响的话,那么这种超越对于汉字文化学[①]却恰恰是极大的贡献。

众所周知,汉字"著明万事,记往知来,名言诸无,宰制群有"[②],是"经艺之本,王政之始,前人所以垂后,后人所以识古"[③]的一整套符号体系,它们在记录了汉语的同时也记录了汉文化,它们是汉文化的主要根基,这主要表现在两个方面:第一,博大精深的中国文化,不管是刻铸于金甲、书写于简帛还是记载于书籍,都离不开汉字。汉字是中国文化的主要承载者。第二,汉字形体本身就是中国文化的一面镜子,反映着中国文化的古往今来、方方面面。有人认为,汉字具有镜像功能,"在静态形体中汩汩流淌着民族文化心理的潜流,映照着历史演进的浩浩雄姿,袒呈着先人智慧的灵光异采,在其深层的文化积淀中,既可折折射出政治、道德、宗教、艺术等多种文化外在因素,又能反映出不同时代人们的文化心理,它(们)自身宛若一颗颗历史的活化石,细加玩味,即可从静态的形体走入古人动态的文化意识圈中去"[④]。因此所谓的汉字形义关系,客观上就不能单指严格意义上的文字学的形义关系,

---

① 这里的"汉字文化学"是相对于汉字学的一个狭义的概念,指除科学文字学以外的汉字形义解释所涉及的方方面面。以前有人把不符合文字学原则的汉字形义解释叫做"俗文字学","俗"者通俗之谓也。笔者以为此名称不甚恰当。一者符合文字学原则的形义解释未必没有通俗之处,二者不符合文字学解释的形义解释未必都是通俗的解释,有些解释还涉及到相当深奥的道理,所以把它叫做"汉字文化学"更为妥当。

② (唐)张怀瓘:《书断》上。

③ 《说文解字·叙》,中华书局 1963 年版,第 316 页。

④ 詹绪左、朱良志:《汉字的文化功能》,《天津师大学报》1994 年第 2 期。

形义的解释完全可以超越文字学的原则而在更广泛的范围内表现汉民族的思想文化，诠释汉文化的丰富深刻的内涵。正因为如此，每当人们需要借用汉字来进行某些思想主张、伦理道德、生活常理甚至荒诞迷信等非文字学的观点的说明时，都可以从汉字的形和义之中找到合适的角度进行“有理”的解释，而这些解释无疑就是我们探讨汉字文化学的宝贵资料。历史上字书、非字书中存在的相当丰富的关于汉字形义关系的非文字学的解释，以前囿于正统文字学的观点而把这些解释大都视为毫无价值的无稽之谈，显然是一种偏见，应该纠正过来。

对汉字形义关系作非文字学的解释，“止戈”、“反正”诸说启其端，至宋代王安石《字说》一书集其成，为便称说，笔者曾撰文把诸多非文字学的形义解释统称为“字说”现象①。总的来说，“字说”现象杂糅释老、贯穿儒学、附会阴阳、涵纳常情，大凡世间人情物理无所不包，或无稽、或有据、或精深、或浅显，非常生动地展现了汉字形义关系的动态世界，可以挖掘出丰富多彩的汉字文化学的内容。比如《左传·宣公十五年》伯宗所说的“故文反正为乏”，虽不能算是真正文字学的解释，但却说明了“反德”（反正）就该灭亡“乏绝”的传统观念。又如《韩非子·五蠹》中说：“古者仓颉之作书也，自环者谓之私，背私谓之公。”这也不尽符合文字学原则，但却包含着这样一种政治思想：“不相容之事不两立”，“公私同利”，弊害无穷。再如《春秋元命苞》中说“两口衔土为喜”，是中国人重土观念的反映；又《春秋说题辞》云：“西米为粟。西者金所立，米者阳精，故西字合米而为粟。”《春秋元命苞》云：“两人交一以中出者为水。两人譬男女，言阴阳交物以一起也。”《邵氏闻见后录》载王荆公晚喜说字，霸字从西，荆公以西在方域主杀伐，诸如此类，显然包含了阴阳五行说的内容；又阳承庆《字统》云：“窳，懒人不能自起，瓜瓠在地不能自立，故字从瓜；又懒人恒在室中，故从穴。”“麤，警防也。鹿之性相背而食，虑人兽之害也，故从三鹿。”王安石《字说》云：“人为谓之伪”，“位者人所立”，“讼者言之于公”，“伶非能自乐也，非能与众乐乐也，为人所令而已”，凡此种种，均可谓“新而不诡

① 详见林志强：《论“字说”现象》，《福建师大学报》1995年第1期。

于理”[①],都有人情事理可以寻绎。此外,上文所举的“武”字之楚庄王说,“王”字之董仲舒说,“忠恕”之王安石说等诸多例子,都属于汉字文化学的形义解释,反映了文字学以外的文化思想。“字说”现象对汉字文化学之贡献于此可见一斑。

总而言之,汉字形义关系的动态结构使得汉字的形义解释超越了文字学的范围而进入文化学的层面,成为我们探讨汉字文化学的重要内容。为进一步了解汉字精华,弘扬中华文化,我们对此应有充分的认识,并予以高度重视。

原载《福建论坛》1996 年第 2 期

① 马国翰辑本《字统·序》,收入《玉函山房辑佚书》。

20 世纪汉字结构类型理论的新发展

——以“三书说”和“新六书说”为例

20世纪中国古文字学的空前进步和作为传统小学的一般文字学的深入研究，为探索和建设新的汉字结构类型理论提供了丰富而又翔实的素材。20世纪的文字学家，为了突破两千年来以小篆形体作为分析对象而归纳总结出来的“六书”理论框架，做了许多改造“六书”的尝试，为汉字结构类型理论的新发展作出了贡献。比如张世禄在40年代出版的《中国文字学概要》中用“写实法”、“象征法”和“标音法”来概括中国文字的构造；于省吾在甲骨文中发现了“具有部分表音的独体象形字”和“附划因声指事字”两种条例①，突破了传统“六书”的范围；林澐在80年代出版的《古文字研究简论》中，对古文字现象进行了具体分析，认为汉字在形成体系时，使用了“以形表义”、“借形记音”和“兼及音义”三种基本结构方法。台湾学者龙宇纯在《中国文字学》中也提出了新的分类，有纯粹表形、纯粹表意、纯粹表音、兼表形意、兼表形音、兼表音意、纯粹约定等七种。祝敏申则“从古文字学的角度，把‘六书’作为一个随着文字的萌芽形成而发展的动态系统来描述”。他认为“六书”（不含“转注”）是文字如何形成的几种模式，它们不是在同一时间平面上形成的。“在文字萌芽到形成的阶段，主要是指事与

① 于省吾：《甲骨文字释林》，中华书局1979年版，第435—463页。

象形两大要素，是为第一层次；到文字逐渐复杂，第二层次方法——形声（含假借）、会意——所构成的字有相当比重时，整个汉字系统可以说基本形成，进入古文字阶段；然后随着第二层次方法（主要是形声）的比重日益提高，文字系统也日益成熟，逐渐由古文字过渡到今文字。"① 张振林先生分析了汉字在萌芽阶段、商代、西周、春秋和战国各个时期各种造字法所占的比例，认为汉字从萌芽阶段到春秋后期，其发展的任务是完善造字法，满足交际用字的需要。进入战国以后，文字发展的主要任务是改善文字符号，要求表示音义要明确，书写形体要简捷，也是从动态发展的角度来看待汉字结构。② 此外还有不少论著都对汉字结构类型做了具体的阐述，整个研究呈现出丰富多彩的局面。

回眸 20 世纪对汉字结构类型理论的研究，可以看出其角度是多样的，探讨是深入的，成果是丰富的。当我们进入 21 世纪的时候，需要对它们进行总结，以便在新的世纪里能更好地继承已有的成果，作出更好的成绩。但是全面的总结需要较大的篇幅，非本文所能胜任。本文只能以点带面，重点谈谈唐兰、陈梦家、裘锡圭三位先生的"三书说"和詹鄞鑫先生的"新六书说"，因为"三书说"和"新六书说"都与传统"六书说"有密切关系，各种新说之间互有联系又各不相同，比较清楚地体现了前后学者之间的继承和创新的关系，从中可以看出 20 世纪汉字结构类型理论的发展态势。

一、唐兰的"三书说"

唐兰先生在 1935 年写的《古文字学导论》和 1949 年出版的《中国文字学》中都阐述了他的"三书"理论。他的"三书"指的是"象形文字"、"象意文字"和"形声文字"。象形、象意是上古期的图画文字，形声文字是近古期的声符文字。他认为形、意、声是文字的三方面，三书足以范围一切中国文字，不归于形，必归于意，不归于意，必归于声，这样可以避免按"六书"

① 祝敏申：《〈说文解字〉与中国古文字学》，复旦大学出版社 1998 年版，第 110—111 页。
② 根据中山大学 2000 级博士生课程《金文通论》的课堂笔记整理。

分析所造成的混乱。

唐氏的“象形文字”,包括“六书”中的独体象形字和指事字,他说:

> 象形文字画出一个物体,或一些惯用的记号,叫人一见就能认识这是什么。画出一只虎的形象,就是“虎”字,象的形状,就是“象”字,一画二画就是“一二”,方形圆形就是“□○”。凡是象形文字:
>
> 一、一定是独体字,
>
> 二、一定是名字,
>
> 三、一定在本名以外,不含别的意义。
>
> 例如古“人”字象侧面的人形,一望而知它所代表的就是语言里的“人”,所以是象形字。古“大”字虽则象正面的人形,但是语言里的“大”,和人形无关……由大人的“大”,又引申做一般的“大”,这个字已包含了人形以外的意义,那就只是象意字。凡是象形文字,名和实一定符合,所以我又把它们叫做“名”。①

他又说:“在三书说里,象形的界限是最谨严的,我们所谓象形文字,只限于段玉裁所谓独体象形一类,这就是王筠把它叫做象形正例,朱宗莱所谓纯象形的一类。这里既没有什么合体跟变体,也不取什么兼声和兼意……”② 他把象形字分为四类,并做了具体说明:

> 一象身　就是郑樵所谓“人物之形”,《系辞》说:“近取诸身,远取诸物。”画图的人对于自己这一类描写得很多,所以五官四肢等几乎每一部分都有象形字。
>
> 二象物　包括郑樵所谓“天物之形”,“山川之形”,“草木之形”,“鸟兽之形”,“虫鱼之形”等类,凡是自然界的一切,只要能画出来的象形字,都属于这一类。
>
> 三象工　人类的文明,是建立在发明工具上的……所以我把一切在人类文明里利用自然界万物所制成的器物都列入“象工”,这里包括了

---

① 唐兰:《中国文字学》,上海古籍出版社 1979 年版,第 76—77 页。

② 同上书,第 87 页。

> 郑樵的"井邑之形","器用之形","服饰之用"等。
>
> 四象事　这一类就是班固的象事,也就是许慎的指事。因为这一类文字所画的都是抽象的形态、数目等,没有实物,所以前人要在象形外另列一类……我们认为玄名实名同是象形,其间界限,不容易分析。方形的□,是虚象,井字跟田字是实象,如但就图画的技术说,方形和井形,田形,有什么不同呢?①

唐兰的象形字与"六书"最大的不同,就是把指事字并了进来。这从以上所举的例子和他对"象事"的说明可以明白。他又说:"指事文字原来是记号,是抽象的,不是实物的图画……由我们现在看来,这种记号引用到文字里,它们所取的也是图画文字的形式,所以依然是图画文字的一类,也就是象形文字。我们看见'一'字,就读出数目的'一',和看见'虎'字就读出'虎'字是一样的。所以我们无需单为抽象的象形文字独立一类。"②

唐兰先生的"象意文字"则包括"六书"中的合体象形字和会意字③。他说:

> 象意文字是图画文字的主要部分。在上古时期,还没有发生任何形声字之前,完全用图画文字时,除了少数象形文字,就完全是象意文字了。象意文字有时是单体的,有时是复体的。单体象意文字有些近似象形文字,不过象意字注重的是一个图形里的特点,例如古"尸"字象人蹲踞,就只注重蹲踞的一点,"身"字象人大腹,就只注重大腹的一点,此外可以不管,这是象形字和单体象意字的分别。复体象意文字有些近似形声文字,不过象意字的特点是图画,只要认得它原是图画文字,从字面就可以想出意义来,就是象意文字……象形和象意同是上古期的图画文字,不过象意文字,不能一见就明瞭,而是要人去想的……上古的象意

---

① 唐兰:《中国文字学》,上海古籍出版社1979年版,第87—88页。

② 同上书,第70—71页。

③ 按唐兰《古文字学导论》把象形字分为"象身"、"象物"、"象工"三类,不包括"象事",所以在《古文字学导论》中把指事字并入象意字,说象意字的范围,"包括旧时所谓'合体象形字','会意字',和'指事字'的大部分"。参见《古文字学导论》,齐鲁书社1981年版,第94—95、102页。

字,相当于近古的形声字,数目是很多的,"物相杂谓之文,"所以我又把它们叫做"文"。①

因为唐兰把象意文字定为图画文字,因此他把"比类合谊"一类的会意字排斥在外,认为古时只有象意,没有会意。他说:

> 古文字只有象意,没有会意。象意字是从图画里可以看出它的意义的。"武"字从戈从止,止是足形,我们决不能把它当做停止的意义,因为停止的意义,在图画里是没有的。"武"字在古文字里本是表示有人荷戈行走,从戈形的图画,可以生出"威武"的意义,从足形的图画里,又可以看出"步武"的意义,可是总不会有"止戈"的意义……"比类合谊,以见指撝",这种会意字,在秦以前的古文字里,简直就没有看见过。②

唐兰对"武"字形义的分析很中肯,但认为先秦古文字没有"比类合谊,以见指撝"的会意字,则是不妥当的。先秦古文字已有比类合谊的会意字是明显的事实。

唐兰的形声文字,则与"六书"的形声字没有太大的区别,但他似乎特别强调形声字的声符。他说:

> 形声字的特点是有了声符,比较容易区别……真正的形声字都是近古期的新文字,是用声符的方法大批产生的。《说文》说:"形声相益,即谓之字,字者言孳乳而浸多也。"所以我们就把形声叫做"字"。③

对于唐兰的"三书说",后人并不是很满意,因为他的学说并没有解决很多实际的问题,其理论缺陷还是比较明显。比如他认为象形最谨严,其实他所定的三个标准都未必适合。但是,唐兰是第一个全面系统地对传统"六书"进行大胆改造的人,开风气之先,其功不可没。

---

① 唐兰:《中国文字学》,上海古籍出版社1979年版,第77页。

② 同上书,第71页。

③ 同上书,第78页。

二、陈梦家的“三书说”

陈梦家先生于20世纪50年代在《殷虚卜辞综述》[①] 第二章“文字”里阐述了他的“三书说”。他首先评述了唐兰的“三书说”。对于唐氏的“三书说”，陈氏认为其有独到见解，但提出了以下几个不同的看法：

1. 把形声字称为声符文字是不对的，因为在形声字中形符和声符居于同等的地位。

2. 象形、象意是象形文字，称之为图画文字是不妥当的。

3. 假借字必须是文字的基本类型之一。

4. 对于唐兰所定的关于象形字的三个标准，陈氏均不同意。第一，他认为象形字分为独体复体是人工的分析，如“有”字为从又从肉，然而它依然象手持肉之形；古“企”字从人足下有“止”（趾，脚），象人颠起脚来望远之形，后来分写成“人”、“止”，它原来是象形。第二，象形字不仅是名字而且可以是动字。如卜辞的“雨”字象掉下雨点之形，就其为雨点而言是名字，就其为雨点落下而言是动字，所以卜辞“不雨”、“其雨”的雨是动词，“又大雨”、“遘雨”之雨是名词。第三，一切象形字可以有形的分合（如企），义的引申（如“日”象太阳，引申为每日），声的假借（如羽象羽毛，假借为翌日），但是“企”“日”“羽”原来都是象形，所以象形字不能认为在本名之外，不含别的意义[②]。按，陈氏所说的第一点未必恰当，所举的“有”、“企”二字一般也不认为是象形字。其余两条则点中了唐氏说的要害。

5. 不同意唐兰“‘比类合谊，以见指撝’，这种会意字，在秦以前的古文字里，简直就没有看见过”的说法，比如甲骨文中一棵树为“木”，两棵树是“林”，是会意；“明”字是“日”和“月”相合，另一写法“朙”是月亮照在窗上，也是会意字。[③]

陈氏提出了他自己的“三书说”，即象形、假借和形声。他说：

---

① 《殷虚卜辞综述》，科学出版社1956年版，中华书局1988年再版。

② 参见陈梦家：《殷虚卜辞综述》，中华书局1988年版，第76页。

③ 同上书，第75页。

象形假借和形声是从以象形为构造原则下逐渐产生的三种基本类型，是汉字的基本类型。象形字以它自己的形象表示意义，如“月”“虎”一看就是月亮和老虎；假借字把象形字或形声字当作一个音符，读出来的音相当于我们语言中的某个词，如羽毛的“羽”字的声音同于第二天的“翌”，女子的“女”字的声音同于第二人称“汝”；形声字的形符表示事物的类别，音符乃是事物在语词中的发音，如“河”字的水旁表示“河”是一条水而这条水的名字近于“可”的声音。此三者同样达到文字的目的，即表达出语言的某一内容（即意义），但用的方式是不同的……象形是由形而得义，形声是由形与音而得义，假借是由音而得义。

我们所说的象形，大约包括了许慎所说的象形、指事、会意，也就是班固所谓的象形、象事、象意。不管它所象的是物是事是意，都是用形象（即形符）表达出语言的内容的。我们知道，事物的形象不一定是静止的，因此象形字所象者不限于事物在静态中是个什么东西（名字），也象它在动态中是怎样的活动（动字），也象它在动态和静态中是怎么样式的东西和活动（状字或形容字）。

我们所说的假借，就是《说文·序》所说的“本无其字，依声託事”。甲骨文的假借字，严格说应该叫做“声假字”，以别于后来本有其字的“通假字”。字的意义有三种：一是本义，如牛之为牛，河之为河；二是引申义，如象太阳之形的“日”引申为今日明日之日；象人下山坡的“降”引申为降雨之降；三是假义，如“羽”象羽毛借用为明天之昱。凡假借字只能有假义，象形和形声有本义有引申义。

我们所说的形声，是把《说文·序》“形声相益谓之字”解释为（1）形与声之相益，（2）形与形之相益，（3）声与声之相益。①

总之，陈梦家的“三书说”是把唐兰“三书说”中的象形、象意合并为象形，多出假借，形声是一样的。把假借列为一类，是陈氏学说的一个重要特点。

---

① 参见陈梦家：《殷虚卜辞综述》，中华书局1988年版，第76—79页。

三、裘锡圭的“三书说”

裘锡圭先生在唐氏和陈氏“三书说”的基础上建构了自己新的“三书说”，他在《文字学概要》一书中系统地阐述了他的“三书说”理论。

裘先生认为唐兰的“三书说”存在四个方面的问题：

一是把三书跟文字的形意声相比附。

二是没有给非图画文字类型的表意字留下位置。

三是象形、象意的划分意义不大。

四是把假借字排除在汉字的基本类型之外。①

裘先生认为陈梦家的“三书说”基本上是合理的，但应把“象形”改为“表意”。这样，裘氏的“三书”就是表意字、假借字和形声字。

陈梦家认为假借就是《说文·叙》所说的“本无其字，依声託事”，有别于后来本有其字的“通假字”。裘氏认为“从文字构造上看，通假字和本无其字的假借字的性质是完全相同的”，所以，“三书中的假借不应该限制在本无其字的假借的范围里，应该把通假也包括进去”②。

裘氏对“三书说”中的表意字进行了更详细的分类，共分六类：

1. 抽象字，指用抽象的符号造成的字，如：一、二、三、口、〇、凹、凸、丫等。

2. 象物字，指象某种实物的字，相当于传统“六书”中的象形字。如：日、月、山、水、鹿、马、鱼、象、龙、鸟、子、女、目、手、衣、舟等。

3. 指示字，这类字是在象物字或象实物的形符上加指示符号以示意，如：本、末、刃、亦等。

4. 象物字式的象事字，这类字从外形上看很像象物字，但象物字所代表的词是“物”的名称，而这类字所代表的词则是“事”（如属性、状态、行为等）的名称。如：“𠂇”、“又”是指方位的“左”、“右”的本字，分别以象左手和右手的形符表示左方和右方的意思。此外，大、夨等字也属于这类字。

---

① 参见裘锡圭：《文字学概要》，商务印书馆 1988 年版，第 105—106 页。

② 同上书，第 107 页。

5. 会意字，这类字是指会合两个以上形符来表示一个跟这些形符本身的意义都不相同的意义的字，大致就是传统“六书”中的会意字。按其会意方式的不同，又可分成六个小类：

①图形式会意字，如：宿、从、无、即、卿、及、寇、执、伐、取等。

②利用偏旁间的位置关系的会意字，如：之、正、韦、出、各、陟、降、逐、朝、莫、杲、杳、嬲、尖等。

③主体和器官的会意字，如：见、监、欠、既、企、走、奔、臭、鸣等。

④重复同一偏旁而成的会意字，如：珏、林、卉、森、淼、矗、轰等。

⑤偏旁连读成语的会意字，如凭（《段注》：“任几犹言倚几也。”）、劣、袒、甦、楞、孬、歪、拿、尘、氽、枭等。

⑥其他，指不能归入以上各类的会意字，如：劓、删、扫、掰、邑、明、名、斌、灶、笔等。

6. 变体字，通过改变某一字的字形的方法来表意，有的是增减笔画，有的是改变方向。如：片、孑、孓、甩、爿、叵等。

此外，裘先生认为还有少数字不能纳入三书的范围，它们包括：

①记号字，如：五、六、七、八等。

②半记号字，如：丛（“从”是音符，“一”是记号）、义（宋元时借“乂”为“義”，后世在“乂”上加一点造成“义”，专用作“義”的简体）。

③变体表音字，如：乒、乓、刁等。

④合音字，如：中古时期佛教徒为翻译梵音经咒所造的合音字“䁹”（名养反）、“䶜”（亭夜反）、此外还有如“甭”等。

⑤两声字，如：啎。

⑥特殊来源字，如：歹（来源于藏文字母）。

裘锡圭自己对其“三书”说有个评价，他说“三书”中的“表意字使用形符，也可以称为形符字。假借字使用音符，也可以称为表音字或音符字。形声字同时使用形符和音符，也可以称为半表音字或形符音符字。这样分类，眉目清楚，合乎逻辑，比六书说要好得多”①。

---

① 裘锡圭：《文字学概要》，商务印书馆 1988 年版，第 107 页。

四、詹鄞鑫的“新六书说”

“新六书说”是詹鄞鑫先生提出来的关于汉字结构类型的一种新理论，其说见于《汉字说略》一书。

《汉字说略》不同意陈氏和裘氏把假借字作为汉字的一种基本类型的做法，认为“分析汉字结构，就是分析孤立的汉字的造字结构，并不需要针对汉字在文献中的不同用法而作出不同的处理……假借和引申问题只是在探讨某字为什么产生、由什么途径产生的时候才可能涉及的问题，如果不考虑每个汉字的历史，就没有必要把假借作为一种结构类型来处理”①。因此，詹先生以裘先生的三书系统为基础做了一些局部调整，形成他的“新六书”——象形、指示、象事、会意、形声、变体。

那么，这新六书的名目是如何来的呢？《汉字说略》是这么解释的：

> 我们以裘锡圭先生构建的三书系统作为基础而作一些局部调整：首先，我们仍按文字学界的一般处理法，把假借视为用字法（并不是与造字毫无关系），不列入结构类型之中。这样，三书只剩下“表意”和“形声”两大类了。我们觉得，形声字尽管含表音符号，但很难把它完全排除于“表意”之外，这不仅由于形声字的形符具有一定的表意功能，就是声符也有相当一些同样具有表意功能。因此，在排除了“假借”之后如果仍把“表意”与“形声”对立起来就显得不很合理。于是，我们又将三书系统中属于“表意”的各类分开来与“形声”作为并列的结构类型。“表意字”中的“抽象字”，一方面由于数量很少，另一方面不论就其表面特征（独体）而言还是就表意性质（表“事”）而言都与象事字没有本质的区别，因此把它归并到象事字中。在裘氏三书系统中属于“表意”的“变体字”，现在既然不再属于“表意”，就可以包含裘氏认为不能纳入三书范围内的“变体表音字”，甚至还可以包含“半记号字”

① 詹鄞鑫：《汉字说略》，辽宁教育出版社1991年版，第169—170页。

及“记号字”[1],最大限度地缩小无法归类的汉字的范围;同时,“变体”还包括形声字的变体,这样,在次序上就应该把“变体”排在最后。

名称方面,我们既考虑表述的科学性,又尽量与传统的名称相一致。例如“象物”其实相当于六书中的“象形”,尽管“象物”的名称更为明确一些,为着习惯,仍称为“象形”;又如“象物字式的象事字”,表述上固然很明确科学,但又嫌其累赘,而“象事”的名称在班固的“六书”中已经出现,所以我们用“象事”来代表“象物字式的象事字”。经过以上的调整,我们将汉字结构类型分为六类:象形、指示、象事、会意、形声、变体……这六类正好也合“六书”,为了区别于传统的六书,姑且称之为“新六书”吧。[2]

“新六书说”中的象形字大体上相当于传统六书中的象形字。其特点是字形跟它所表示的物体的外形相像,许氏所谓“画成其物,随体诘诎”,俗谓之“按葫芦画瓢”。大致有以下几种类型:

1. 象单体全形。如:山、人、目、行等。

2. 以部分代整体之形。如:牛、羊等。

3. 象群体之形。如:茻、林、玨等。

4. 附加形体的象形。如:州、眉、血等。

“新六书说”中的指示字是指在象形符号(极少数可能是抽象符号)上加比较抽象的指示符号来表现字义的文字,大体相当于传统六书指事字中偏于“指”的那类字。如本、末、朱、上、下、中、亦、寸等。

“新六书说”中的象事字是指表面结构与象形字相似,但所代表的不是有形之物而是无形之事的名称的独体字,相当于传统指事字中偏于“事”的那一类。它还包括只像某种状态的字,即裘锡圭所说的“抽象字”。如:大、夨、高、𠂇、又、□、○、凹、凸、小等。

“新六书说”中的会意字是指会合两个或两个以上的构字符号(即形

① 按詹氏在以后的分析中并没有把“记号字”包括在“变体字”内,与这里所说有矛盾。见《汉字说略》,辽宁教育出版社1991年版,第217页。

② 詹鄞鑫:《汉字说略》,辽宁教育出版社1991年版,第170—171页。

符）来表示一个跟这些构字符号本身的意义都不相同的意义的字，包括以形会意、以义会意和会意兼声三类。以形会意的如無、毓、出、删、步、爨等。以义会意的如雀、嵩、劣、袓、尖、歪、尘等。会意兼声的如右、左、友、字、受等。

“新六书说”中的形声字是指由一个形符（个别由两个形符）和一个声符构成的字，与传统的形声字没有太大的区别。如：结、松、雅、形、茅、管、基、裳、街、匮、问、哀、疆、哉、旗、徒等。

“新六书说”中的变体字包括裘锡圭先生所说的“变体字”和不能纳入其“三书”范围的变体表音字和半记号字。包括三类：①取形变体字。如片、孑、孓、了等。②取义变体字。如叵字。③取音变体字。如乒、乓等。

五、结语

为了直观地比较上述各家之间大体上的异同，这里列表如下：

<table>
<tr><th>传统六书</th><th>唐兰三书</th><th>陈梦家三书</th><th colspan="2">裘锡圭三书</th><th>詹鄞鑫新六书</th></tr>
<tr><td>指事</td><td rowspan="2">象形</td><td rowspan="6">象形</td><td rowspan="6">表意</td><td>指示字</td><td>指示</td></tr>
<tr><td>象形</td><td>象物字</td><td>象形</td></tr>
<tr><td rowspan="4">会意</td><td rowspan="4">象意</td><td>象物式的象事字</td><td rowspan="2">象事</td></tr>
<tr><td>抽象字</td></tr>
<tr><td>会意字</td><td>会意</td></tr>
<tr><td>变体字</td><td>变体（包括裘氏不能纳入三书范围的变体表音字和半记号字）</td></tr>
<tr><td>形声</td><td>形声</td><td>形声</td><td colspan="2">形声</td><td>形声</td></tr>
<tr><td>转注</td><td></td><td></td><td colspan="2"></td><td></td></tr>
<tr><td>假借（本无其字）</td><td></td><td>假借（本无其字）</td><td colspan="2">假借（包括本有其字的通假）</td><td></td></tr>
</table>

对汉字结构类型的研究是一个理论性的问题，从不同的角度得出不同的结论是很正常的，也有利于学科研究的深入发展。从本文的论述可以看出，

从传统“六书”说发展为三种“三书说”,从“三书说”又发展为“新六书说”,各位学者都力图以新的理论框架来概括汉字的结构类型。他们在研究中既有继承又有创新,大家的分析越来越趋于细致,逻辑上更加严密,系统性更强,理论色彩更加浓厚。比如陈梦家对唐兰象形字三个标准的批评、裘锡圭把陈梦家的“象形”改为“表意”、“新六书说”缩小了裘氏“三书说”中无法归类的特殊汉字的范围等,都明显体现了后出转精的态势。在注意理论建设的同时,大家都注意联系古今汉字的发展演变情况以及汉字与汉语的关系,努力挖掘汉字结构类型理论的合理性,提升它在汉字分析中的解释功能,因而也提高了其理论的实用价值。毫无疑问, 20 世纪出现的“三书说”和“新六书说”,为汉字结构理论的进一步完善奠定了良好的基础。

同时也应该看到, 20 世纪关于汉字结构类型理论的探讨,也有未臻至善之处,许多问题仍需我们继续努力。比如假借的问题就经历了一个否定之否定的过程,仍然未获得统一的认识:陈梦家否定了唐兰的做法,把假借作为汉字的基本类型列入其“三书”之中,裘锡圭先生承之而又有所订正,把本有其字的通假也包括在内,而詹氏又把假借排除在他的“新六书说”之外。这个问题在历史上的认识也不一致。东汉的班固认为“六书”是造字之本,假借当然也是造字之法。明代杨慎在《六书索隐》中则把“六书”中的前四书视为经,后二书视为纬,假借非经而是纬。清代戴震明确提倡“四体二用”说,假借被认为是用字之法而非造字之法 ①,影响很大。但由于假借的方法能促使新字的产生,因此又有人认为把假借归为单纯的用字之法也有偏颇之处 ②。今后这个问题如何处理,仍然值得我们进一步探讨。至于上述哪一种理论比较合理,它们能不能取代传统的“六书”,也仍然有待时间的考验。

原载《福建师范大学学报》2001 年第 3 期

---

① 戴震:《戴震集·答江慎修先生论小学书》,上海古籍出版社 1980 年版。

② 参见杨五铭:《文字学》,湖南人民出版社 1986 年版,第 53 页。

论传抄古文的形态变化及相关问题

先秦文字特别是六国文字被作为“古文”传抄下来的，后世叫做“传抄古文”。“传抄古文”可分广狭二义，狭义的“传抄古文”指《说文》、三体石经、《汗简》、《古文四声韵》中的篆体古文，广义的“传抄古文”还包括传世古籍和后代字书中用隶楷笔势写定的“古文”。广义的“传抄古文”有利于把传世“古文”作为一种类别进行纵向考察和研究，故本文取广义概念①。保存在历代字书、韵书、碑刻或古籍抄本中的传抄古文，来源比较复杂。篆体古文最直接的来源自然是先秦战国文字，隶楷古文有的来源于《说文》中的古文、奇字、籀文、小篆和小篆异体，有的来源于《说文》未录的古文资料或古隶书，有的则以后世俗字为古文②。除了以后世俗字为古文不符合

---

① 何琳仪先生在《战国文字通论（订补）》（江苏教育出版社2003年版）中所说的传抄古文，主要指狭义概念，但有时也包含广义材料。他说：“经传注疏的‘隶古定’及字书中的‘古文’亦并非战国文字的本来面貌，我们只能从传钞古文中得其仿佛。因此，对《说文》古文、籀文、三体石经、《汗简》、《古文四声韵》之类的传钞古文资料应倍加珍视。”（第6页）“狭义的‘古文’，则是指以《说文》古文为主，包括其他诸如石经古文、《汗简》古文等转抄于战国文字的字体。”“《说文·叙》又曰：‘古文，孔子壁中书。’则是东汉以后产生的专有名词。一般特指壁中书之类的简册文字。本章介绍的‘传钞古文’，就是指这类狭义的‘古文’。”（第41页）这些地方的“传钞古文”，显然都是指狭义概念。他又说：“壁中书、汲冢书等竹简文字，虽然今天已不能亲睹其考古实物，但是在至今流传的《说文》、三体石经古文中犹能得其髣髴。另外，在传世的各种‘古文’、经传注疏、字书之中，也往往可以寻觅战国文字的踪影。凡此传钞‘古文’，实乃古代发现战国文字资料之吉光片羽，弥足珍贵。”（第34页），则似乎又包含隶楷“古文”材料（着重号为引者所加）。

② 参见徐在国：《隶定古文疏证·前言》，安徽大学出版社2002年版。

"古文"的含义外,其他各种途径传下来的,虽然不免有真有伪,有变有不变,并可谓之传抄古文。真正的传抄古文,从文字的源流来说,和正常的小篆、隶书、楷字本是同根,都是从先秦古文字发展演变而来的。不同的是,正常的小篆、隶书、楷字遵从文字演变的一般规律,经过约定俗成,人们习以为常,而传抄古文是用丰锐圆转或隶楷平直的笔势对古文进行转写,掺杂着较多的转写者个人的因素,在形态或结构上难免怪异。现在由于古文字资料的空前丰富和研究水平的提高,我们对于传抄古文的认识也在不断深化,前人或以为其诡异无由,如今则可以见怪不怪,重要的是要去追寻传抄古文之所以怪异的来龙去脉,解释其字形演变的内外因素。这一方面的工作,现在做得相当不错,如黄锡全先生的《汗简注释》,徐在国先生的《隶定古文疏证》,都对传抄古文作了深入的研究,对我们了解传抄古文的源流变化,都是十分有用的。本文拟对传抄古文的形态变化及其相关问题做一点思考。

一

传抄古文的形态变化,大致可分为三种情况:一是篆体古文,二是隶体古文,三是楷体古文。篆体古文的主要特点是保留先秦文字的圆转笔势,它们是传抄古文的早期形态;隶体古文是用隶书笔势写定的古文,是篆体古文和楷体古文的中间环节;楷体古文是以楷书的笔法写定的古文。传抄古文的三种形态,从其载体的时代而言,很难在时间序列上排出绝对的先后顺序,比如收篆体古文的《汗简》,其成书时间却比保存隶体古文的汉碑晚,但从文字演变的一般逻辑序列来说,篆、隶、楷三种形态应该可以代表传抄古文的历时发展过程。

这里需要说明的是,以前大多将传抄古文分为两种形体,即"篆体古文"和"隶体古文"(或称"隶古定")。由于隶书和真书(正书、楷书)的名实关系从晋至唐一直纠缠不清,"隶"字既可指隶书,又可指楷书,则"隶体古文"之"隶"也可以是二者兼指。这样,"篆体古文"和"隶体古文"实际上也能包括上述传抄古文的三种形态,但在具体的论述中又难免要花费文字进行一番说明。比如裘锡圭先生说,隶古定"指用隶书的笔法来写'古文'的字形。后人把用楷书的笔法来写古文字的字形称为'隶定'"①。顾廷龙先生说:"'隶古定'就是用正书按科斗古文笔画写定的本子。"② 陈公柔先生说,隶古定"在写法上是正书;而在字画结构上较之六国文字则不能省改"③。徐在国先生说,隶定古文"指用隶书或楷书的笔法来写'古文'的字形"④。这些说法应该都是符合实际的,但都不免要在隶楷之间纠缠。这种名实不符的术语不利于学科的理论建设。如今世异时移,我们对隶书楷字的基本界定已经泾渭分明,那么根据名实相符的原则,应该进一步细化旧时的二分法,明确地把传抄古文改分为篆体古文、隶体古文和楷体古文三种形态,这样才有利于寻名求实,明确指称,对今后的研究还是有积极作用的。

我们还需要对"篆体古文"和"隶体古文"做一些说明。"篆体古文"或称"原体古文",如李道明先生在《隶古定古文刍论》中说:"古文……只是因形体差异而分成了两类。一类是保存了原体的古文,一类是隶楷笔法书写的古文,即隶古定古文。"⑤ 按所谓"原体古文",古或称"科斗文",笔画特点是丰中锐末,或者丰上锐下,其实是汉魏时期的学者在转写古文的过程中发生的变化写法,以求符合科斗之头粗尾细的特征。这种变化可能是古人基于对先秦古文笔画特点的认识而发生的程式化的变写,与出土于地下的先秦古文有着一些不同⑥,但笔势的曲折圆转,与先秦古文则是相同的,因此称"原体古文"不太合适,称"篆体古文"则比较适当。"隶体古文"也称"隶古定古文"。按,"隶古定"一词出于孔安国《尚书序》,通常所理解的"隶古定",是用隶书的笔势来转写原来是六国古文的典籍。根据《穆天子传》等传世的隶古定(其实是楷古定)写本来看,在隶古定的过程中,一般文字

---

① 裘锡圭:《文字学概要》,商务印书馆 1988 年版,第 78 页。

② 顾廷龙:《尚书文字合编·前言》,上海古籍出版社 1996 年版,第 13 页。

③ 陈公柔:《评介〈尚书文字合编〉》,《燕京学报》新四期,北京大学出版社 1998 年版,第 296 页。

④ 徐在国:《隶定古文疏证·前言》,安徽大学出版社 2002 年版,第 1 页。

⑤ 载《于省吾教授百年诞辰纪念文集》,吉林大学出版社 1996 年版。

⑥ 王国维《科斗文字说》云:"魏三体石经中古文,卫恒所谓因科斗之名遂效其形者。今残石存字皆丰中锐末,与科斗之头麤尾细者略近,而恒谓转失淳法,则邯郸淳所传之古文,体势不如是矣。邯郸淳所传古文不如是,则淳所祖之孔壁古文体势亦必不如是矣。"见《观堂集林》卷七,中华书局 1959 年版。

的隶定与通常隶书的写法并无不同[①],那些“虽隶而犹古”的隶古定主要有两种情况:一是结构奇特形义不明的字,二是字虽可识而结构特殊的字。传抄古文中值得注意的“隶体古文”,主要就是指那些“虽隶而犹古”的文字,特别是那些字可识而结构特殊的文字,而与一般文字演变合流的“隶古定”写法,就可不作为传抄古文研究的主要对象。篆体古文和楷体古文所关注的,主要也是写法比较特别的文字,所以在这个问题上,三者的着眼点是一致的。

二

篆体古文的材料保存在《说文》、三体石经、碧落碑、《汗简》、《古文四声韵》等书籍或碑文中。其中,三体石经和《说文》中的古文,虽然有失邯郸淳的笔法,但较之其他各种材料,可信度还是很高的;《汗简》等书中的古文形体,也有一大部分是可靠或比较可靠的古文材料[②]。这些材料与先秦古文形体最为接近,在战国文字的研究中,具有非常重要的价值,前辈时贤多有论述,此不赘。楷体古文保存在《玉篇》、《广韵》、《集韵》、《一切经音义》、《龙龛手鉴》、《篆隶万象名义》等字书以及古本《尚书》、《穆天子传》等一些古籍抄本中。这两类传抄古文的材料都比较多,容易见到,而隶体古文的材料则比较少见,拟在这里作重点论述。

说到隶体古文,我们马上就会想到隶古定本《尚书》。如前所述,“隶古定”一词首出于《尚书》孔序,如其说可信,根据孔壁古文发现以及转写的时代,“隶古定”之“隶”当指隶书。但是由于《尚书》写本在历史上的众多变故,真正的隶古定本《尚书》我们无缘得见,敦煌等地发现的古本《尚书》,虽然号称隶古定本,其实都是楷古定本,即属于本文所谓的楷体古

① 陆德明在《经典释文·条例》中说:“《尚书》之字,本为隶古。既是隶写古文,则不全为古字。今宋齐旧本及徐、李等音,所有古字盖亦无几。”正是这个原因。

② 《汗简》古文从可信度的角度看,存在三个层次:第一层次是与出土材料相合、或虽存在差异但符合自然流变的字形,约占40%;第二层次是传写讹变但形迹可寻者,约占35%;第三层次是改从郭书部首或以隶作古的古文,约占25%。前两个层次是可靠或比较可靠的材料,后一个层次的材料可信度最低。参见曾宪通:《论〈汗简〉古文之是非得失》,《曾宪通学术文集》,汕头大学出版社2002年版。

文一类。传世的《穆天子传》也是如此。那么隶体古文到底是什么样子，在《尚书》等传世古籍中是无法亲见的，所以我们只能另谋途径寻其影踪。这个途径，就是汉碑。

汉碑中的隶书文字，是旧时研究隶变的重要材料。从严格意义上讲，汉碑中的隶书文字，并不是一般所说的“传抄”古文，因为它们是当时的正常用字，是汉字发展到隶书阶段的正常表现。但是，汉碑中有一部分隶书，与正常隶变而来的隶书的写法不同，而与各类古文奇字的结构相同或相似，当是写碑者书以求异而取之先秦古文者。这些隶体古文，实际上是文属当代而字取先秦，与《尚书》隶古定对古文原本的转写或单纯对先秦古字的收集传抄是不完全相同的，但原理应该还是一致的。这些“虽隶而犹古”之字，上承《说文》所录各体文字或其他古文字，下启后世字书、韵书和古籍抄本中的楷体古文，实乃古文得以传抄之重要环节与途径。正是在这个意义上，我们把它们看成与一般所说的“传抄”古文具有相同性质的文字，作为我们考察传抄古文的重要资料。记录和研究汉碑的字书，宋元以来已经形成一个系列，如宋代有洪适的《隶释》、《隶续》，娄机的《汉隶字原》，元代有无名氏的《汉隶分韵》，清代有顾蔼吉的《隶辨》、甘杨声的《汉隶异同》、翟云升的《隶篇》等。其中《隶辨》一书，乃作者“锐志精思，采摭汉碑所有字”而成，其“碑字出自手摹，谛审无差”①，其解释“通贯明确，《隶释》诸家，咸所不及也”②，因此值得我们充分重视。今从《隶辨》中选检数例，观其上承古字而下启楷书，以窥见隶体古文的一些身影，了解传抄古文的演变轨迹。

“风”字《说文》古文作“𠙊”，是篆体古文。《杨震碑》阴作“凬”，《绥民校尉熊君碑》作“凨”，是隶体古文。“凬”形的楷体收于《类篇》、《集韵》等书；“凨”形的楷体见于古本《尚书》上图本（八行本）之《大禹谟》篇以及《玉篇》、《篆隶万象名义》等书。

“智”字鱼鼎匕作“𣉻”，中山王鼎、郭店简都有相同或相似写法，《说文》小篆作“𥏼”，古文作“𥏾”，皆所有讹，反不如《度尚碑》与《校官碑》之隶体古文作“𣉻”更为近古。这种写法的“智”字楷体，见于《广韵》。

① 顾蔼吉：《隶辨》序，中华书局1986年版，第1页。

② 康熙时项絪评语，见《隶辨》，中华书局1986年版，第1页。

《汗简》卷四录古《尚书》“崇”字作“宻”，为篆体古文。《袁良碑》“崇”作“宻”，是隶体古文。其楷书写法作“宻”，见于《汉书·郊祀志》，又见于古本《尚书》敦煌本伯3315《舜典释文》、斯799《武成》篇、内野本《牧誓》篇和《武成》篇、上图本（八行本）《牧誓》篇和《周官》篇以及《书古文训》各有关篇章。

“曲”字包山简260作“𠃑”，郭店简《六德》四三作“𠃑”，《说文》古文作“𠃑”，皆篆体古文。《无极山碑》作“𠃑”，为隶体古文。《玉篇》、《类篇》、《集韵》等皆收有此类写法的楷体。

“善”字毛公鼎作“譱”，古文相承不绝。《夏承碑》作“譱”，《校官碑》同，是隶体古文。《汉书·礼乐志》：“安上治民，莫蕭乎礼。”师古曰：“蕭，古善字。”

“房”字包山简作“㫄”，《汗简》卷五作“㫄”，为篆体古文。《校官碑》作“㫄”，是隶体古文。其楷体写法作“𣃁”，见于扫叶山房本《穆天子传》卷五，古本《尚书》伯2533、伯5557、九条本、《书古文训》之《胤征》篇和观智院本之《顾命》篇。认识“房”字的这种写法，颇有助于古书校勘，顾蔼吉已有揭示，转录于下：“《隶释》云：隶法房字，其户皆在侧，故人多不晓，或作防，或作昉，皆误也。据此，则今本《史记·武帝纪》‘芝生殿内防中’，《汉书·沟洫志》‘筑宫其上，名曰宣防’，皆𣃁字传写之讹也。”①

“中”字古文作（中钲）、（石鼓文）、（包山简）、（郭店简）。《刘修碑》作“”，《夏承碑》作“”（亦用作“仲”），皆是隶书承继古文者。其楷体写法，存于《玉篇》、《集韵》。

“天”字《汗简》卷一作“兲”，属篆体古文。《无极山碑》作“𠑺”，是隶体古文。古本《尚书》内野本《尧典》篇作“𠑺”，敦煌本伯2516《说命》篇作“无”，皆其楷体写法。《玉篇》、《集韵》、《广韵》等也收有此字楷体。

“流”字《汗简》卷五作“”，乃篆体写法。《尧庙碑》作“”，为隶体古文。其楷体写法见于《玉篇》、《广韵》、《一切经音义》以及古本

① 顾蔼吉：《隶辨》，中华书局1986年版，第57页。

《尚书》伯 3315 之《舜典释文》。

“视”字《说文》古文作“”。《张休崖涘铭》作“”,是隶体古文。其楷体写法见于《玉篇》、《广韵》等书。

“若”字师虎簋作“”,郭店简《老子》乙一作“”,为篆体写法。《斥彰长田君断碑》作“”,是隶体古文。这种“若”的楷体写法作“”,见于《玉篇》艸部,注明是“若”的籀文。

“表”字《说文》小篆从衣从毛。《冯緄碑》作“”,与小篆略异,亦隶体古文。小篆结构的“表”字的楷书写法见于《玉篇》、《类篇》、《集韵》等书。

“野”字秦简作“”(睡虎地日甲 144),《说文》古文作“”。《校官碑》作“”,是隶体古文。楷书多作“壄”,“予”声讹为“矛”,见于《玉篇》、《类篇》、《广韵》、《集韵》及古本《尚书》敦煌本伯 2533 之《甘誓》篇。

“要”字《说文》小篆作“”,段玉裁据《玉篇》、《九经字样》改为“”。熹平六年之《斥彰长田君断碑》作“”,是隶体古文。这种写法的楷体字形保存在《玉篇》、《类篇》、《集韵》等书中。

“责”字小篆从贝朿声,《祝睦碑》“啧”字和《度尚碑》“绩”字所从之“责”作“”,是隶书写法,结构则与小篆同。此形的楷化字见于《玉篇》。

以上的例子当然没有穷尽汉碑中的隶体古文。汉碑中的隶体古文与其前之篆体古文和其后之楷体古文也并不能完全对应,因此我们无法在汉碑中找到所有篆体古文和楷体古文相对应的隶书写法,同时汉碑中也有一部分虽隶而犹古的字形,也找不到与之对应的篆体写法和楷体写法,这些都是材料所造成的限制。但上举例子可以证明,古文字经由隶书而变为楷书,传抄古文的传抄途径亦不离此道。这充分说明,我们把传抄古文的形态变化分为篆体古文、隶体古文和楷体古文是符合实际情况的。

三

历史上,传抄古文因为多少偏离了文字发展的主流渠道,其命运也就难免随时浮沉,有时甚至濒于灭绝。幸而有一些好古博雅之士,为我们留下了宝贵的资料。从现在的观点看,历史上那些热衷于古文材料的收集和传写的人,应该得到尊重。比如,没有王老子等人传写古文于将绝之时,我们现在就看不到古本《尚书》的情况[①];没有郭忠恕等人的收集整理,我们就看不到丰富的篆体古文材料;没有汉人留下来的碑刻和宋元以后历代的摹录和收集,我们就看不到奇特的隶体古文;没有历代字书的传承记录,楷体古文也将湮没无闻。这些事实告诉我们,古文的传抄和古文字材料的发现一样,时刻都在提醒我们汉字源远流长、前后相承的历史。汉字的演变,其实就是在书写和传抄的过程中完成的。传抄古文是从一条特殊的线路上显示了汉字的演变历史。因此,传抄古文的研究,与汉字演变问题的研究是相辅相成的,我们在这一方面,也应该给予应有的重视。

原载《汉字研究》第一辑
学苑出版社 2005 年版

① 敦煌本伯 2643 为隶古定本《尚书》,是卫包改今字后第十五年的抄本,末题“乾元二年正月廿六日义学生王老子写了也记之也”。

汉字理据的显隐与汉字和汉语的内在关系①

通常认为,汉字是表意体系的文字,主要表现为汉字的构形和汉字的音义有密切的关系。从这一角度看,汉字确是一种很有理据的文字。分析汉字理据,不仅是汉字学的核心内容,也是汉字学与其他文字学明显的区别性特征。同时,汉字表意的最显著功能,表现在汉字直接记录汉语的词义,特别在以字词互相对应为基本格局的古汉语里,字义即词义的现象相当普遍,因此对汉字理据的分析,也就成了训释词义的最基本思路,历史上训释词义的各种方法,不管是形训、音训还是义训,都与汉字的理据密切相关。所以,汉字理据的显明抑或消隐,就与汉字表意或汉字表词有着密切的关系,也可以看出汉语和汉字在发展的过程中如何互动和协调,以达到言文的完美结合。这样看来,理据研究既是汉字研究的固有内容,又是汉语字词关系研究的必然课题,因此从汉字理据的角度来观察汉字与汉语的内在关系,无疑是一种比较切合实际的出发点。本文拟在这个方面做一些粗浅的思考,以就正于大儒方家。

---

① 本文与龚雪梅合作。曾在"首届'汉语与汉字关系'国际学术研讨会"(2008年11月·厦门大学)上宣读。

一

汉字据义以构形，其理据是客观存在的。但汉字的理据并不是一成不变的，而是一个动态的发展过程。从汉字的发展演变情况看，汉字的理据性总体表现为前显后隐、时显时隐。

汉字理据的前显后隐，指的是古文字阶段汉字理据比较明显，今文字阶段汉字理据则趋于消隐。

汉字初文的构形取象，大多来源于现实样态，近取诸身，远取诸物，画成其形，随体诘诎，形象生动，理据显明，几乎无需思索，便可据形知义，这是早期汉字的显著特征，也是早期汉字和汉语进行形义结合的结果。从甲骨文开始，到战国中晚期隶变发生，以屈曲线条为主的古文字，其形象性以及用形象进行表意的明确性，都是后来的文字所无法比拟的。然而随着隶变的发生，汉字开始进入今文字阶段，平直方正的今字逐渐取代了屈曲圆转的古字，汉字的形象性大打折扣，表意性亦随之逐步削减。隶变产生了大量的混同、分化、讹变等现象，汉字的符号系统几乎被重新洗牌，旧质为新质所取代，抽象性大大加强，理据性明显削弱。隶书之后形成的楷书，特别是现在大陆推行使用的简化字，其理据性较之古文字，是不可同日而语的。至于草书之类，与构形理据已了不相涉，视之线条艺术可也。因此从总体上看，今文字的理据或消失，或隐匿，是汉字发展变化的必然结果。古文字的理据强，今文字的理据弱，此即所谓“前显后隐”。

如果说汉字理据的前显后隐是一种古今不同的趋向性特征，那么汉字理据的时显时隐则是一种古今均有的经常性现象。这是因为古文字阶段的汉字理据虽然比较强，但也不是所有汉字的理据都是明白清楚的，从古文字的研究情况看，至今不能解释的形义关系仍然不少；今文字阶段的汉字理据虽然比较弱，但也有不少汉字仍然保留着比较明显的理据内涵，汉字的表意性还是主要的特征。也正因为如此，汉字至今仍然被认为是表意体系的文字。

汉字理据时显时隐的原因很多。古今汉字理据都显明的情况，是汉字形体及其形义关系以及有关的汉字文化内涵在古今传承中稳定发展、变化不大的结果，这里就不多说了。古今汉字理据不显的情况，则有着不同的原因：

古文字的理据不显，主要原因是今人之知古代不如古人来得清楚深切。依常理推测，汉字据义以构形，造字时应该都是有理据的。可是时隔久远，形经变化，有些字的初形朔义，就容易湮没在历史的烟尘之中，致使后人难得其详。然而一时不显的理据，并不等于永远不显：有些是由于材料不足造成的悬疑，将随着新材料的发现而涣然冰释；有些是初始理据虽然消失不见了，但还可能进行不无根据的理据重解（详下）；还有的则与用字主体的汉字学修养有关——一些人（比如一般的汉字使用者）觉得某字构形毫无理据，另一些人（比如汉字研究者）则可能深谙其中道理所在。

今文字的理据不显，主要原因当然是汉字经历了太多的变化。有些字的古今变化之大，不啻天壤之别，特别是那些完全抽象化的符号，比如由草书楷化而来的一些字，其原有理据已经荡然无存，只是一个硬性的代码，根本没有道理可言。然而理据不显的今文字，如果能够利用出土文字资料和相关文献材料，以今推古，沿流溯源，则上述古文字"一时不显的理据，并不等于永远不显"的种种情况，亦完全可以发生在今文字的历史视野中。

可见，不论是古文字还是今文字，其理据的显明或消隐，都不是固定不变的，它是动态的，是变化发展的，此即所谓"时显时隐"。

二

汉字理据的显隐，除了与汉字自身的发展变化有关之外，与其所记录的语言——汉语的古今发展变化也有着密切的关系。从汉字记录汉语的角度看，形义统一是一种理想追求，理据消隐又是一种必然趋势。但不管情况如何，汉语和汉字仍然保持着互动和协调，这是一种内在的机制使然。

古汉语词义即字义，连绵词亦称联绵字，都透露出字词一体的信息。汉字作为记录汉语的符号系统，是集形音义三位于一身的，因此传统的"小学"亦以形、音、义互相推求为治学根本。从学科分类的角度来说，这实际上是文字学、音韵学、训诂学互相交叉、杂糅的系统，跨越了文字学和语言学的界限，使得字义和词的音义联系贯通。这表明，汉字在记录汉语的过程中，言文对应理据显明，一直是汉字创造者和使用者自觉不自觉的内心追求，看山像山，看人即人，就是一种思维定势。因此，当语言的变化或汉字的变化导致形义关系或形音关系疏离或缺失的时候，人们就要想方设法让汉字理据再度显现。历史上许多特殊的汉字学现象都与追求形音义统一协调有关，从中也可以看出汉语和汉字互动协调的内在关联机制。下面略举数例：

（一）理据重解

理据重解亦称理据重构，狭义的理据重解是指当某一汉字原有构形理据变得隐晦难明时，人们重新对这个汉字的形义关系给予新的解释。这种解释往往结合词义的新变化和思想观念的新发展来进行，如《说文》释“王”字，引董仲舒说云：“三画而连其中谓之王。三者，天地人也；而参通之者，王也。”又如《说文》释“武”字，以楚庄王之“止戈为武”立说，强调其定功戢兵之功效。但从初文的构形看，“王”乃斧钺之形，“武”则为荷戈行进之象，均与后说无关。然而由于形体的变化，其初文朔义已难显现，而新的解释则结合了新的思想观念重新建构了它们的形义关系，人们也乐于接受，甚至在特定的历史时期里成为主流看法。

（二）字形再造

字形再造是指随着时间的推移和字形的变化，某一旧有字形被认为不能满足形义统一的要求，因而重新进行造字来体现形义关系的现象。江式《古今文字表》及颜之推《颜氏家训》所记魏晋南北朝时期的流俗造字情况，大抵以形义相协为旨归，如百念为忧、巧言为辩、先人为老、追来为归等等皆是，说明理据的观念深入人心。至如武则天造字，虽有不少奇形怪状，但以曌为照，以埊为地，仍然体现了这一原则。

字形再造还应包括为新词新义而创造的文字。语言是不断发展的，旧词旧义的消亡和新词新义的产生，都是十分常见的现象。随着新词新义的产生，汉字也必然要作出反应。在大多数情况下，新词新义可以用旧字来分担承载，这体现在汉字字义的古今变化之中，亦即说，汉字字义有古有今，有本义、引申义，有近引申、远引申，都体现了词义的发展变化。但也有部分新词新义则以改变旧字形或创造新字形来承担,而所改变之旧字形或创造之新字形,也都是根据有关理据来进行,并非随意。戴侗在《六书故·六书通释》中说:“昏,本为日之昏。心目之昏犹日之昏也,或加‘心’与‘目’焉。嫁取者必以昏时,故因谓之昏,或加‘女’焉。”由“昏”派生出“惛”、“睧”和“婚”,是谓同源字,形音义都有关系,理据明显。又比如以“买”加“出”为“卖”,以“受”加“手”为“授”,也是形音义相因袭;变“刀”为“刁”,拆“兵”为“乒”、“乓”,虽无意义上的联系,但也是形音相承。再如南北朝时,出现了桌、椅等新事物,起先分别借用卓、倚记录,就其理据而言,卓有高义,倚有靠义,与桌、椅之特点还是有联系的,只是还不够明显。后来为了突出其木制的特点,又分别在卓、倚的基础上创造出了桌、椅二字,其形义关系就更加清晰了。① 至如近世之氧、氢、氛、氯等字,与旧时氤、氛等字造字之法同出一辙,也是形声兼具,意义明显,理据朗然。可见,汉字有古形、有今形,有古音、有今音,有古义、有今义,都是与时俱进、与汉语相协调的结果。

(三)音化现象

形义关系是一种理据,形音关系也是一种理据。汉字作为表意体系的文字,注重形义关系纯属自然,但汉字更主要的是作为记录汉语的符号系统,记录语言需要音义兼顾,因此如何表音是汉字必须解决的一个技术性问题。应该承认,象形、指事、会意三种造字法在这一方面是有缺陷的,因为这些方法创造出来的汉字不能在字形中显示其所对应之词的读音,形音关系不能显现,其理据性自然也就不能得到充分展示。为解决这个问题,聪明的古人想出了办法,假借法的使用就是以形表音的重要创造。假借法解决了很多虚词无字、新词无字的问题,弥补了表意体系汉字的先天不足,为汉字更好地记录汉语立下了汗马功劳。但假借法纯粹是借形表音,也难免走向另一个极端,即照顾了表音却又丢失了表意,因此古人还必须寻找更为完美的造字之法,这就是形声造字法。形声字形符用于表意,维持了汉字表意的基本特点;声符用于表音,缩短了汉字与其所记录之词在读音上的距离。其音义兼表的路

---

① 参看王贵元:《汉字与文化》,中国人民大学出版社2005年版,第160—161页。

子,成为一种沟通汉语字词关系的最完美的格局。因其完美而影响甚巨,变形音化、表意字变形声字等现象层出不穷,也就不难理解了。总之,假借字也好,形声字也好,都是汉字音化的重要表现,是汉字在表意之外,为更加完美地沟通字词之音读关系而作出的努力,体现了汉字与汉语之间的互相影响互相协调的内在关系。

以上所列之理据重解、字形再造和音化现象,都表明汉字在记录汉语时追求理据显明,努力保持字形和词的音义在内涵上的对应关系。但汉字作为一个符号系统,其本身不仅数量庞大,内在关系也十分复杂,而语言又是不断变化和发展的,因此要求所有汉字都能理据显明,字词对应,显然是不现实的,也是不可能的。特别是汉字经过隶变后,象形表意的意味大都消失,又随着汉语语词向多音节(主要是双音节)化发展,古汉语的字词对应关系被打破,见形知义就更为困难;又随着语音的不断变化,形声字的见形知音也并不容易。因此就汉字记录汉语的整体情况看,就理据显隐而言,显是少数的,次要的;隐是多数的,主要的。也就是说,随着社会的发展变化,理据消隐又是一种必然的趋势。那么,在汉字理据不显的情况下,汉语和汉字的内在关系是否会被冲淡或被破坏呢?

我们认为,在汉字理据不显的情况下,汉语和汉字的内在关系依然深入人心,这是因为汉语和汉字的内在关系不是一朝一夕形成的,而是有着深远的历史传承和广泛的社会约定,体现在我们悠久的文明历史和深厚的文化背景中。现代汉字很多字符简单抽象,能指和所指之间的联系在表面上不容易看得出来。但从历史来看,很多简单抽象的汉字都是不断演变的结果,都有其发展演变的具体过程,而且这个过程随着出土材料的增多,基本上都可以得到重新再现,历史的足迹连接了现代汉字及其古体的源流关系,其形义关系完全可以从历时的角度获得认识。双音节的汉语语词以两个汉字来记录,虽然很难保证字义和词义的一一对应,但双音节词的词义往往与作为词素使用的各个字的字义有关,与文字的表意性质仍有一定的关联,其中存在很多历史的传承因素,比如"朋友"、"道路"、"抛弃"、"阻挡"之类的双音节词,其词义与字义仍然具有比较直接的联系;有些复音词中,汉字纯属记音性质,如"琵琶"、"葡萄"、"枇杷"、"琉璃"、"崆峒"等,但其中的偏旁玨、艹、木、玉、山仍然标记着该词的类别或属性[①]。时有古今，音有转移，见形知音虽然很不容易，但辅以古音知识，形音关系依然可以窥见一斑。这说明，汉字的使用者虽然现在用的是简单抽象的字符，但这个字符原有的演变过程及其内在理据其实都积淀在我们的文化背景里，潜伏在我们的思想意识中，在历史传承中约定俗成，在日常学习中潜移默化。无需解释，自然接受；若加解释，更为明白。这是汉字悠久的历史使然，是汉字深厚的文化使然，是汉字和汉语的内在关联机制使然。

三

历代传承下来的纸本汉字典籍，甲骨文、吉金文、简帛文等出土资料，都忠实地记录了它们所属的那个时代的社会生活和历史文化，记录了当时的语言面貌，为我们留下了丰富的遗产。随着历史跨入新的时代，汉字也将随着汉语的变化而变化，随着时代的发展而发展。特别是进入信息时代后，汉字仍然完全适应新技术的要求，完全可以与时俱进，体现了汉字符号体系内部的科学性。古代日本、韩国、越南等中国周边国家也曾借用过汉字来记录他们的语言，但毕竟不够适合，不得不进行改造甚至放弃，也从反面证明了汉字乃为汉语而生，汉字和汉语有着天然的一致性和协调关系。历史和现实都表明，汉字不仅本身富有民族特点，也是适合记录汉语的符号系统，同时汉语也需要汉字这样的符号系统来记录它，两者互相依存，共同发展。旧言汉字落后，实属无稽，未可信据。汉字应该继续保留，为传承民族文化和交流现代信息作出新的贡献。

原载《中国文字研究》第十三辑
大象出版社 2010 年版

---

① 参看陈炜湛：《关于汉字的性质》，《汉字古今谈续编》，语文出版社 1993 年版。

关于汉字发展方向的思考[①]

从成体系的甲骨文算起，汉字已经走过了三千多年的历史。在这漫漫岁月中，汉字一直在不断变化着。汉字是怎样变化的？其中有哪些具体规律？建国以后，学者们对此进行了深入的研究。如梁东汉在《汉字的结构及其流变》中研究了汉字发展过程中简化和繁化的趋势，指出汉字新陈代谢的规律就是“简化”和“表音”，认为“方块汉字新陈代谢的全部历史实际上就是一部表音和简化的历史”[②]。蒋善国在《汉字学》一书中，从文字体系和形体演变两个方面，将汉字发展的规律概括为“音化”和“简化”两种。[③] 林澐的《古文字研究简论》根据古文字的具体情况，认为字形演变有“简化”、“分化”和“规范化”三大主要规律。[④] 高明的《中国古文字学通论》则认为汉字形体演变的规律主要是“简化”和“规范化”。[⑤] 综合以上各家的研究，关于汉字形体发展演变的规律，主要有“简化”、“音化”、“规范化”三种。下面拟对这些规律作简要的分析，并提出我们粗浅的看法。

① 本文与江年攀合作。

② 梁东汉：《汉字的结构及其流变》，上海教育出版社 1959 年版，第 189 页。

③ 蒋善国：《汉字学》第四编，上海教育出版社 1987 年版。

④ 林澐：《古文字研究简论》第三章，吉林大学出版社 1986 年版。

⑤ 高明：《中国古文字学通论》第三章，文物出版社 1987 年版。

一

从历史上看,汉字的发展虽然有时也有繁化的现象,但总体上是朝简化的方向发展。因此,如果把现代规范汉字作为汉字发展的下限,“简化”这个规律应该是符合汉字发展的实际的。但是“规律”这个名称,有时可能会给人起了误导的作用,尤其是对今后的汉字改革,人们总认为简化符合汉字的发展规律,因而一味追求简省,以为越简越好,这就不一定符合汉字的实际了。因为,汉字符号是一个用于记录汉语的系统符号,其系统内共有八万多个成员(《中华字海》共收字八万五千多,是世界上收汉字最多的字典),通用字也在七千左右(《现代汉字通用字表》共收七千字,可作参考)。从系统性这个角度来看,如果要使得每个汉字都能发挥其作用,就要保证各个成员都具有与其他成员区别开来的特征,而汉字的特征,就是由不同的笔画构成的。由于汉字字量大,要使得每个汉字都有自己的特征,就需要一定数量的笔画。笔画太少,必然会缩小符号形式上的区别,就不容易突出特征,甚至互相混淆,必然影响汉字功能的发挥。人们对学习和使用诸如“己”、“已”、“巳”,“戊”、“戌”、“戍”等汉字觉得很不方便,就是因为它们的形式区别过于细微,不易掌握和记忆。太繁不利书写,太简则容易混淆,因此简化是必要的,但必须有一个度。如果一味追求简省,以为越简越好,必然使汉字最终变成一堆杂乱无章的、不易区别的东西,因此也就根本谈不上精确地记录语言,顺利地进行交际了。这样看来,把简化看成汉字最终的发展方向或规律,认为汉字还必须毫无节制地简化下去,这显然是有问题的。

汉字是记录汉语的符号系统,根据这一点,我们觉得提简化不如提符号化(详下),因为符号化要求系统内的符号必须能够互相区别,可以避免简化所带来的简单化倾向。符号化可以涵盖简化,简化是符号化的表现,但简化并不等于符号化。

二

形声字的由少到多等等现象表明，汉字在发展过程中，有逐渐与其记录对象——汉语语词——之读音相结合的趋势，表音倾向十分明显。但是汉字是一个表意体系的文字，表音趋势始终受到不同程度的抑制。比如，在音化的同时，还有意化的趋势。形声字虽有声符，但声符不是纯粹的表音符号，一则其声符的构成仍离不开象形、指事、会意等汉字造字法，二则形声字“声中有义”的现象也并不是个别的、偶然的现象。同时，形声字的构成还离不开形符（意符），而形符（意符）就是为了规定形声字的意义范围，或者直接表义的。因此形声字虽有表音因素，但仍是表意汉字。形声字的出现和由少变多、后来居上，只能说明汉字记录汉语的方式更加成熟，更加科学，形声字的发展并不足以推导出汉字的发展方向是表音化。关于假借所揭示的表音倾向，历史事实已经证明，假借过甚必然影响阅读和理解，汉字要走假借式的同音代替之路是根本行不通的。表音化不能成为汉字最终的发展方向，还有更重要的原因，那就是汉字受到其记录对象——汉语——的制约。汉语是一个单音词为主的语言，古代汉语以单音词为主，现代汉语也还有许多单音词。现代汉语的音节，不算声调是 434 个，算声调是 1280 个左右。单音词多，而音节有限，必然会有很多同音词。根据安子介的统计，在《现代汉语词典》中，发 yi 音的有 177 个，ji 音的有 163 个，yu 音的有 139 个，xi 音的有 130 个，zhi 音的有 128 个，jian 音的有 119 个，fu 音的有 118 个，lu 音的有 115 个，发 qi 音和 wei 音各有 111 个，发 shi 音有 109 个，还有 218 个音各有 20 个字到 94 个字不等。以上数字加起来，总共有 8172 字，是《现代汉语词典》一万多字的 82%。① 虽然这些同音字在现代汉语中未必都能独立成词，但大体上也能反映出同音词多的情况；随着语言的发展，现代汉语已变成以双音词为主了，但同音的双音词还是非常之多，如“公司—公私”、“简洁—简捷”、“世纪—试剂”、“导弹—捣蛋”、“意义—异议—奕奕—意译”等等，不胜枚举。用表意的汉字记录汉语，

① 参见李敏生：《汉字哲学初探》，社会科学文献出版社 1997 年版，第 184 页。

正好可以避免汉语同音词多所造成的麻烦。而如果是用表音文字记录汉语，则不免带来许多困惑。赵元任曾写了一篇戏文《施氏食狮史》，全文如下：

> 石室诗士施氏，嗜狮，誓食十狮。氏时时适市视狮。十时，适十狮适市。是时，适施氏适市。氏视十狮，恃矢势，使是十狮逝世。氏拾是十狮尸，适石室。石室湿，氏使侍拭石室。石室拭，氏始食十狮尸。食时，始识是十狮尸实十石狮尸。

此例虽有点极端，但很能说明问题：用表意的汉字来记录，文意十分清楚，若用表音文字，比如拼音，则全文都是 shi 音，谁能读得懂呢？可见记录汉语，汉字最合适，舍此别无他途。

因此，认为汉字在发展过程中有表音的趋势，这是基本符合事实的，但如果因此而追求汉字完全音化，那就既不适合汉字的特点，也不适合记录汉语。音化不是汉字发展的最终方向，更不能得出汉字要走世界共同的拼音化道路的结论。

三

规范是与变异相对立的一种趋势。变异是文字富有生命力的表现。汉字能从古文字发展到现代汉字，都是通过逐渐变异而完成的。没有变异就没有发展。汉字历经五六千年的沧桑变化依然屹立于世界的东方，我们应该感谢变异。另一方面，变异过甚，必然影响交流，影响文字用于记录语言这一基本功能的发挥。因为文字是记录语言的符号，是人们用来传递信息的载体，它通行于全社会，而不是仅限于个别团体或成员，因此，抑制过度的变异，保持相对的稳定，建立一定的标准，也是文字正常发展的必然要求。在历史上，每当汉字发展到一定阶段，总会出现规范化运动，就是这一要求的体现。比如秦始皇的"书同文"就是一次大规模的规范运动，东汉的熹平刻石、唐代的"字样"之学，也都具有规范的性质。

新中国成立以后，1955 年中华人民共和国文化部、中国文字改革委员会发布了《第一批异体字整理表》，废除了 1055 个异体字。此后又续有整理，至今已废除了 1100 多个异体字。1965 年国家又公布了《印刷通用汉字字形表》，1986年重新发表了《简化字总表》，1988年发布了《现代汉语通用字表》，1997年发布了《现代汉语通用字笔顺规范》。1998年，语文出版社出版了由吕叔湘任首席顾问、李行健先生任主编的《现代汉语规范字典》，全面贯彻、落实了国家有关汉字规范的政策和法规，体现了国家汉字规范的标准。这一系列的政策法规的发布以及规范字典的出版，是对历史上汉字规范运动的总结和发展。通过我们政府的大力宣传，汉字规范化已经成为大家的共识，虽然有些时候有些地方还有不尽如人意之处，但大势已定，汉字必将朝着更加规范的道路继续前进。

随着社会的发展和科技的进步，人类进入信息时代，对汉字的规范程度的要求也越来越高。比如在电脑里，因为需要相同的内码，不仅要求字形规范，而且对每个笔画的长短、笔画与笔画之间的相离、相交等，都要有具体的规定。汉字如果不能规范化、标准化，就很难跟上时代的步伐。因此，规范化对于汉字充分发挥其功能有着重要的意义。汉字规范化这个方向是永远不变的，把规范化作为汉字的发展方向是符合社会发展趋势的。

四

从以上分析可以看出，汉字简化、音化的说法都需要具体分析，而规范化是符合汉字发展实际和社会需求的。那么，汉字除了规范化之外，还有什么发展趋势呢？从汉字的整个发展历史来看，我们觉得符号化是一个很重要的发展方向。汉字作为记录汉语的符号系统已经告诉我们汉字必须走向符号化。

所谓符号化，就是说，汉字将变成一套内部有着自我调协规律的，适应社会发展的，胜任记录汉语和作为信息载体的符号系统。符号化的一个根本特征，是逐渐走向抽象。这从以下几个方面可以看得出来。

以象形之法创造出来的汉字，比较古老的字形一般都很形象，几与绘图无别。我们从族氏文字中可以看得很清楚。族氏文字多由块面构成，显示出浓厚的图画性和原始状态。随着时间的推移和书写工具的改变（如刻写在甲骨上），块面形态就被线条勾勒所代替。就金文而言，西周初期的金文和商代金文几乎没有什么区别，保留了许多块面形态，西周中期以后，除少数字还残留块面形态外，大多变成了线条形态。西周晚期，金文中已基本没有块面字形了。块面文字多是“画”出来的，而线条文字则是“写”出来的。由块面形态转向线条，是汉字从图画性向符号化过渡的第一步。

汉字在原始图画性块面形态文字之后和小篆以前，笔画形态多以曲笔圆笔为主，圆转的线条连绵不断，多少还保留了象形的意味。到了战国中晚期，逐渐产生了一种新的字体，后来形成为隶书。隶书把古文字的圆笔变为方笔，把曲笔变为直笔，把连笔变为断笔，把在以曲笔圆笔为主要特征的古文字中所保留的象形意味破坏殆尽，使汉字的发展进入一个全新的阶段——今文字阶段。象形意味的消失，圆转笔画的平直化，是汉字符号化的第二步。

汉字进入今文字阶段以后，字体没有大的变化，字形仍然还在继续简化，大体上可以分为两个时期，即繁体字时期和简体字时期（当然所谓简体字并非全是后起字）。隶变虽然对古文字的结构有很大的调整，但也有不少还保留了古文字的结构原型，隶书楷化形成的繁体字，有许多仍然可进行形义的分析，“六书”理论尚有广泛的用武之地。亦即说，汉字的符号形式与其意义内容之间还可以在一定程度上联系得起来。如“難”、“觀”、“鷄”、“鄧”等字，其右边诸符号尚与诸字所表示之词的读音相联系，即还存在读音理据。这些字成为简化字以后，右边都变成了“又”，既不表形，也不表音，成了一个抽象的记号。所以，汉字由繁体字变成简化字，形义联系进一步丧失，变得更为简单或抽象，是汉字符号化的进一步发展。

以上的论述可以看出，汉字的字形随着社会的发展而发生改变，使得形义关系逐渐松弛，这是符号化的一个表现。另一方面，如果汉字的字形在稳定之后并不随着社会的发展而变化，从而使得某些构件的功能丧失了其所依赖的语言环境，也同样促使汉字走向符号化。比如形声字的声符在造字时代表音率是很高的，但时有古今，音有变化，乃势所必然。语音发展变化了，可是用于表示读音的声符却没有跟着变化，这就使得形声字声符的表音率逐渐降低。当它变得完全不能表音时，这个声符就形同虚设，成为抽象的符号了。可见，汉字的变与不变，都在促使汉字走向符号化。

原载《福建广播电视大学学报》2006年第4期

郑樵的汉字生成理论

郑樵的文字学研究，因有突破《说文》的反传统倾向，曾一度受到苛责和鄙弃。20 世纪三四十年代，唐兰对郑樵的文字学做了比较多的研究，给了郑樵一个公允的评价。他在《中国文字学》中说："郑樵第一个撇开《说文》系统，专用六书来研究一切文字，这是文字学上一个大进步"①，"郑樵《六书略》用许慎的理论，作许氏的诤臣，以子之矛，攻子之盾，确有许多创获，在文字学史上是值得推许的"②。这之后，研究中国文字学和文字学史的学者在总体上都能以比较客观的态度来评论郑樵的文字学，但对他的文字学理论的深入而全面的研究尚未充分展开。本文根据《六书略》等有关材料，拟对郑樵的汉字生成理论做一次探索。

一、"书画同出"与"起一成文"

汉字的起源问题，是文字学的重要课题，也是汉字生成理论的重要组成部分。20世纪以来，随着地下考古资料的不断出土和文字学研究的不断深入，汉字起源的神秘外衣正在逐层被揭开，图画和汉字有密切关系的观点已为多数学者所接受。郑樵对这一问题早有认识，见解相当深刻和独到。他在《六

① 唐兰：《中国文字学》，上海古籍出版社 1979 年新 1 版，第 21 页。

② 同上书，第 73 页。

书略·象形第一》中说：

> 书与画同出。画取形，书取象；画取多，书取少。凡象形者，皆可画也，不可画则无其书矣。然书穷能变，故画虽取多而得算常少，书虽取少而得算常多。

这里他阐述了两个重要观点，一是“书画同出”，二是“书画有别”。首先他认为书画同出，这就是说，象形字和图画一样，都是取象于客观事物，正如许慎所说，象形字是“画成其物，随体诘诎”而形成的，因而文字与图画具有共同的一面。其次，他在指出书画有共性的同时，还进一步区别了书画的不同：“画取形，书取象；画取多，书取少。”他认为汉字的象形，并不像绘画一样纤毫毕现，而是观物以取象，抓住特征，寥寥几笔，以少胜多，所谓“书虽取少而得算常多”。从象形字的特点来看，郑樵的看法是完全符合实际的。他对书画的区别，虽然还不能抓住关键问题——书与语言中的词挂钩，具有音和义，画则否——但他能着眼于书画之笔画的繁简、形神的不同来加以论述，说明他已开始辩证地思考书画的关系问题，较之单纯论述“书画同出”，无疑更进了一步。

郑樵在对“六书”之顺序问题进行探讨时，提出了“象形为本”的观点（详下）。可以看出，“书画同出”与“象形为本”密切相关，承认“书画同出”，就必须承认“象形为本”，反之亦然。这说明郑樵对于与其汉字生成理论相关的各组成部分，已开始注意互相之间在逻辑上的一致关系。这是一个理论体系之所以能够形成的重要表现。

关于汉字的起源问题，郑樵还有一种“起一成文”说。较之“书画同出”，“起一成文”说有着更为独特的一面，因而流传更广，影响更大。《六书略》中有一篇《起一成文图》，是其说的集中体现。全文如下：

> 衡（横）为一，从（纵）为丨（音衮），邪丨为丿（房必切），反丿为乀（分勿切），至乀而穷。折一为㇆（音及），反㇆为厂（呼旱切），转厂为乚（音隐），反乚为亅（居月切，“了”字从此，见“了”部），至亅而穷。折一为㇆者，侧也，有侧有正，正折为∧（即宀字也，又音帝，又

音入),转∧为∨(侧加切),侧∨为＜(音畎),反＜为＞(音泉),至泉而穷。一再折为冂(五犯切),转冂为凵(口犯切),侧凵为匚(音方),反匚为コ(音播),至コ而穷。引一而绕合之,方则为□(音围),圆则为○(音星),至○则环转无异势,一之道尽矣。丶(音拄)与一偶,一能生丶不能生,以不可屈曲,又不可引,引则成丨。然丶与一偶,一能生而丶不能生,天地之道,阴阳之理也。

文中前五节从五个角度谈由“一”而衍生出的十七种“初文”,最后一节将“一”与“丶”进行比较,阐明“一能生”的道理。另外,《因文成象图》中的某些例子也与“起一成文”相同或相似。相同的如“衡从(横纵)取”之例:

衡丨为一,从一为丨。

相似的如“加取”之例:

一加一为二,二加一为三,二加二为亖。

又如“微加减取”之例:

加丿为延,减丿为延……加一为王,减一为土。

这些相似之例,似可看作郑氏“起一成文”说的引申。

以上可以看出,“起一成文”说是从文字符号体系内部来探讨文字用于表现其内容或对象物的凭借手段——笔画及其相生之理。这与“书画同出”说显然不同。“书画同出”讲的是文字、图画及其与对象物的关系,是从整体上考察文字与它所反映的外部世界之间的关系,是从社会功能和本质属性的角度来阐述汉字起源问题的。因此,“起一成文”虽然也可视为汉字起源的学说,但它与“书画同出”角度不同,性质有别,两者不宜混为一谈。然而如果就汉字生成的角度而言,“起一成文”和“书画同出”又是互相联系的。“书画同出”注重文字与外部世界的关系,“起一成文”则着眼于字符内部笔画的形成,两者内外结合,是相辅相成的。

二、“子母相生”说

郑樵在《六书序》中说:“小学之义,第一当识子母之相生。”所以“子母相生”说是郑氏汉字生成理论的第一要义,也是他的汉字生成理论中极富特色的一个组成部分。

关于汉字的孳乳衍生,郑樵之前已有人论述。许慎《说文解字·叙》云:“盖依类象形,故谓之文,其后形声相益,即谓之字。文者,物象之本;字者,言孳乳而寖多也。”(据段注本)唐代张怀瓘《书断》中说,“文者祖父,字者子孙”,认为“字”由“文”而衍生。但郑樵似对前人的“文”、“字”之说有所不满,他在《七音略·七音序》中说:

> 汉儒识“文”、“字”而不识“子”、“母”,则失制字之旨……独体为文,合体为字,汉儒知以说文解字而不知文有子母,生字为母,从母为子,子母不分,所以失制字之旨。

可见他的“子”、“母”之说是为了弥补前人“文”、“字”之说的不足,以明造字之旨的。从上举材料来看,其“子”、“母”之说,可能是受张怀瓘“祖父”、“子孙”说的启发。那么什么是“子”“母”呢?除了上举“生字为母,从母为子”之外,郑樵在《通志·总序》中说:

> 主类为母,从类为子。

在《六书略·论子母》中又说:

> 立类为母,从类为子,母主形,子主声……母能生而子不能生。

为了进一步明确“子”“母”的概念,郑氏又有一篇《论子母所自》,云:

> 显成母,隐成子;近成母,远成子;约成母,滋成子;同成母,独成子;用成母,不用成子;得势成母,不得势成子。

他接着又举例说,来与麦同物,麦显而来隐,故麦为母而来为子;龙与鱼同物，鱼近而龙远，故鱼为母而龙为子；豆与登同象，豆约而登滋，故豆为母而登为子；乌与鸟同体，鸟同而乌独，故鸟为母而乌为子；看与目相比，目用而看不用，故目为母而看为子；左与右敌体，右得势而左不得势，故右为母而左为子。

由于母主形而子主声，因此在重形的字书里，以母为纲领，在重音的韵书里，则以子为纲领，地位各不相同。郑樵在《论子母》中说：

> 《说文》眼学，眼见之则成类，耳听之则不成类；《广韵》耳学，耳听之则成类，眼见之则不成类。故《说文》主母而役子，《广韵》主子而率母。《说文》形也，礼也；《广韵》声也，乐也。《说文》以母统子，《广韵》以子该母。

他的这个思路，促使他对《说文》部首的设立进行了重新思考。他批评《说文》子母不分，误子为母，认为《说文》五百四十部首应该删并。《论子母》云：

> 许氏作《说文》，定五百四十类为字之母，然母能生而子不能生，今《说文》误以子为母者二百十类。且如《说文》有“句”类生“拘”、生“钩”，有“卤”类生“栗”、生“粟”，有“半”类生“胖”、生“叛”，有“丵”类生“仆”、生“蹼”。据“拘”当入“手”类，“钩”当入“金”类，则“句”为虚设；“栗”当入“木”类，“粟”当入“米”类，则“卤”为虚设；“胖”当入“肉”类，“叛”当入“反”类，则“半”为虚设；“仆”当入“人”类，“蹼”当入“臣”类，则“丵”为虚设。盖句也、卤也、半也、丵也，皆子也，子不能生，是为虚设。

根据以上内容，郑樵所谓“母”，是指具有表义作用的可以充当部首的形符或意符，其所谓“子”，则主要指形声字中的声符，所谓“子母相生”，所揭示的就是如何由独体之文衍生孳乳出合体之字的制字之理，包括母与母相生而形成“有义无声”的会意字和母与子相生而形成的形声字。

由于郑樵的“子母”理论有些地方还嫌笼统含糊，如上举所论子母之别的显隐、远近、约滋、同独等六原则就不易掌握，也难以实际操作，这对他的学说的传播和发展是有影响的。当然郑氏“子母”理论的价值还是无可置疑的。前面已经指出,郑樵的“子母”说是为了弥补前人“文”、“字”说的不足而提出来的,同时他的这个学说也是对他自己关于“六书”顺序之主张的进一步深入和发展。他认为“六书”由象形而指事而会意而形声(详下),亦即是由“文”到“字”的组合生成过程,而“子母相生”的理论,则更具体地阐明了会意和形声这两类合体之“字”所由构成的独体之“文”的性质。所以他的“子母相生”说既是对前人理论的继承和发展,也是他的汉字生成理论的进一步深入和完善。

三、郑樵对“六书”排列顺序的主张

郑樵的文字学,以注重“六书”为主要特色。他把“六书”作为文字学的根本,对之进行深入细致的研究。其中对“六书”排列顺序的研究,与他的汉字生存理论有密切的关系。郑氏对“六书”排列顺序的主张,在《六书序》中讲得很明白:

> 六书也者,象形为本。形不可象,则属诸事;事不可指,则属诸意;意不可会,则属诸声。声则无不谐矣,五不足而后假借生焉。

在《象形第一》中又说:

> 六书也者,皆象形之变也。

在“六书”研究史上,郑樵之前还没有学者明确强调“六书”的排列顺序,班固、郑众、许慎诸家的“六书”顺序有别,南唐徐锴分“六书”为“三耦”,但都没有说明其排列顺序之先后的理由。到了郑樵,则把“六书”的排列顺序予以逻辑化,让人觉得“六书”不是随便凑合的几个概念,而是符合人类思维逻辑和文字发展进程的理论体系,使“六书”的系统性更明确,理论性更强。虽然至今仍有人对郑樵的“六书”排列顺序持不同的看法①,

① 如台湾学者李孝定在《汉字史话》中认为:“六书者,象形为本,形不可象,则属诸事,事不可指,则属诸意,三不足而后假借生焉;假借者,以声为本,注之形而为形声,声则无不谐矣。其或时地既殊,声音或异,则别出为转注。”见《汉字史话》,台北联经出版社1997年版,第41页。

但这并不影响郑樵对“六书”理论所作出的贡献。就郑樵的汉字生成理论来说,他对“六书”排列顺序的主张至少有两点具有基础理论价值:第一是强调“象形”在“六书”中的居首地位。上文已经说过,这一点与他的“书画同出”理论具有一致的逻辑关系。第二他认为“象形、指事,文也;会意、谐声、转注,字也”①。而“六书”由象形而指事而会意而谐声,简言之,就是由“文”到“字”的组合生成过程。这与他的“子母相生”说也是相一致的。因此,郑樵对“六书”排列顺序的研究,也是他的汉字生成理论的一个重要的组成部分。

四、结语

以上就是郑樵关于汉字生成理论的主要内容。可以看出,郑樵对汉字的生成问题,已经有了一个较为全面系统的研究。首先,在汉字起源这个问题上,他分别从汉字与外部世界之关系的角度和汉字体系内部其字符如何构成的角度进行了研究,提出了“书画同出”说和“起一成文”说。其次,就汉字体系内部而言,他从最微观的笔画讲起,阐述了汉字因画成文、因文成字的组合生成机制,他的“起一成文”、“子母相生”的学说,就是其理论的集中概括。再次,郑樵的汉字生成理论,不仅涉及汉字本身,还涉及造字法的联系与发展。他把“六书”排成序列,使这个传统文字学理论更具逻辑性,更有系统性。总之 ,郑樵的汉字生成理论,既讨论了汉字起源与外部世界之关系的宏观的生成问题,又讨论了汉字内部笔画构成和因“文”成“字”的微观的生成问题,还讨论了造字法的生成问题,而且各个部分又都互相联系,具有一致的逻辑关系,这说明郑樵的汉字生成理论,已经形成一个自成体系的框架,这是其理论的第一个特色,也是一个可贵之处。郑樵治学,重“会通之义”,其汉字生成理论体系的形成,也是其“会通”精神的体现。

郑樵汉字生成理论的第二个可贵之处在于他的独创性。他的“书画同

① 《六书略·六书序》。

出”、“起一成文”、“子母相生”诸说以及他对“六书”顺序的主张，除了“子母相生”有一定渊源外，其他基本上都是他的独创。以前有人认为他的“起一成文”说是受到“道生一，一生二，二生三，三生万物”以及“一阴一阳之谓道”等古代哲学的影响，这话不无道理，但似乎也没有确凿的证据，更不会影响其“起一成文”说的独创性。因为“起一成文”谈的是汉字的生成问题，与哲学不是一码事。总之，郑樵的汉字生成理论，从文字学史的角度来看，在当时是十分新颖而独到的，其创新精神是值得肯定的。

第三，郑樵的汉字生成理论，也难免其幼稚、粗疏之弊。他过分注重文字形体之间的联系，就容易把本来没有关系的字符硬扯在一起，显得牵强附会。比如在《因文成象图》里，他总结了“因文成象”的二十一个原则：到（倒）取、反取、向取、相向取、相背取、相背向取、近取、远取、加取、减取、微加减取、上取、下取、中取、方圆取、曲直取、离合取、从衡（纵横）取、邪正取、顺逆取、内外中间取。其中很多只是比附字形，强自立说，如“近取”之例的取“六”于“四”、取“九”于“七”、取“耳”于“自（鼻）”、取“自”于“目”，“离合取”之例的离“人”为“八”、合“八”为“人”等，都是无稽之谈，不足为据。本文特别阐述的他的“书画同出”、“起一成文”、“子母相生”诸说，也都有其不够深入的地方。比如“起一成文”说虽然阐明了“一”作为字符的基本笔画在初文创造中的作用，但要运用这个理论来解释所有汉字笔画的形成，难度还是相当大的。也许郑樵自己也感到了它的局限，所以在“一之道尽”之后，他又搬出了“丶”作为辅助。他的“子母相生”之说，相对于其他各部分而言，论述是比较多的，但诸如所论子母之别的六原则等问题，就未必精确。至于“书画同出”和对“六书”排列顺序的主张，虽然比较简明扼要，也还是有可议之处。

清·戴震在《与是仲明论学书》中说，郑樵等宋代学者，“著书满家，淹博有之，精审未也”①。就汉字生成理论而言，郑樵可谓独创有之，精审未也。当然这是时代的局限，任何人都不可避免。姚孝遂在黄德宽、陈秉新所著《汉语文字学史·序》中说：“郑樵的文字学理论，现在看起来，不

---

① 段玉裁编：《戴东原集》卷九，转引自梁启超《清代学术概论·戴震和他的科学精神》，上海古籍出版社 1998 年版，第 37 页。

免有些幼稚,然而却是新颖而独到的。任何新生事物,在其发生的阶段,都不可避免地显得有些幼稚,这是情理之常,丝毫不足为怪。令人遗憾的是,郑樵所需要研究和整理的范围过于广博,他没有在文字学方面作进一步的探讨,从而使他的文字学理论得到进一步的发挥和完善。”这个评论是非常允当的。

原载《古汉语研究》2001年第1期

卜辞专题研究

论卜辞河岳之神格

甲骨文里有一类卜辞是把“河”、“岳”作为卜问和祭祀的对象，为便称说，本文把这类卜辞叫做“河岳卜辞”。河岳神在殷代外祭诸神中是数一数二的重要神灵，从河岳神的身上，我们可以观察到许多有关殷代的宗教思想和文化现象。河岳卜辞现已发现不少于千条，数量多，类型齐全，为我们描绘了殷代鬼神世界中河岳神的全貌，是研究河岳神以及与之密切相关的自然崇拜和山水文化的最完整的原始资料，很值得探讨。从甲骨文被发现以来，研契诸家对河岳卜辞的研究，旁及者多，专攻者少，虽然这些研究对河岳神的性质、职能等都有所论述，但还不够充分和深入，同时还遗留了一些问题至今悬而未决，特别是关于河岳神的神格问题，自然神论者和高祖神论者各持己说，争论不休。由于河岳神之神格问题是河岳卜辞研究中的关键性问题，故笔者不揣浅陋，拟在前人研究的基础上，在对现有全部河岳卜辞进行全面考察的前提下，对这一问题再做一些探讨，学识所限，纰漏谬误之处，尚请方家指正。

一、河岳神是自然神

神秘莫测的大自然赐给人们以幸福，也带给人们以灾难。古人对于大自然，有感激、有恐惧，唯独无法真正认识它。源于“万物有灵”的观念，遂以为名山大川必有神灵主宰,从而顶礼膜拜,这就产生了自然崇拜。《礼记·祭法》云:“山林川谷丘陵,能出云,为风雨,见怪物,皆曰神。有天下者祭百神。”《公羊传·僖公三十一年》云:“曷为祭泰山河海?山川能润于百里者,天子秩而祭之。”《左传·昭公元年》云:“山川之神,则水旱疠疫之灾,于是乎禜之。”古代自然崇拜之习俗,从这些记载中可以想见。殷代的河、岳,据大部分研契者的意见,其地指黄河与嵩山。黄河流经殷的东、南、西三面,殷都小屯距黄河也不远。卜辞云:“贞:于南方将河宗?十月。”(《甲骨文合集》,下称《合》,13532)“叙行东至河?”(《合》20610)可证“河”在殷之南边或东边,其指黄河殆无可疑。至于岳,彭裕商认为:“嵩即崇之或体,则嵩山者崇山也。……崇山者盖其山重峦高峻,而卜辞岳字正象重峦高峻之形,与崇之义合。嵩山在今河南省中部,距殷都安阳不远,在殷代当为内地,常为殷人所瞻视,故以为群山之首而名为岳。”[①]《诗·大雅·嵩高》云:“嵩高为岳,骏极于天。”可见上古确实把嵩山称为岳。嵩山黄河是殷人活动范围内的名山大川。巍巍高山,烟雾缭绕,兴云作雨,神秘莫测;滔滔大河,奔腾呼啸,兴风作浪,变化无常。自然天象左右着殷人的年成收获,好则风调雨顺,坏则水旱不时,惶惶焉遂以为有神通广大者居于其中,操纵其事。河岳作为自然神灵而被殷人顶礼膜拜,在卜辞中可以找到充分的证据:

第一,四方神和云神在卜辞中作为自然神灵是没有争议的,而河神可与四方神同卜,岳神可与云神共祭,可证河岳神为自然神。如卜辞云:

> 其侑方眔河?(《合》30396)
> 惟岳先酻廼酻五云,有雨?(《小屯南地甲骨》,下称《屯南》,651)

第二,上帝在殷人的鬼神世界中是一种纯然外在的力量,是自然界的一种象征,而河岳之神可与帝神同版而卜且排列有序,如《合》14207 片正面所刻卜辞,卜帝之辞居中,卜河岳之辞居于两边。此外,岳神还可与帝同辞而

---

① 彭裕商:《卜辞中的“土”、“河”、“岳”》,《四川大学学报》丛刊第十辑《古文字研究论文集》,四川人民出版社 1982 年版。

卜,如《合》14470片正面有一辞云:“贞:方帝廼酻岳?”[①] 由此可见河岳神的自然神格。

第三,岳神作为山神之统帅,河神作为水神之统帅,它们与山水的关系自然很密切。殷人没有忘记来自河岳本身的自然特征,在祭祀时把河与水、岳与山放在一起。各举二例如下:

己亥卜,穷贞:王至于今水,燎于河,三小牢,沉三牛?有雨,王步。(《合》14380)

其𣎵河惟舊畓用于澮,酻?(《合》30429)

丙寅卜,其燎于岳,雨?

[丙寅]卜,[其燎于]山,雨?(《战后宁沪新获甲骨集》1.90)

燎岳、夨、山?(《殷虚书契续编》1.49.4)

上举一、二例之“今水”、“澮”均为水名。从“水”、“山”之中,我们可以体会到河岳神的自然属性,它们是源自自然界的精魂。

第四,土神作为社神,不仅能“宁风”(《合》32301)、“宁雨”(《合》34088),还可与帝同卜,如:

…午卜,方帝,三豕又犬;卯于土牢,𣎵雨?(《合》12855)

贞:燎土?方帝?(《合》14305)

可见土神也是一个自然神,而河岳神又常与土神同卜,则又可证河岳神的自然属性。如卜辞云:

癸未卜,贞:燎于土?𣎵于岳?(《合》14399)

己亥卜,田率,燎土,豕?𡆥,豕?河,豕?岳,豕?(《合》34185)

第五,根据对贞辞的特点,我们可以把《合》14638中两条卜河之残辞复原为:“贞:翌甲戌河其令[雨]?——贞:翌[甲戌]河其不令雨?”据此

① 方帝之“方”,此从陈梦家说,乃是动词,相当于后世的“方祀”、“望祀”。下同。陈说见《殷墟卜辞综述》,科学出版社1956年版,第578页。

我们可以知道河有支配、命令自然界雨水之神威。“令雨”是自然神的职能，卜辞中除帝之外，只有河有此本领，可见河是自然神。

第六，从祭法上可以看出河神的自然神格。《礼记·觐礼》云：“祭川，沉。”《周礼·大宗伯》云：“以埋沉祭山林川泽。”《尔雅·释天》云：“祭川曰浮沉”。《左传》之中，凡祭川皆用“沉”。如《襄公十八年》云：“晋侯伐齐，将济河，献子以朱丝系玉二瑴而祷曰：……沉玉而济。”《昭公廿四年》云：“王子朝用成周之宝珪沉于河。”《定公三年》云：“蔡侯归，及汉，执玉而沉。”又《穆天子传》卷一云：“天子授河宗璧，河宗伯夭受璧西向，沉璧于河，再拜稽首，祝沉牛马豕羊。”可见“沉”是对水神而行的特殊祭法。卜辞“沉”法除两例用于“土”之外，其余全部用于“河”，则“河”为水神可确定无疑。

以上可以看出，河岳神在卜辞中作为自然神是无可怀疑的，它们是殷人鬼神世界中山川之神的代表，其原型是古人通过幻想而赋予的自然界的灵魂，与殷之高祖神和祖先神有着本质的区别，它们是非血统神。

二、河岳神的人格神属性

众所周知，殷人对于祖先神，有着一种特殊的热情，狂热的祖先崇拜意识对祖先神系统之外的自然神崇拜必然产生深刻的影响，这影响表现为非常矛盾的双向选择：一是排斥自然神，一是同化自然神。排斥自然神表现为对自然神的祭祀次数和所供给的牺牲物品都不如祖先神多，以此表示祖先神和自然神尊卑有别；而同化自然神则是企图调和血统神和非血统神之间的某种对立，让自然神成为祖先神的附庸，也是为了使祖先神位极神界。可见排斥和同化，看似矛盾，实即相反相成，都是出于对祖先神的狂热崇拜。同化自然神就是促使自然神的人格化，使祖先神崇拜和自然神崇拜统一在“人格神”这一比较虚泛的范畴里，解决了殷人在祖先崇拜和自然崇拜之间的认识和情感上的矛盾。这是殷代自然神人格化的一个原因。另一方面，卜辞材料可以证明，殷人在生产劳动中逐渐认识了一些自然规律，如卜辞云：

戊子卜,𣪊贞:帝及四月令雨?贞:帝弗其及今四月令雨?王𡆥曰:丁雨,不惟辛。旬丁酉允雨。(《殷虚文字乙编》3090)

…子卜,…贞:王令…河,沉三牛,燎三牛,卯五牛。王𡆥曰:丁其雨。九日丁酉,允雨。(《合》12948)

王占卜的结论是丁这天会下雨,果真得到应验;验辞证明了占卜结果的准确性,表明殷人对自然界的风雨阴晴规律有了一定的了解。自然界对殷人来说,已经不再像原始蒙昧时期那样纯粹是人类的对立面,远离人间,神秘可怖;它的面目变得清晰可辨,亲和可近了。自然界形象在殷人心目中的这种变化,使得自然神也面临着两种命运:由于神秘感的逐渐消失,它们可能被殷人看透庐山真面目而得不到尊崇,这是殷代自然神地位不及祖先神的一个原因;由于亲和可近又可能使它们进一步走进人们心中,获得青睐。这后一种可能为自然神的人格化准备了又一条件。总之,河岳神作为自然神,正是在殷代狂热的祖先崇拜意识的渗透之下,在殷人对自然界加深了认识的前提之下,逐渐地具有了人格神的特征。河岳神的人格化在卜辞中的表现主要是它们可以与高祖神或祖先神同版或同辞而卜,共享人间烟火:

第一,卜辞中,河岳神可以跟不确指的“高祖”同版或同辞而卜,如:

乙巳贞:𠦪禾于高祖?

乙巳贞:𠦪禾于岳?(《合》33298)

辛未贞:𠦪禾于高祖,燎五十牛?

辛未贞:𠦪禾于河,燎三牢,沉三牢,宜牢?

辛未贞:其𠦪禾于高祖?

辛未贞:𠦪禾于岳?

辛未贞:于河𠦪禾?

辛未贞:𠦪禾高祖、河,于辛巳酻燎?(《合》32028)

于岳𠦪禾?

于高祖𠦪禾?

庚午贞:河壱云?

惟岳壱云？

惟高祖壱云？（《屯南》2105）

癸丑贞：寻𡆥禾于河？

［癸］丑贞：寻［𡆥］禾［于］高祖？（《合》33286）

…卯…河…高祖…壱禾？（《合》33339）

辛未贞：𡆥禾于高罘河？（《屯南》916）

…祖…岳…（《合》34185）

第二，河岳还可跟有“高祖”之称的王亥同版或同辞而卜，如：

戊戌卜，惟岳先侑？

惟河先侑？

惟王亥先侑？（《屯南》342）

辛巳卜，贞：来辛卯酻河，十牛，卯十牢；王亥燎十牛，卯十牢；上甲燎十牛，卯十牢？（《屯南》1116）

燎于河、王亥、上甲十牛，卯十牢？五月。（《合》1182）

第三，河岳又可跟上甲及其以后的祖先神合祀，除上举《屯南》1116与《合》1182外，还有：

即岳于上甲。（《屯南》2322）

…戌卜，彭贞：其有𡆥于…河罘上甲？在十月又二。（《合》32663）

贞：燎于上甲于河十牛？（《合》1186）

翌辛亥…上甲岁，告河，衣，亡壱？八月。（《殷虚书契后编》，下称《后》，20.4）

…年河、…上甲？（《殷虚文字甲编》，下称《甲》，1250）

丁未贞：𡆥禾于岳，燎小牢，卯三牛？

丁未贞：𡆥禾自上甲六示，牛；小示，𢆶羊？（《合》）33296）

辛丑卜，王兄上甲、示壬…酻河？（《甲》460）

庚子卜，争贞：其祀于河以大示至于多后？（《合》14581）

虽然河岳神与高祖神和祖先神同版或同辞而卜的例子在全部河岳卜辞中只是很小的一部分，还不到百分之五，但这些材料足以证明，殷代的河岳神，在影响天象、保佑年成等方面，可与殷之高祖神和祖先神一起成为祈祷对象，它们已被殷人视为与高祖神和祖先神有着某些共同特征的神灵而受到祭祀，这说明河岳神已经在自然神格之外多了一些人格神特征，成了人格化的自然神。

除此之外，还有卜辞云：

癸卯卜，㱿：侑于河三羌，卯三牛，燎三牢？

癸卯卜，㱿：燎河一牛又三羌，卯三牛？（《合》1027 正）

酌河三十牛，以我女？（《合》672 正）

…鼓伐河…（《屯南》4587）

戊戌卜，又伐岳？（《屯南》3091）

乙亥贞：惟岳伐…（《屯南》2906）

《殷虚文字甲编》262 片有一辞与上举《屯南》3091 相同，屈万里先生在对该辞的考释中云："伐，为杀人以祭之名；吴其昌、唐兰、陈梦家诸氏，言之已详。"① 由上举数辞，可知河岳之祭，还可用人牲，这是纯自然神绝对不可能有的。因此，河岳为人格化的自然神是确定无疑的。

上举《合》1182、1186、《甲》460、《合》14851、1027、672 等都是第一期卜辞，表明河神最晚在武丁时期已充分人格化。岳神的人格化材料在第四期卜辞里比较多，如上举《合》33298、《屯南》2322、3091、2906 等都是武乙文丁时期的卜辞，而在第一期则比较少见，只有《甲》262 一条。可见岳神的人格化程度在武丁时期要比河神低一些。但笼统地说，殷代的河岳神都是人格化的自然神应无大碍。

三、河岳不是高祖神

王国维的《殷卜辞中所见先公先王考》和《续考》，用卜辞材料证明了

① 见屈万里：《殷虚文字甲编考释》，台湾研究院历史语言研究所 1961 年版，第 42 页。

《史记·殷本纪》诸书的信史地位，同时也显示了卜辞材料的重要价值。这使人们颇受启发：文献所记载的上甲以前殷代诸王也许都可在卜辞中得到证实，因此，运用卜辞材料研究上甲以前殷王世系成为一个热门话题，大小文章不断出现。这无疑对殷商史的研究起了促进作用。但是，由于过分追求文献和卜辞的完全吻合，又使研究走向一个极端：凡卜辞中被隆重祭祀而又无法判定为何方神灵者，辄以为乃殷之先公高祖，并通过文献比附和音韵通转的办法把它们一一具体化，而诸家所得结论又各不相同，“其中的是非纠缠，几乎难以判别适从”①。河岳之被认为殷之高祖神，其情况正是如此。就具体结论而言，河有“实沉”②、“帝喾”③、“河伯之嫡祖”④、“曹圉”⑤诸说，岳有“冥”⑥、“昌若”⑦、“帝喾”⑧、“昭明”⑨诸说，可谓众说纷纭，莫衷一是。从卜辞观察，笔者以为，殷代的河岳神是人格化的自然神，不是高祖神，把河岳认为高祖神的看法是不正确的。这有以下四个理由：

第一，按照殷人严格的世系区分观念，在祭祀的时候，高祖神不可能被排列到祖先神之后，而卜辞材料显示，河神有时被列在先王之后，如上举《甲》460、《合》1186、《后》20.4诸辞，河均位居上甲、示壬之后，可见河不是高祖。岳在这方面尚未发现材料，但从下面的论证可知，岳亦非高祖。

第二，上举《合》33298、《屯南》2105、《合》33286以及《合》32028前面5条卜辞中的“高祖”，其后面没有具体名称，说明这里的“高祖”，是泛指所有的远古祖先。如果河岳已是“高祖”，就不应把河岳单独区分出来，与“高祖”一起成为卜问和祭祀的并列对象；而这些卜辞恰恰将河岳与

① 见陈梦家：《殷虚卜辞综述》，科学出版社1956年版，第337—338页。

② 见郭沫若：《卜辞通纂》777片考释，文求堂书店1933年版。但郭沫若在《卜辞通纂》重版时改了旧说，认为河即黄河，见《郭沫若全集·考古编》第二卷，科学出版社1983年版，第167页。

③ 见陈梦家：《殷虚卜辞综述》，科学出版社1956年版，第344页。

④ 见《杨树达文集之五·积微居甲文说·释汅》，上海古籍出版社1986年版。

⑤ 见于省吾：《双剑誃殷契骈枝三编·释汅羑》。

⑥ 同上；又容庚：《卜辞研究》讲义，北京1942年石印版；见陈梦家：《殷虚卜辞综述》，科学出版社1956年版，第342页。

⑦ 见胡光炜：《卜辞中之𡧊即昌若说》，中央大学《文史哲季刊》第一卷第二期，1943年；朱芳圃：《殷卜辞中所见先公先王再续考》，《新中华》复刊第五卷第四期，1947年。

⑧ 丁山：《由陈侯因𬀭錞铭黄帝论五帝》，前“中央研究院”《历史语言研究所集刊》第三本第四分册，第533页；杨树达：《积微居甲文说·释羔》，上海古籍出版社1986年版。

⑨ 见《闻一多全集》II，三联书店1982年版，第563页。

“高祖”分列卜祭，这说明“高祖”不包括河岳[①]。《合》33339片云：“…卯…河…高祖…壱禾？”《合》34185片云：“…祖…岳…”，河、岳分别置于“高祖”之前，“祖”之后，而且中间都有他辞间隔，二者不相连贯，正说明河岳不是“高祖”。又《屯南》916片云：“辛未贞：𠦪禾于高眔河？”“高”为“高祖”之简称，卜辞屡见；“高”与“河”之间用连词“眔”，“河”不是“高祖”更是一目了然。这样，对于争议颇大的“辛未贞：𠦪禾于高祖河”（《合》32028）一辞，现在应该有一个明确的结论，即应在“高祖”与“河”之间用顿号断开，“高祖”与“河”是并列关系，而不是同一关系。陈梦家先生说：“卜辞的‘高祖河’应读为‘高祖、河’”[②]是完全正确的。

第三，卜辞中的㞢、夒、夔常被认为是殷之高祖神，而河岳又可跟这三者同版或同辞而卜，如：

> 辛亥卜，有燎于㞢？
> 辛亥卜，有燎于岳？
> [辛]亥卜，[有]燎于河？（《合》34267）
> 癸未贞：𠦪禾于夒？
> 癸未贞：𠦪禾于河？
> 癸未贞：𠦪禾于岳？（《合》33274）
> 戊午卜，穷贞：酌，𠦪年于岳、河、夔？（《合》10076）

有人以此为根据，认为河岳是高祖神。实际上这种推论是不能成立的。因为卜辞中没有直接材料能证明㞢、夒为高祖神；夔在卜辞中虽有“高祖夔”之称，其高祖身份自王国维以来几成定论[③]，但《合》30399有一特例云：“于夔高祖𠦪？”“夔”置于“高祖”之前，于“夔为高祖”之说，颇为不利，可惜诸家对此，或避而不论，或论焉不详，无人提出质疑。卜辞显示，殷人之称

---

① 这些现象陈梦家已经注意到了，但他对“河岳非高祖神”没有给予彻底肯定。参见《殷虚卜辞综述》的有关论述，科学出版社1956年版，第339、343、344、352页。

② 同上书，第343页。

③ 王说见《殷卜辞中所见先公先王考》及《续考》，又见《古史新证》。王国维认为，夔即古文献中的帝喾；之后，诸家对夔的具体所指持论各异，但以之为殷之高祖则较一致。

“高祖”,没有把高祖名置于“高祖”之前的惯例,如称“高祖王亥”或“高祖亥”,在卜辞中有13例,都不称“王亥高祖”或“亥高祖”;称“高祖乙”,在卜辞中有25例,也都不称“乙高祖”。如此看来,由于“夒高祖”一辞的存在,使得“夒为高祖”之说亦颇可疑,则卜辞中的三例“高祖夒”,似乎也应读为“高祖、夒”。所以,拿卜辞中河岳可与[illegible]、[illegible]、夒等神灵同版或同辞而卜的情况来推论河岳为高祖神,是建立在一个不可靠的前提之上的,其结论肯定不可信。依笔者的看法,[illegible]、[illegible]、夒三字字形怪异,似人而非人,或为动物之灵怪。特别是“夒”字,乃猕猴之象形。《合》14376云:“…豹…夒…比…”,可见“夒”为动物。又《铁云藏龟拾遗》6.9云:“…其获夒?”正用其本义。卜辞之中,“夒”还用作地名,如《屯南》2100片云:“壬寅贞:王步自[illegible]于夒?”概因当时某地动物之中,以夒为特异,故以夒命其名。《礼记·祭法》云:“山林川谷丘陵……见怪物,皆曰神,有天下者祭百神。”夒等之所以被殷人隆重祭祀,大概也是因为它们是某方之灵怪而被认为神通广大者。河岳神与[illegible]、[illegible]、夒等同卜共祭,可以说明河岳与它们一样都是非血统神,不能证明河岳是高祖神。

第四,河神的“令雨”本领,是高祖神所不具有的;河神的“沉”祭,也不用于高祖神。岳神可与云神共祭,高祖神则不能。这些特点证明了河岳神的自然神格,反过来也证明了河岳神的非高祖身份。

总之,殷代的河岳神原属自然神,它们的人格化只是在自然神格之外,多了一些人格特征,可与高祖先公同卜共祭,并没有具体化为某一高祖神。

以上对河岳神格之研究,至少有以下两点之认识:

第一,自然神特征和人格神特征是“河岳神格二重说”的新内涵。

在讨论河岳神的神格问题时,论者或执著于自然神论,或执著于高祖神论。由于以前没有找到充分的材料来推翻高祖神之说,二说并存,自然又有人折中其说,认为河岳既是自然神,又是高祖神,或说河岳是从自然神发展为高祖神,从而形成“河岳神格二重说”①。以上这些观点都是不正确的。笔者以为,自然神的人格化和自然神变为高祖神是两个内涵完全不同的概念,二

① “河岳神格二重说”是笔者根据前人对河岳神之双重身份的研究而给予的名称。

者不可混为一谈。由于前人在研究中没有把这二者区别开米，因而无法真正把握河岳神灵的特质。从上文我们可以看到，卜辞之中，有足够的理由把河岳神认为自然神，也有充分的材料证明河岳神的人格神属性，但把河岳具体化为某一高祖神的看法是不正确的。因此我认为，如果说殷代的河岳神是两个具有二重性格的神灵，那么这二重性格是指它们既有自然神特征，又有人格神特征，而不是像旧“二重说”所规定的那样，既是自然神，又是高祖神。也就是说，河岳神是人格化的自然神，而不是高祖化的自然神。这就是“河岳神格二重说”的新内涵，也是笔者对河岳神之神格在长期的争论不休之后所提出的一个新看法。

第二，河岳神的人格化是造神思想的一个飞跃。

远古蒙昧时代的人类，对于自然界与自然神灵，除了诚惶诚恐祭祀祈祷之外，别无他法。这是纯自然神崇拜的时代。在这个时代里，自然神以其单一的自然神格，远离尘世，不食人间烟火。宗教的历史，在一定意义上就是造神的历史。随着时间的推移，随着人类对自然界的进一步了解，随着人类宗教思想的不断成熟，人类对自然神的改造也势所必然，自然神必因受到人的意识的渗透而人格化，变单一神格为双重神格。这正如恩格斯所说：“一切宗教都不过是支配着人们日常生活的外部力量在人们头脑中的幻想的反映……在历史的初期，首先是自然的力量获得了这样的反映，而在进一步的发展中，在不同的民族那里又经历了极为不同和极为复杂的人格化。”① 河岳卜辞所揭示的河岳神的人格化，说明殷代的自然神格开始由单一变为双重，它是中国造神史上自然神灵人格化的最早记载，标志着造神史上一个新的造神模式——赋予自然神灵以人格神特征——的诞生。这种模式在古代奇书《山海经》中已有充分的体现。在这本书里，常可见对山神水怪之形象的描述，这种描述基本上可分为两种类型：一类神灵是动物形体的奇怪结合，如《南山经》云：“凡誰山之首，自招摇之山，以至箕尾之山，凡十山。……其神状皆鸟身而龙首。”“自柜山至于漆吴之山，凡十七山。……其神状皆龙身而鸟首。”另一类神灵是人和动物的奇怪结合，如《西山经》云：“自铃山至于

---

① 恩格斯：《反杜林论》，《马克思恩格斯选集》第三卷（上），人民出版社1972年版，第354页。

莱山,凡十七山。……其十神者,皆人面而马身;其七神皆人面牛身,四足而一臂。"《海外东经》云:"朝阳之谷,神曰天吴,是为水伯,在虹虹北两水间,其为兽也,八首人面,八足八尾,皆青黄。"《大荒东经》云:"东海之渚中,有神,人面鸟身,珥两黄蛇,践两黄蛇,名曰禺虢。……禺虢处东海,是为海神。"从整部《山海经》考察,以后一类的描述占绝对多数。所以从造神的角度看,《山海经》成书虽晚,但它所保存的有关资料,基本上反映了殷商时代的造神思想,体现了自然神向人格神的转化。在往后的造神过程中,人兽合体的自然神形象还经常出现,如《水经注》卷二云:"禹治洪水,观于河,见白面长人鱼身出曰:'吾河精也。'授禹河图而还于渊。"而完全人形的自然神形象也纷至沓来,如《楚辞》中之"湘夫人",由帝子——帝尧的女儿——来充当,乃是一个"佳人"的形象[①]。《左传·昭公元年》云:"子产曰:'……昔金天氏有裔子曰昧,为玄冥师,生允格、台骀。台骀能业其官,宣汾、洮,障大泽,以处大原,帝用嘉之,封诸汾川……由是观之,则台骀汾神也。"显然,汾神是一个功德圆满者的形象。由于自然神的人格化模式提供了一个自然山水和人文精神相结合的绝好方式,人们常通过造神把自然和人事融于一体,因而在许多自然神身上,凝聚了丰富的审美意识和价值观念。所以研究自然神,不仅可以看到宗教思想的发展脉络,还可以窥见整个文化面貌之一斑。可见,河岳卜辞所揭示的自然神的人格化模式,不仅使自然神之性格变得丰富,形象更加生动,还使自然神本身成为凝结文化思想的载体,使自然崇拜富有人文特征,因而,河岳神的人格化不仅体现了殷代自然崇拜的最新进展,它还是造神史上的一个转捩点,是造神思想的一个飞跃。

附记:本文得到中山大学陈炜湛教授的指导,特此致谢!

原载《福建师范大学学报》1994 年第 2 期

---

① 见《楚辞·湘夫人》。

卜辞所见河岳神之地位

殷墟甲骨卜辞是殷人祭祀诸神的实录，祭祀对象涉及殷代所有神灵，真实地再现了殷人所构筑的鬼神世界。在这个世界里，中国传统宗教中的天神、地祇和人鬼三大鬼神系统都已颇具规模：天神系统有上帝日月风云诸神，地祇系统有河岳土地四方诸神[①]，人鬼系统则有高祖旧臣先公先妣等。在这个世界里，各路神灵熙熙攘攘，面目各异，色彩纷呈，但又各有统属，尊卑上下，有条不紊。这是一个完全立体的有序的世界，从中可见殷人宗教思想之系统完整。河岳神作为地祇系统里的重要神灵，它们在本系统里的地位如何？它们在殷代整个鬼神世界中的地位又如何？这些都是河岳卜辞研究中不可回避的问题。殷墟卜辞所显示的殷代鬼神世界系统性强，所提供的材料具体而全面，易于比较。为了准确说明河岳神在殷代神界中的地位，下面就把河岳神分别放到地祇、天神和人鬼系统中加以权衡，以期得到一个比较合乎实际的结论。

一、河岳神在地祇系统中的地位

根据卜辞材料，我们可以把殷代地祇分为三类：水神类、山神类和地

---

① 河岳本属自然神，河指黄河之神，岳指高山之神。详见林志强：《论卜辞河岳之神格》，《福建师范大学学报》1994 年第 2 期。

神类。

古代典籍之中，常见“方”、“社”并举[①]，则四方之神，“本属地界，不隶天空”[②]，与土（社）神为一类。陈梦家先生认为，“四方之神实际上是四方的土地神，《越语》所谓‘四乡地主’”[③]。卜辞之中，祭土（社）与祭方都与宁雨止风、御水祈年等有密切关系，可见土（社）神与四方神在职能神威方面均较一致；卜土（社）之辞与卜方神之辞的数量也相差无几。由此看来，四方之神在殷代，其重要性不亚于土（社）神，它们是地祇系统中两种势力相当的土地神。这是地神的情况。在地祇系统中的水神类里，除河神以外，还有洹、澮、滴、有水诸水神，其中洹河之神竟有降祸于城邑的法力[④]，其神威、地位在诸水神中已经很高，但与黄河之神相比，仍然是小巫见大巫。洹河之神的卜辞不过 30 余条，只是黄河之神卜辞的 1/20，就是一个明证。可见黄河神在水神类里，其地位是无与伦比的。这是水神的情况。在地祇系统中的山神类里，除岳神以外，卜辞还有“十山”、“九山”、“五山”之类的称呼，多为求雨的对象，是一些小山神。这些山神业已形成一股力量，但它们的卜辞稀少，神力单薄，地位远远不及岳神。

由上可知，卜辞地祇系统里可称得上尊神者，只有土（社）、四方、河、岳。从历史发展的角度看，随着“人非土不立”之观念的形成和发展，土（社）神到周代以后，其地位变得越来越高，不仅春祈秋报必主于社，而且“国亡土地，则君哭于社；国有大患，君死社稷，社神的神格，不仅是农业保护神，而且是国家的保护神”[⑤]。所以《周礼·小宗伯》称“建国之神位，左社稷，右宗庙”。《礼记·郊特牲》云：“社，所以神地之道也。地载万物，天垂象。取财于地，取法于天，是以尊天而亲地也，故教民美报焉。家主中霤，而国主社，示本也。”社神终于成为国家的象征。但在殷代，土（社）神最多只是农业保护神之一，绝无后代“国主社”之事。卜辞显示，在地祇系统的三类神

---

① 参见陈梦家：《殷虚卜辞综述》，科学出版社 1956 年版，第 585 页。

② 丁山：《中国古代宗教与神话考》，上海文艺出版社 1988 年据龙门联合书局 1961 年版影印本，第 163 页。

③ 参见陈梦家：《殷虚卜辞综述》，科学出版社 1956 年版，第 585 页。

④ 如《甲骨文合集》7854 正云：…𣪘贞：洹其作兹邑𡆥？贞：洹弗作兹邑［𡆥］？

⑤ 丁山：《中国古代宗教与神话考》，上海文艺出版社 1988 年据龙门联合书局 1961 年版影印本，第 46 页。

灵中，土地神的地位远不如水神和山神高。以卜辞数量而论，全五期卜辞中，包括土（社）、四方在内的全部土地神的卜辞还不如一个河神或一个岳神的卜辞多，其中土（社）神的卜辞总数约 120 条，分别只是河神和岳神的 1/5 和 1/4 多一些。就神威方面而言，“土神绝无如上帝那样可以卜‘令雨’与‘令风’的，也绝无象河岳神那样可以卜‘壱年’、‘壱雨’的例子，与上帝河岳比起来，土象是个较为温和的神祇”①。四方神的情况也与此相仿。除此之外，河神作为水神之至尊神，岳神作为山神之至尊神，没有任何一个其他的水神或山神可以跟它们分庭抗礼，而在地神类里，如果以土（社）神为尊者，则有四方神与之平分秋色，反之亦然。这无疑相对削弱了土（社）神或四方神的地位，使得土神里缺乏一个地位很高、大权独揽的至尊神以与水神里的河神和山神里的岳神一争高下。综上所述，在卜辞地祇系统中，土地神不如水神或山神重要，土（社）神或四方神的地位不如河神或岳神高。

至于河神与岳神的地位，亦有所差别。卜辞之中，卜河之辞近 600 条，卜岳之辞近 450 条；河有“令雨”之本领，岳神则无。又卜辞云：

> 河燎，卯三牛？
> 岳燎，卯二牛？ （《甲骨文合集》34207）
> 五牢于岳？
> 九牢于河？ （《小屯南地甲骨》2272）

可见用牲之数，有时岳神也比河神略低些。由此看来，殷代的河神，其地位似比岳神略高一点。但由于卜辞中河岳二神经常同卜共祭，其本领神威其实也只是大同小异；用牲之数在一般情况下也无甚差别。又《甲骨文合集》34229 片总共刻了 23 条卜辞，其中涉及岳神者竟达 11 条之多，而涉及河神者仅 1 条。这版卜辞主要卜问何日下雨，何神“壱禾”。从这些内容来看，可能是某年因为大旱，禾苗枯死，故以为乃岳神作祟而有所祭祀，并希望早降甘霖，解除旱情。可见在个别情况下，岳神在殷人生活中的影响也可超过河神。

① 见岛邦男：《殷墟卜辞研究》中译本，鼎文书局 1975 年版，第 228 页。

因此，在不作严格区分的情况下，把河岳视为地位相当的地祇是完全可以的。在下面的比较中，本文基本上就是把河岳作为地祇之代表，把它们作为一个整体来进行的。

二、河岳神与帝神之比较

帝作为天神系统里的主宰，这一点是无可置疑的。但自甲骨文发现以来，帝神却一直被认为是殷代整个鬼神世界中的至上神，这种观点则过高地估价了帝在殷人心目中的实际地位，似有以今律古之嫌。近年来有人开始重新检讨这一问题，晁福林在《论殷代神权》① 一文中认为帝只是殷人诸神之一而不是诸神之长，此观点较具代表性。晁说：

> 殷代祭典中习见的御祭，一般认为是禳除灾祸之祭。御祭的对象包括诸母妣、诸兄、诸高祖等在内的历代先王为主体的祖先神，以及土（社）、河等自然神。御祭卜辞多达千余条，但无一例是御祭于帝者。显然，殷人并不认为帝具有免除灾祸的神力。就降祸或赐福而言，帝的影响比之于祖先神，甚至河、岳等，都要小得多。例如，关于祈求丰年的卜辞共近400条，绝大多数是向土（社）、河、岳以及王亥、上甲等祖先神祈求，而帝和年成相关的却只仅见三条。其中有两条是卜问令雨之事而涉及了年成，真正是帝和年成有直接关系的仅一条（晁文原注：见《合集》14190片，辞谓“贞，帝不我其受年。”按晁氏释文有误，此辞末字为“又”即“佑”而非“年”，如此则帝与年成直接相关者不见于卜辞）。帝保佑年成的神力和土（社）、河、岳及祖先神等比起来，真可谓是小巫见大巫了。此外，关于帝降祸的辞例有百余条，而帝提供保佑的辞例仅30余条。与此相反，殷人关于祖先神及土（社）、河、岳的卜辞中，降祸者只占极少部分，而绝大部分是保佑下世的辞例。

这里可以看出，帝在保佑下世，赐福人间的各方面，不仅比不上祖先神，而且

---

① 晁福林：《论殷代神权》，《中国社会科学》1990年第1期。

还不如河岳等自然神。这说明殷代的上帝决非万能之神，它不仅在包括祖先神在内的整个鬼神世界中不是最高主宰，而且在包括河岳在内的非血统神范围里也未必能够位居众神之首。以卜辞数量而言，一般认为卜帝之辞有600多条，但这还包括“帝”用如祭名“禘”的卜辞在内；如果剔除这一部分卜辞，卜帝之辞实际只有500余条，而卜河之辞近600条，卜岳之辞近450条，帝比不上河神，比岳神也只略高一些。如果分期而论，第一期有关帝的卜辞，约有430条，有关河的卜辞，约有360条，有关岳的卜辞，约有220条；到了第四期，帝的卜辞不足50条，河的卜辞达156条，岳的卜辞达150条。如果说在第一期里，帝神地位比河岳神略高，那么到了第四期，河岳神则比帝神更受殷人重视，帝神地位有所下降。此外，卜辞之中，帝有五臣、有帝史风，还有日月风云诸神为其臣属，确已形成一个系统。但从上文可知，卜辞中以河为首的水神系统和以岳为首的山神系统也已经形成，河神似乎更进一步形成了家族势力，有河公、河妻、河妾、河女①诸称呼。加上土（社）、四方等土地神，以河岳为首的地祇系统，其规模足以与以帝为首的天神系统相抗衡。在神力方面，帝与河岳也是各有所长，不分上下：帝在令雨令风、保佑战争方面确有其独特之处，为他神所不及；河岳神在赐福下世、保佑年成方面则又为帝神所不及。综合以上各方面，在外祭诸神中，河岳神的地位，即使不比帝神高，至少也可与帝神平起平坐，不相上下。在第二期和第五期的卜辞中，由于周祭制度的盛行等等原因，造成了殷代整个自然崇拜的衰落②，帝神与河岳神一样遭到殷人冷遇，这也可以说明它们在殷人的心目中，没有哪一位更特殊、更重要。

三、河岳神与祖先神之比较

随着殷代王世的更替，死去的殷王及其配偶以及一些先公旧臣不断地进入神界，所以在殷代鬼神世界的三个系统中，以祖先神为首的人鬼系统规

① 《甲骨文合集》2114云：庚午卜，王燎河公于[illegible]？又686云：御方于河妻？又658云：辛丑卜，于河妾？又683云：丁酉卜，贞：于河女？

② 这一问题比较重要，笔者另有专文论之，此不详述。

模最大。甲骨文里，有关祖先神的卜辞超过一万五千条，而有关地祇诸神的卜辞大约只是祖先神卜辞的十分之一。而且殷人对祖先神的祭祀，从始至终，恭敬如一，毫不倦怠，并且在第二期时即开始形成并完善了一种祭祀制度——周祭，祖先神被一个一个地安排到祭典里，轮番而祭，隆重非常，而对河岳等神祇的祭祀，忽多忽少，忽冷忽热，很不稳定。特别在第二期和第五期里，卜祭河岳之辞突然骤减：第二期卜河之辞只有 9 条，第五期只有 1 条；第二期卜岳之辞仅见 3 条，第五期则全然不见，颇有将河岳之神弃置一旁之势，更谈不上什么祭祀制度。在神威方面，河岳作为自然神，在影响自然天象方面，似比祖先神略强一些，但在影响人事方面，河岳神虽然已经人格化，还远远不及祖先神之神通广大。如为壱、为祟于时王或"我"，就以先王先妣占多数，河岳占少数。御祭作为禳除灾祸之祭法，其主要对象也是祖先神，涉及河岳者为数并不多，说明在保佑下世方面，仍以祖先神为主。有些祖先神如王亥、上甲等在神界的地位极高、神威极大，以他们为首的祖先神系统对人世间的影响力是相当广泛的，祸福丰歉、疾梦生育，几乎无所不包，而以河岳为首的地祇系统则相形见绌，势力范围比较小。在祭祀用牲方面，也以祖先神为丰富，如卜辞云：

> 贞：御自唐、大甲、大丁、祖乙，百羌百牢？（《甲骨文合集》300）
> 丁巳卜，有燎于父丁百犬、百豖、卯百牛？（《甲骨文合集》32674）

而河岳之神，决不能享受如此丰富的祭品。卜辞之中，河神的最高祭礼为五十牛①，岳神的最高待遇为九牛②。由上可见，殷代的祖先神，以其完整的世系、庞大的队伍、显赫的神威和血统上与殷王室的一脉相承，受到殷人的特别重视，其祭祀之频繁、祭法之多样、祭品之丰富、制度之完美，都是天神和地祇所无法企及的。如果说殷人鬼神世界中天神系统、地祇系统和人鬼系统呈三权鼎立之势的话，那么以祖先神为主体的人鬼系统是这三权中权力最大者，河岳神的地位绝对不如祖先神高。

---

① 见《甲骨文合集》672、1403。

② 见《英国所藏甲骨集》1146 正。

综上所述,河岳神在殷人鬼神世界中的地位不比帝神低,但比不上祖先神。就地祇系统而言,河神是水神之统帅,岳神为山神之统帅,它们的地位比土（社）神或四方神都高,可为地祇之代表。

附记:本文得到中山大学陈炜湛教授的指导,特此致谢!

原载《福建师范大学学报》1996 年第 2 期

殷代河岳崇拜的衰落及其原因

在殷墟卜辞中，“河”指黄河之神，“岳”指嵩山之神。[①] 本文仍以传统的五期分法 [②] 来研究河岳卜辞，探讨殷人对自然神的态度变化，有助于进一步了解殷代的宗教思想。

一、卜辞第二、五期是河岳崇拜的衰落期

综观全五期卜辞，我们可以发现这样一个事实：第一期河岳卜辞很多，第二期很少，第三期略有回升，第四期进一步增多，第五期又突然减少，几近乎零。下表可以看出这种变化：

河岳卜辞五期变化表

（单位：条）

分期	一期	二期	三期	四期	五期
河	355	9	43	156	1
岳	224	3	43	150	0

① 参见林志强：《论卜辞河岳之神格》，《福建师大学报》1994 年第 2 期。

② 五期分法指：第一期：武丁及其以前的盘庚、小辛、小乙；第二期：祖庚、祖甲；第三期：廪辛、康丁；第四期：武乙、文丁；第五期：帝乙、帝辛。

可见,全五期河岳卜辞的数量变化呈波浪线状发展,忽多忽少。在这条波浪线上,第一期处于最高点,第四期次之,第二期和第五期则处于最低谷。根据现有卜辞,我们发现第二期卜祭河神之辞只有 9 条;第五期只有《英国所藏甲骨集》2525 片一例,辞云:“癸酉卜,在巳奠河邑,泳贞:王旬无畎,惟来征人方?”可见还不是专门的卜河之辞。第二期所见卜祭岳神之辞,只有《英国所藏甲骨集》2089 片、《甲骨文合集》24960 片和 24417 片三条;第五期则一条也没有。“河”的卜辞多至 355 条,少则只有 1 条;“岳”的卜辞多至 224 条,少则空无一例,可见五期中河岳卜辞的历时比较,其悬殊是很大的。

那么五期中河岳卜辞的共时比较,其结果会是怎样的呢?由于卜辞数量庞大,河岳卜辞在各期卜辞中所占比率难以统计,这里仅以董作宾《殷历谱》和陈梦家《殷虚卜辞综述》所推定的盘庚迁殷后各王在位的年数来看看各期卜祭河岳神的年平均数作一个参考,如下表:

<table>
<tr><td colspan="2">盘庚迁殷后诸殷王</td><td>盘庚</td><td>小辛</td><td>小乙</td><td>武丁</td><td>祖庚</td><td>祖甲</td><td>廪辛</td><td>康丁</td><td>武乙</td><td>文丁</td><td>帝乙</td><td>帝辛</td></tr>
<tr><td colspan="2">《殷历谱》推定的各王年数</td><td>14</td><td>21</td><td>10</td><td>59</td><td>7</td><td>33</td><td>6</td><td>8</td><td>4</td><td>13</td><td>35</td><td>52 + 11</td></tr>
<tr><td colspan="2">《综述》推定的各王年数</td><td colspan="3">约 60</td><td>59</td><td>约短</td><td>33</td><td colspan="2">约短</td><td>35</td><td>11</td><td colspan="2">2×20</td></tr>
<tr><td colspan="2">分期</td><td colspan="4">一期</td><td colspan="2">二期</td><td colspan="2">三期</td><td colspan="2">四期</td><td colspan="2">五期</td></tr>
<tr><td colspan="2">卜河之辞(条)</td><td colspan="4">355</td><td colspan="2">9</td><td colspan="2">43</td><td colspan="2">156</td><td colspan="2">1</td></tr>
<tr><td colspan="2">卜岳之辞(条)</td><td colspan="4">224</td><td colspan="2">3</td><td colspan="2">43</td><td colspan="2">150</td><td colspan="2">0</td></tr>
<tr><td rowspan="2">年平均数(条)</td><td>河</td><td colspan="4">约 3.41(董)/约 3(陈)</td><td colspan="2">约 0.23</td><td colspan="2">约 3</td><td colspan="2">约 9.6(董)/约 3.4(陈)</td><td colspan="2">约 0.01(董)/约 0.02(陈)</td></tr>
<tr><td>岳</td><td colspan="4">约 2.15(董)/约 2(陈)</td><td colspan="2">约 0.08</td><td colspan="2">约 3</td><td colspan="2">约 8.8(董)/约 3.3(陈)</td><td colspan="2">0</td></tr>
</table>

第一期盘庚小辛小乙三王卜辞之有无在甲骨学界尚未论定,如果这三王卜辞确实不存于现有卜辞中,那么第一期河岳卜辞的年平均数比表中所示的还要大。虽然上举董、陈两家对某些殷王在位年数的推断有比较大的出入,但从表中我们可以看出,不管是依董说还是依陈说,第一、三、四期卜祭河岳之神的年平均数都要比第二、五期来得大。表中显示,第一、三、四期殷人关

于河岳神的卜辞，每年至少有 2 条，而在第二期，殷人大约 5 年才有 1 条卜河之辞，12 年才有 1 条卜岳之辞，在第五期，殷人至少要 40 年才有 1 条卜河之辞，对岳神则根本不卜祭，可见第二、五期殷人对河岳神是很不重视的，这与上述历时比较所得结论是完全一致的。

以上两种比较均以现有河岳卜辞为依据。仅凭第二、五期河岳卜辞稀少而得出殷人在这两期里不重视河岳神这一结论是否可靠呢？有无这样的可能，即殷人在这两期里仍然频繁祭祀河岳神，只不过他们没有把对河岳神的祭祀记录在甲骨片上而已？笔者认为，这种推测不符合殷人思想。因为卜骨乃通神之物，卜辞为卜祭之实录，若有祭祀，必用卜骨，定有记录。第一、三、四各期殷人既有对祖先神的祭祀，也有对河岳神的祭祀，卜辞中均有记录。如果河岳神在第二期和第五期里，仍然与其他各期一样受到殷人的隆重祭祀，但在第二期和第五期的卜辞中，大量记录了殷人对祖先神的祭祀情况，却为什么不像其他各期一样也记录对河岳神的祭祀情况呢？显然，在第二期和第五期，殷人确实不祭或少祭河岳神，上述两种比较所得结论是可靠的。

然而在卜辞中，河神为水神之统帅，其卜辞总数甚至不比帝神少；岳神为山神之统帅，神威法力均不弱。它们对殷人生活的影响是相当广泛而深切的，大凡吉凶祸福、年成丰歉等等无不与之有关。在第一、三、四各期中，殷人对它们的祭祀也是非常隆重的，除了有多种多样的祭法之外，还供奉了相当丰厚的祭礼。如《甲骨文合集》672 片记载献给河神的祭礼为五十牛，《英国所藏甲骨集》1146 片（正）记载献给岳神的祭礼为九牛。可以说，河岳神在殷人的鬼神世界中是两个地位相当高的大神祇①，在“率民事鬼神”的殷代，在无事不卜的宗教环境中，对河岳这样的大神灵，殷人竟至于不祭或很少祭祀它们，实在是一件非常奇怪的事情。如何解释这种现象？笔者以为，这是殷代河岳崇拜出现危机的表现，也就是说，卜辞第二期和第五期是河岳崇拜的衰落期。

从卜辞中可以看到，河岳崇拜衰落之际，无论天神还是地祇都普遍地受到冷遇。如卜帝之辞，第二期不足 5 条，第五期也不到 15 条。卜土（社）之

---

① 关于河岳神在殷人鬼神世界中的崇高地位，参见林志强：《卜辞所见河岳神之地位》，《福建师范大学学报》1996 年第 2 期。

辞，第二期没有，第五期只在《甲骨文合集》36404片发现一残辞，云："乙卯…贞：王…土？"还不能完全肯定是（社）之辞。可见，河岳崇拜的衰落不是个别的现象，它表示着殷代整个自然崇拜的衰落；祭诸神同遭厄运，这也不是偶然的现象，其中必有深刻的原因。

二、河岳崇拜衰落的原因

从卜辞材料可以看出，殷人的鬼神世界可以分为天神、地祇和人鬼三大系统。如果按照血统神与非血统神来进行划分，则天神和地祇可归为非血统神，人鬼，特别是诸先王先妣，为血统神。有一些非血统神已具备某种人格化特征，如河岳二神就可以跟高祖神或其他祖先神同版或同辞而卜，共享人间烟火：

> 燎于河、王亥、上甲十牛，卯十牢？五月。（《甲骨文合集》1182）
> 戊戌卜，惟岳先侑？
> 惟河先侑？
> 惟王亥先侑？（《小屯南地甲骨》342）

上两例中第一为同辞之例，第二为同版之例。这样看来，似乎非血统神已开始为血统神所同化。但从卜辞观察，殷人对非血统神的同化是极有限度的：一是范围的限制，如天神中之风神云神，地祇中之洹神滴神，殷人就没有赋予它们以人格神的特征；二是程度的限制，比如河岳神的人格化只是在自然神特征之外多了一些人格神特征，并没有变成高祖神或其他血统神，过去以河岳为殷之高祖的观点是不正确的。[①] 由此可见，殷代血统神对非血统神的同化只是一种小范围低程度的同化，这种同化对整个非血统神的性质来说，其影响是微乎其微的。众所周知，殷代的祖先神以其完整的世系、庞大的队伍、显赫的神威和血统上与殷王室的一脉相承，受到殷人的特别重视，其祭祀之频繁、祭法之多样、祭品之丰富、制度之完美都是天神和地祇所无法企及的。

① 参见林志强：《论卜辞河岳之神格》，《福建师范大学学报》1994年第2期。

殷人狂热的祖先崇拜意识对祖先神系统之外的自然神崇拜必然产生深刻的影响,这影响就表现为殷人对自然神所采取的两种非常矛盾的态度:一是同化,一是排斥。既然同化自然神只是一种小范围低程度的同化,没有真正改变非血统神的性质从而把它们与血统神统一起来,那么非血统神就仍然游离于血统神世界之外,因而这两大阵营在殷人的整个鬼神世界中的某种对立就变得不可避免了。也就是说,殷人在祭祀血统神和非血统神的时候所举行的祭祀次数之多少,所供给的祭祀牺牲之丰俭等等都必须有所区别。殷人的敬神情感主要倾注在血统神身上,那么作为异类的非血统神自然受到他们的疏忽甚至轻视。卜辞材料显示,祖先神卜辞超过 15000 条,而全部自然神卜辞大约只是祖先神卜辞的五分之一;分期而论,也看不出哪一期中自然神比祖先神更重要,即使在非血统神颇受重视的第一期和第四期,也依然位居祖先神之下。正因为自然神在殷人心目中不很重要,"无道"之王武乙才有侮慢天神之举。《竹书纪年》云:"王(武乙)畋于河渭,大雷震死。"《史记·殷本纪》详记其事云:"帝武乙无道,为偶人,谓之天神。与之博,令人为行,天神不胜,乃僇辱之。为革囊盛血,卬而射之,命曰'射天'。武乙猎于河渭之间,暴雷,武乙震死。"《汉书·郊祀志》也记载:"帝乙嫚神而震死。"此外,《史记·殷本纪》云帝纣"好酒淫乐","慢于鬼神",所慢者当也是自然神。总而言之,在殷人的鬼神世界中,自然神和祖先神有着不同的血统和来源,殷人对祖先神的狂热崇拜和隆重祭祀,必然冷落了自然神,亦即说,血统神对非血统神具有排斥作用。河岳崇拜的衰落显然与此有关。这是第一个原因。

与第一个原因相联系,河岳崇拜的衰落是由于殷代对祖先神的祭祀制度的规范化。殷人对祖先神的崇拜,不仅祭欲其繁、礼欲其丰,而且在祭祀制度方面,也逐渐予以完善和规范化,终于形成了殷人所特有的周祭制度。根据研究,第二期的出组卜辞已表明周祭制度正在形成和完善的过程中,第五期的黄组卜辞则是最完整最有系统的周祭制度了。在全五期卜辞中,只有第二期和第五期有绝对完整的周祭制度,其他三期则不见或少见五祀之法。① 张光直先生认为殷礼中存在着二分现象。他说:

① 参见常玉芝:《商代周祭制度》第二章,中国社会科学出版社 1987 年版。

> 安阳时代第一个丁世的王武丁时代的卜辞很多，所示的礼制相当的清楚。武丁以后继位为王的祖庚，在位或只七年，其礼制如何，因卜辞数少，相当模糊。但自武丁的礼制到下一任王祖甲的礼制，则无疑的有一番相当明显的变化。武丁时代所祭祀的若干祖先或神祇，到了祖甲时代不再出现，而祖甲时代祭祀日程的整齐规模——所谓祀典——则是武丁时代所无的。祀典制度到祖甲以后在卜辞中又形迹不明，而帝乙时代则重新明现。①

从这段论述中可以看出，祖甲（二期）时代和帝乙（五期）时代所奉行的是同一种礼制，其他三期则或是另一种礼制。这两种礼制的最大区别就是前者实行周祭制度。上文已指出，河岳等自然神在第一、三、四期还较受重视，而在二、五期中则倍受冷落，可见它们的兴衰荣辱恰与殷礼中的二分现象相对应，那么，河岳崇拜的衰落就很自然地和周祭制度联系起来了。彭裕商《卜辞中的“土”、“河”、“岳”》一文②在这一点上有一段很好的说明。他说：

> 对“土”、“河”、“岳”致以隆重祀典的多为一期及三、四期卜辞，其中一期卜辞占多数。二期卜辞则少见，……祖甲时贞人如行、尹等的例子还没有看到，而五期卜辞中也没有祭祀“土”、“河”、“岳”的例子，则我们似乎可说自祖甲时周祭祀统建立以来，对祖先的崇拜就逐步代替对自然神祇的崇拜，祖甲以后三、四期时周祭有所衰落，何组虽有周祭，然也当是低潮，此时殷人对自然神祇的崇拜又有一些恢复，演变至于五期，周祭达到高潮，对祖先的周密而隆重的周祭就完全冲淡了对自然神祇举行的隆重祭祀。

周祭是一种把祖先神一个一个地安排进祀典轮番而祭的祭祀制度，具有绝对的排外性。当殷人按照祀典专心致志地祭祀他们的祖先的时候，不在祀典之内的河岳诸神自然得不到规定的祭礼而渐渐地被冷落一旁了。这是河岳崇拜之衰落的第二个原因，也是最直接最根本的一个原因。

---

① 张直光：《殷礼中的二分现象》，《中国青铜时代》，三联书店 1983 年版，第 209—210 页。

② 载《四川大学学报》丛刊第十辑《古文字研究论文集》，四川人民出版社 1982 年版。

第三,一切神灵崇拜,无非出于敬畏;敬畏之心不存,则神灵不存。卜辞云:

> 戊子卜,𡧊贞:帝及四月令雨?贞:帝弗其及今四月令雨?王固曰:丁雨,不惟辛。旬丁酉允雨。(《殷虚文字乙编》3090)
>
> …子卜,…贞:王令…河,沉三牛,燎三牛,卯五牛?王固曰:丁其雨。九日丁酉,允雨。(《甲骨文合集》12948)

这两条卜辞最后的验辞都说丁酉这一天果然下雨,与"王"所占卜的结果"丁雨","丁其雨"是完全一致的。这说明殷人在生产劳动过程中积累了许多生产经验,对自然界的风雨阴晴规律有了一定的了解,自然界的恩威祸福可以通过人为的观察来推测,因而自然界神秘可怖的形象有可能在殷人的心目中逐渐消淡下去,对自然力量的敬畏之情亦有可能随之稍减。在这种情况下,如果不考虑神道设教的需求,而且礼制上认为有必要,少祭或不祭自然神将不会在殷人心理上造成压力。殷人"先鬼而后礼",敬神多凭感情行事,宗教态度不如周人那么理性而有节制,以神道设教的意识并不十分强烈;而周祭的排外性质正好又容许把河岳诸神置于祀典之外,这样殷人也就心安理得地冷落了河岳诸神,终于造成河岳崇拜的衰落。

三、余论

根据殷代河岳崇拜之衰落现象,笔者有以下几点不成熟的看法,提出来作为本文之余论,以求正方家:

第一,关于殷人对神的态度,一般都说"殷人尊神",如果说"殷人慢神",似乎有点危言耸听。但从上述河岳崇拜之衰落的现象看,殷人对待各类神灵是有区别的,对自然神的态度时有变化,在一定的时候也颇为怠慢,并不是一味地尊之敬之。《礼记·表记》云:"殷人尊神,率民以事神,先鬼而后礼。"把鬼神看得高于一切,重于一切,这话一般而言是道出了殷人意识形态的主要特点,但我们对其所尊之神,也要作具体分析。

第二,入周之后,在非正式祀典中,山川神灵仍时有被罢祀,如《史记·滑稽列传》所记载的西门豹之罢河神之祀,《后汉书·宋均传》所记载的宋均之罢山神之祀。但在正式祀典中,自然崇拜一直盛行不衰,河岳诸神倍受尊崇。《周礼·大宗伯》云:“以吉礼事邦国之鬼神祇:以禋祀祀昊天上帝,以实柴祀日月星辰,以槱燎祀司中、司命、风师、雨师,以血祭祭社稷、五祀、五岳,以貍沉祭山林川泽,以疈辜祭四方百物。”把自然神之祭祀,正式列入祀典中;而典籍之中所记载的对河岳山川诸神而行的祭祀活动,周秦以往,更是屡见不鲜,热闹非凡。《史记·封禅书》云:“天子祭天下名山大川,五岳视三公,四渎视诸侯,诸侯祭其疆内名山大川。”可以说,以河岳为首的山神水怪成了中国神界的一大家族。显然,殷代的河岳崇拜之衰落现象没有在后代的正规祀典中重新出现,河岳神的地位,不仅没有降低,反而愈显重要。因此,从宗教史的角度看,殷代的河岳崇拜之衰落,是特殊历史条件下的特殊现象,在中国传统宗教中并未产生深刻的影响。也正因为如此,若非卜辞揭示,人们是无论如何也想不到在尊神事鬼的殷代竟会有慢神之举,会有河岳崇拜的衰落现象。

第三,殷代文化是一种以敬神为主要特征的神本文化,在这种文化中,我们很难找到大写的“人”而满眼都是高大可怖的“神”;人创造了神,然后跪倒在神的脚下——文化的内涵是相当消极的。而殷代河岳崇拜的衰落,是殷人对自然神权的一次挑战,也是人的力量对自然力量的一次挑战。在这次挑战中,人的形象变得高大了,人在神的面前不再是消极被动的崇拜者,而是积极主动的创造者。这是殷代文化中人本精神的一个曙光,它对整个文化特别是山水文化之品格的影响是至关重要的。可见,殷代河岳崇拜之衰落,虽然只是昙花一现的纯然宗教的现象,但从文化学的角度看,仍然有其特殊的意义。

附记:本文得到中山大学陈炜湛教授的指导,特此致谢!

原载《河北大学学报》1996年第2期

卜辞所见殷人心目中的鬼神世界[①]

鬼神世界是宗教思想的具体表现，也是人类文化研究的重要对象。时代不同，宗教思想不同，鬼神世界也就呈现出不同的风貌。众所周知，殷人“率民以事神”，宗教活动极为频繁，宗教思想别具一格，对后世具有深远影响。那么，他们的鬼神世界又是怎样的呢？殷墟甲骨卜辞是殷人卜祭诸神的实录，祭祀对象涉及殷代所有神灵，我们从中可以看到殷人所构筑的鬼神世界的全貌及其特点。

一

殷人鬼神世界中数量最多的要算以祖先神为主体的人鬼系统。随着殷代王世的更替，死去的殷王及其配偶以及一些功勋卓著的先公旧臣都不断地进入神界，成为殷人祭拜的对象。根据甲骨卜辞，远祖先王及其配妣受祭者超过 60 人，加上一些著名功臣如伊尹、黄尹等，殷代的人鬼系统成了殷人鬼神世界中的超级大国。有些祖先神在神界的地位极高，神威极大。以上甲微为例，他可以为祟于时王，时王也可以向他祈雨求年。卜辞中以他为先公之首，祭祀非常隆重，既有专祭，又有合祭。又如上甲微之父王亥，也是一位神

① 本文曾在“华夏文明传承创新国际论坛暨伏牛山文化圈第二届学术年会”（2011 年 12 月 23—25 日·河南·平顶山）上宣读。

通广大的神灵，既能左右天象，又可祸福人王。当然，卜辞中并不是每个先公或先王都像上甲微和王亥那样法力无边，但全部祖先神合起来，互相补充，人世间几乎所有的事情，他们基本上都可以管到。也就是说，他们对殷人生活的影响是相当广泛而深切的，因而殷人对于祖先神的崇拜和祭祀，从始至终，不敢怠慢，还发展出一套严密的祭祀制度——周祭。周祭盛行于祖甲和帝乙、帝辛时代，尤以帝乙、帝辛时期为完整和隆盛。按照周祭制度，祖先神被一个一个地安排到祀典中轮番而祭，没有一点疏忽。祖先们按照辈分和等级，充分地享受着人间烟火。殷人献给祖先神的祭礼是非常丰厚的。比如《甲骨文合集》300片上就记载祭祀唐、大甲、大丁、祖乙时，用了“百羌百牢”；32674片上记载祭祀父丁，用了“百犬、百豕、百牛”。祭祀方法也很多，有御、祊、㞢、燎等。总之，殷代的祖先神，以其完整的世系、庞大的队伍、显赫的神威和血统上与殷王室的一脉相承，受到殷人的特别重视和礼遇，其祭典之频繁、祭法之多样、牺牲之丰富、制度之严密，都是空前的。从卜辞材料来看，在周祭制度盛行时代，天神和地祇都受到殷人的冷遇（详下），而祖先神却从未有此厄运，可见以祖先神为主体的人鬼系统在殷人心目中所占据的地位最为重要。

上帝作为自然力量的集中象征，是殷人所崇拜的一位地位很高的天神。从卜辞看，上帝有令风、令雨、降旱、降祸、决定战争的胜负和城市的存亡等神力，涉及天时、王事和年成诸多方面。上帝作为自然界的一位尊神，确有其特殊的地方。比如卜辞中除了“河”（黄河之神）能偶尔“令雨”之外，其他的令雨卜辞全部涉及“帝”神；从卜辞所记载的情况看，他似乎也是唯一能决定战争胜负的神灵。

殷代的上帝不仅可以向人间发号施令，他还组成了一个朝廷，有帝使、帝臣等供其驱遣。卜辞中有“帝五臣”之称，可能就包括云神、风神、雨神、雪神等，它们都是上帝所统领的自然界的神灵。

殷代“帝”的观念到了周代发展为“天”的观念。青铜器铭文表明，西周初期稍晚，周王开始有“天子”的观念，西周中期以后，“天子”之称已极普遍，周王遂与上帝有了亲缘关系。[①]《诗·生民》说姜嫄“履帝武”而生

---

① 参见陈梦家：《殷虚卜辞综述》，中华书局1988年版，第581页。

后稷即周始祖,正说明周王与上帝的血缘关系。而在殷代,帝与殷王并非父子关系。卜辞中的上帝几乎不食人间烟火,不享受牛羊或奴隶等祭品,人格化倾向并不明显。也就是说,帝在殷代还是一个全然外在的力量,与祖先神有着明显的区别。因此,以帝为首的诸天神在殷代是完全自成一个系统的,可称为天神系统。

卜辞中还有一类神灵是以河、岳为首的地祇系统。一般认为,卜辞中的"河"即指黄河,"岳"指嵩山。嵩山和黄河是殷人活动范围内的名山大川,因此被殷人神化加以崇拜。卜辞中卜祭河神之辞近600条,与卜帝之辞相差无几;卜岳之辞也达400多条。可见河、岳之神在殷人鬼神世界中也占着相当重要的地位,足以成为一类神灵的统帅。以河、岳为首的地祇包括土神、水神和山神。土神包括各地的社神,如亳土、邦土、唐土以及东西南北四方土地神等。水神除河神之外,还有洹神、滳神、澮神等,其中洹河之神还有降祸于城邑的威力,颇为特殊,而黄河之神似已形成一个家族势力,卜辞中有"河公"、"河妻"、"河女"、"河妾"诸称呼。山神一类,卜辞中有"十山"、"九山"、"五山"之类的称呼,多为祈雨的对象,其具体所指虽不能明了,但说明山神之数也已不少了。地祇之中,特别是河、岳二神,在影响人事、左右天象方面都有相当大的威力,因而也受到殷人的高度重视和隆重祭祀。

卜辞所见殷人所构筑的鬼神世界大致如上述三个系统。当然,这三个系统并不是彼此孤立的,它们处于同一世界中,互相之间有着各种各样的联系。比如祖先神可通过"宾"的方式与上帝取得联系,因而人王可通过先公先王向上帝祈求风调雨顺;河、岳等神灵与高祖先公或上帝则通过同版或同辞而卜来表明它们在某一方面具有共同神威,可以同时对人间施加影响。可见殷人的鬼神世界是一个有机的整体。

综上所述,卜辞真实地再现了殷人所构筑的鬼神世界。在这个世界里,中国传统宗教中的天神、地祇和人鬼三大鬼神系统都已颇具规模:天神系统有上帝日月风雨诸神,地祇系统有河岳土地四方诸神,人鬼系统则有高祖旧臣先王先妣等。在这个世界里,各路神灵熙熙攘攘,它们面目各异,色彩纷呈,但又各有统属,尊卑上下,有条不紊。这是一个完全立体的有序的世界。殷人宗教思想之系统完整,于此可见一斑。

二

殷人所构筑的鬼神世界，如果从血缘角度来分类，可以分为血统神和非血统神（自然神），人鬼系统属于血统神，天神系统和地祇系统属于非血统神（自然神）。根据甲骨卜辞的记载，殷人对血统神和自然神，在不同的历史时期，态度是有所变化的；殷人之事鬼敬神，并非完全一视同仁，而是有所区别的。这跟他们的祭祀制度有密切关系。

卜辞显示，殷人对祖先神始终抱着狂热和敬畏的心情加以崇拜，随着周祭制度的完善，对祖先神的祭祀更是隆重而周密。卜辞记载的祭祀祖先神的卜辞，超过15000条，而全部自然神卜辞大约只是祖先神卜辞的1/5；根据五期分法分期而论，也看不出哪一期自然神比祖先神更重要，即使在非血统神颇受重视的第一期和第四期，也依然位居祖先神之下。从卜辞材料来看，自然神不仅地位不如祖先神高，而且在某个时期，还有明显被排斥的现象。笔者曾撰《殷代河岳崇拜的衰落及其原因》一文，认为卜辞第二、五期是河岳崇拜的衰落期，在这个时期，无论天神还是地祇都普遍受到冷遇。其中的原因，主要是由于对祖先神的崇拜排斥了自然神的崇拜，特别是周祭制度的日趋严密，使得非血统神无法进入祭祀系统而遭受冷落。根据研究，第二期的出组卜辞已经表明周祭制度正在形成并且逐步完善，第五期的黄组卜辞则是最为完整和系统的周祭制度了。在全五期卜辞中，第二期和第五期有完整的周祭制度，其他三期则不见或少见五祀之法。① 张光直先生认为殷礼中存在着二分现象，他说：

> 安阳时代第一个丁世的王武丁时代的卜辞很多，所示的礼制相当的清楚。武丁以后继位为王的祖庚，在位或只七年，其礼制如何，因卜辞数少，相当模糊。但自武丁的礼制到下一任王祖甲的礼制，则无疑的有一番相当明显的变化。武丁时代所祭祀的若干祖先或神祇，到了祖甲时代不再出现，而祖甲时代祭祀日程的整齐规模——所谓祀典——则是武丁

① 参见常玉芝：《商代周祭制度》第二章，中国社会科学出版社1987年版。

时代所无的。祀典制度到祖甲以后在卜辞中又形迹不明，而帝乙时代则重新明现。[①]

根据五期分法，祖甲属二期，帝乙属五期，这两个时期所奉行的是同一种礼制，即周祭，其他三期则或是另一种礼制。帝、河、岳等自然神在第一、三、四期还较受重视，而在第二期和第五期则备受冷落，可见它们的兴衰荣辱恰与殷礼中的二分现象相对应，则自然神崇拜的衰落显然与周祭制度有关。彭裕商先生有一段话可以再次印证，他说：

对“土”、“河”、“岳”致以隆重祀典的多为一期及三、四期，其中一期卜辞占多数，二期卜辞则少见……祖甲时贞人如行、尹等的例子还没有看到，而五期卜辞中也没有祭祀“土”、“河”、“岳”的例子，则我们似乎可说自祖甲周祭祀统建立以来，对祖先的崇拜就逐步代替对自然神的崇拜，祖甲以后三、四期时周祭有所衰落，何组虽有周祭，然也当是低潮，此时殷人对自然神的崇拜又有一些恢复，演变至于五期，周祭达到高潮，对祖先的周密而隆重的周祭就完全冲淡了对自然神祇举行的隆重祭祀。[②]

从这里可以看出，殷人在率民事鬼神的同时，其实也有“慢神”之举。《史记·殷本纪》记载：“帝武乙无道，为偶人，谓之天神。与之博，令人为行，天神不胜，乃僇辱之。为革囊盛血，印而射之，命曰‘射天’。武乙猎于河渭之间，暴雷，武乙震死。”《汉书·郊祀志》也记载：“帝乙慢神而震死。”此外，《史记·殷本纪》云帝纣“好酒淫乐”，“慢于鬼神”。这些“慢神”的行为，与卜辞所显示的殷人对自然神的态度，显然是一脉相承的。《礼记·表记》云：“殷人尊神，率民以事神，先鬼而后礼。”这话一般而言是道出了殷人意识形态的主要特点，但根据以上的情况，我们对其所尊之神，还需要作具体的分析。

总之，殷代独特的周祭制度，使得不在祀典之内的自然神的待遇有别于祖先神，盛衰亦随之而异。这大概也是殷人宗教思想的一个特别之处。

---

① 张光直：《殷礼中的二分现象》，《中国青铜时代》，三联书店 1983 年版，第 209—210 页。

② 彭裕商：《卜辞中的“土”、“河”、“岳”》，《四川大学学报》丛刊第十辑《古文字研究论文集》，四川人民出版社 1982 年版。

三

鬼神世界的形成乃是由于灵魂观念的影响和人对自然现象之不能解释而引起，其渊源久远，最初情状如何，不能确知。有文字记录可征者，无疑以甲骨卜辞为最早。以后来情况推溯，卜辞所见殷人所构筑的天神系统、地祇系统和人鬼系统，实际上奠定了中国传统宗教中鬼神世界的基本模式。《周礼·春官·大宗伯》记载大宗伯之职是“掌建邦之天神、地祇、人鬼之礼，以佐王建保邦国”。鬼神世界亦是三分。从古至今，传统宗教或民间宗教所呈现的鬼神世界，不外乎此三种类型，只是由于历代不同的造神运动，具体神灵在不断变化而已。此为殷人鬼神世界对后世影响之一。

具体神灵之神格的问题，是鬼神研究的重要内容。笔者曾指出，卜辞中的河、岳，本属自然界之地祇，但可与高祖神和祖先神同版或同辞而卜，在影响天象、保佑年成等方面，具有与高祖神和祖先神一样的神威，因而也具备了人格神的一些特征（但并不是高祖神）。宗教的历史，在一定意义上就是造神的历史，自然神的人格化，是造神思想的一种转变。在这种造神模式中，提供了自然山水和人文精神的结合点，对后代的造神运动，具有深刻的影响。①此为殷人鬼神世界对后世影响之二。

一代有一代之统绪，前朝之祖先，不能被后代之王朝礼拜，因此人鬼系统的变化，最为频繁。而自然神祇，却因其本体的客观存在，反而获得长久的尊崇。《周礼·春官·大宗伯》记载：“以吉礼事邦国之鬼神祇：以禋祀祀昊天上帝，以实柴祀日月星辰，以槱燎祀司中、司命、风师、雨师，以血祭祭社稷、五祀、五岳，以貍沉祭山林川泽，以副辜祭四方百物。”把自然神之祭祀，正式列入祀典之中，周秦以往历代王朝，对天神地祇之祭祀，更是绵延不绝，热闹非凡。然而在非正式的祀典中，山川神灵也时有被罢祀，如《史记·滑稽列传》所载之西门豹罢河神之祀，《后汉书·宋均传》所载之宋均罢山神之祀，皆其例。可见卜辞所载之自然神崇拜，其隆也好，其衰也罢，后世皆有所承。此

① 林志强：《论卜辞河岳之神格》，《福建师范大学学报》1994年第2期。

为殷人鬼神世界对后世影响之三。

总之,甲骨文作为中国最早成体系的文字系统,记载了有关商代社会丰富的情状和信息,卜辞所见殷人心目中的鬼神世界,生动呈现了上古社会精神世界的一个侧面,有关神灵的神格和地位、有关祭祀祭法的具体内涵以及殷人宗教思想对后世的影响等问题,还值得我们继续挖掘。本文所论,或有不当,祈方家正之。

原载《龙岩学院学报》2012 年第 1 期

福建南靖获赠甲骨文初探

2009年10月23日，由中国社会科学院甲骨文殷商史研究中心、中国先秦史学会主办，福建省南靖县人民政府承办的“中华甲骨文明与福建土楼文化高峰论坛”在首都博物馆举行。厦门收藏者丁玉灿先生将其祖上留下的33片甲骨捐赠给南靖县人民政府。在论坛上，著名甲骨学专家李学勤、宋镇豪等先生对这批甲骨进行了鉴定，认为全部是殷商甲骨，以前没有著录过，具有较高的文物价值、收藏价值和研究价值。报纸、电视和网站对此进行了全面的报道。①

福建向来在甲骨收藏和甲骨研究方面都比较落后，因此这次捐赠，对福建文化建设而言具有特殊意义。报道称，南靖将建造以甲骨文化为主题的博物馆，与同样来源于中原地区的土楼文化相结合，使得两种古老的文化遗产相得益彰。笔者近日有幸获睹全部33片甲骨照片②，并对它们进行了初步的研究，现把有关情况介绍如下，以便学界进一步探讨。

① http://www.chinanews.com.cn/cul/news/2009/10-29/1937925.shtml.

② 福建电视台《发现档案》约请笔者就这批甲骨做一次节目，电子版照片系记者金炜林先生所传，据金记者说，照片来源于捐赠者丁玉灿，特此一并鸣谢！本文甲骨的片号，即是照片编号。

一

这33片甲骨中，就内容而言，主要有以下几方面：

（一）占卜祭祀

有关祭祀的内容是这33片甲骨中最主要的部分。祭祀对象涉及“夒”（第4片）、“河”（第22片）、“高祖”（第22片）、“上甲”（第6片）、“伊尹”（第12片、28片）。“夒”、“河”都是商代人祈雨求年的神灵。“高祖”卜辞作“高且”，是泛称所有先祖。“上甲”是先王，“伊尹”卜辞作“伊”，是商先臣，曾助成汤灭夏，建立商朝。这批甲骨中的贞人“宾”，见于第17片；第15片的“出”，可能也是贞人名。

祭品有“牢”（豢养的专用于祭祀的牛羊豕）、“牛”、“騂”（赤色牲）等。祭品数量有二牛、三牛、十牛不等。

祭法有“尞”（积薪烧柴而祭）、“沉”（沉埋牺牲而祭）、“先”（进献）、“酻”（酒祭）、还有“升”（献斗鬯之祭）等。第28片云：“乙卯贞，又升伊，伐卯二牛。”其中之“又”若读为“侑”，也是祭名。杀牲法有“卯”和“伐”，如第12片云：“伐卯二牛。”

（二）占卜天气

第24片卜辞云：“贞，今庚戌不雨？”第22片卜辞云：“癸亥卜，其雨？”

（三）占卜军事行动

第28片卜辞云：“〔丁〕未贞：王令卯𦔻（达，征伐杀灭之义）𢀛方。”

（四）占卜吉凶

第8片有卜旬卜辞常见的“亡𡆥（祸）”、第17片有“亡尤”二字，第31片有“亡艰”二字。

（五）兆辞

即占卜术语，刻于甲骨卜兆旁或兆序上下。如第 26 片有“二告”、第 32 片有“小告”，第 1 片、第 21 片有旧释为“不玄冥”的，等等。

（六）其他

有的甲骨只有一两个字，没有上下文，内容不能确知。如第 2 片的“亦”、“非”，第 3 片的“四月”，第 5 片的“归”，第 10 片的“鲁”，第 13 片的“其”、“月”，第 14 片的“兆”，第 16 片的“之”、“月”，第 18 片的“正”，第 19 片的“利”，第 23 片的“子”，第 25 片的“戊”，第 29 片的“弗”，第 33 片的“方”，等等。

二

这批甲骨文材料内容比较完整的，有第 6、12、22、24 和 28 片。第 6 片文字是：“贞。告。上甲。庚申贞，王令𠂤中。”第 12 片文字是：“乙卯卜，贞，又升伊，伐卯三牛。”第 24 片文字是：“〔贞〕，今庚戌不雨。”第 22 和 28 片的部分文字，释读有困难，特别是 22 片的照片很模糊，难以辨认。好在已有的甲骨材料中也有相关的内容，可以借助旧有的著录得到解决。

第 22 片的内容与《合集》32308 基本对应，可以据之解读。下面先把《合集》32308 的内容按照从上到下、从左到右的顺序释读如下：

①乙亥卜，雨。

②叀河尞、先、酻。

③先高且（祖）尞、酻。

④尞十牛。

⑤己卯贞，尞于河三牛，沉三牛。

⑥乙〔亥〕贞，〔其〕又。

⑦己卯贞，尞。

《合集》32307 的内容与上述第②③④条也是对应的,可资参考。

第 22 片的相应位置的文字内容如下:

①癸亥卜,其雨。

②叀河尞、先、酻。

③先高且(祖)尞、酻。

④尞十牛。

⑤己卯贞,尞于河三(?)牛,沉三牛。

⑥乙□贞,又。

⑦己卯贞。

对比材料见下图:

南靖藏骨

《合集》32308

《合集》32307

第 28 片上一条卜辞中的“伐”上一字,“二”上一字,皆因残断不能释读,下一条卜辞之“未”上一字、“方”上一字也都模糊不清。《合集》中也有相同的卜辞,见于《合集》32229 和《合集》32897,可以对读。见下图:

南靖藏骨

《合集》32897

《合集》32229

通过对比,第 28 片的卜辞如下:

乙卯贞,又升伊,伐卯二牛。〔丁〕未贞,王令卯壴(达,征伐杀灭之义)𢆶方。

另外,第 8 片“亡𡆥(祸)”二字也因残断剥泐,不易释读。观其字形,乃卜旬卜辞之常见字形,取一旧有拓片对比如下:

南靖藏骨

《合集》38982

三

根据以上介绍，这33片甲骨，在内容方面，应该没有很特别的地方，有关祭祀、天气、军事等方面的内容，以往著录的甲骨，也都有过，有的与旧有材料的内容甚至完全相同。当然内容重复的骨片，仍然有它自身的价值，至少在量上增加了甲骨文在具体事情上的记载记录。那些只有零星文字的骨片，也是有价值的，通过缀合，也许还有更重要的发现，有待于将来的进一步缀合和研究。

在文字方面，有几个字比较特殊，值得注意。如第6片的“中”字写作“”，中间用三角形△作为指事符号，与常见的方框或圆圈有所不同。该片与《合集》32845、32846的内容相同，但其中的“中”字写法却有差别，见下图：

南靖甲骨

《合集》32845

《合集》32846

另外，第9片的（）字，与甲骨文“梦”字、“蔑”字的偏旁近似，如果是“媚”字，与“媚”字常见之形“”和偶见之形“”也有所不同，待考。如果这些甲骨文确是殷商甲骨真品[①]，这些写法比较特殊的文字，可以丰富我们对甲骨文构形和写法的认识。

原载《闽台文化交流》2010年第1期

① 刘风华《四版南靖甲骨的疑问》（未刊稿）认为南靖甲骨第6片、第12片、第22片和第28片，其字形、文例、行款等都有可疑之处，有待进一步探讨。

汉碑文字札记

汉碑隶体古文述略

汉碑中的隶书文字,有一部分与正常隶变而来的隶书写法不同,而与各类古文奇字的结构相同或相似。这一部分文字虽然与一般所说的“隶古定”——对原来是“古文”的古籍进行隶定转写(如《尚书》隶古定)——有所不同,但“虽隶而犹古”[①]的特征还是一致的,因此可以作为隶古定的材料来看待,也可看作古文传抄的另类表现。这些文字上承古篆而下启楷书,从传抄古文的形态进行分类,我们把它们叫做“隶体古文”。从文字学的角度看,值得我们关注的隶体古文,主要有两种情况:一是结构奇特形义不明的字,二是字虽可识而结构特殊的字。[②]对隶体古文的专门研究,据闻有马国权先生未刊之作,惜未之见。本文拟根据清代顾蔼吉《隶辨》并结合其他相关资料,对汉碑中隶体古文的有关问题作一初步的探讨。

一、汉碑隶体古文存在的原因

隶体古文实际上是以隶书的形式保存了某些汉字的古体结构,反映了汉

---

① 孔颖达曰:“言隶古者,正谓就古文体而从隶定之,存古为可慕,以隶为可识,故曰隶古,以虽隶而犹古。”见《尚书正义·卷第一》,《十三经注疏》上册,中华书局1980年版,第116页。

② 参见林志强:《论传抄古文的形态变化及相关问题》,《汉字研究》第一辑,学苑出版社2005年版。

人用字的复古倾向。[①] 这种复古倾向，当然也是事出有因的。这主要是因为汉隶还处于古文字和今文字的过渡阶段，新的字体虽然已是主流，但古文字的因素并未完全消失。根据研究，汉隶的构件系统中，还存在着半篆半隶构件、隶古定构件和个别的篆形构件 [②]，这些构件的存在，使得某些字看起来不今不古，不篆不隶，如《夏承碑》“仁”作“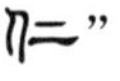”，《任君残碑》阴“何”作“”，《袁良碑》“刊”作“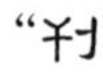”，《校官碑》“房”作“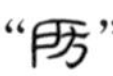”，《张公神碑》“涿”作“”，《鲁峻碑》阴“節”作“”，《衡方碑》“洙”作“”，《张平子碑》“哲”作“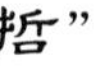”等等，其例不少，都体现了汉碑古今杂糅的时代特征。这种特征是文字演变过程中既有发展又有继承的特点所决定的。汉碑隶体古文存在的另一个主要原因是碑文书法上的要求。碑文书法，宜同中求异，变化多方。写碑者书以求异而取之先秦古文，以篆隶之结构或笔画上的不同来体现碑文的奇正变化，反映了书家的审美诉求。后代的书法家，也常常按古字结构书写隶书楷字，其理亦同。此外，汉碑隶体古文的存在，应该还与当时的学术背景和社会风气有关。两汉时期，古文经的发现和古文的研究实亦学术之大势，士大夫们浸染着古雅之风，古文入碑也就显得自然而然了。

隶体古文的存在，有助于我们清楚地认识汉隶的性质。陈淑梅指出：“汉隶并不像许多人认为的那样，已经处于今文字的成熟阶段了。在汉隶中，还有相当一部分构件的线条结构并没有完全分解成笔画，还有许多古文字现象的遗留。这些都是不成熟的因素。也正因为如此，汉隶才会继续向楷书发展。但是，如果说汉隶正在向成熟的今文字阶段迈进，应该是符合汉字发展的实际的。”[③]

二、汉碑隶体古文的类别

根据现有文字材料进行比照，汉碑隶体古文在结构上与古文字的关系，大致可以分为以下几类：

---

① 指出隶体古文反映了汉人用字的复古倾向的学者有裘锡圭、赵平安、陈淑梅等。参见裘锡圭：《文字学概要》，商务印书馆 1988 年版，第 78 页；赵平安：《隶变研究》，河北大学出版社 1993 年版，第 15 页；陈淑梅：《东汉碑隶构形系统研究》，上海教育出版社 2005 年版，第 77—78 页。

② 陈淑梅：《东汉碑隶构形系统研究》，上海教育出版社 2005 年版，第 71 页。

③ 同上书，第 78 页。

（一）与《说文》小篆同构

汉碑中的隶体古文，与《说文》小篆同构者数量居多。裘锡圭先生在《文字学概要》中曾举到两个例子，即《司农刘夫人碑》“农”作“農”，《祝睦碑》“壹”作“壹”，都与《说文》小篆同构[①]。此外，《平舆令薛君碑》“攀”字作“𠬤”，与《说文》小篆同；《刘脩碑》作“攀”，“手”、“樊”分居左右，亦与小篆或体同。《夏承碑》“善”作“譱”，《校官碑》“暴”作“㬥”，《袁良碑》“無”作“橆”，《刘夫人碑》“房”作“房”，也都是按小篆结构以隶书之。《孔宙碑》“终”作“終”，《鲜于璜碑》“上”作“丄”[②]，亦与《说文》小篆近同。此类例子尚多，不赘举。

（二）与《说文》古文同构

如《杨震碑》阴“风”字作“凬”，《无极山碑》“时”字作“旹”，“曲”字作“𠙹”，《张休崖涘铭》“视”字作“眡”，皆同于《说文》古文。《孔谦碣》“家”字作“𡧢”，与《说文》“家”字古文略近。《校官碑》“贤”字作“臤”。《说文》：“臤，坚也……古文以为贤字。”

（三）与《说文》籀文同构

如《刘脩碑》“中”字作“𠁩”，“艰”字作“囏”，《孔宙碑》“则”字作“𠟭”，都与《说文》籀文同。

（四）与《说文》奇字同构

如《孔龢碑》“無”字作“无”，顾按云：“《说文》無，奇字作无……《易·释文》云，无音無。《易》内皆作此字。”

---

① 裘锡圭：《文字学概要》，商务印书馆1988年版，第78页。

② “上”字字样取自洪钧陶《隶字编》，文物出版社1991年版，第73页。

（五）与其他古文字同构

如《袁良碑》“崇”作“宗”，与《汗简》所录古《尚书》“崇”字同。《尧庙碑》“流”作“汖”，亦同于《汗简》卷五所录之“𣲖”。《华山亭碑》“禄”作“禒”，顾按指出此字偏旁“录”的写法与《汗简》古文“彔”写法相同，碑从古文。《袁良碑》“勋”字作“勛”，则与中山王方壶“勋”作“勳”结构相同，汉碑的这种写法，可以为中山王壶此字的考释提供最直接的证据，前人似未指出，今可补之。《北海相景君铭》“鼎”字作“鼎”，顾按指出《孙根碑》、《三公山碑》“鼎”字皆如此作。从笔画的相似性来说，这种写法的“鼎”与先秦文字更为接近，如《哀成叔鼎》“鼎”字作“鼎”。小篆那种写法的“鼎”其实是线条弯曲美化的结果，在先秦文字中反而比较少见。

以上的分类只是为了说明的方便。如果笼统而言，这些隶体古文，其实都继承了先秦古文字的结构。

汉碑文字是古今杂糅的体系，有先秦的旧体，也有汉代的新字。我们主张以能否上溯到先秦古体作为区分古文和俗字的标准，凡某一特殊的隶体写法在结构上能与先秦文字对应者，则为隶体古文，否则视为俗字。[①] 汉碑中有一些写法特殊的字，看似隶体古文，实为汉碑俗字。例如《郑季宣碑》阴“朝”字作“朝”，《度尚碑》近之。顾按以为此写法与《说文》小篆的写法只是“笔迹小异”[②]，其比较失之过宽。按《汉印徵》7·4“朝”字作“朝”，碑文显然是此篆的隶写。“朝”只见于汉代，当是汉篆，从严格意义上说，是不能算作隶体古文的。此外，《戚伯著碑》“大仆光禄侍中”之“中”作“中”（《隶释》云：“即中字”），形体诡异，不知所出。如果不能找到对应的先秦古体，也只能算是汉碑俗字。关于汉碑俗字问题，拟另文讨论，此从略。

① 参看林志强《古本〈尚书〉文字研究》第三章第二节对“古文与俗字”问题的论述，中山大学出版社 2009 年版。

② 顾蔼吉：《隶辨》卷二，中华书局 1986 年版，第 49 页。

三、汉碑隶体古文释例

记录和研究汉碑的著作，宋元以来已经形成各种系列，有偏重于题跋的，有偏重于文字著录的，亦有二者兼顾的。其中，清代顾蔼吉的《隶辨》一书，乃作者锐志精思之作。其所录“碑字出自手摹，谛审无差”[①]，同时又以按语形式考证相关问题，是我们研究汉碑隶体古文的重要材料。《隶辨》之辨篆隶之迹，特别在辨析隶变过程中偏旁笔画的变化和异同，可谓通贯明确，全面细致。但由于材料所限，顾氏在辨析某些隶体古文的源流演变时，难免有不足之处。现在随着古文字资料的增多，我们的认识可以更推进一步。下面试选几例略作分析，以彰显汉碑隶体古文之文字学价值。

其一，“勋”字《袁良碑》作“勛”，顾按认为这种写法是因为《说文》‘员’字籀文作‘鼏’，而“勋”字从“员”，所以类推写作“勛”[②]。《袁良碑》“测”字作“[illegible]”，从“鼎”作，顾按指出，籀文“则”从“鼎”，碑从籀文[③]。“智”字《度尚碑》作“[illegible]”，《校官碑》近之，顾蔼吉无法求证于《说文》或其他古文字材料，只好证以后代之《广韵》，认定为“智”的古文[④]。随着古文字材料的发现，我们的探源之路可以走得更远更清楚一些：中山王壶“天子不忘其有勋”之“勋”作“[illegible]”，与“勛”字完全同构；“恻”字所从之“则”，包山简、郭店简都有从“鼎”作者[⑤]，可旁证“测”字碑文从“鼎”作也有“古文”的渊源；《度尚碑》之“[illegible]”，直接上承鱼鼎匕、中山王鼎、郭店楚简等材料中“智”的写法，可谓源远流长。

像《袁良碑》“勋”字的那种写法在中山王方壶出来之前，可谓绝无仅有。那么汉人为什么这样写呢？这里有两种可能：一是汉人看到过这类写法，就像我们看到中山王方壶一样，所以写了下来。如果真是这样，那么汉人

---

① 顾蔼吉：《隶辨序》，中华书局 1986 年版，第 1 页。

② 《隶辨》卷一，中华书局 1986 年版，第 35 页。

③ 《隶辨》卷五，中华书局 1986 年版，第 188 页。

④ 《隶辨》卷四，中华书局 1986 年版，第 122 页。

⑤ 参见汤馀惠主编：《战国文字编》，福建人民出版社 2001 年版，第 714 页。

看到的材料远比我们想象的多，后世的传抄古文，前人或以为向壁虚造，实乃知古人不深之故；另一种可能即如顾蔼吉所推测的那样是写碑者根据《说文》“员”字籀文的写法而创制出的新古体。果真如此，那就是心有灵犀与古暗合了。

其二，《孔耽神祠碑》“從”字作“⿺辶从”，其中“从”形小异，但“从”与“辵”的位置关系与小篆“⿺辵从”是相同的。《校官碑》作“⿺辶⿰彳从”，结构与先秦古文同，如郭店简《太一生水》11作“⿺辶从”，睡虎地秦简《法律答问》116作“⿺辶从”。因此“⿺辶从”、“⿺辶⿰彳从”都应该是算是隶体古文。经典习见的“從”是承袭了古文的一种写法，并非出于隶变。顾按云：“《说文》從，本作⿺辵从，从辵、从从。辵，从彳、从止。隶变作從，移彳于旁，移止于下耳。”[①] 按所谓“移彳于旁，移止于下”，并非隶变所致，而是古文就有的结构。

其三，《孙根碑》“邻”字作“吅”，又隶变作“厸”。顾按云：“诸碑从‘厶’之字或书作‘口’，故‘厸’亦为‘吅’。《书·益稷》‘臣哉邻哉，邻哉臣哉’，古文《尚书》作‘厸哉’。《汉书·叙传》‘亦厸德而助信’，师古曰：‘厸，古邻字也。’又《衡立碑》‘宜享难老，彭祖为吅’，邻亦作‘吅’。”[②] 按古文字“邻”字本作从二“口”或二“○”，象两城邑相比邻之形。后又加“文”声，如中山王鼎作“⿱吅文”，郭店楚简作“⿱吅文”（郭店·性自48）等[③]。可见碑文作“吅”其实更近于先秦古文，顾按认为“诸碑从‘厶’之字或书作‘口’，故‘厸’亦为‘吅’。”说法正好相反。

其四，“罪隶”之“隶”，《说文·隶部》录有二形：一作“隸”，一作“𨽻”，此外又有作“隷”者。此三形之关系，根据汉碑及先秦古文字材料，其变化轨迹可得而说。今结合前贤之研究成果做一综合梳理。

按此字之左当以从“柰”为正，《杨君石门颂》作“⿰柰隶”、秦简作“⿰柰隶”者皆可为证。“柰”上之“木”或为“出”，或为“土（士）”，乃是“木”之讹变或省写，高奴权作“⿰⿱士示隶”，秦简作“⿰⿱土示隶”者可以看出其省变的轨迹。这

① 《隶辨》卷一，中华书局1986年版，第6页。

② 同上书，第31—32页。

③ 参见黄锡全：《汗简注释》，武汉大学出版社1990年版，第499—500页；徐在国：《隶定古文疏证》，安徽大学出版社2002年版，第141页。

种变化,与“款”字或作“欵”,或作“款”,情形正相同,可以比勘。《说文》谓隸字左上从“出”作者是“从古文之体”,徐铉等则认为“未详古文所出”,似乎都没有真正找到原因。

此字之右旁,汉碑皆作从“又”从“米”,无有从“隶”者。顾按曰:“《九经字样》云:‘《周礼》:女子入于舂槀,男子入于罪隷。隷字故从又持米,从柰声;又象人手也。经典相承作隸已久,不可改正。’其说与《说文》不同,未详何据。诸碑隸皆作隷,无从隶者。《字原》载《王纯碑》隸字从隶,碑本作隷,《字原》误也。”[1] 桂馥《说文解字义证》根据《一切经音义》和《九经字样》对“隸”字结构的分析,谓唐本《说文》当还从“米”作。[2] 然则“隸”字何以从“隶”?求之古字,当与高奴权之“隸”和秦简之“隸”有关,其字右旁“米”符竖笔延伸而与“又”符交叉,与“隶”形近,故有讹变作从“隶”者。此讹变之体,经典相承,竟至“隸”行而“隷”废矣。

原载《古文字研究》第二十六辑
中华书局2006年版

① 《隶辨》卷四,中华书局1986年版,第133页。

② 桂馥:《说文解字义证》,中华书局1987年版,第253页。

汉碑俗字缀述

一

汉字从成体系的商代甲骨文开始，历经西周春秋进入战国秦汉，从古文字演变为今文字；又经过楷化定型，从繁到简，汉字进入现代社会——汉字的发展构成了一条完整的链条。在这漫长的发展过程中，隶变是一个至关重要的转折阶段；隶变形成的隶书，是古文字演变成为现代汉字的前身。随着战国秦汉古文字材料的大量发现，隶变的过程越来越清晰，个体汉字的古今形体变化，正形象地呈现在我们面前。在这古今交替的过渡阶段，有关的文字材料，必然呈现出传承古今、杂糅正俗的特点，秦汉简牍是如此，汉碑文字也不例外。

汉碑文字中，既有古文字的存留，又有新形体的产生；既有成为后世之正字者，又有沦为后世之俗体者。比如"农"字，《司农刘夫人碑》作"𨑊"，传承小篆结构，为古体；《孔龢碑》作"農"，《史晨奏铭》作"䢉"，接近于后世正书之"農"；而《北海相景君铭》上部作"西"，写作"𧁋"，《曹全碑》同，则滑向了典型的俗字写法，即后世所谓"农上安西"[①]者是也。"德"字的情形大体相似，《娄寿碑》作"悳"，《北海相景君铭》近之，为古体；

① 洪适《隶释》中语。见《隶释 隶续》，中华书局1986年版，第147页。

《尹宙碑》作“德”,《孔宙碑》近之,后世视为正体;《韩勑碑》作“德”,《景北海碑》阴进一步讹为“德”,《张迁碑》、《衡方碑》同,则为俗字写法。又如《度尚碑》之“智”作“智”,直接上承先秦古体;《鲁峻碑》作“智”,近于后世正体;《孔彪碑》作“智”,则是非讹即俗。《刘脩碑》之“中”作“中”,亦属先秦古体;《郑固碑》、《曹全碑》作“中”,为传统之正体;《戚伯著碑》作“中”[①],也是非讹即俗。“争”字本从爪(爫)作,《娄寿碑》、《杨君石门颂》、《刘宽后碑》、《司农刘夫人碑》诸“争”字,可以看出其上部从“爫”到“夕”到“夕”最后到“⺈”的变化[②]。“思”字《郑季宣残碑》据小篆从“囟”,《孙叔敖碑》阴进而变从“囟”,《北海相景君铭》等则再变而从“田”,成为后代正字[③]。这类一字之中古今兼备、正俗共存的例子在汉碑中还相当常见,往往诸碑合看,即可见某字古今正俗的流变过程。有关汉碑隶字汇编,如刘球《隶韵》、顾蔼吉《隶辨》,汇异碑同字之例,颇便观察。有古有今,有正有俗,汉碑文字系统的特点就不言而喻了。

总的来说,汉碑中除正常隶变者外,还有“虽隶犹古”者和“讹俗变体”者,都占一定的比例,说明汉碑文字是一个糅杂的文字系统。实际上由于汉字的演变总是既有继承又有发展,在任何一个转折时期,都不可避免地带来这样一个亦古亦今的特点。只是汉碑文字正处在古文字和今文字的大转折阶段,这种特点显得更为突出罢了。

同时我们还应该看到,汉碑文字“虽隶犹古”者和“讹俗变体”者的比例并不相当,“讹俗变体”者的数量要多得多,这又说明改革变易又是汉碑文字更主要的特征,是当时汉字发展的趋势使然。

二

汉碑俗字类例繁多,今就印象深刻者选检数例,从中可见汉碑俗字之多

① 刘球《隶韵》所录此字少右下一笔,见《隶韵》,中华书局 1989 年版,第 13 页。

② 参顾蔼吉:《隶辨》,中国书店 1982 年版,第 255—256 页。

③ 同上书,第 57 页。

彩风貌以及对后世俗字之深刻影响。

汉碑俗字的构形中，有一个很特别的表现，就是某些字的写法，糅合了两种结构。如《袁良碑》“厚”字作“𫃢”，糅合了小篆和古文，顾按云：“《说文》‘𠪋’古文作‘垕’，碑作‘𫃢’者，变‘土’从‘㫗’，合‘𠪋’、‘垕’为一字也。”《孔宙碑》阴作“𠪋”，亦属同类。《景北海碑》阴“孟”字作“𡥜”，顾按云：“《说文》‘𡥜’，古文‘孟’。碑盖合古文为一字。”《北海相景君铭》“弃”字作“𢍵”，糅合了先秦“弃”字的繁简二体，顾按云：“《说文》‘棄’古文作‘弃’，碑盖合‘弃’、‘棄’为一字也。”[①]这种构形，也从另一角度表现了上述汉碑文字杂糅变异的特点。从俗字别体的构形手段来看，汉碑这种合二体为一字的做法，似乎也是前追古人，后有来者。汉碑之前者如战国《行气玉铭》“本”字作“𣎵”，近年所出楚简亦多见之，应该也是综合“本”的繁体和省体而成的；而在后代的俗字中，其例也不鲜见，如“體”字俗体作“骵”[②]，应是合“體”、“体”二字而成的新会意字。此类现象，张涌泉先生在《汉语俗字研究》中亦有揭示[③]，此不赘述。

俗字最显著的特点是讹混，讹混的情况很复杂，概括起来，主要包括偏旁的讹混和笔画的讹混。从汉碑俗字来看，偏旁的讹混已经出现不同偏旁向同一偏旁同化的趋势，“西”化便是一个典型的例子。《颜氏家训·书证》、陆德明《经典释文叙录·条例》和张守节《史记正义·论字例》等论列俗字之例，都有“‘惡’上安‘西’”之说，其实从汉碑来看，偏旁讹变为“西”的还不止“恶”字一例，上举“农”字上部，“德”字右上部都讹混为“西”，《无极山碑》、《灵台碑》“聽”字右边因与“德”字右边相同，其右上部亦变为“西”。后世“霸”字俗写也从“西”，虽非汉碑，亦属同类。至于笔画的讹混，汉碑俗字横笔和点画的变换令人印象深刻。亦即说，汉碑俗字在写法上有时将横笔断割为点画，亦可将断点连接为横笔。比

① 以上三例顾氏按语分别见顾蔼吉：《隶辨》，中国书店 1982 年版，第 460、493、612 页。

② 《改併四声篇海·骨部》引《俗字背篇》：“骵，与體同。”“体”本为粗笨之“笨”，元抄本《京本通俗小说》上已作为“體”的简体使用，参见张书岩、王铁昆等：《简化字溯源》，语文出版社 1997 年版，第 79 页。

③ 参张涌泉：《汉语俗字研究》，岳麓书社 1995 年版，第 67—68 页。

如《鲁峻碑》“通”字作“通”,《郙阁颂》作“通”,“甬”下之“用”的横笔都断为点画。《张公神碑》“虧”字作“虧”,“虍”符从横笔,《北海相景君铭》作“虧”,则是横笔变为点画。顾按指出:“从虍之字诸碑或变从雨。”与“通”的变写属同类现象。相反的,从雨的“霸”字,汉碑又转而从“虍”,如《樊敏碑》作“霸”者是;又如“雲”字,《武梁祠堂画象》作“雲”,《何君阁道碑》近之,也变从碑文“虍”符的写法,都是变断点为横笔所致。这种互为转化的情况,是俗字构形存在有机联系之特点的表现,说明俗字自有俗字的“俗”法系统,俗字之所谓讹混,亦有一定之规律可循,并非完全杂乱无章。循此以往,则《尧庙碑》之“濡”(用作儒)字作“濡”,其右边上半部分亦当是“需”字所从之“雨”的断点被连为横笔,同时竖笔上透而形成的写法(其右下部则是“需”字所从之“而”的变写)。后世很多从“需”的字,都有相同或类似的写法,其笔法变化,源于汉碑,可以无疑。

讹混产生变异,变异形成新体。《史晨后碑》有字作“肉”,洪适《隶释》楷定为“肉”,云“即肉字”①。碑文云“不能得香酒美肉”,所释当是。此字《隶韵》、《隶辨》均有收录,后世书家也间有书“肉”为此形者②,亦收录于《中华字海》③,有其特定的流传范围。张涌泉先生在《汉语俗字研究》中用此字以证敦煌写本《王梵志诗》中的俗字④,但对此字源流演变的探讨还稍嫌简略,今试为补说。《隶辨》顾按云:“《金石文字记》云:《广韵》肉俗作宍。《越绝书》陈音对越王:‘断竹续竹,飞土逐宍’作此宍字,乃俗书也,而今人以为古字,误矣。”⑤按“肉”字俗字后世作“宍”,《干禄字书·入声》:“宍、肉,上俗下正。”方以智《通雅·身体》:“宍或古籀之形讹邪?诸书不收,惟孙愐收之,以为俗作宍。”可见其字形上部皆从“宀”,而

---

① 洪适:《隶释 隶续》,中华书局1986年版,第25页。

② 参洪钧陶:《隶字编》,文物出版社1991年版,第1168页。

③ 冷玉龙、韦一心等:《中华字海》,中华书局、中国友谊出版公司1994年版,第63页。

④ 张涌泉:《汉语俗字研究》,岳麓书社1995年版,第218页。

⑤ 顾蔼吉:《隶辨》,中国书店1982年版,第647—648页。按宋本《广韵·屋部》:“肉,骨肉。如六切。俗作宍。”与《金石文字记》所引有从“宀”从“穴”之不同。

非从“穴”。高文指出,从“宀”者当为从“穴”者之省[1],俗字宀旁与穴旁也常互换,其演变过程可推定为⿱宀肉→⿱穴肉→⿱穴六→宍。而“⿱宀肉”字又是“肉”字汉隶讹变的结果:流沙简·屯戍四·一四之“肉”字作“肉”,突出中笔即成《武梁祠画象题字》之“肉”字,此即后世正字所由来者;若其上部“内”符改为点画起笔即成“穴”,中下部所从之“人”符加一横笔则类“六”,故字作“⿱宀肉”。“肉”音“如六切”,因此从“六”之俗体亦可视为“肉”字声化的结果。其演变过程,可表示如下:

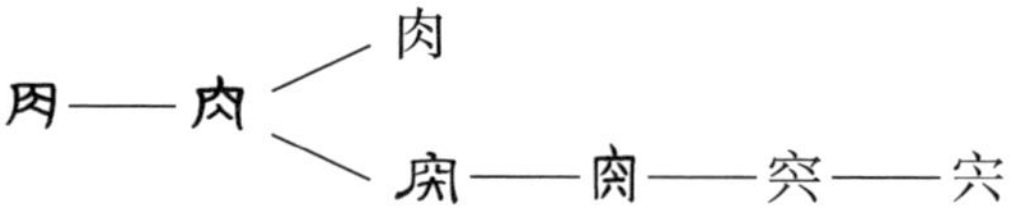

以此观之,汉碑此字对于“肉”字俗体流变的探讨,增加了一个可信的过渡环节,其过程可谓环环相扣,怡然理顺。然则汉碑此字之存,亦希以贵矣。

还有些汉碑新生俗字,构形表意颇具理趣,引人入胜。如“闚”字,本从“规”声,《吴仲山碑》作“⿵门视”,改从形近的“视”字,变形声为会意,“门中窃见”[2]之意显豁。后来“窥”字亦有改从“视”者,其理亦同[3]。又如《斥彰长田君断碑》“好用奇字”[4],其“要”字作“要”,也是汉碑中的特殊字例。按《说文》“要”字小篆作“要”,古文作“要”[5],根据现有资料,其古文字形与云梦秦简·日甲73反之“要”和马王堆简帛文字“要”[6]的构形都基本相同,源流清楚,而小篆字形的来源则颇可疑,故段注本《说文》改作“要”,并云:“按各本篆作要……浅人所妄改也。今依《玉篇》、《九经字样》订,顾氏、唐氏所据《说文》未误也……上象人首,下象人足,中象人腰

① 高文:《汉碑集释》,河南大学出版社1997年版,第344页。

② 慧琳:《一切经音义》卷一百引《集训》释“闚”字之义。《说文》:“闚,闪也。”“闪,闚头门中也,从人在门中。”

③ 参张涌泉:《汉语俗字研究》,岳麓书社1995年版,第61—62页。

④ 洪适《隶续》中语,见《隶释 隶续》,中华书局1986年版,第444页。顾氏误为《隶释》语,见《隶辨》,中国书店1982年版,第1069页。

⑤ 赵平安据三体石经认为“要”为小篆,“要”为古文,见《〈说文〉小篆研究》,广西教育出版社1999年版,第7页。

⑥ 云梦秦简“要”字见汤馀惠主编:《战国文字编》,福建人民出版社2001年版,第167页;马王堆简帛“要”字见陈松长编著:《马王堆简帛文字编》,文物出版社2001年版,第108—109页。

而自臼持之，故从臼。必从臼者，象形犹未显人多护惜其腰故也。”如段说不误，顾氏、唐氏所据《说文》“要”作“〓”形，则与汉碑此“〓”字的构形相同，区别只在篆隶笔势，移用段氏的形义分析，也完全适合。据段注，《汉书·地理志》有这种写法的“要”字，熹平六年之《斥彰长田君断碑》又见此字，说明《说文》成书前后都有这样的“要”字。因此，“〓”之与“〓”，当有互为转写的可能①。二者孰先孰后，尚难论定，但一为汉隶，一为汉篆，或可无疑。

三

汉字有古有今，有正有俗，历代皆然。隶变是一次大规模的改革，大改革难免泥沙俱下，“泥”可成型，“沙”亦成堆，有古有今，有正有俗，期间标准，一时也不易确定。因此在汉碑俗字的研究过程中，古今和正俗这两个范畴必然会纠缠在一起，影响研究范围的确定。古今的关系处理不当，会使俗字研究的范围定得太宽或太窄：或把古文当作俗字，非俗而定为俗，俗字的范围就太宽了；或把俗字当作古文，非古而指为古，又使俗字的范围变得太窄了。又由于正俗关系随时而异，汉时之俗字，后世或转化为正字，如果正俗的关系处理不当，也会使俗字研究的范围宽窄失度。因此研究汉碑俗字，需要辨明古今和正俗的关系；引而申之，研究任何时期的俗字，若能辨明古今正俗的关系，则善莫大焉。

古今的概念可以是相对的，也可以是绝对的。商周为古，则秦汉为今，秦汉为古，则唐宋为今，是为相对之古今；先秦篆籀为古文，汉世隶书为今字，是为绝对之古今。我们研究汉碑俗字，古今应取绝对的概念。也就是说，我们要站在今文字阶段来看待古今和正俗的关系。

正俗的概念是可以跨越古今的。秦汉以后文字有正有俗，先秦时期也不例外。比如在商代，“我们可以把甲骨文看作当时的一种比较特殊的俗

① 汉人有以隶作篆者，参见赵平安：《〈说文〉小篆研究》，广西教育出版社1999年版，第2页。

体字,而金文大体上可以看作当时的正体字"①。西周春秋时期一般金文的字体,可以代表当时的正体。一部分写得比较草率的金文,则可视为俗体,侯马盟书里使用了不少简体字,也可以看作当时的俗体②。在秦系文字里,大小篆是正体,秦简古隶则可视为俗体。在楚系文字里,鄂君启节上的文字,一般认为是楚国官方的正规字体,而楚地简帛文字中则有大量的俗体字③。等等。然而先秦时期的文字,不管是正体还是俗体,隶变以后除了已经被接纳为正体文字或规范文字外,其他则都只能看作"古文",应排除在后世"俗字"的范围之外。张涌泉先生指出:"俗文字学所要研究的对象,主要是由篆到隶的转变完成以后,隶书及楷书阶段所产生的通俗文字。"④也就是说,今文字阶段的"俗字",应该专指后代产生的有别于正体的新体,它们的源头在后代,而不能追溯到先秦。当然由于汉字演变的继承性和渐变性,完全是后代新造的文字的数量并不占多数,不少后代新体或多或少都与先秦文字具有一定的渊源关系,因此所谓"源头在后代,而不能追溯到先秦",也只能是一个基本的原则,或者可以理解为"至少与先秦文字在构形上有质的区别"。根据这样的原则,我们大致可以避免把古文当俗字或把俗字当古文的毛病。罗振玉《古文间存于今隶说》,于省吾《论俗书每合于古文》⑤,都曾致力于从俗字中区别出古文;徐在国先生《隶定古文疏证》⑥,对古文、俗字亦多辨析;笔者于汉碑中之古文,去岁曾撰《汉碑隶体古文述略》⑦一文以申之。这些都有助于避免把古文当作俗字的毛病。汉碑文字中的俗字被认为古文的亦不乏其例,上举"宊"字就曾被认为是"肉"的古文。顾按指出此乃俗书而非古字,是完全正确的。按照我们的标准,《郑季宣碑》阴"朝"字作"𦩼",是对《汉印徵》7·4"𦩼"字一类写法的隶写,

① 裘锡圭:《文字学概要》,商务印书馆1988年版,第42—43页。

② 同上书,第48页。

③ 参见曾宪通:《战国楚地简帛文字书法浅析》,《古文字与出土文献丛考》,中山大学出版社2005年版,第58—59页。

④ 张涌泉:《汉语俗字研究》,岳麓书社1995年版,第131页。

⑤ 罗振玉:《古文间存于今隶说》,《辽东杂著丙编·车尘稿》;于省吾:《论俗书每合于古文》,《中国语文研究》1984年第5期。

⑥ 徐在国:《隶定古文疏证》,安徽大学出版社2002年版。

⑦ 林志强:《汉碑隶体古文述略》,《古文字研究》第二十六辑,中华书局2006年版。

后者只见于汉代,当是汉篆,故前者也应是汉碑俗字。又如上举《戚伯著碑》的“中”字,形体诡异,不知所出,《斥彰长田君断碑》的“要”字,也未发现先秦同构字形,它们也只能归为汉碑俗字。

在汉字发展史上,正俗的关系也一直在发展变化着。比如早期的古隶,只能算俗体,后来隶书成熟了,登上了大雅之堂,则成了正体;现代汉字中的“躬”、“乱”、“耻”在以前分别是“躳”、“亂”、“恥”的俗体,而现在则都成了规范文字。研究汉碑俗字,在正俗的关系上,也需做一些具体的界定。

从正俗传承转化的角度看,汉碑俗字,约可分三类:第一、汉碑之俗字,传承为后世之俗字;第二、汉碑之俗字,转化为后世之正字;第三、汉碑之俗字,后世无传者。第一类和第三类自然是汉碑俗字的固定研究对象,而第二类其实也是汉碑俗字的研究对象。据简化字的溯源研究,现行简化字始见于秦汉时期的共 62 字,占研究所选 388 个字头的 15.98%。[①] 在这六十多个简化字中,直接或间接来源于汉碑的,有十余个,约占 1/6。如“蟲”之简化形“虫”见于《唐扶颂》,“墮”之简化形“堕”见于《陈球后碑》,“蓋”之简化形“盖”见于《北海相景君铭》、《张迁碑》、《衡方碑》,“幹”之简化形“干”见于《郑季宣碑》阴,“夾”之简化形“夹”见于《曹全碑》,“來”之简化形“来”见于《衡方碑》、《韩勑碑》,“屬”之简化形“属”见于《桐柏庙碑》,“臺”之简化形“台”见于《张表碑》,“準”之简化形“准”见于《桐柏庙碑》等。又如“質”简化为“质”,《北海相景君铭》只是“貝”符未简化;“繼”简化为“继”,《陈球后碑》只是“糸”符未简化;“聽”简化为“聪”,《郑烈碑》已作近似之形“聡”,等等。这些字有的还见于汉简和帛书,甚至更早的古文字材料,但就现有材料看,来源于汉碑的简化字,其数量还是相当可观的。总而言之,这类后世之所谓正字,亦汉时之俗字也。我们研究汉碑俗字,不应把这些文字排除在外。

汉碑文字,古今杂糅,正俗兼备,类例繁多,内涵丰富,前辈时贤多有论

---

① 张书岩、王铁昆、李青梅、安宁:《简化字溯源》,语文出版社 1997 年版,第 6 页。

述，然就其俗字作专项研究者，似还缺乏系统专深之论。本文浮光掠影，略抒浅见，断想杂谈，不成篇章，于汉碑俗字之研究，不知有助益否？幸博雅君子有以正焉。

原载《中国文字学报》第二辑
商务印书馆 2008 年版

谈谈汉碑文字中的讹混现象[①]

一

汉字的演变是一个十分复杂的过程。由于汉字形音义之间的错综复杂的关系以及汉字使用者个人因素的影响,汉字在演变过程中,除了正常的变化,还经常发生非常规的变化,其中重要的表现就是讹混。所谓讹混,顾名思义就是错讹与混同,简单地说就是包含着某些错误的变化。讹混现象在汉字历史发展的各个阶段都有所表现,在隶变阶段表现得尤为突出,这是因为隶变是古文字转变为今文字的过程,其变化之巨,古今罕有,必然发生大量的讹混现象。汉碑文字是隶变基本完成后的文字形态,自然保留了隶变过程中形成的种种讹混情况。本文拟就汉碑文字的讹混现象进行归纳和研究,并就相关问题进行探讨。

二

汉碑文字中的讹混现象可分为笔画的讹混、偏旁的讹混和整个文字的讹混三类。

---

① 基金项目:福建省社科规划项目"秦汉以后汉字的流变现象",项目编号:2008B057。本文与吴文文合作。

在古文字转变为今文字的过程中，最直观的就是笔画的变化。古文字由圆转弯曲的线条来书写，隶变则是变连笔为断笔，变圆转为平直。这些变化，有些是顺理成章的，也有一些则有讹混。汉碑文字中的笔画讹混现象比较复杂，本文不能详细分析，这里只举横笔和点画的变换。我们可以看到，在汉碑文字中，有时将横笔断割为点画，亦可将断点连接为横笔。比如《鲁峻碑》"通"字作"通"，《郙阁颂》近同，"甬"下之"用"的横笔都断为点画。《张公神碑》"虧"字作"虧"，"虍"符从横笔，《北海相景君铭》作"虧"，则是横笔变为点画。清代顾蔼吉在《隶辨》一书的按语中指出："从虍之字诸碑或变从雨。"与"通"的变写属同类现象。相反的，从雨的"霸"字，汉碑又转而从"虍"，如《樊敏碑》作"霸"者是；又如"雲"字，《武梁祠堂画象》作"雲"，《何君阁道碑》近之，也变从碑文"虍"符的写法，都是变断点为横笔所致。这种互为转化的情况，是汉碑文字构形存在有机联系之特点的表现，并非完全杂乱无章。①

偏旁的讹混是最值得我们关注的讹混现象。根据汉字的构形特点，汉字的偏旁在汉字表词的层面上，大部分具有表音或表意的功能，也有一部分既不表音，也不表意，文字学界通常称为"记号"。偏旁的讹混可能使得表音的变为表意，或表意的变为表音，或表音表意的变为记号，或记号变为表音表意的字符，总之引起了汉字字符在表词功能上的变化，从而导致汉字结构的变化，值得我们仔细研究。汉字中的偏旁讹混大致可分为"类化"、"变形音化"和"变形义化"三种，汉碑文字也不例外。下面略加申说。

我们这里的"类化"指的是某些字符本来并不相同，但由于各种因素的影响，导致写法上趋于相同，变成同一偏旁。在汉碑文字中，"西"化便是一个典型的例子。在《颜氏家训·书证》、陆德明《经典释文叙录·条例》和张守节《史记正义·论字例》等论列俗字之例，都有"'恶'上安'西'"之说，其实从汉碑来看，偏旁讹变为"西"的还不止"恶"字一例，《北海相景君铭》"農"字上部作"西"，写作"農"，《景北海碑》阴中"德"字作"德"，《无极山碑》、《灵台碑》"聽"字右边因与"德"字右边相同，其右

① 林志强：《汉碑俗字缀述》，《中国文字学报》第二辑，商务印书馆2008年版。

上部也变为“西”。后世“霸”字俗写也从“西”,虽非汉碑,亦属同类,都是类化的表现。[①]“类化”还可以有广义上的理解,指的是某些特殊偏旁趋同于一般偏旁的写法。比如“没”字小篆作“沒”,会沉溺漩涡之意。《费凤别碑》作沒,《殽坑神祠碑》同之,都是小篆的隶变。此字右边之“𠬛”,因笔势回转,写法特殊,不便隶写,遂逐渐类化为“殳”,如《郙阁颂》作没,为后世所承。“殁”字的演变路径与此相同。

所谓变形音化,是指“文字受逐渐增强的音化趋势的影响,将一个字的形体的一部分,人为地改造成与之形体相接近的可以代表这个字字音的形体,以为了更清楚地表示这个字字音的一种文字演变规律”[②]。变形音化大都是将原为象形字或会意字的形体改造为具有表音因素的字形(不一定是形声字),但也有将表音不明确的形声字改造为具有明确表音因素的字形的情况。在汉碑中,这几种情况基本上都有,下面各举一例。由象形字变形音化的如“肉”字。林志强在《汉碑俗字缀述》一文中考察了“肉”字在篆隶阶段的演变过程,认为流沙简·屯戍四·一四之“肉”字作“肉”,突出中笔即成《武梁祠画象题字》之“肉”字,此即后世正字所由来者;若其上部“内”符改为点画起笔即成“穴”,中下部所从之“人”符加一横笔则类“六”字,这就是《史晨后碑》“肉”字作“宍”形的由来。“肉”音“如六切”,因此从“六”之俗体可视为“肉”字变形音化的结果。[③]会意字变形音化的例子可以“厚”字为例。甲骨文“厚”字作“𠩺”,表示垣墉之厚的意思。[④]《说文》小篆作“𠪘”,《礼器碑》作“厚”,《袁良碑》作“𠪰”,《唐公房碑》作“𠩺”,可以看出此字上部逐渐讹变为“后”,下部逐渐讹变为“子”。“厚”和“后”在上古音同属匣纽侯部,在汉代,“厚”和“后”两字都转入了幽部。[⑤]可见汉碑“厚”字上部变为“后”可以看成变形音化的结果。形声字因表音不明确而变形音化的例子,如“量”字。据《说文》,“量”字是“从重省,曏省声”的形声字,汉碑文字所从之“重”或

① 参见笔者:《汉碑俗字缀述》,《中国文字学报》第二辑,商务印书馆 2008 年版。

② 刘钊:《古文字构形学》,福建人民出版社 2006 年版,第 109 页。

③ 参见笔者:《汉碑俗字缀述》,《中国文字学报》第二辑,商务印书馆 2008 年版。

④ 徐中舒:《甲骨文字典》,四川辞书出版社 1989 年版,第 607 页。

⑤ 王力:《汉语语音史》,山东教育出版社 1987 年版,第 102 页。

变从“童”,如《曹全碑》“三老商量”之“量”作“量”,由“童”再变为“章”,《曹全碑》“故老商量”之“量”即作“暈”。“量”和“章”同属阳部,可以视为表音的偏旁。

汉字是表意体系的文字,形义统一一直是汉字使用者认知汉字的定势思维。也就是说,在认读汉字时,人们都希望能通过汉字字形了解并掌握该字所代表的字义。但由于各种原因,有的汉字并不能真正做到以形识义,因此在演变的过程中,一些汉字的偏旁,往往会讹变为一个形体相近、但又能表示字义的新构件。这就是所谓“变形义化”。汉碑中变形义化的情况,可以“闚”字为例。“闚”本从“规”声,但《吴仲山碑》作“闞”,改从形近的“视”字,变形声为会意,使得“门中窃见”的意义更为明显。后来“窥”字也有改从“视”者,其理亦同。[①] 变形义化的例子还可以举“寳”字为证。“寳”字甲骨文本为会意字,后加声符“缶”成为形声字,但《礼器碑》作“賔”,《夏承碑》作“寳”,其中的“珤”讹为“珎(珍)”。《说文》:“珍,寳也。”故变形的“珎(珍)”具有指示“寳”字意义的作用。“寳”字的异体作“寳”,当即源于汉碑。“寳”字义化的原因可能和古汉语语音的变化有关。上古声母不分重唇轻唇,“寳”和“缶”在上古是同音字,同属帮组幽部上声,因此“缶”具有很好的表音功能。但“寳”和“缶”在语音的发展过程中走在不同的演变路径上。“寳”在中古为帮母字,而“缶”变成非母字;“寳”为效摄开口一等皓韵,“缶”为流摄开口三等有韵,二者的声母和韵母都变得不相同了[②]。因此,到了东汉末年,原来作为声符的“缶”可能已经失去表音功能,成为讹变的目标。《礼器碑》和《夏承碑》中的“寳”字,就是将“缶”字稍作讹变,与其左边的“王(玉)”符联合起来组成能表义的“珍”字,从而完成了其变形义化的过程。

除笔画、偏旁的讹混外,汉碑文字中还有一些文字因偏旁讹混导致整字混同的现象。如“趋”字,在《西峡颂》作“趍”,即“趍”字。趍本音池,

---

① 张涌泉:《汉语俗字研究》,岳麓书社 1995 年版,第 61—62 页。

② 根据碑文内容可知,《夏承碑》刻碑时间应晚于汉灵帝建宁三年,即公元 170 年。公元 220 年汉亡,进入魏晋时期。因此,《夏承碑》时期的字音离《诗经》时期(公元前 11 世纪到公元前 6 世纪)的上古音系在时间上已有很大距离。

乃奔趍义,与“趋”非一字。又如后稷之“稷”字,《史晨奏铭》作“稯”,《张迁碑》近同。顾蔼吉在按语中已指出:“《说文》:‘稯,布之八十缕也。’碑讹以为‘稷’字。”①

当然,上面把汉碑文字讹混现象分为笔画的讹混、偏旁的讹混和整个文字的讹混三类,只是为了叙述的方便,因为笔画的讹混可能导致偏旁的混同,偏旁的讹混也可以使得整字混同,三者之间并不是截然分开的。

三

前已指出,讹混现象在汉字历史发展的各个阶段都有所表现,因此汉碑文字的讹混现象并不是汉碑文字所独有的,而是汉字发展过程中常见的现象。因此对于讹混现象的研究,也是汉字形体演变研究的一个重要课题。从汉碑文字讹混现象中,我们有下面两点主要认识:

第一,讹混虽然是非正常的演变,是常规的例外,但是讹混也并非事出无因,也就是说,讹混也有一定的理据可寻,我们应该用辩证的眼光来看待这种现象,从中发现汉字演变和发展的特殊规律,考察汉字形音义之间的内在关系。就上举例子中我们就可以发现,讹混形成的俗字其实也自有其俗法系统,比如横笔和点画的转写,导致“雨”符和“虍”符的替换,这对于汉字俗体的研究,是有启示作用的。在偏旁讹混的例子中,我们可以发现,讹混后的字形,其实又在另一层面上显示了汉字系统的某些特性:变形音化突出了表音化的强势影响,符合汉字音化的发展趋势,同时变形音化现象可能还是语音发展演变的一种材料,可以证明语音演变的某些规律,如上举的“厚”字;变形义化突出汉字作为表意体系文字的特性,符合汉字形义统一的基本特征,如果变形义化是因为声符不能明确表示音读而引起的,还可以作为探讨语音演变的一个旁证,如上举的“寶”字。总之,这两种情况都以特殊的现象体现了汉字发展演变的客观规律,与汉字正常的演变规律殊途而同归,异类而同质,同时对研究汉语语音的发展演变,也有深刻的启发作用。当然,既

① 顾蔼吉:《隶辨》,中国书店 1982 年版,第 753 页。

然是讹混,也不可否认其导致真正混淆的可能,如"趋"与"趍","稷"与"稯",本非一字而混同,则又是对汉字记录功能的破坏,应该尽量避免。

第二,讹混形成的字形大多只在一定的范围和时间内存在,有的甚至只是昙花一现,它们只是历史汉字的研究对象;但也有一部分讹混而来的汉字,积非而成是,成为汉字体系中正式的成员,对后世汉字体系有较大的影响。比如上举材料中的"没"和"殁",其中的"殳"乃是"㫚"之讹,又如"射"字中的"身"乃是"弓"之讹,"羞"字中的"丑"乃是"又"之讹,"执"之中的"丸"乃是"丮"之讹,"奔"字中的"卉"乃是三"止"之讹,等等,为数还相当多。这些讹变而来的字,都是我们现在的规范写法。我们要对现行汉字进行溯源研究,要从汉字研究的角度挖掘传统文化内涵,就不能忽视这类讹混现象,否则,有些问题就说不清楚。

原载《福建师范大学学报》2009年第2期

古本《尚书》检说

新出材料与《尚书》文本的解读[①]

1996年上海古籍出版社出版《尚书文字合编》，公布了《尚书》各种古写本，其中有不少材料是首次面世。1998年《郭店楚墓竹简》出版，其中的《缁衣》、《成之闻之》等篇都有引《书》文字，可以与《尚书》传本进行比勘。2001年《上海博物馆藏战国楚竹书（一）》出版，其中也有《缁衣》篇，增加了可资比勘的材料，扩大了比较的视野。这些新刊布或新出土的材料有利于《尚书》文章的断句、文字的校勘和文意的理解，总之对《尚书》文本的解读是很有价值的，因此引起学者们的极大兴趣，宏文大作常见诸网络书刊。本文在学者们研究的基础上，属缀数则，从一般语法逻辑的角度说明这些新材料对解读《尚书》文本的重要作用。

一

《大禹谟》[②]："帝曰：'俾予从欲以治，四方风动，惟乃之休。'"其中"惟乃之休"句，内野本作"惟女之休"，足利本、上图本〔影天正本〕（以下简

---

① 基金项目：国家社会科学基金项目"古文字与古本《尚书》研究"，项目批准号：01CYY004。

② 《大禹谟》及本文第三条所论之《君陈》，皆属所谓伪古文《尚书》。敦煌写本以及导源于此的日本古写本在版本上正属于孔传古文《尚书》，自可进行比勘；而用地下出土的战国楚简来比较，正可显示出后出之本在文字上的变化，看出后人整理的痕迹。因此所谓伪古文《尚书》的文本，亦属本文的研究范围。

称“上〔影〕本”）同。上图本〔八行本〕（以下简称“上〔八〕本”）作“乃”，旁注“女”，可见其所据古本确作“女”。按“女”即“汝”，与“乃”一样均是第二人称代词。

那么，从语法的角度看，作“乃”合适还是作“女（汝）”合适？从表面形式看，“惟乃（女）之休”与“惟……是（之）……”的宾语前置句式有相同的结构因素，但本句不可能是这种句式，因为“俾予从欲以治，四方风动，惟乃之休”是帝舜对皋陶说的话，意谓“使我能够如愿地治理天下，四方百姓风起响应，这是你的美德”①。句中“休”字用作名词，“乃”或“女（汝）”则作“休”的定语，而不是宾语（“乃”在古汉语中也不能作宾语）。但“乃”作定语按例是不能加“之”的，因为它本身就包含有“之”字的意思在内。《尚书》多见“乃”作定语的例子，皆不加“之”，如《盘庚上》云：“古我先王，暨乃祖乃父，胥及逸勤。”《康诰》云：“惟乃丕显考文王，克明德慎罚。”“丕则敏德，用康乃心，顾乃德。”《酒诰》云：“乃穆考文王，肇国在西土。”等等。而“惟乃之休”句，“乃”后加“之”，显然与古汉语的语法常规相悖，可见此句作“女（汝）”要比作“乃”更为妥当，当以古本作“女（汝）”为是。这是古本胜于今本的一个例子。

《盘庚上》有“矧余制乃短长之命”句，内野本和上〔八〕本“乃”也作“女（汝）”，其余各本皆作“乃”。可见“乃”、“女（汝）”互混，古本已然。在“乃”后没有“之”字的情况下，“乃”、“女（汝）”互换，并不影响文法，用“乃”用“女（汝）”，都是允许的，但在像“惟乃之休”这样关系到语法问题的句子里，就不能随意换用了。

二

《盘庚》下：“今予其敷心腹肾肠，历告尔百姓于朕志。”其中“心腹肾肠”四字，今文《尚书》作“优贤扬历”，而颇生歧说。敦煌本伯 2516、

---

① 参见李民、王健：《〈尚书〉译注》，上海古籍出版社 2000 年版，第 31—32 页；周秉钧译注的《尚书》也把末句译为“是您的美德”，岳麓书社 2001 年版，第 20 页。

2643、岩崎本、内野本、上〔元〕本、足利本皆作“心腹肾肠”,上〔影〕本作“心腹⿱臤目肠”,第三字已接近于“賢”字,上〔八〕本作“賢”,但又划掉,旁注“肾”。岩崎本、内野本、上〔元〕本字旁还注有“时忍切”。这些情况表明:一、古本确实写作“肾”;二、“肾”字确实可讹作“贤”。从古本来看,显然作“心腹肾肠”是正确的。其文云“今予其敷心腹肾肠,历告尔百姓于朕志”,可谓文从字顺。孔传:“布心腹,言输诚于百官以告志。”也说得很正确。此句今文《尚书》作“今予其敷心,优贤扬历,告尔百姓于朕志”。王国维认为古文《尚书》的语句是正确的,今文“优贤扬”三字,即古文“腹肾肠”三字形近之误[①]。因此后来由今文而产生的诸如“心腹贤肠历”、“优贤扬历”之类的读法,皆因讹传讹,不足为训。后代文人,尊崇经典,尚有以“优贤扬历”为辞入文者,如《三国志·魏志·管宁传》:“优贤扬历,垂声千载。”裴松之注:“今文《尚书》曰‘优贤扬历’,谓扬其所历试。”真可谓误入歧途矣。

三

《君陈》篇云:“凡人未见圣,若不克见;既见圣,亦不克由圣。”此句《礼记·缁衣》作“未见圣,若己弗克见;既见圣,亦不克由圣”。上博简《缁衣》第10—11简作“未见耶(圣),女(如)丌=(其其)[②]弗克见;我既见,我弗贵[③]耶(圣)”。郭店简《缁衣》第19简作“未见圣,如其弗克见;我既见,我弗迪圣”。其中比较明显的异文是,今本“凡人”二字,《礼记·缁衣》以及上博简、郭店简均无,而《礼记·缁衣》之“己”、楚简之“我”又不见于今本《君陈》。其中差异,值得考察。

从上博简和郭店简可以看出,前一分句之“其”的指代作用,相当于后一分句的“我”。这个“其”,到了今本《缁衣》里,被替换成“己”。因此

① 王国维:《古史新证——王国维最后的讲义》,清华大学出版社1994年版,第238、265页。

② 上博简“丌”下有重文号,为“其其”二字。参照郭店简以及传世文本,此重文号当为误加。

③ 上博简此字作[illegible],当释为“胄”,参见臧克和:《上海博物馆藏〈战国楚竹书·缁衣〉所引〈尚书〉文字考——兼释〈战国楚竹书·缁衣〉有关的几个字》,《古籍整理研究学刊》2003年第1期。

这里的“其”、“我”、“己”的指代作用其实都一样,从语意分析,这些词都不是特指某个人的自己,而是泛指“任何人的自己”[1],在指称上与今本《君陈》的“凡人”实际上没有太大的区别。此句当是古之成语或格言,意谓人们未见圣道,便以不能得见为由而不用之;已经见了圣道,自己又不能真正遵行之。这样看起来,《君陈》篇这句话的主语,虽然在不同的时期用了不同的词语,但这只是表面的差异,其深层语义指向并无不同。论者或谓在今本《尚书》中,此句是成王批评常人、训诫君陈之语,句末接“尔其戒哉”,如称“我”,不但与称“人”矛盾,而且下文“尔其戒哉”也难以解释。但如把此句看成是对古之成语或格言的引用,犹如《庄子·秋水》“野语有之曰:‘闻道百,以为莫己若’者,我之谓也”的句式,那么,用“己”用“我”与“尔其戒哉”都不构成矛盾(即说成“‘未见圣,若己弗克见;既见圣,亦不克由圣。’尔其戒哉!”或“‘未见圣,如其弗克见;我既见,我弗迪圣。’尔其戒哉!”均可)即使把“凡人”、“己”、“我”都糅合在一起,整句说成:“‘凡人未见圣,若己弗克见;既见圣,我亦不由圣。’尔其戒哉!”虽然读起来不如今本《君陈》语气一贯,但细玩文意,似亦无不可。汉语意合的特点,有的时候需要将语义层面和句法层面分开看,透过表面的不同来考察其深层的含义。因此今本《君陈》增加“凡人”删除“己”、“我”,只是使前后语气一贯,而不是改变句意。《君陈》的这个句子,可以看出《尚书》的文本在传承的过程中确实经过增删调整,这是无可怀疑的。

四

《君奭》篇“割申劝宁王之德”句,历来异文甚多,《礼记·缁衣》引作“周田观文王之德”,郑注引古文作“割申劝宁王之德”,今文作“厥乱劝宁王之德”——七字之中,前四字都有异文:“割”有“周”、“厥”之异,

---

① 周桂钿:《郭店楚简〈缁衣〉校读札记》,《中国哲学》第二十辑《郭店楚简研究》,辽宁教育出版社2000年版。

"申"与"田"、"乱"不同,"观"或为"劝","文"又作"宁"。由文字之异,特别是今古文本的差别,又导致解说不同,兹引二说,以见一斑:郑注以为"古文近似之。割之言盖也。言文王有诚信之德,天盖申劝之,集大命于其身,谓命之使王天下也。"① 皮锡瑞专主今文,故以今文为然,认为古文"割申劝三字之义,殊不可通。郑君读'割'为'盖',而《尚书》二十九篇无用'盖'字为语辞者,则郑君说亦未可据。当从今博士读为'厥乱劝'。'厥乱'二字与上文'厥乱明我新造邦'义同。"他据王引之之说,以乱为率之借字,"'厥乱劝宁王德'者,厥率劝宁王德也"②。二说可谓针锋相对。现在看来,今古文家各有所据,但都不完全对。若单从形近讹混的角度来看异文,问题不容易得到解决。比如说田、申是形近而混,当然说得过去,但若只以此为依据来判断,则于省吾先生主张田、申皆从"由"字形讹而来的说法③,也难以辨其是非。今文家读为"乱"字,与"形近"离得很远,似乎无稽。但此一异文,对于确定田、申之异的来源,起到了极为关键的作用,"由"字之说,亦因此得以辨其非(详下)。因此异文材料必须仔细辨认,充分利用,不可因表面上过多的差异而置之不理。现结合古写本及楚简,将此句中与解读《尚书》文本有关的异文逐一简要说明如下:

(1)"割"字郭店楚简相对应的字作𢧢,从戈与从刀义同。今本《缁衣》作"周","周"即"害"之形讹,"割"、"害"、"周"之联系,于省吾先生论之已详④。郑注引今文《尚书》"割"作"厥",廖名春先生认为"厥"为"害"之声误⑤。按厥、害皆月部字,当可通用。

(2)"申"字今本《缁衣》作"田",郑注引今文《尚书》作"乱",古本《尚书》无他异。裘锡圭先生根据古文字的研究,疑此字"本作'𤔔',《缁

① 《十三经注疏》,中华书局1980年版,第1651页。

② 皮锡瑞:《今文尚书考证》,中华书局1989年版,第386—387页。

③ 于省吾:《双剑誃尚书新证·卷三》,《双剑誃群经新证 双剑誃诸子新证》,上海书店出版社1999年版,第110页。

④ 同上。

⑤ 廖名春:《郭店楚简引〈书〉论〈书〉考》,武汉大学中国文化研究院《郭店楚简国际学术研讨会论文集》,湖北人民出版社2000年版,第115页。

衣》所引本依其声旁读为‘田’,传《尚书》之今博士则误以左半之‘𤔔’为声旁而读为‘乱’。‘田’、‘陈’、‘申’古音相近(《说文》以为‘陈’从‘申’得声),故古文家又读此字为‘申’”[①]。郭店简此字作緟,左边之“系”为“𤔔”的省变,右上之“甾”为“東”的简化,可知緟即𤕌之简体[②],可以进一步证实裘先生此字本作𤕌的说法。

(3)“劝”字今本《缁衣》及郭店简《缁衣》第37号简均作“观”。于省吾先生在《双剑誃尚书新证》中认为此处之“劝”与“观”是“形似而讹”,在《双剑誃管子新证》中又认为劝、观古字通用[③]。是形讹抑或通用,其实不好断定,但《尚书》此句之“观”与“劝”,王国维认为似从“观”为长[④]。廖名春也认为“观”当为本字[⑤]。

(4)“宁”字郭店简《缁衣》第37号简作“文”,为清儒王懿荣、吴大澂论“宁”为“文”之误字的说法又添一新的直接证据[⑥]。

综上所述,《君奭》此句当以“割(害)申观文王之德”为正,“割”当从郑玄说读为“盖”,表推测原因。“在昔上帝,割申观文王之德”与其后之“其集大命于厥身”构成因果关系,意即从前上帝大概多次看到了文王的诚信美德,所以把统治天下的大命降临到他身上。此下“惟文王尚克修和我有夏,亦惟有若虢叔,有若闳夭……”云云则是具体解释文王的美德。

---

① 裘锡圭:《史墙盘铭解释》注⑤,《文物》1979年第3期。

② 裘锡圭、李家浩:《谈曾侯乙墓钟磬铭文中的几个字》,《曾侯乙编钟研究》,湖北人民出版社1992年版,第523页;陈秉新:《古文字考释三题》,《古文字研究》第二十一辑,中华书局2001年版,第309页。

③ 于省吾:《双剑誃尚书新证·卷三》,《双剑誃群经新证、双剑誃诸子新证》,上海书店出版社1999年版,第110、222页。

④ 见吴其昌:《王观堂先生尚书授课记》,王国维《古史新证——王国维最后的讲义》,清华大学出版社1994年版,第252页。

⑤ 廖名春:《郭店楚简引〈书〉论〈书〉考》,武汉大学中国文化研究院《郭店楚简国际学术研讨会论文集》,湖北人民出版社2000年版,第115页。

⑥ 参见裘锡圭:《谈谈清末学者利用金文校勘〈尚书〉的一个重要发现》,《古代文史研究新探》,江苏古籍出版社1992年版。

五

《康诰》篇“乃其速由文王作罚，刑兹无赦，不率大戛”句，郭店简《成之闻之》第38—39简作“不还大暊，文王⿱乍又（作）罚，型（刑）丝（兹）亡惥”，二者不仅有异文，而且句序也不一样。这里只讨论其句序。传本一般以“乃其速由”与“文王作罚”连读，孔传谓“言当速用文王所作违教之罚”，则以“文王作罚”为偏正词组作“由（用）”的宾语。孙星衍《尚书今古文注疏》主张“乃其速由”独立成句，现在看来是正确的。廖名春指出：“比较之下，当以简文合理。‘文王作罚，刑兹无赦’的是‘不率大戛’，有‘不率大戛’之事，方有‘文王作罚，刑兹无赦’之为，所以‘不率大戛’当居前……从楚简看，‘乃其速由’与下连读，则成‘乃其速由不率大戛’，显然不通。因此，当作‘乃其速由。不率大戛，文王作罚，刑兹无赦’。”[①]按从《康诰》的上下文来看，“乃其速由”（孙星衍谓其意是“乃其自召罪訧”）与“不率大戛”都是“文王作罚”的对象，因此“乃其速由”后应改用逗号为好。如果综合考虑简本和今本，这句话原来也有可能作“不率大戛，乃其速由，文王作罚，刑兹无赦”，意谓“不遵循常道，乃是自招罪訧，因此文王制定了刑罚，惩罚他们，不得赦免”。这在文理逻辑上似乎更加合理。

《书序》云：“成王既伐管叔、蔡叔，以殷余民封康叔，作《康诰》、《酒诰》、《梓材》。”《康诰》通篇以“王若曰”、“王曰”、“曰”的形式进行训话，今本“乃其速由”前有“曰”字，下文有“汝乃其速由，兹义率杀”进行呼应，因此从语篇构成的角度看，从“曰不率大戛，乃其速由，文王作罚，刑兹无赦”到“汝乃其速由，兹义率杀”正可构成一个前后呼应的语段，自可独立，不应该像有些本子那样将“刑兹无赦”以上归为上段末尾，以“不率大戛”以下另起一段。

① 廖名春：《郭店楚简引〈书〉论〈书〉考》，武汉大学中国文化研究院《郭店楚简国际学术研讨会论文集》，湖北人民出版社2000年版，第121页。

李学勤先生曾在上海举行的“新出土文献与古代文明研究”国际学术研讨会的总结报告中指出:“科学的研究态度是将传世文献和出土文献结合起来,将传世文献和出土文献结合起来我们对古代文明的认识就会大为不同。”[①]《尚书》素称难读,又经历多次变故,其中不可解或后人误解之处甚多,自不必言。然赖新出材料,多可纠正前说或提出新解,说明传世文献与出土文献的互相结合,也是今后《尚书》以及其他先秦典籍研究之新途径。

原载《福建师范大学学报》2004 年第 3 期

① 李学勤:《出土文献与古代文明研究》(李学勤演讲,朱渊清笔记),《简帛研究网》2002 年 8 月 11 日。http://www.bamboosick.org.

据古本《尚书》论卫包改字[1]

一

《尚书》在流传过程中经历了许多波折,是众所周知的事实。段玉裁有“《尚书》七厄”之说。他在《古文尚书撰异·序》中称:“经惟《尚书》最尊,《尚书》之离厄最甚。秦之火,一也;汉博士之抑古文,二也;马、郑不注古文逸篇,三也;魏晋之有伪古文,四也;唐《正义》不用马、郑用伪孔,五也;天宝之改字,六也;宋开宝之改《释文》,七也。七者备而古文几亡矣。”[2] 这里所说的“天宝之改字”,即指卫包改字。对于卫包,段氏称其“不学无识”,因而对他认为是卫包所改的经字,他也都想“复其旧”。如何看待卫包改字,关系到我们对古书流传过程的认识,也反映出古人尊经观念的递嬗,需要重新思考。现在我们看到了许多卫包改字以前的《尚书》写本,以及源于这些古写本的传抄本,对重新认识卫包改字提供了客观实证。本文拟以《尚书文字合编》[3] 所提供的古本《尚书》材料,调查一部分被认为是卫包所改的字例,以窥见所谓卫包改字真相之一斑。

段玉裁在《古文尚书撰异》卷一“格于上下”条下云:

---

① 基金项目:国家社会科学基金项目“古文字与古本《尚书》研究”项目批准号:01CYY004。

② 四部要籍注疏丛刊《尚书》(中),中华书局1998年版,第1763页。

③ 顾颉刚、顾廷龙辑:《尚书文字合编》,上海古籍出版社1996年版。

> 按许书自序云："其偁《易》，孟氏；《书》，孔氏；《诗》，毛氏；《礼》、《周官》、《春秋左氏》、《论语》、《孝经》，皆古文也。"然则凡许所偁《尚书》，皆孔安国壁中本。凡壁中本有，安国以今文读之改定其字者，如"堋"改作"朋"、"𠧪"定作"断"、"𢧵"定作"蠢"之类是也。叔重存其故书，本字往往与今本乖异。职此之由，凡安国读定之本，递传至卫、贾、马、郑、王及伪孔。唐天宝三载，命一不学无识之卫包，尽改其古字，如"共"改作"供"、"女"作"汝"、"鄉"作"嚮"、"御"作"迓"、"奴"作"孥"、"庸"作"鏞"、"熒"作"滎"、"淺"作"餞"、"鳥"作"島"、"道"作"導"、"尼"作"昵"、"旄"作"毛"、"雺"作"蒙"、"圛"作"驛"、"粊"作"费"、"馮"作"凭"、"𢆶"作"篾"、"斁"作"塗"、"闓"作"開"之类是也。①

但段玉裁所论卫包改字之例是否都正确呢？下面即以段氏所说的这一部分字例为调查对象来看看古本《尚书》的具体情况。②

二

按段氏所举壁中本有而安国以今文读之并改定其字之例，如"堋"改作"朋"、"𠧪"定作"断"、"𢧵"定作"蠢"之类，求之古本，段氏之说有得有失，先考之如下：

"朋"字今文《尚书》共4见。敦煌本伯2748、岛田本、内野本、足利本、上图本〔影天正本〕（以下简称"上〔影〕本"）、上图本〔八行本〕（以下简称"上〔八〕本"）等确如段氏所说，皆作朋。《益稷》篇汉石经残片作

---

① 四部要籍注疏丛刊《尚书》（中），中华书局1998年版，第1769页。

② 按，段玉裁所列卫包改字之例，后人颇有认同者，如刘起釪说："过去段玉裁在《古文尚书撰异》里根据文字学原理及汉魏资料论断卫包改错了一些字……例如卫包改错的字有：'鳥'错为'岛'，'御'错为'迓'，'龚'错为'恭'，'荧'错为'荥'，'雺'错为'蒙'，'圛'错为'驿'，'斁'错为'涂'，'粊'错为'费'，……等等。这些错都使文义跟着错。"（见《〈尚书〉的隶古定本、古写本》，《史学史资料》1980年第3期。又收入《尚书源流及传本考》，辽宁大学出版社1997年第2版，第211—212页。后者删"御"错为"迓"例，增"伪"错为"讹"例，且排版有误。）因此这些字例具有一定的代表性，重新调查这些字是可以说明问题的。

"风",为假借字。《洪范》篇《隶释》作"[illegible]",十分奇怪。今按古文朋作"[illegible]"(南疆钲"堋"字所从)、"[illegible]"(郭店简《语丛四》"堋"字所从),汉代金文作"[illegible]"(永始三年乘舆鼎)、"[illegible]"(永始乘舆鼎),后二例与"[illegible]"形已较接近,故"[illegible]"当是"朋"字隶定讹体①。看来汉代以来"堋"作"朋"是可以肯定的,段氏所说,当不为诬。《说文》无"朋"字,"堋"下引《益稷》篇"堋淫于家",《书古文训》"朋"均作"堋",或即据此推定。

"断"字今文《尚书》共5见。敦煌本伯2516、伯2643、岩崎本、九条本、上图本〔元亨本〕(以下简称"上〔元〕本")作"[illegible]"或"[illegible]"(有的略有讹变)。段氏以为"[illegible]"定作"断"为安国所改,而安国读定之本,递传至卫、贾、马、郑、王乃至伪孔。可是这些都是卫包改字前后的所谓伪孔写本,仍存"[illegible]"字,可见段氏之说恐非。

"蠢"字今文《尚书》共3见,皆在《大诰》篇。内野本作"[illegible]",上〔八〕本作"[illegible]",当皆"𢧵"字之讹。准"[illegible]"字情形,恐段氏之说亦非是。因为自六朝以来的《尚书》古写本中尚存此古字形,谓此前之孔安国已改定为"蠢",显然是不对的。

有类于段氏论安国改字,其论卫包改字,亦得失参半。考之如下:

"共"作"供" "供"字《尚书》共4见,《召诰》、《费誓》各1见,《无逸》2见。汉石经《无逸》篇、敦煌本《无逸》、《费誓》篇、九条本《召诰》、《费誓》篇皆作"共",《书古文训》各篇也作"共",内野本、足利本、上〔影〕本、上〔八〕本各篇则皆作"供"。从这些情况来看,较早的文本确实都用"共",较晚的本子则作"供",卫包改"共"为"供"的可能性是存在的。不过像内野本等抄本还颇存古字,其祖本甚古,此本作"供",则卫包之前"共"是否不作"供",还不好遽定②。

"女"作"汝" "汝"字《尚书》各篇多见,今古文共计179见,其中今

---

① "[illegible]"、"[illegible]"二字见容庚《金文续编》附录,旧释"開",非。黄文杰先生释"朋",是,见《说朋》。关于"朋"字的演变情况,可参看曾宪通:《释"凤"、"凰"及其相关诸字》,《中国语言学报》第8期,北京语言文化大学出版社1997年版;黄文杰:《说朋》,《古文字研究》第二十二辑,中华书局2000年版。

② 王国维也认为作"供"为卫包所改,殆本段氏之说。见吴其昌:《王观堂先生尚书讲授记》、刘盼遂:《观堂学书记》,皆收入《古史新证——王国维最后的讲义》,清华大学出版社1994年版。

文《尚书》148见,古文《尚书》27见,《书序》4见。调查情况如下:汉石经作“女”,魏石经作“女”,敦煌本除伯3015《尧典》篇作“汝”(1个)、伯2516《说命》篇作“汝”(1个,系漏抄补写)、伯2748《君奭》篇作“汝”(9个)、斯6259《蔡仲之命》篇作“汝”(2个)外,其余全部都写作“女”。岩崎本作“女”(《盘庚》篇有一处误作“予”)。九条本除《蔡仲之命》篇一作“汝”外,余皆作“女”。神田本作“女”。岛田本作“女”。内野本作“汝”者11个,其余全作“女”。上〔元〕本作“女”。观智院本作“女”者3,作“汝”者2,且“汝”字旁皆注有“女”字。天理本只1见,作“汝”。上〔八〕本作“汝”者45个,其余全作“女”。《书古文训》全作“女”。足利本和上〔影〕本的情况则相反:足利本作“女”者27个,其余全作“汝”;上〔影〕本作“女”者13个,其余全作“汝”。另按《大禹谟》篇今本有“惟乃之休”句,内野本作“惟女之休”,足利本、上〔影〕本同。上〔八〕本作“乃”,旁注“女”,可见校注者所据古本确作“女”。按作“女(汝)”甚合语法,当以古本作“女(汝)”为是。此亦可旁证第二人称之“汝”,古本确当作“女”。以此观之,《尚书》第二人称的“汝”字原先写作“女”,当是可信的。但是否作“汝”者为卫包所改则不好确定。因为上列古本中,如伯3015、九条本等卫包改字之前的写本也偶作“汝”,虽不多见,但毕竟存在,不可忽略不计。段氏云:“尔女字,经籍中绝不用‘汝’字。自天宝、开宝两朝荒陋,《尚书》全用‘汝’字,与群经乖异。”① 所言过于绝对。

“鄉”作“嚮” “嚮”字《尚书》共8见,包括敦煌本在内的《尚书》古写本多作“嚮”(足利本、上〔影〕本、上〔八〕本往往把“乡”左旁写作“歹”,属讹写)。岩崎本作“向”。段氏以为卫包改“鄉”为“嚮”看来并不确切。

“御”作“迓” “迓”字今文《尚书》共4见。敦煌本作“卸”、“𠨰”、岩崎本作“御”、上〔元〕本作“御”、观智院本作“御”,要皆“御”字及其草体或省讹之体。观智院本字旁注“迓”,当是以唐石经校之。内野本、

① 转引自龚道耕:《唐写残本〈尚书〉释文考证》,《〈尚书〉文字合编》第四册附录二,上海古籍出版社1996年版,第334页。

足利本、上〔影〕本、上〔八〕本则多作“迓”，内野本《洛诰》篇在“迓”旁注“御”（见《合编》第2037页），可见所据古本作“御”。“御”“迓”二字，“御”前“迓”后，验之古本，当不为诬。另上〔影〕本《盘庚》、《牧誓》二篇作“迂”，当是形近而误，非借字。因为上〔影〕本与足利本有密切关系，足利本作“迓”，很清楚，上〔影〕本不可能另用借字。王国维说：“迓，当作御；今作迓，亦唐人所改也。御之谊，本同迓。《诗》所云‘百辆御之’，其谊即迓也。古书中无作迓者，惟《仪礼》、《公羊》曾假作讶，而亦无迓字。迓，俗字也。”①

“奴”作“孥” “孥”字《尚书》共2见，敦煌本、九条本作“伖”，其余各本皆作“孥”。“伖”字见于《说文》，为“奴”字古文（按《集韵·噳韵》以为“侮”字古文）。依段说，“孥”字未改字时当作“奴”，据敦煌本、九条本，其字则是，其形则非，不能算十分准确。另“奴”字《尚书》只1见，在《泰誓》篇，为古文。此字各本皆如字，唯内野本、上〔八〕本作“伖”。而“孥”、“奴”二字，《书古文训》皆作“伖”，与敦煌等古本相合，看来不无根据。

“庸”作“鏞” “鏞”字《尚书》只1见，在《益稷》篇。敦煌本伯3605作“庸”，内野本作“鏞”，旁注“庸”（见《合编》第298页），可见古本确是“庸”。足利本、上〔影〕本、上〔八〕本皆作“鏞”，殆受唐石经之影响。此二字，“庸”为先有而“鏞”则后起，当是可信的。

“熒”作“滎” “滎”字《尚书》共2见，都在《禹贡》篇。唯九条本作“熒”，合于段氏所说。内野等日本古写本皆作“滎”。上〔影〕本作“榮”，形近而误。

“淺”作“餞” “餞”字《尚书》只1见，在《尧典》篇“寅餞纳日”句。此字内野本等日本古写本皆作“餞”，唯敦煌本伯3315《尧典释文》和《书古文训》作“淺”。据此，“餞”古本作“淺”，应无疑义。但伯3315“淺”字下又云：“注作餞，同。”可见卫包以前已有以“餞”为“淺”者。《集韵·狝韵》：“淺，灭也。《书》：‘寅淺纳日。’马融读通作餞。”则以

---

① 见吴其昌：《王观堂先生尚书讲授记》，《古史新证——王国维最后的讲义》，清华大学出版社1994年版，第237页。

“餞”为“淺”者,马融也。马融虽非径改经字,但其读足以启发后人。王国维则谓马融作践解,改“餞”者为《伪孔传》。[①] 如此看来,虽先“淺”而后“餞”,但把“餞”字全归咎于卫包所改,当非公论。

“鳥”作“島” “島”字《尚书》共2见,都在《禹贡》篇。此字古本写法可分三种情况:一种作“鳥”,如汉石经残石和岩崎本。第二种作“島”,如敦煌本伯3615、伯3469作“**島**”,上〔影〕本、上〔八〕本作“島”。上〔影〕本一作“嶋”,为其异体。第三种是前两种写法的综合反映,如内野本作“島”,旁注“鳥”;足利本也作“島”,旁注“口作鳥”。从这三种情况来看,“島”字本作“鳥”是对的,汉代的著作如《史记》、《汉书》、《大戴礼记》等所引均可为证。但也并不是直到卫包才改为“島”。汉代的书籍如刘向的《说苑·修文》亦曾把“鳥夷”作“島夷”[②]。

段氏在《撰异》卷三“鳥夷皮服”条云:

> 《释文》:“鸟,当老反。马云,鸟夷,北夷国。”《正义》曰:“孔读‘鸟’为‘島’,‘島’是海中之山(按《撰异》引《正义》‘島’字,十三经注疏本作‘島’,无‘鳥’字中的四点)。郑玄云,鸟夷,东方之民搏食鸟兽者也。王肃云,鸟夷,东北夷国名也。与孔不同。”玉裁按,据《正义》孔读“鸟”为“島”之云,是经文作“鸟”,传易其字。郑读如字,故云“与孔不同”也。陆氏《释文》云:“鸟,当老反。”谓孔传读为“島”也。其下文曰:“马云,鸟夷,北夷国。”谓马不易字也。自卫包改经文“鸟”字为“島”,而宋开宝中又更定《尚书·释文》,两“鸟”字皆改为“島”……今更定经文作“鸟”,复卫包以前之旧。[③]

他在同卷“鸟夷卉服”条又说:

> 此亦本作“鸟”,孔读为“島”,卫包径改为“島”字。《后汉书·度

---

① 王国维云:“餞,古文本常作浅,马融作践解,于义稍近。《伪孔传》改餞以偶宾,义失之巧。”说见吴其昌:《王观堂先生尚书讲授记》,《古史新证——王国维的最后的讲义》,清华大学出版社1994年版,第233页。

② 参见高亨、董治安:《古字通假会典》,齐鲁书社1989年版,第745页。

③ 四部要籍注疏丛刊《尚书》(中册),中华书局1998年版,第1852页。

> 尚传》:"深林远薮,椎髻鸟语之人置于县下。"李注:"鸟语谓语声似鸟也。《书》曰:'鸟夷卉服。'"玉裁按,此卫包未改《尚书》也。《汉志》"鸟夷"不误,《本纪》作"㠀",则浅人用天宝后《尚书》改之也。

段氏接着又自注云:

> 《集解》"冀州"用郑注则作"鸟";"杨州"用孔注则作"㠀"。张守节《正义》成于开元二十四年,释以"可居之㠀",则《史记》作"㠀"在开元以前。①

按,开元在天宝前,段氏此注所说实际上与古本《尚书》相合,证明卫包之前"鸟"字已有作"㠀"者,于段氏自己所持卫包改字之说不利。段氏谓《本纪》作"㠀"为浅人据天宝后《尚书》所改,其说过于武断,显然缺乏说服力。

总之,读"鸟"为"岛"已源于孔传或马融,改经文"鸟"为"岛"未必要等到卫包才完成。他之前的古本《尚书》(即上举伯 3615、伯 3469)以及引用《尚书》的汉代典籍,都已有写作"㠀"者,可见"鸟"、"岛"之变在卫包之前就已经完成,卫包只不过是最后的确定者而已。段氏要"复其旧"固然未尝不可,但将此字之变全归咎于卫包,则是不妥的。

"道"作"導"　"導"字《尚书》共 12 见,全部都在《禹贡》篇。敦煌本伯 5522、伯 4033、伯 4874 和九条本都作"道",内野本、足利本、上〔八〕本则都作"導",上〔影〕本除"導河积石"句中"導"作"道"外,其余也都作"導"。另外,内野本有两处在"導"字旁注有"道"字。从古写本来看,此字早期写本作"道"而后来改为"導"的事实是比较明显的。如果我们把内野本等日本古写本上面的"導"字看成是受唐石经的影响所致,那就不好辩驳段氏的说法了。

"尼"作"昵"　"昵"字《尚书》共 4 见。敦煌本伯 2516《高宗肜日》篇作"迡",即"迡"字。岩崎本作"尼"。敦煌本伯 2516《说命》篇作

---

① 四部要籍注疏丛刊《尚书》(中册),中华书局 1998 年版,第 1866 页。

“眤”,岩崎本作“眤”,皆“昵”字。神田本《泰誓中》亦作“眤”,岩崎本《冏命》篇作“暱”。可见“昵”字在卫包之前虽有作“尼”者,但还作“迡”、“暱”等,而作“昵”则更为常见,谓为卫包所改,显然不对。

“旄”作“毛” “毛”字《尚书》共6见,《尧典》、《禹贡》、《顾命》各2见。《禹贡》篇伯3469、伯5522、岩崎本都作“毛”。此皆卫包以前写本,非卫包所能改。各篇日本古写本也都作“毛”,未见作“旄”者。《书古文训》《尧典》篇作“髦”,《顾命》篇作“毛”,唯有《禹贡》篇作“旄”。此书段氏认为乃“伪中之伪”,难道可据以认为“毛”字古作“旄”?

“雺”作“蒙” “蒙”字今文《尚书》共4见,《禹贡》、《洪范》各2见;古文《尚书》惟《伊训》篇1见。《禹贡》篇伯3169、岩崎本、九条本等卫包之前的写本都作“蒙”(下或从“家”,写讹),可证非卫包所改。各本未见作“雺”者。岛田本《洪范》篇作“蝱”、“蝱”,为“蝱”字写讹。“蝱”为明纽阳部,“蒙”为明纽东部,东、阳旁转。此假“蝱”为“蒙”。

“圛”作“驛” “驛”字《尚书》只1见,在《洪范》篇。内野本、足利本和上〔影〕本作“圛”,岛田本作“圛”,写讹。上〔八〕本作“驛”,乃“驛”字讹写。从古写本来看,段氏论“圛”作“驛”为卫包所改,大致可信。

“粊”作“费” “费”字《尚书》经文只1见,在《费誓》篇,加上《书序》,共2见。古写本有三种情况:九条本、《书古文训》作“粊”;内野本、上〔八〕本作“棐”;足利本、上〔影〕本作“费”。“费”字原来作“粊”(或“棐”),看来也是可信的。敦煌本伯3871(含伯2549)为六朝钞本,内容有《尚书》篇目,《费誓》之“费”作“粜”。此字见于《说文·米部》,当是“粊”字异体。要之,《费誓》之费,古本有“粜”、“粊”、“棐”几种写法,最后才统一为“费”。

“凴”作“凭” “凭”字《尚书》共2见,皆在《顾命》篇。内野本、足利本、上〔影〕本、上〔八〕本都作“凴”,所异在“馬”字四点的写法上。观智院本作“凴”,当为“凴”字之误。观智院本虽为后出,但来源甚古,依此,卫包改字之说可能有据。

“篾”作“篾” “篾”字《尚书》只1见,在《顾命》篇。卫包以前写本无存,内野本、观智院本、足利本、上〔影〕本、上〔八〕本写法有异,字下或从戊作"篾",或从戈作"篾",皆写讹,但上部均未见从"从"者。按"蔑"字古作"蔑"(录簋)①、"蔑"(上博楚简《孔子诗论》简九)② 等,其上从"从",隶楷则作"蔑",张迁碑作"蔑"可证。因此,从竹之"篾"当为后起字,段氏以从"从"从"竹"为此字古今之异,是可信的。但是否卫包所改,材料所限,不好确定。

"斁"作"塗" "塗"字《尚书》共 6 见。伯 3469、岩崎本之《禹贡》篇作"塗",九条本《仲虺之诰》篇作"塗",《梓材》篇作"斁"。可见古本当是"斁"、"塗"互作,卫包择其通用者而定之,当非自行臆改也。按"斁"有"塗"音,意为涂饰。如《新语·资质》:"饰以丹漆,斁以明光。"但毕竟罕用。此字《书古文训》作"𢿌"。按"𢿌"或作"剫",为杜绝之"杜"的本字,薛本用为假借字。

"閞"作"開" 按"閞"是"闢"字古文,与"開"字古文讹混。"開"字《尚书》共 4 见,皆在《多方》篇,另《费誓·序》亦 1 见。斯 2074、九条本之《多方》篇作"開",九条本《费誓·序》作"閞",当是"閞"之写讹,可见天宝之前的写本已经"閞"、"開"互作,不能归为卫包改字。

三

段氏所认定的卫包改字之例当然不止以上这些,但这些例子足以说明,段氏论字之古今形异率皆有据,而把古今之变断为卫包所为,验之古本,只能是得失参半,不可完全信从。然则卫包改字的问题,需要我们加以重新认识和思考。

随着出土古书材料的丰富,我们认识到,古书的流传过程其实是很复杂的,其文本必会因时因地或多或少地发生一定的变化,经典的传抄也一样。人情恶难而乐易,以今字取代古字,以常见字替换偏僻字,都是不可避免的。

---

① 见容庚:《金文编》,中华书局 1985 年版,第 260 页。

② 马承源主编:《上海博物馆藏战国楚竹书(一)·图版》,上海古籍出版社 2001 年版,第 21 页。

从《尚书》的古抄本来看，自晋以来，后来抄本中的隶古之字每趋减少，追新随俗，势所必然。如内野本古字甚多，明显来源于内野本的上〔八〕本则多为今字。即使是同一抄本，如果一个字有古今字形上的区别，出现的次数又比较多，也往往是先出现的时候写古形，以后则更多地写新字。如“辟”字孔传古文《尚书》共出现 47 次，此字古文写作“侵”、“㑑”、“𠊧”等形，足利本和上〔影〕本就不像内野本那样前后比较一致，而是先作“侵”者多，后作“辟”者多，可见抄写者在遇到古今字形差距较大时，越往后抄就越径用今字。又如“翼”字《尚书》共出现 13 次，内野本、足利本、上〔影〕本只在此字第一次出现的时候写作其古形“𦐊”，上〔八〕本只在其第二次出现的时候写作此形，以后十余次各本都不这样写，而只写“翼”或“翌”，反映了人们趋新随俗的心理。另一方面，隶古定字缺少规范，同一个字往往有许多种不同的形体，比如“断”字、“难”字、“享”字，都有十几种不同写法，令人无所适从。当经典文本出现大量讹混时，历代都有规范之举，或刻石经，或定读本，因此天宝年间进行的统一规范也是势在必行的。

有人认为“古人写书，凡经文中字不敢苟简，注中则否”①，但古本《尚书》是一个历时共时相混杂的文字系统，经文之字苟简而作的情形并非偶见。其实尊经的观念因时代的不同、学派的差别以及读者层次的高低也会有所变化，并非古今一律。先秦时期百家争鸣，学派林立，何为经典，何为末流，其实未定。汉代罢黜百家，独尊儒术，才有所谓尊经思想，而《史记》引《书》，辄改其字，说明还未深入人心。其时之今古文之争，通过文字之异而显学派门户之见，大大加强了尊经观念，某字必某字，作此者必今文，作彼者必古文，泾渭斯分，壁垒森严，学者津津乐道，经典之字不得改易之思维定势逐渐根深蒂固。段玉裁等清代学者之所以认为《尚书》中某字必某字，而以卫包所改为十恶不赦，其实就是囿于经典之字一成不变的观点和学派偏见，因而所论难免偏执。

值得注意的是，对于天宝改字的问题，前人已指出卫包非倡始者。阮元《尚书注疏校勘记序》云：

---

① 蒋斧语，见王重民：《敦煌古籍叙录》，中华书局 1979 年版，第 19 页。

梅赜献孔传而汉之真古文与今文皆亡，乃梅本又有今文古文之别。《新唐书·艺文志》云：天宝三载，诏集贤学士卫包改古文从今文。说者谓今文从此始，古文从此绝。殊不知卫包以前未尝无今文，卫包以后又别有古文也。《隋书·经籍志》有《古文尚书》十五卷，《今字尚书》十四卷，又顾彪《今文尚书音》一卷，是隋以前已有今文矣。盖变古文为今文，实自范宁始。宁自为集注，成一家言。后之传写孔传者，从而效之，此所以有今文也。六朝之儒传古文者多，传今文者少。今文自顾彪而外，不少概见。李巡、徐邈、陆德明皆为古文作音，孔颖达《正义》出于二刘，盖亦用古文本，如塗之为斁，云之为员是也。然疏内不数数觏，殆为后人窜改，如陈鄂等人之于《释文》欤？然则卫包之改古从今，乃改陆、孔而从范、顾，非倡始为之也。

现在有了《尚书》古写本，我们可以对阮元的观点加以证实。比如伯3015、伯2630为今字本，均写于卫包改字之前。王重民指出："然则天宝以前，固有今文也……盖六朝至唐，由隶变楷，在书法进化上，为自然之趋势；特以此经（按即《尚书》）独有古文之名，学者狃于师承，递相传写，故字体之变化亦独缓。然在楷变时期，墨守者其经本变化少，聪明者其经本变化多，卫包以前，必非昔时经本之旧矣。然则卫包改字，正所谓'下令于流水之源'，则士子尊行，风行海内，宜有如云从龙，风从虎，不百年而古文几绝矣……此两卷书写年代，余所考定者若不误，则当并是卫包以前之改革家，可为阮说作佐证。"[①] 王先生还以具体例子说明了段氏卫包改字说的矛盾，他在跋敦煌本伯2748时说：

《多士》："尔乃尚有尔土，尔乃尚寍幹止"，今本寍作寧，卷子本作寍，犹存真字。按段玉裁《古文尚书撰异》云："伪《大禹谟》'万邦咸寍'，《释文》：'寍，安也，《说文》安寧字如此。寧，愿词也。'此未改《音义》也。天宝中因卫包已改经文之寍为寧，遂改《释文》大书寍字为寧，改小字曰：'安也，《说文》安寧如此，愿词也。'使学者劳精竭神

① 王重民：《敦煌古籍叙录》，中华书局1979年版，第22—23页。

而不能读，曾谓李昉陈鄂辈之不通，一至于此，宜孙宣公之急请以原本与新定本并行也。今所存《虞夏书》绝无寧字，至《商书·盘庚》始见；盖《尚书》通体，卫包以前皆作寍，以后皆作寧。”（经韵楼本卷六，页一下）按段氏之言是也，然犹未尽的。谓“卫包以前皆作寍”，此卷实出于天宝以后，固作寍矣。若谓余所考定书写年代为不确，此卷为出于天宝以前，然《亡逸》篇两寍字又作寧，则作寧又当不始于卫包以后也。①

总而言之，《尚书》在流传的过程中，在尊经观念并不严格的情况下，必然有古今杂糅的传抄之本，必然有今字之本以逐渐取代古字之本，当然也有古字本在不绝如缕地延续着，其情况并非如后人所想象的那样非此即彼，简单纯粹。不过可以肯定的是，总的趋势必然是今字本逐渐取代古字本。亦即说，天宝不改，必在其后改之；卫包不改，必有他人改之。因此卫包改字乃是时势所趋，顺其自然。

然卫包何许人也？其人新旧《唐书》皆无传，生平不可考。欧阳修《集古录跋尾》有一条材料，云：“右开元金籙斋颂，虽不著书人姓氏，而字为古文，实卫包书也。唐世华山碑刻为古文者，皆包所书。包以古文见称，当时甚盛。”② 想卫包亦儒者，既以古文为当时所重，天宝诏中又称为“集贤学士”，且朝廷委以“改古文从今文”之重任，想必其学问也非一般。既为奉诏改古从今，就是受命整理古籍。这种整理，既要进行古今转换，也难免要做些整齐划一的工作。如有所改，当有其前因后果，非借一人之力凭空妄为也；若有失误，也是情理中事，在所难免。段氏斥为“不学无识”，有失公允。

原载《福建师范大学学报》2005 年第 1 期

① 王重民：《敦煌古籍叙录》，中华书局 1979 年版，第 17—18 页。标点符号有改动。

② 见《集古录跋尾》卷七。

古本《尚书》文字疏证（七则）

一

传世文献中的“遂”字，出土文献中常借“述”字为之。“述”字的形体演变以及“遂”、“述”二字之关系，曾宪通师论之已详。[①]而“述”字古文讹体，在古本《尚书》中又与多字同形：①九条本的《仲虺之诰》篇、《费誓》篇，敦煌本伯2516、岩崎本、上〔元〕本的《微子》篇，岛田本的《旅獒》篇，敦煌本伯3871的《费誓》篇，观智院本、上〔八〕本的《康王之诰·序》等均作“逋”（有的右上少一点），与逋亡之“逋”同形；②《书古文训》之《费誓》篇作“速”，与速度之“速”同形；③上〔八〕本《仲虺之诰》篇作“遼”，与遼远之“遼”同形。按作“逋”者源于《说文》“遂”字古文䢟。敦煌本伯2643《微子》篇作遣，观智院本《康王之诰·序》“逋”之左边注“遣”，皆䢟之隶定写法。䢟右上似“山”，“遣”右上作“止”，隶古定字“山”、“止”相混是常例。“遣”再省讹而成“逋”，遂与逋亡之“逋”同形[②]。作“速”者当源于《汗简》“遂”字古文“䢟”。[③]内野本《微子》

---

① 参见曾宪通：《敦煌本〈古文尚书〉“三郊三逋”辨证——兼论遂、述二字之关系》，《于省吾教授百年诞辰纪念文集》，吉林大学出版社1996年版。

② 《尚书》逋亡之“逋”共4见，古本《尚书》中无异写。

③ 见卷一辵部，《汗简》卷三穴部之“邃”，云出孙强《集字》，所从之“遂”，亦与“䢟”近。

篇作速、逮，亦皆《汗简》古文之隶定。此中之速，稍讹即与速度之“速”同形。作“遼”者当也与《汗简》古文有关。内野本《仲虺之诰》篇作“逵”，足利本、上〔影〕本此篇同。内野本《旅獒》篇、《康王之诰·序》亦同。“逵”当也是“速”或“逮”之写讹，此字再讹则与遼远之“遼”同形。上〔八〕本《仲虺之诰》篇“遼”旁注“逵”，虽属以讹注讹，但已显示出此二者之关系。

曾宪通师指出：“述字古文省变而为速、为速，繁变而为遺、为逋。其与迟速之速、逋亡之逋，来源有别，音义各殊。它们之间的关系是形同而字异，充其量，只不过是在某种特定条件下‘昙花一现’的异代同形而已。”① 从古本《尚书》来看，述（遂）字“昙花一现”之同形字，还应加上逵、遼一类。

二

古本《尚书》作敎形者有二字：①“敢”字古本《尚书》除正常作“敢”外，也作敎形，如伯 3670、2516、岩崎本、内野本、上〔元〕本、上〔八〕本的《盘庚》篇，伯 2516、岩崎本、内野本、上〔元〕本的《西伯戡黎》篇等。②古本《尚书》中“奏”字也偶作敎形，见于伯 3315《舜典释文》：“奏，如字。字又作奉②。古文作敎。”按“敢”之“敎”形当是“敢”之篆文或古文讹变。“敢”字古本《尚书》又作“敌”形，即本《说文》小篆𣪊或古文㪉（三体石经《无逸》篇古文作㪉，同）。“敎”与“敌”比较有两点不同：一是攵、又之别，属同义偏旁互换；二是“敎”中之“子”与“敌”中之“古”不同。但是，如果把“古”看成倒“子”之形，正写之即可成敎形。“奏”作敎，则源于其古文讹变。《说文》“奏”字古文一作𣪠形，此形隶定讹变成敎形是有可能的。③ 另外，楚帛书有“𣪠”字，隶定即作敎。此

---

① 曾宪通：《敦煌本〈古文尚书〉“三郊三逋”辨证——兼论遂、述二字之关系》，《于省吾教授百年诞辰纪念文集》，吉林大学出版社 1996 年版。

② 龚道耕《唐写残本尚书释文考证》云：“‘奉’，疑当作‘𡘫’，以篆体书之也。”见《〈尚书〉文字合编》第四册附录二，上海古籍出版社 1996 年版，第 382 页。

③ 徐在国先生肯定“敎”即《说文》古文讹变。说见《隶定古文疏证》，安徽大学出版社 2002 年版，第 217 页。

字所在的句子是“炎帝乃命祝融以四神降奠三天，以𥆞思𢼸奠四亟，曰：非九天则大𢼸，毋敢蔑天霝”，其中“敢”字作“𢽴”，因此可以肯定𢼸不是“敢”字①。何琳仪先生以“思𢼸”为词，读“𢼸”为“保”，“思保”即“慈保”，慈爱保养之意②；饶宗颐先生以“𢼸奠”为词，读“𢼸”为“敷”，“敷奠”即布定之意③。二人均以“孚”为声而转读。按李零先生主张在“天”下补“以”字，认为“𥆞思”应是一词，可从。因此从句读看，当以“𢼸奠”成词为是。不过我们根据“奏”字古文讹作𢼸的情况，楚帛书里的𢼸也有可能就是“奏”字。此句读为“奏奠四亟（极）”，与前“降奠三天”正相呼应，“奏奠”谓以祭品进献奠祭神灵。是否如此，值得进一步研究。

三

“饮”《尚书》共4见，皆在《酒诰》篇。九条本作𣲋，内野本𣲋，足利本、上〔影〕本同。《书古文训》作𣲋。按“饮”字甲骨文作㱃④，象人俯首张口吐舌捧尊就饮之形，本为会意字。后口形分属人形与口舌之形而分离，人形和口形变为“欠”，口舌之形讹为“今”。如善夫山鼎作㱃⑤，中山王方壶作㱃⑥。《说文》据讹变之形说饮字从欠，酓声，而酓当从今声，则《说文》“饮”字古文𣲋，也应解释为从水，今声。上揭古本《尚书》之𣲋、𣲋，皆𣲋之隶变。𣲋则易从“金”声。

有关大型字典收有𣲋、𣲋、𣲋等形，而所解皆当有误。如《汉语大字典》据《字汇补》以为𣲋同“阴”⑦，《中华字海》据《龙龛手鉴》以为𣲋亦同

---

① 李零先生《〈长沙子弹库战国楚帛书研究〉补正》认为“𢽴”非“敢”字，否定了其原先的考释。即便如此，“𢼸”非“敢”字大概也是可以确定的，因为从上下文看，“敢奠”不成辞。李文见《古文字研究》第二十辑，中华书局2000年版。

② 参见曾宪通：《长沙楚帛书文字编》，中华书局1993年版，第75页。

③ 参见李零：《〈长沙子弹库战国楚帛书研究〉补正》，《古文字研究》第二十辑，中华书局2000年版。

④ 徐中舒主编：《甲骨文字典》，四川辞书出版社1989年版，第986页。

⑤ 容庚：《金文编》，中华书局1985年版，第623页。

⑥ 张守中：《中山王𰯼器文字编》，中华书局1981年版，第70页。

⑦ 汉语大字典编辑委员会：《汉语大字典》（缩印本），湖北辞书出版社、四川辞书出版社1992年版，第78页。

"阴",而□则据《篇海》只注"音引,义未详"①。其实□、□、□皆"饮"字古文隶变,借为"阴"字。另按,《说文》"饮"字古文又作□,从食,今声。按此古文及后代"饮"字所从之"食",疑皆"㱃"字讹变。"㱃"字笔画稍微糅合移位,就与"食"字相近。如马王堆帛书《五行》篇二五六作"□"②,其左边颇类"食"字可证。

四

"辟"字《尚书》常见,古本《尚书》作"□"、"□"、"□"、"侵"等形,最后一形与侵犯之"侵"同形,"□"则在魏《元显墓志》中亦以为"侵"字③,也可视为与"侵"同形。按"辟"字三体石经《君奭》篇作"□"(《尚书文字合编》第2251页,以下简称《合编》),《多方》篇作"□"(《合编》第2390页),《汗简》卷三人部作"□",卷四辟部作"□",古本《尚书》中的"□"、"□"等形皆从此类形体变化而来。三体石经和《汗简》中的"辟"字,则又是从"□"(师害簋)、"□"(子禾子釜)、"□"(《郭店楚简文字编》九·二,第129页)等形体变化而来,其主要区别是:三体石经"辟"字的"辛"旁下部以两垂笔对称;《汗简》的"辟"字则脱落了左边的"口"符,而"辛"旁又讹作"□"或"□"。

后代字书韵书收录了不少"辟"字的古文,其中有些字形可与古本《尚书》进行比对。如《中华字海》收有"□"(第84页)、"□"(第77页),皆见《玉篇》。《汉语大字典》收有"□"(第78页),见《集韵·昔韵》,都与古本《尚书》字形相似。

另九条本《酒诰》篇、《多方》篇"辟"字作"枼",又是一怪。按"枼"字见《说文·木部》,段注以为荏苒之"荏"的本字,与"辟"字可谓风马牛不相及。从古本《尚书》来看,此字当也是"辟"字古文"□"的进一步讹变。敦煌本斯2074《多方》篇"辟"字作"□",可视为"□"、

① 冷玉龙、韦一心等:《中华字海》,中华书局、中国友谊出版公司1994年版,第104页。

② 陈松长:《马王堆简帛文字编》,文物出版社2001年版,第367页。

③ 冷玉龙、韦一心等:《中华字海》,中华书局、中国友谊出版公司1994年版,第80页。

“⿱木⿰氵水”形变的桥梁。其变化的逻辑过程可以推定为:“⿰亻⿱彐火”字右上之“彐”横画超过中间竖画,与左边“人”旁形成“任”字居字之上部,下部则由“火”讹成“水”,再由“水”讹成“木”[①],遂成“⿱任木”字。此例可见古抄本文字之讹,有时简直匪夷所思,但细为寻绎,亦不难发现其蛛丝马迹。

五

“好”字在古本《尚书》中比较特殊的写法是作“⿰丑子”“⿰丑子”二体。前者多见于唐写本及《书古文训》,后者见于日本古抄本。在讨论这两种写法之前,我们先把“好”字的情况简单梳理一下。

关于“好”字,传世的文字材料有好、⿰丑女、⿰丑子三种写法,如《集韵·皓韵》“好”字即收此三形。郑珍《汗简笺正》云:“《说文》有好、⿰丑女,无⿰丑子字……⿰丑子则合二字别造,不知何出,亦有所本。”根据现有资料,此三体之本源皆可寻绎。作“好”者渊源甚早,自甲骨文而下,历代皆有,自不必说。作“⿰丑女”者见于古玺,《古玺汇编》2840“⿰丑女义”印,前字即⿰丑女字[②]。作“⿰丑子”者今见于上博简《缁衣》篇,作“⿰丑子”[③],从丑从子,正是⿰丑子字所本,可免郑珍“不知何出”之叹。

论者或谓“⿰丑子”之“丑”旁为“女”字之讹,恐不确。理由如下:①上博简《缁衣》篇“⿰丑子”字所从之“丑”,与“女”字不类;②历代传抄古文中从“女”之字亦未见讹成“丑”者[④];③“⿰丑子”又作“⿰丑女”,如“丑”为“女”之讹,则“⿰丑女”字岂非从二“女”?又如何一边讹成“丑”,另一边仍其旧?难圆其说。

---

① 《订正六书通》卷四录崔希裕《略古》,“苦”字作“⿱水古”,实假“枯”字为之,上部之“水”乃“木”旁。《玉篇》卷一“社”字古文作“⿰礻⿱水土”,右上之“水”亦为“木”之讹。此皆传抄古文“木”、“水”相混之例。参见徐在国:《隶定古文疏证》,安徽大学出版社2002年版,第24页。

② 原释“奴”,非。吴振武认为“此字当是《说文》中的‘⿰丑女’字,典籍或借为‘好’”。见《试说齐国陶文中的“钟”和“溢”》,《考古与文物》1991年第1期。转引自徐在国:《隶定古文疏证》,安徽大学出版社2002年版,第255页。

③ 见马承源主编:《上海博物馆藏战国楚竹书（一）·图版》,上海古籍出版社2001年版,第45页。

④ 参见徐在国:《隶定古文疏证》,安徽大学出版社2002年版,第253—257页。

⿰丑子与⿰丑攵当为异体，从女从子无别。而好与⿰丑攵、⿰丑子二字，则是本字借字的关系："好"为本字，⿰丑攵、⿰丑子则为其借字。《说文》有"⿰女丑"字，云："人姓也，从女，丑声。《商书》曰：'无有作⿰丑攵。'"段注云："《洪范》文。今《尚书》⿰丑攵作好。此引经说叚借也。⿰丑攵本训人姓，好恶自有真字，而壁中古文叚⿰丑攵为好，此以见古之叚借不必本无其字，是为同声通用之肇耑矣。"以与"好"字的假借关系来考虑⿰丑子字的构形，就不至于得出"丑"为"女"讹的结论。

现在回过头来看古本《尚书》中"好"字的两种写法：⿰丑子、⿰刄子。"⿰丑子"非"好"之讹，而是其借字，已如上述。至于"⿰刄子"字左旁写法的缘由，笔者反复思考，经历了一次否定之否定的过程。最初的想法即认为"刄"就是"丑"的省笔，后来由于看到日本古抄本"姓"字作"⿰刄生"，很常见，左边所从与"⿰刄子"字相同，而姓字又未见从"丑"作者，因此倾向于把"刄"看成"女"旁的异写。再后来又发现日本写本从"丑"之字作"刄"者比较多见，如"羞"之"丑"旁，唐写本惟《立政》篇伯 2630 作"刄"（《合编》第 2511 页），而日本写本之内野本、观智院本、上〔影〕本各 1 见，上〔八〕本则 5 见。在日藏唐代传写本《篆隶万象名义》中，"丑"字亦多作"刄"，可资比证。如《部首总目》"彳，丑亦反"，"辵，丑略反"，"丑，勑（敕）九反"，三"丑"字皆作"刄"；金部"钮"字所从之"丑"亦作"刄"（见 173 页）。因此"丑"省写为"刄"，可以看成日本古写本的一个特点。根据这个情况，"⿰刄子"字之"刄"旁，还是最初的想法是对的，它是"丑"旁的省写。至于"姓"字所从之"刄"，大概是抄手误认为"丑"为"女"旁异写而类推出来的写法。

六

"春"字古本《尚书》作"⿱屯日"、"⿱屯日"、"⿱𦬼日"等形。按"春"字本从艸从日屯声，战国以来或省艸，只作从日屯声，如古玺作⿱屯日、⿱日屯[①]，郭店楚简

① 罗福颐主编：《古玺文编》一·六，文物出版社 1981 年版。

作☐、☐①,楚帛书作☐②,睡虎地秦简作☐③,三体石经作☐④,皆“☐”、“旾”之所本。“☐”、“旾”相较,后者更接近古字结构,当属正常隶变,而前者当由后者增笔讹变。在古本《尚书》中,作“旾”者仅1见于内野本之《秦誓》篇,其余均作“☐”,说明讹变之形已经盛行。此类讹变,均由不明字形结构和形义关系而误,例甚夥。《汗简》作“☐”（卷三·日部）,亦与战国以来“春”字写法相承,但《汗简》不注出古《尚书》,而注出石经,可见《汗简》与现在看到的古《尚书》可能没有渊源关系。

至于作“☐”,当与秦汉时期“春”字与“秦”、“奉”、“奏”、“泰”等字偏旁的讹混有关。如秦隶作☐⑤,汉隶作☐⑥、☐⑦,均非从“屯”隶变,而与“秦”、“奏”等字的上部写法相同或相近。这类写法就是“☐”形的来源。

七

“变”字在古本《尚书》中作☐、☐、☐、☐、☐、☐等形。《汗简》引《尚书》作☐、☐（卷四·彡部）。关于此字的源流演变,李家浩先生、黄锡全先生、徐在国先生先后进行了研究探讨⑧,其形体演变的情况大致如下:字之左边由侯马盟书之☐、楚简之☐、☐、三体石经之☐等隶变,字右边之“彡”的来源较为费解,可能是☐（欠）旁讹变（黄锡全说）,也可能即攴旁讹变（徐在国说）,当然还有可能只是饰笔。上列此字实即“覍（弁）”字,借为“变”,覍、变古音相近可通。在古本《尚书》中,后出的字形基本上可从较早的三

---

① 张守中等:《郭店楚简文字编》一·四,文物出版社2000年版。

② 曾宪通:《长沙楚帛书文字编》,中华书局1993年版,第52页。

③ 睡虎地秦墓竹简整理小组:《睡虎地秦墓竹简·图版》,文物出版社1990年版,第135页。

④ 徐无闻主编:《甲金篆隶大字典》,四川辞书出版社1991年版,第53页。

⑤ 睡虎地秦墓竹简整理小组:《睡虎地秦墓竹简·图版》,文物出版社1990年版,第15页。

⑥ 见陈松长:《马王堆简帛文字编》,文物出版社2001年版,第19页。

⑦ 徐无闻主编:《甲金篆隶大字典》,四川辞书出版社1991年版,第53页。

⑧ 参见李家浩:《释“弁”》,《古文字研究》第一辑,中华书局1979年版;黄锡全:《汗简注释》,武汉大学出版社1990年版,第320—321页;徐在国:《隶定古文疏证》,安徽大学出版社2002年版,第73页。

体石经古文得到解释，其源流演变构成了一个自足的解释系统，这是颇为可贵的。其演变的逻辑轨迹可以推想如下：

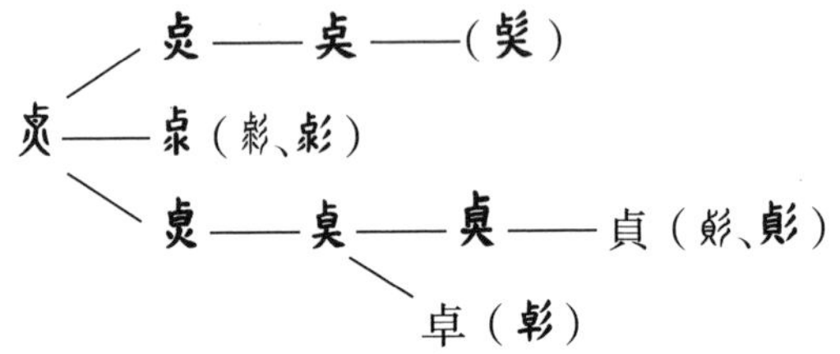

至于此字右边之"彡"或作"⺀"，是古写本的习惯变写，例多不赘。另外，日本古写本此字简体作"変"，与现代规范简化字有一笔之差。

原载《古文字与汉语史论集》
中山大学出版社 2002 年版

古本《尚书》特殊字形举例[①]

古本《尚书》是指发现于敦煌等处的唐代卫包改字前后的唐写本以及源于唐写本的日本古写本《尚书》[②]，这些写本的用字特点是当时的楷体正字、隶古定古文和俗文字三者并存，其中多有结构奇特的字形。现摘取几个例子试作考察，请方家指正。

一、“农”与从“农”之字

“旅”字《尚书》共19见，比较特别的写法有[字形]、[字形]、农、[字形]等几种。按“旅”字甲骨文作“[字形]”（《佚》七三五），金文作“[字形]”（《城虢遣生簋》），从“㫃”从“从”。《薛子仲安簠》作“[字形]”，“㫃”符已开始简化讹变。《燕王职剑》作“[字形]”，《玺汇》三二四八作“[字形]”，包山简一一六作“[字形]”[③]，《说文》古文作“[字形]”，皆为古本《尚书》诸写法之所本。字之上部“山”、“止”皆

① 基金项目：国家社科基金项目“古文字与古本《尚书》研究”，项目批准号：01CYY004。

② 敦煌古本《尚书》有的抄写时间在卫包改字之后，如伯2643卷末题“乾元二年（公元七五九）正月廿六日义学生王老子写了记之也”。饶宗颐在《法藏敦煌书苑精华》（广东人民出版社1993年版）第二册《经史》（一）“解说”中说：“乾元二年值天宝卫包改今文后十五年，时民间仍习惯用古文旧本。”本文所谓古本《尚书》的材料，皆据顾颉刚、顾廷龙所辑《尚书文字合编》（以下正文及注文皆简称《合编》），上海古籍出版社1996年版。

③ 见何琳仪：《战国古文字典》，中华书局1998年版，第564—565页。

“㫃”之讹,下部“衣”、“𠈌”则“𠔁”之变。

“山”、“止”作为偏旁相混的例子在古本《尚书》中比较多见,是隶古定文字的一个特点。如“战”字既写作“㞡”、也写作“𣥠”[①];“困”字既写作“朱”,也写作“𣥂”;“岁”字既写作“嵗”、也写作“歳”;“族”字既写作“矣”,也写作“𣥃”;“涉”字既写作“渉”、也写作“涉”;“耻”字既写作“耻”,也写作“耻”,等等。后世的俗字讹体也多有此类混同现象。

敦煌本伯3315《舜典释文》有“㟨”字,注云:“本又作‘𡵉’,古‘诸’字。”古本《尚书》中的“诸”字的特殊写法除《释文》所列这两形外,还有𡵉、𡵉、𡵉、𡵉、𡵉等几种。《汗简》引古《尚书》作“𣧄”。如上所说,古本《尚书》“山”、“止”作为偏旁常常相混,此字亦然。“彡”写作“𡿨”也是古写本的一个特点。“都”字三体石经《立政》篇作“𨛜”,《汗简》作“𨛜”(卷三),《书古文训》作“𨛜”或“𨛜”。“图”字古本《尚书》有作圖、圖等形的,《汗简》除作“圖”形外,还收了“𡈀”(卷三)、“𡈀”(卷四)二形。以上“诸”、“都”、“图”三字或从“𡵉”,或从“𡵉”,联系上举“旅”字之形,当都可以认为从“旅”得声。

但这三个字所从的“𡵉”和“𡵉”,其来源却可能并不是古文“旅”字。黄锡全先生把“𣧄”形当作“者”字,认为此字与《说文》“旅”字古文“𡵉”形近而字实别。[②]从古文字材料来看,像“𦒱”(者沪钟)、“𦒱”(中都戈“都”旁)一类写法的“者”字讹变成“𡵉”,与“旅”成为同形字,其可能性还是存在的。不过到了后代的传抄古文里,“者”字和“旅”字的字形并不混同,《尚书》“者”字共6见,古写本皆作“者”,未见与“旅”有形体相近的写法。且从语音来看,“旅”、“者”与“诸”、“都”、“图”三字在上古虽都是鱼部字,音理相通,但到了后来,“者”音与“诸”、“都”、“图”三字的读音区别则越来越大,而“旅”音却仍与它们很接近。在文字的演变过程中,因讹变而形成的偏旁正好成为这个字的声符或取代了其原有

① 按,“㞡”、“𣥠”皆“旃”字,借为“战”。郭店简《语丛三》简2有“𣥠”字,即此“旃”字。参见汤馀惠:《释“旃”》,《吉林大学古籍整理研究所建所十五周年纪念文集》,吉林大学出版社1998年版。

② 见黄锡全:《汗简注释》,武汉大学出版社1990年版,第322页。

的声符的例子并不少见,因此上举“诸”、“都”、“图”三字所从之“旅”,就算是由“者”讹变而来,但在共时系统里,我们因其与“旅”同形而认为从“旅”得声,这种“理据重解”应该也说得过去。

九条本、内野本、足利本、上图本〔影天正本〕(下文称“上〔影〕本”)、上图本〔八行本〕(下文称“上〔八〕本”)《文侯之命》篇“盧弓一、盧弓百”之“盧”皆作“玈”,从“玄”,“旅”声。此处之“盧”训“黑色”,此字从“玄”,正与黑色相关。因此这个字当是训黑色之“盧”的后起形声字,亦即《说文新附·玄部》之“玈”字。《书古文训》此字讹作“玈”。《字汇补·玄部》有一“玈”字,释曰:“疑即旅字。”按此字亦“玈”之讹,是“盧”字,非“旅”字。《汉语大字典》以《字汇补》之疑为实,确定此字“同‘旅’”①,可谓错上加错了。

二、德

“德”字在古本《尚书》中有“德”、“徳”、“悳”、“惪”、“㥁”、“仡”诸种写法,其中最为特别的就是写作“仡”。足利本《尧典》:“克明俊德,以亲九族。”② 传文:“能明俊仡之士任用之,以睦高祖玄孙之亲也。”内野本传文同,只是“仡”作“德”。《皋陶谟》:“天命有德”,内野本作“天命有悳”,足利本、上〔八〕本均作“天命有德”,上〔影〕本则作“天命有仡”。因此“仡”为“德”字俗写应该是没有疑问的。从古本《尚书》来看,“仡”字经常出现在日本古写本的传文中,偶尔也出现在正文中,如《立政》篇“迪知忱恂于九德之行”、“乃惟庶习逸德之人”等句的“德”字皆作“仡”。

“德”字的这种写法不见于历代各种字书,笔者见闻所及的有关研究敦煌俗字的著作亦未见收录,刘复、李家瑞的《宋元以来俗字谱》亦未见,其构形颇不易解。从其偏旁构成来看,“仡”字左旁显系“亻”旁的变写,这在《尚书》古写本中可以得到充分证明。如上〔影〕本《尧典》“往钦哉”之

---

① 见汉语大字典编辑委员会:《汉语大字典》(缩印本),湖北辞书出版社、四川辞书出版社1992年版,第122页。

② 按,为输入方便,所录古本《尚书》文字,除讨论对象用特殊字形外,其余文字按通常写法。

"往"字,足利本《胤征》"胤往征之"之"往征"二字,其左旁均与"㐌"之左旁相同。此类例子尚多,不备举。把"彳"的第一笔写作一点,应是当时书手的一种习惯。

"德"字草书或作𢛳[①],其"彳"旁亦可写作"⺀",根据古本《尚书》对"彳"旁的习惯写法,"德"字草书楷化为"㐌"形是很有可能的。

草书楷化后,"㐌"字右边的"㠯",与"能"字的俗写同形。上〔影〕本《咸有一德》:"常其德,保厥位,厥德匪常,九有以亡。"传文:"人㠯常其德,则安其位,九有诸侯也。桀不㠯常其德,汤伐而兼之也。"足利本同。内野本、天理本、上〔八〕本传文同,但"㠯"皆作"能"。因此可以肯定"㠯"即"能"字。此类例子在日本的《尚书》古写本中很常见,例多不繁举。新加坡民间汉语俗字中,"能"亦作"㠯"[②],也是一个旁证。

张涌泉先生在《汉语俗字研究》中说:

> 宋元以来俗书"能"旁多书作"㠯",如"態"俗作"⿱㠯心","擺"俗作"⿰扌⿱罒㠯"(并见《京本通俗小说》),甚而"能"字俗亦书作"㠯"。如《京本通俗小说·菩萨蛮》:"敝寺僧多,座下有甲、乙、丙、丁、戊、己、庚、辛、壬、癸十个侍者,皆㠯作诗。""㠯"即"能"字。[③]

由此可见,"能"作"㠯",不独日本古写本或新加坡汉语俗字为然,它本来就是汉语俗字。

"贤能"一词,早已有之。"贤"谓有德者,则"德"、"能"亦相关之理念。《左传·隐公三年》:"先君以寡人为贤,使主社稷,若弃德不让,是废先君之学也,岂曰能贤。""弃德不让"就不能称为"能贤","能贤"犹"贤能",可见"德"、"能"关系密切。俗语犹云"何德何能",也是此一观念的反映。因此,"㐌"字的字形虽说极可能是草书楷化的结果,但其右边正好与

---

① 书学会编纂:《行草大字典》所录"德升"字,北京出版社 1992 年版,第 200 页。《合编》第 254 页眉批"德"字草书作"⿰扌㠯",其左旁与"㠯"字也很相似。

② 见张涌泉:《汉语俗字研究》,岳麓书社 1995 年版,第 36 页。

③ 同上书,第 74 页。"能"之作"㠯",除《京本通俗小说》外,《古今杂剧》也有其例。参见刘复、李家瑞:《宋元以来俗字谱》,文字改革出版社 1957 年版,第 92 页。

“能”之简俗体同形,从构形理据而言,正包含了“德”、“能”相关的思想。从这个角度来说,如果把“㤫”字看成是“德”、“能”二字的重构,似乎也合乎情理。当然这只是一种解释,是否符合造字本意,未敢自是。

三、漆

“漆”字《尚书》共五见,其中《禹贡》四见,《顾命》一见。“漆”字在古本《尚书》中有多种写法:敦煌本伯 3615 作“𡍮”,伯 5522 作“𡍮”,伯 3169 作“𡍮”、“㵒”,岩崎本作“𡍮”,九条本作“𡍮”、“淶”、“𣽡”,内野本作“㵒”、“㵒”、“㵒”,观智院本作“淶”,足利本、上〔影〕本皆作“㵒”,上〔八〕本作“㵒”、《书古文训》作“𡍮”、“𡍮”。此外,日本古写本的传文中还有写作“沶”、“㐨”等形体的。这些写法大致可分为三个系列:“𡍮”系、“沶”系和“漆”系。“𡍮”系从“坐”声,“沶”系从“七”声。“坐”为从纽,“漆”为清纽,二者声母相近;“七”、“漆”则皆清纽质部,二者音同。因此“𡍮”系和“沶”系当都是“漆”字改换声符的后起形声字。① 下面主要讨论“漆”系的写法。

“𡍮”、“沶”、“漆”三系之中,“漆”系的写法具有较早的历史渊源。“桼”、“漆”古本一字分化。“漆”之“桼”旁金文作“𣎾”(“𩃬”字所从,见《金文编》第 1250 页),《五十二病方》三八二作𣎾,《新中尚方钟》作“来”,《武威汉简·士相见》作“来”,后两例的写法与“来”(“來”的别体)字无别,故“漆”可作“淶”。“𣽡”则殆由“淶”、“漆”两形之混讹。作“㵒”者则因与“漆”形近而混,其下所从之“水”,或作“小”,或作“小”,亦皆形近而误。

今本《尚书·益稷》篇有“在治忽”一句,历来就有多种异文。据有关材

---

① 《汗简》引古《尚书》“漆”字作“𡍮”,郑珍《汗简笺正》根据《玉篇》“漆”字古文作“𡍮”而解释其来源云:“盖隶变桼多作来,俗又以来正书之,故六朝俗体有㵒字,单作㯃,则分水于旁斜书之,夾则下人横书,移上一横于下,是成𡍮字也。此左仍是坐字,汉隶坐或从二口,此依作之。”(转引自黄锡全:《汗简注释》,武汉大学出版社 1990 年版,第 321—322 页)此说辗转牵合,似非。

料①,此句首字有“在”、“七”、“来”、“采”等不同写法,变化至多。但从文字形体演变的角度来看,其实都有其踪迹可寻:“在”字古时或作“十”,与“七”古本作“十”形近而混。“七”、“桼”则音同假借,汉人以“桼”代“七”是一种习惯。根据上述“漆”字的情况,“来”由“桼”而讹,“采”则因“来”而误②。此句当以“在治忽”为正,其意正如王引之所说:“忽读为滑……滑,乱也。在治滑,请察治乱也……滑忽古同声,故字亦相通。《史记·夏本纪》正作滑。”③

汲冢竹书《穆天子传》中的一些隶古定文字,亦可与古本《尚书》相比勘。陈炜湛先生在《〈穆天子传〉疑难字句研究》一文中说:“卷一:‘癸酉天子舍于漆(一本作漆,引者按:扫叶山房本作“漆”)泽。’末二字不识,漆似漆而非漆。”因此文末将此字列为不识而待问之字④。今据古本《尚书》“漆”字的写法,此字是“漆”字就确定无疑了。“漆”后一字陈师以为“泽”字,甚是。翟云升校本正作“澤”。

四、怨

“怨”字在古本《尚书》中的写法也很多,归纳起来,主要有怨、惌、㤪三类写法。此外还有写作怨、怨等形状,属于“怨”和“惌”的混合体。

按“怨”作“惌”,是以形近字替代其声符而形成的俗字。张涌泉先生云:

> 敦煌写本伯 2845 刘商《胡笳十八拍》之七:“龟兹觱篥愁中听,碎叶琵琶夜深惌。”按:《古今韵会举要·愿韵》:“怨,亦作惌。”“怨”本是从心夗声,但“夗”字载籍罕觏,是个生僻字,俗书便改从形近的“死”。清李调元《卍斋璅录》卷三:“《韵会》引《封禅书》:‘百姓惌其

---

① 《汉书·律历志》作“其始咏”、《隋书·律历志》作“七始训”、汉唐山夫人《房中歌》作“七始华”、汉《熹平石经》残石作“七始滑”、《史记·夏本纪》作“来始滑”、《夏本纪·索引》作“采政忽”,郑玄注本则作“在治曶”。古本《尚书》内野本亦作“在治曶”,足利本、上〔影〕本、上〔八〕本则作“在治忽”。

② 段玉裁《古文尚书撰异·卷二》“在治忽”条:“桼或误作來,或误作采。”“来者桼之字误,汉隶桼作来,与來之变体作来不甚别,转写竟作來字。杨氏用修曰:《史记》來字乃桼字之误,此语殊可信。”

③ 王引之:《经义述闻·卷三》“在治忽”条,江苏古籍出版社 2000 年版,第 77 页。

④ 陈炜湛:《〈穆天子传〉疑难字句研究》,《中山大学学报》1996 年第 3 期。

法。’今《史记》无‘〓’字。”按:今本《史记》作“百姓怨其法”,“〓”即“怨”的俗字。①

“〓”系的写法都出现在薛季宣的《书古文训》中,其来源当是《说文》“怨”字古文“〓”和魏石经“怨”字古文“〓”。“〓”与“〓”、“〓”相比,除古文上部的“人”形讹作“〓”外,其余部分都是正常的隶变。

《君牙》篇“夏暑雨,小民惟曰怨咨”,郭店楚简《缁衣》篇引作“日居雨,小民惟日〓”②。楚简“怨”字作“〓”、“〓”,与《说文》“悁”字籀文“〓”形近,当即“悁”字讹体。《说文·心部》:“悁,忿也。”“怨,恚也。”两字义近,且古音同属元部,可以通用。③ 由此可见,《尚书》古文一系的“怨”字,当还有以“悁”为之的情况。

五、義

古本《尚书》“義”字多作“誼”(其“宜”旁作“冝”)。比较特殊的写法出现在日本的足利本和上〔影〕本,作“〓”。由“義”作“〓”,“儀”也类推写作“〓”,亦只见于足利本和上〔影〕本。《古陶文字征》第19页“伐”字下有一字作“〓”,是从“羊”从“我”的省变之形,是“義”字,而非“伐”字④,可以看作由“義”变“〓”的中间状态;上〔八〕本有一“儀”字的偏旁“義”作“〓”(见该本《顾命》篇),也是从“義”到“〓”的过渡形体。以上二例,为我们提供了由“義”变“〓”的线索。从这里可以知道,“〓”字的写法,显然是由“義”字的“羊”旁省为“〓”和“我”旁省为“戈”而形成的。

---

① 张涌泉:《汉语俗字研究》,岳麓书社1995年版,第78页。

② 按,简本脱“夏”字。此句古本《尚书》各本前句均作“夏暑雨”,惟岩崎本作“夏日暑雨”,存“日”字,与简本合,甚为可贵。后句“怨”前之“曰”字,各本多作“日”,与简文同,当以之为是。刘信芳先生认为“日”犹今言“天气”,“日怨”者,埋怨天气之谓。(见《郭店简〈缁衣〉解诂》,《郭店楚简国际学术研讨会论文集》,湖北人民出版社2000年版)可备一说。

③ 李家浩1998年6月10日在炎黄艺术馆“郭店楚简学术研讨会”上的发言;廖名春:《郭店楚简引〈书〉论〈书〉考》,《郭店楚简国际学术研讨会论文集》,湖北人民出版社2000年版。

④ 参见陈伟武:《〈古陶文字征〉订补》,《中山大学学报》1995年第1期。

《说文解字·我部》:"義,己之威仪也,从我羊。"可见许慎是把"義"字作为会意字来解释的,只是他把"義"中的"我"作为第一人称来理解而已。如从许说,"義"字简化作"𢦏"只能看作单纯的笔画简省,与形义无关。但如果从"我"字的本义来看"𢦏",那么这种简化应该看作仍然保持了其原来的形义关系的简化。从古文字来看,"我"字本是象锯形的武器。根据曾侯乙墓出土的多戈戟的形状,"我"字可能就是多戈戟一类的象形文。[①] 因此"義"字简化作"𢦏",就其从"戈"而言,与从"我"旁的形义关系还能保持一致。另外,如把"義"字理解为从"羊""我"声的形声字,由于俗字从"戈"从"弋"每无别,因此"義"之简体"𢦏"也可以看作与"釋"之简体"积"一样都是俗写形声字,"釋"从"尺"得声,"義"则从"戈(弋)"得声。从造字本意来看,"義"下之"我"究竟作何理解,以上三种理据孰是孰非,推究起来颇非易事,此暂付阙如。

六、割

"割"字古本《尚书》主要作"割"、"创"、"割"三种形体,此外上〔八〕本《大诰》作"剑",九条本《多方》作"劄",比较特殊。内野本、足利本《尧典》作"刨",显系偶误。以上形体中,"割"为"割"的俗写简体,是一种较常见的写法,无需多说。下面主要讨论"创"字的写法。

三体石经《多士》篇有一古文作"创",当为"创"形之所本。"创"字所从之"仺",与三体石经《益稷》篇"苍"字古文所从之"仓"作"仺"和《说文》"仓"字奇字作"仺"均近同。"仺"由"仓"字之古文省变而来,黄锡全先生论之已详,此不赘。[②] 因此"创"字当是从"仓"从"刀"的"创"字。《汗简》引孙强《集字》,"创"字作"创"。《正字通·刀部》:"创,古文创。"均可以为证。

但是三体石经《多士》篇的古文"创",与其对应的今文却是"割"

---

① 参见曾宪通师:《长沙楚帛书文字编》,中华书局1993年版,第85页。

② 参见黄锡全:《汗简注释》,武汉大学出版社1990年版,第76页。

字。看来“割”字作“□”，与“创”构成了同形字，其本身当另有来源。包山简一二二“割”字偏旁“害”作“□”（见《战国古文字典》第900页），而“仓”字包山简一七六作“□”（“苍”字所从），楚帛书作“□”，皆与“害”作“□”相似。《古文四声韵》卷四泰韵“害”字引《古孝经》作“□”，乃“□”之省。“□”字又可以省作“□”[①]，再经过演变，古文“害”字简省为“□”也并不是不可能的。

以此观之，“□”字所从的“□”，应该有两个来源：一是来源于古文“仓”，二是来源于古文“害”。来源于前者的“□”字，是为“创”字；来源于后者的“□”字，是为“割”字。黄锡全先生说：“□（割）字所从之□与仓字省作□形近而字形演变实别。”[②]其说可从。所以，古本《尚书》“割”字作“□（□）”，可以看作因特殊的演变途径而与“创”字殊途同归。

不过，《尚书》古写本中的“创”字，除《书古文训》作“□”外，余皆作“創”，与“割”字并不混同。其他如“沧”、“苍”二字所从之“仓”，除正常写作“倉”外，也写作“□”；其中“苍”字内野本、上〔八〕本作“□”、足利本、上〔影〕本作“崟”（与《说文·山部》表示“山之岑崟”之“崟”同形），皆其讹体[③]。这些写法也与“割”字所从的“□”不同。因此在写本系统里，从“害”演变来的“□”与从“仓”之字其实并不混同。“割”、“创”同形只是一个特别的例子。

七、从“睪”之字

古本《尚书》“釋”字作“釈”，皆见于日本古写本。“睪”字作为偏旁，在日本写本中多改为从“尺”，除“釋”字外，还有“鐸”作“鈬”、“驛”

---

① 参见湖北省文物考古研究所、北京大学中文系编：《九店楚简》，中华书局2000年版，第91—92页。

② 见黄锡全：《汗简注释》，武汉大学出版社1990年版，第181页。

③ 这些字上部所从之“山”乃“屮”之讹，“艸”之省。此类例子古文字材料多见，如郭店楚简“芒”作“□”、“藥”作“□”，包山楚简“菑”作“□”等，不赘举。敦煌本伯2643“蘖”字上从“山”（见《合编》第1141页），亦属此类。用“屮”为“艸”的情况，曾宪通师有详说，见《楚帛书文字新订》，《中国古文字研究》第一辑，吉林大学出版社1999年版。

作“駅”、“峄”作“岻”，“澤”作“沢”、“擇”作“択”、“懌”作“怾”、“繹”作“紦”等。“睪”、“尺”古音相通，皆铎部字。用简单的声符代替复杂的声符符合汉字简化的总趋势。

以上从“睪”诸字改为从“尺”，其“睪”旁皆在字之右边；若在字之左边，则并不改从“尺”。如“斁”字，凡五见，皆不改。这是一个例外还是一个规律，尚需进一步探讨。

另外，这些简化字形，有些是在经文、传文中都出现，有些如“釈”、“駅”、“岻”等则只出现在传文中，经文仍作规范繁体。“经用古字，注用今字”的现象在古本《尚书》中多有体现，从“睪”诸字大致也能说明这种情况，只是并不严格而已。这类简化字对日本汉字的写法颇有影响，这也是应该要注意的问题。现代日本汉字中，除鐸、峄、懌、繹四字外，“釋”作“釈”、“驛”作“駅”、“澤”作“沢”、“擇”作“択”，与古本《尚书》的写法全同。

八、“＝”

“＝”是一种表示重文或省略的符号，这种符号的运用，可以节省时间，加快书写的速度，因而在靠手工抄写的古书中用得比较普遍。裘锡圭先生说：

> 秦汉时代的书写习惯，还有一点应该注意，那就是表示重文的方法。在周代金文里，重文通常用重文号“＝”代替，而且不但单字的重复用重文号，就是两个以上的词语以至句子的重复也用重文号。秦汉时代仍然如此（就抄书而言，其实直到唐代都还常常如此）。①

裘先生所说的单字的重复、词语的重复用重文号的情况，在古本《尚书》中都有表现，如足利本《尧典》“湯＝洪水方割，蕩＝怀山襄陵，浩＝滔天”。上〔影〕本、上〔八〕本均同。其中的“湯＝”、“蕩＝”、“浩＝”分别即“湯

① 见裘锡圭：《考古发现的秦汉文字资料对于校读古籍的重要性》，《中国社会科学》1980 年第 5 期，收入《古代文史研究新探》，江苏古籍出版社 1992 年版。曾宪通师指示，明代抄本潮州戏文仍然如此用法。

湯”、“蕩蕩”、“浩浩”。这种重文,直到现在仍在使用。上〔八〕本《舜典》“宾于四门==穆=”,即“宾于四门,四门穆穆”。上图本〔元亨本〕《盘庚中》“我先后绥乃=祖=乃=父=乃断弃女”,应读为“我先后绥乃祖乃父,乃祖乃父乃断弃女”。

除此之外,在古本《尚书》中,一个字如果有多个相同的偏旁,其相同部分也使用重文符号来表示,从而造成了一些特殊的字形。如上〔八〕本《舜典》“协于上帝”之“协”作“忉=”(其“忄”为“十”之讹,“刀”为“力”之讹),足利本《尧典》“共工方鸠僝功”之“僝”作“仔=”,《盘庚中》“暂遇姦宄”之“姦”,足利本、上〔影〕本皆作“女=”,《顾命》篇“缀”字共四见,足利本四个皆作“糹又=”,上〔影〕本也有三个作“糹又=”,皆其例。

“=”号还用于表示单字偏旁的简省,也造成了一些特殊的字形。如“谓”作“訁田=”(如内野本、足利本、上〔影〕本、上〔八〕本之《伊训》篇中的“谓”字多如是作)、“渭”作“氵田=”(足利本《禹贡》,见《合编》第421页)、“岁”作“山=”(足利本《洪范》,见《合编》第1525页。足利本《泰誓中》“秽”字也因此类推作“禾山=”)、“曾”作“丷田=”(上〔影〕本《武成》,见《合编》第1452页)、“會”作“亼=”(如足利本、上〔影〕本《武成》篇,见《合编》第1448、1454页)、“羹”字作“羊=”(足利本、上〔影〕本《说命下》,见《合编》第1161、1165页。由于“羹”字上下两部分比较相近,因此敦煌本伯2516和岩崎本都把“羹”字类化为“羮”;如果“羊=”的写法是因“羮”而来,则应把这个例子归到“相同偏旁的省略”一类),等等。这种省略现象其实也是自古有之。

九、结语

类似本文所举这类结构奇特之字形,在古本《尚书》中还有很多,限于篇幅,其余文字拟另文讨论。从上面的这些例子来看,古本《尚书》中既保留了许多古字形,也产生了不少新写法,有的可能还是独此一家的特殊形体,其文字学价值是不言而喻的。饶宗颐先生曾就敦煌本伯2643发表评论说:"伯二六四三古文字学之价值甚高,近贤考论《说文》古文者,尚未充分加以利用。"① 当然古本《尚书》文字学价值之高,非独敦煌本伯2643为然;其有益于文字学之研究,也并非局限于《说文》古文,还涉及到俗书、简化字等各个方面。另外,古本《尚书》对于传世古文如《穆天子传》等的研究,也颇有助益。除上举"漆"字外,《穆天子传》"房"作"㑂",与古本《尚书》相同,也可以互证。尤其是它与《汗简》的关系更值得深入探讨。

附记:本文蒙曾宪通先生审阅,谨此致谢!

原载《古汉语研究》2005年第4期

① 见饶宗颐:《法藏敦煌书苑精华》第二册《经史》(一)"解说",广东人民出版社1993年版,第249—250页。

古本《尚书》特殊文字例说

本文所谓“古本《尚书》”是指敦煌等地所出的《尚书》古写本以及源于唐写本的日本古写本，材料出自顾颉刚、顾廷龙所辑的《尚书文字合编》（上海古籍出版社1996年版）。古本《尚书》的文字特点是隶古定字、正体楷字和俗字混杂并用，既保留了许多古字形，也产生了不少新写法，有的可能还是独此一家的特殊形体，富有文字学的价值。今选检数例，试作疏证，以求正于方家。

一、使（事）

“使”字敦煌本伯3315、斯799作“岺”，岛田本、内野本、上〔八〕本亦有如此作者。这种写法也见于后代字书，如《原本玉篇残卷》、《古文四声韵》等。典籍亦偶见之，如《新书·服疑》：“是以天下见其服而知贵贱，望其章而知其势，岺人定其心，各著其面。”此字看起来怪异，其实乃“事”字之变，证之如下：

首先，古文字“事”、“使”本一字分化，乃诸家所共识，典籍中亦见二字通用之例。如《易·损·六四》：“损其疾，使遄有喜。”汉帛书本“使”作“事”。《书·君奭》：“故一人有事于四方。”《文选·四子讲德论》引作“迪一人使四方”[①]。《墨子·经上》：“使谓故。”于省吾先生云：“按金文使事同字，此应作事谓

① 参见高亨、董治安：《古字通假会典》，齐鲁书社1989年版，第404—405页。

故。"① 就传抄古文的材料来说,《三体石经·僖公》的"使"字与石经《多士》的"事"字写法完全相同,《汗简》和《古文四声韵》所录"使"字亦同,《汗简》并注明"使亦事字"②,这正说明"事"、"使"二字的密切关系。《尚书》"使"字,《书古文训》作""、""等形,皆是古"事"字,也是明证。

其次,根据先秦古文字和后代传抄古文的材料,"事"字演变为"岑(使)"在字形上可谓环环相扣,密合无间。"事"字哀成叔鼎作"",《古玺汇编》1867作"",郭店简《语丛》二作"",三体石经《多士》作"",《说文》古文近同,《古文四声韵》去声寘韵录《古孝经》和《石经》作""。这些字形中,其上部的写法多与"之"字无别③,"之"字隶古定写法除写作"㞢"外,也可将横画分左右两笔写成撇捺而成"火"形,见于岩崎本之《说命》篇、《微子》篇等处,亦见于《古文四声韵》平声之韵引《籀韵》,而"火"与"岑"字的上部写法则完全相同;最值得注意的是,石经《多士》""之下部已近于"子"形,《古文四声韵》""之下部则已完全变成"子"形。这样,这个字形在隶古定里写作"岑"就完全是顺理成章的了。这个演变轨迹可以图示如下:

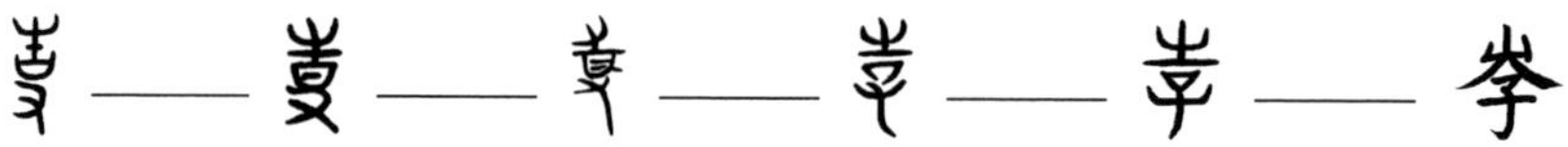

哀成叔鼎　《古玺汇编》1867　郭店楚简　石经《多士》　《古文四声韵》　古本《尚书》

关于"岑"字,还有一种看法认为来源于"李"字。按"李"字战国晚期的金文作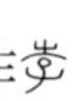④,与"岑"形相同。李家浩先生在本人博士学位论文的评阅意见中指出,睡虎地秦简《日书》乙种67"李"字作,马王堆汉墓帛书《春秋事语》作,此是将"李"字所从"木"旁一竖下半省去的一种写法。"使"字古文"岑"即此种写法"李"的隶定。古代"李"、"使"音近可通。李先生的说法在形、音上都是没有问题的。林义光《文源》卷六

---

① 见于省吾:《双剑誃墨子新证·卷三》,《双剑誃群经新证 双剑誃诸子新证》,上海书店出版社1999年版,第291页。

② 见《汗简》卷三"之"部。

③ 这也正是《汗简》把此字归于"之"部的原因。或谓"事"从"之"声,亦据此类形体立说。

④ 见严志斌:《四版〈金文编〉校补》,吉林大学出版社2001年版,第63页。

举出《离骚》"吾令蹇修以为理兮"和《左传·僖公三十年》"行李之往来"二例,以为"理、李皆借为使"。章炳麟《官制索隐》说:"行人之官,其名曰使,亦或借理为之,《周语》云'行理以节逆之'是也。亦或借李为之,《左氏》云'行李之往来'是也。"相同的例子还有《左传·昭公十三年》的"行理之命,无月不至"等。用这些例子来证明"理""李"通"使",在音义上也是无碍的。这样看起来,"[⿱山子]"来源于"李"字的说法在形音义上都能说得通,理论上是完全可行的,只是从实证的角度来看,似还有所欠缺。因为在古书中似乎未见将"行李"或"行理"直接替换为"行使"的异文证据,上述《日书》和《春秋事语》中的"李"字也都不作"使"字用,因此"[⿱山子]"形是否真正来源于"李"字,尚需新的实证,此存以待考。〔编按:朱葆华先生《原本玉篇文字研究》(齐鲁书社 2004 年版)论及《玉篇》中的"[⿱山子]"字。他认为古书中作"使人"解的"行李",是"行使"的讹误,"李"是"使"字的形讹所致(见该书第 84 页)。按此说颇有道理。因为《左传》诸书,皆经后人整理,古文"事(使)"作"[⿱山子]"、"[⿱山子]",与"李"字近同,整理者把这些字转写成"李"字,确有可能。至于"行李"之"李"古书又作"理",当与"事(使)"字没有字形上的联系,而是同音通用的现象。〕

二、刚(强)

敦煌本伯 3315《舜典释文》:"[⿰亻𢀚],古刚字,古文作[⿰亻言]。"《集韵·唐韵》也收有此二形,说明"刚"字古文既作[⿰亻𢀚],也作[⿰亻言]。在古本《尚书》中,作[⿰亻𢀚]者还见于内野本、足利本、上〔影〕本、薛本之《舜典》篇和九条本、薛本之《酒诰》篇;作[⿰亻言]者则见于内野本、薛本之《洪范》篇,此外,内野本、足利本之《酒诰》篇作"[⿰亻呈]",乃其讹体。按"刚"为见纽阳部,"强"为群纽阳部,双声叠韵,"刚"之古文[⿰亻𢀚]或[⿰亻言],其实皆为古"强"字而借用为"刚"。"强"字甲骨文作[⿰弓口](《甲骨文编》第 49 页),金文作[⿰弓口](《四版〈金文编〉校补》第 149 页),因为此字与"弘"字同形,春秋战国文字便在"口"旁下增加了"="符以示区别[①],郭

① 参见裘锡圭:《释"弘""强"》,《古文字论集》,中华书局 1992 年版。

店简《成之闻之》一三作，《老子》甲·七作，皆其例；所增加的“=”符也可以放在“口”符之上，如《古陶文汇编》三·一五一作，《说文》古文作。这些例子也显示出古“强”字“弓”旁讹为“人”旁的过程。由古“强”字隶定而成的、这两种写法，后来在传抄古文里都成了“刚”的借字并且已为“刚”字所专，因为传抄古文“强”字或作“”，或作“彊”，未见作“”或“”者。《洪范》篇“强弗友刚克”，既有“强”，也有“刚”，但内野本“强”字作“彊”，《书古文训》作从力从彊，“刚”字二本皆作“”，与“强”不相混。这个例子可以说明“”虽是“强”之古字，但在传抄古文中确为“刚”字所专，已经与“强”字无牵无挂了。这正是《说文》以“”为“刚”字古文的文献基础。这种基础可以追溯到战国时期的出土文献。郭店简《六德》篇简三二有“宜（义）强而柬”之句，李零先生指出这跟简本《五行》“柬，义之方也”、“强，义之方”有关，裘锡圭先生认为“这是很正确的。‘强，义之方’当依原释文读为‘刚，义之方’，这样才跟下文‘柔，仁之方也’相对，也与所引《诗》‘不刚不柔’相应。马王堆帛书《五行》正作‘刚，义之方’。据此，《六德》‘义强而柬’一句中的‘强’字应该读为‘刚’。《说文》‘刚’字古文从字形上看应是‘强’字，从郭店简的用法来看，《说文》是有根据的。反过来，《说文》也可以作为《六德》‘义强而柬’一句中的‘强’应该读为‘刚’的证明。”①这样看来，《说文》应是根据古书的用字情况来收古文的，不过像这类似乎已经“专业化”、“固定化”的借字，许慎对其来源可能也不甚了了，因此解说也不免有些含糊，只是说“古文刚如此”而不能做进一步的解释，有点儿知其然而不知其所以然的味道。

古“强”字既为“刚”字所借，强弱之“强”则又有新的变化：或是增加“虫”符作（《上海博物馆藏印选》一四·三），省为（《十钟山房印举》三·二二），《说文》作。因其从“虫”，《说文》遂以为其本义是“蚚”，其实典籍仍常用作强弱之“强”。从“虫”的强籀文作，从蚰从彊，而彊的本义《说文》以为是“弓有力”，引申为“凡有力之称”（《段注》），

① 张富海：《北大中国古文献研究中心“郭店楚简研究”项目新动态》，《简帛研究网》2000年10月12日。http://www.bamboosilk.org.

实即强弱之“强”①。因此一般人以《说文》为依据，认为“彊”为强弱之“强”的本字，而“强”乃其借字，后世借字行而本字废，又为“强”字留下一段迷离的历史。下表拟示“强”字的演变轨迹：

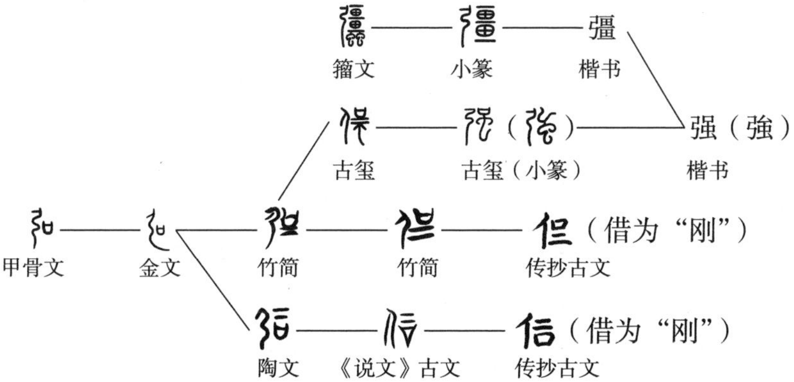

三、刑

“刑”字比较特别的写法是敦煌本伯3315《尧典释文》的“𠛬”和内野本、足利本、上〔影〕本《尧典》篇以及上〔八〕本《吕刑》篇的“𠛬”，皆为“刑”字俗写。吴承仕对𠛬的来源做了解释，他在《唐写本〈尚书〉舜典释文笺》中说：“其形从一从州，无以下笔。疑形（引者按：当为‘刑’）字引长首画，即变为刑，故讹作𠛬。本非古文，写者偶误作此形……《古文四声韵》引崔希裕《纂古》，‘形（刑）’字正作‘𠛬’，可证。《纂古》所收，即误据《尚书》隶古定本。”② 至于𠛬字，乃是𠛬的进一步讹变，“一”下之“州”变写成了三个“刁”。按“州”字连笔快写，竖笔容易带出横画而形成折笔，连同点笔则似“刀”字，故俗字有以三刀为州字者。《晋书·王濬传》：“濬夜梦悬三刀于卧屋梁上，须臾又益一刀，濬惊觉，意甚恶之。主簿李毅再拜贺曰：‘三刀为州字，又益一者，明府其临益州乎？’”这种似三刀的“州”字，应该是三刁之“州”的过渡环节。

---

① “彊”在金文里常用为万年无疆之“疆”。

② 见顾颉刚、顾廷龙辑：《尚书文字合编》第四册·附录二，上海古籍出版社1996年版，第312页。

《改併四声篇海·一部》引《川篇》:"刑,音形。"《篇海直音·一部》:"刑,义未详。"《汉语大字典》、《中华字海》只注引此二书之语而皆无说,今据古本《尚书》文字的研究,当释为"'刑'之俗体"。作为广收俗字的《中华字海》,"刑"形也应该收入。

四、象

"象"字古本《尚书》除作正常楷体外,还有两类写法,一类写作"象"、"象"、"象"、"象"、"象"、"象""象"等,另一类写作"象"和"象"。前一类的写法互相之间有所不同,但都万变不离其宗,它们与昭明镜的"象"、吾作镜三的"象"(《金文续编》第228页)都相似,与汉印中的"象"("豫"字偏旁,《汉印文字征》第九·十四)则更为接近。往前追溯,甲骨文的"象"(《甲骨文字典》第1065页),金文的"象"(《金文编》第673页),都是它们的原始形态。后一类的写法是楷体字的变写,其中作"象"者中有两竖画,似乎只是偶然增笔,但证之吴郡赵忠镜之"象"(《金文续编》第228页)、汉印之"象"("豫"字偏旁,《汉印文字征》第九·十四)以及郙阁颂之"象"、北海相景君铭之"像"(《隶辨》第432页),其非妄加之笔自可明白。从"象"字在古本《尚书》中的写法可以看出,它们上则承继先秦古体,中则印证汉魏金石,下则显示楷体之变,源流脉络,清楚分明,若谓传抄古文乃向壁虚造,其谁信之!

五、析

"析"字《尚书》共3见。古本《尚书》除作"析"外,尚有"析"(敦煌本伯2516、伯2643)、"所"(岩崎本,与《说文·斤部》训"二斤"之"所"同形)、"析"(九条本)、"析"(上〔元〕本)等写法。

"析"字从"木"作,与格伯簋等所作相同,自是传统的写法;而从"片"作者,则为其异体,"片"者半"木"也。《析君戟》作"析"(《集成》17.11214),中山王方壶"载之简策"之"策"字以"析"为声,写作"析",《鲁峻碑》

作"所",都是从"片"的写法。敦煌本伯 2516、伯 2643 之"所",正是这种写法的隶定,而岩崎本之"所"、九条本之"所"和上〔元〕本之"所",皆其讹体。说明敦煌所出之古本《尚书》与日本所藏者乃同宗同源,血脉相通。

敦煌本之"所",与"所"、"所"、"所"三形相较,显示后三种写法的两个偏旁正走向同化或已经同化。这种同化,是"斤"、"片"两个偏旁互相讹混的结果。按"析"字《张迁碑》作"析",《魏王墓残碑》作"析",其右边皆由"斤"变成"片"。"新"字孔耽神祠碑作"新",《鲁峻碑》阴作"新"(《隶辨》第 119—120 页),所从之"斤"亦讹作"片"。"鼎"字右下既似"斤",又似"片",汧鼎盖作"鼎",美阳鼎作"鼎"(《金文续编》第 157 页),前者右下作"片",后者右下作"斤";隋《尉氏女墓志》作"鼎",隋《暴永墓志》作"鼎",唐《王郅墓志》作"鼎",唐《潘卿墓志》作"鼎",则皆从"斤"作。此皆可证"斤"、"片"可以互相讹混类化。"片"字魏《皇甫驎墓志》作"片","鼎"字魏《司空公元瞻墓志》作"鼎",隋《元祎墓志》作"鼎","圻"字隋《右翊卫大将军张寿墓志》作"圻"[1],证明"所"、"所"二形中的"片"和"片",也是"斤"、"片"讹混类化的结果。这正是"所"、"所"、"所"三字两个偏旁近似或相同的原因。

六、蒙

"蒙"字《尚书》共 5 见。古写本多作"蒙"(下或从"家",写讹),唯岛田本《洪范》篇作"蟲"、"蟲",特异。内野本作"蒙",旁注"蟲",让人觉得"蟲"、"蟲"二形可能是"蟲"字写讹。查日藏唐代传写本《篆隶万象名义》,"蟲"字作"蟲"[2],与"蟲"、"蟲"颇相似,俨然"蒙"字古本《尚书》确有以"蟲"字为之者。然"蒙"为明纽东部字,"蟲"为定纽冬部字,古书似未见二者相通之例。《洪范》篇"曰蒙,恒风若"之"蒙",古籍在征引时或作"雺",或作"雾",或作"霿",或作"眊",或作"蝨"[3],

① 以上有关墓志的字形皆出秦公辑《碑别字新编》,文物出版社 1985 年版。

② 见《篆隶万象名义》,中华书局 1995 年版,第 5、260 页。

③ 参见高亨纂、董治安整理:《古字通假会典》,齐鲁书社 1989 年版,第 29—30 页。

而未见作“蝱”者，故古本《尚书》之以“蝱”为“蒙”，又令人颇生疑惑。再查《汗简》卷六“虫”部“蒙”字作“□”，注出《尚书》。郑珍云：“薛本不见此形，不知本采何书。疑是蝱字，以音近借作蠓。郭氏误认上为虫，收入此部。今蠓又误蒙。”黄锡全先生已经正确指出古写本之□、□等并为蝱字讹误。①《古文四声韵》卷一东部之“蒙”字隶古定作“□”，徐在国云：“《四》（引者按，即《古文四声韵》）1·东·10下引古尚书冡（引者按，即‘蒙’）字作□，《海》（引者按，指《集篆古文韵海》）1·东·1下或作□，并从蚰亡声。□乃蝱字讹变。蝱字见于《说》（引者按，即《说文》）。古音蝱，明纽阳部；冡，明纽东部，东、阳旁转。此盖假蝱为冡。”②按“蝱”即“虻”字异体，从蚰从虫可互换，汉简即从虫作□、□（《甲金篆隶大字典》第931页）可证。然则古本《尚书》之“□”、“□”，即“蝱”字古文写讹，可以确定无疑，内野本所注，当然也是错字。

不过内野本注“蝱”的错误，从传抄古文的角度来看，当有其缘由而非偶然笔误：《汗简》“蝱”字作□，“蒙”字作□而居其次，正如郑氏所言此乃郭氏误认上为虫而收入此部，此其一；《篆隶万象名义》蝱字的写法与□、□极其相似，此其二。所以像这样的例子，如果单靠古写本本身，而不结合其他传抄古文资料，是难以辨明的；同时也说明，倘非借助前辈时贤之研究成果，见识浅陋如我者，走弯路是不可避免的。③

七、能

“能”字古本《尚书》除作正常的“能”外，还有“耐”、“□”、“□”等三种不同的写法。

作“耐”者见于敦煌本伯3315《尧典释文》，并注“古能字”；薛季宣《书古文训》除一例作异体“耏”外④，余皆作“耐”。按“能”、“耐”同

① 参见黄锡全：《汗简注释》，武汉大学出版社1990年版，第450页。

② 徐在国：《隶定古文疏证》，安徽大学出版社2002年版，第165页。

③ 笔者最早曾怀疑岛田本之写法为“𧕿”字讹体，更是臆测无稽。

④ 《集韵·代韵》：“耏，《说文》：‘罪不至髡也。’亦作耐。”“耏”即“耐”字。

源,古书常见二者通用,如《礼记·礼运》:"故圣人耐以天下为一家、以中国为一人者,非意之也。"郑玄注:"耐,古能字。"《汉书·食货志上》:"能风与旱。"师古曰:"能,读曰耐。"① 余例尚多,不赘。

作"**䏻**"者见于《隶释》之《盘庚》篇和《洪范》篇,乃是隶书"能"字的楷定。三体石经《君奭》篇"能"字隶书作"**𦙶**",《隶辨》所录孔羡碑"能"字作"**肰**",皆"**䏻**"形之源。

作"**⿱厶匕**"者常见于日本的《尚书》古写本,如上〔影〕本《咸有一德》篇:"常其德,保厥位,厥德匪常,九有以亡。"传文:"人⿱厶匕常其德,则安其位,九有诸侯也。桀不⿱厶匕常其德,汤伐而兼之也。"足利本同。内野本、天理本、上〔八〕本传文同,但"⿱厶匕"皆作"能"。因此可以肯定"⿱厶匕"即"能"字。此类例子尚多,不繁举。新加坡民间汉语俗字中,"能"亦作"⿱厶匕"②,也是一个旁证。"能"字这样写,大概是为了简省笔画。

张涌泉先生在《汉语俗字研究》中说:

> 宋元以来俗书"能"旁多书作"**⿱厶匕**",如"态"俗作"**⿱厶匕心**","摆"俗作"**⿰扌⿱厶匕**"(并见《京本通俗小说》),甚而"能"字俗亦书作"**⿱厶匕**"。如《京本通俗小说·菩萨蛮》:"敝寺僧多,座下有甲、乙、丙、丁、戊、己、庚、辛、壬、癸十个侍者,皆⿱厶匕作诗。""**⿱厶匕**"即"能"字。③

按,"能"之作"**⿱厶匕**",除《京本通俗小说》外,《古今杂剧》也有其例④。由此可见,"能"作"**⿱厶匕**",不独日本古写本或新加坡汉语俗字为然,它本来就是中国本土的俗字。此字《中华字海》未收,当补。

原载《中国文字研究》第五辑

广西教育出版社 2004 年版

---

① 参见王力:《同源字典》,商务印书馆 1982 年版,第 91—92 页;高亨纂著、董治安整理:《古字通假会典》,齐鲁书社 1989 年版,第 34—35 页。

② 见张涌泉:《汉语俗字研究》,岳麓书社 1995 年版,第 36 页。

③ 同上书,第 74 页。

④ 参见刘复、李家瑞:《宋元以来俗字谱》,文字改革出版社 1957 年版,第 92 页。

古本《尚书》文字检说

古本《尚书》中隶古定字、正体楷字和俗字混杂并用，既保留了许多古字形，也产生了不少新写法，有的可能还是独此一家的特殊形体，可谓多姿多彩。它们上可追溯商周以来的先秦文字，中可反映汉魏碑刻印章，下可联系楷书和俗字，对于探讨汉字的源流演变，是极有裨益的，因此其文字学的研究价值是不言而喻的。今检摘数例，试作探讨，以求教于方家。

一、虞

“虞”字《书古文训》作〓。其他古写本多作〓，写异；足利本、上图本（影天正本）（以下简称“上〔影〕本”）或作〓，上图本（八行本）（以下简称“上〔八〕本”）或作〓，皆其讹体。敦煌本伯2643《西伯戡黎》篇作〓，是〓和〓、〓之间的一个过渡形体，可以看出〓和〓是如何从〓逐渐演变过来的。〓字的构形颇为难解，李遇孙《尚书隶古定释文》卷二云：“《汗简》入部引《尚书》虞作〓，《集韵》：虞，古文作〓。案《左传·隐公元年》正义引唐叔有文在手曰虞，云：‘石经古文虞作〓。’又华山神庙碑引虞书，字亦作〓。”[1] 亦只罗列材料，未能提出解释。曾宪通师在《从曾侯乙

① 见顾颉刚、顾廷龙辑：《尚书文字合编》第四册·附录一，上海古籍出版社1996年版，第20页。

编钟之钟虡铜人说虡与业》中对虞作□这一难解之谜做了精彩的索解。他认为石经古文乃借虡为虞，虞为疑母鱼部字，虡为群母鱼部字，二者音近可通。秦简《司空律》："载县（悬）钟虞用辐（膈），皆不胜任而折……皆为用而出之。"钟虞即钟虡，是虞、虡相通之证。虡字取象于古代向上擎举的钟虡铜人，其构件由□变□变□，□乃鹰节、雁节之□、□的省变，□则疑是□即□之讹文。"这种省变，与叕字秦简日书作□、□，马王堆帛书《老子》后作□，隶变作□，楷写作叕属同类现象，都是由人形的大字裂变而成的。"①所论甚是。□在隶古定古文中变为□还有一例可为旁证："胜"字隶定古文作□、□、□、□诸形，徐在国先生已经证明作□、□者乃假"乘"字为之，作□、□者则为从力乘声之字（"胜"字异体）的讹变②。"乘"字战国文字作□（鄂君启车节）、□（郭店简《语丛二》），省作□、□③，□、□、□、□诸形中都有□形，它显然就是□形的变化写法，它们之间的演变关系与虞字借虡为之而字形由□形变为□显然也是同类现象。曾宪通师云："欲研究古文一系的文字，有赖于战国文字的发现与研究。"④诚哉斯言。

二、風

"風"字古本《尚书》作風、風、凡、凬，分别为正体、俗体、草体和古体。作風者多见于内野本，《篆隶万象名义》"風"及从"風"之字，下皆

---

① 曾宪通：《从曾侯乙编钟之钟虡铜人说虡与业》，湖北省博物馆、美国聖迭各加州大学、湖北省对外文化交流协会编《曾侯乙编钟研究》，湖北人民出版社 1992 年版，第 537 页；又收入饶宗颐、曾宪通：《楚地出土文献三种研究》，中华书局 1993 年版，第 221 页。关于"叕"字的形义关系和源流演变，汤馀惠先生也曾有过很好的解释。他说："从地下出土未经后人改篡的秦简写法看，叕字本该是从大的，手足处加□，疑象有所繫缚之形，字义引申则有连缀之义。小篆则作□，传世字书《汗简》作□（下之二）……都是简文的变体，讹舛的跡象不难寻绎。"见《略论战国文字形体研究中的几个问题》，《古文字研究》第十五辑，中华书局 1986 年版，第 61 页。

② 徐在国：《隶定古文疏证》，安徽大学出版社 2002 年版，第 284 页。徐宝贵《古文字研究六则》亦可参看，载《松辽学刊》2001 年第 5 期。

③ □为中山王墓刻石文，见徐无闻主编：《甲金篆隶大字典》，四川辞书出版社 1991 年版，第 356 页；□形参见张守中等《郭店楚简文字编》从力乘声之字的写法，文物出版社 2000 年版，第 188 页。

④ 曾宪通：《三体石经古文与〈说文〉古文合证》，《古文字研究》第七辑，中华书局 1982 年版，第 284 页。

作“山”形，这种写法，与宋代娄机《汉隶字源》所录梁相费汎碑作“”者相同，可见并非古本《尚书》写手的个人习惯使然。作“凨”者仅见于上〔八〕本之《大禹谟》篇，甚为难得。“風”字何以从“虫”，其古文为什么写作“凨”，以前一直是个谜。后经黄锡全先生、曾宪通师研究，此字的源流关系才得以明晰。特别是曾师先后有《楚文字释丛》、《释“凤”、“凰”及其相关诸字》等专文详论，多所发明。今承师说，将“風”字的演变情况简要说明如下：原来甲骨文假凤（其原型即孔雀）为風，本为象形字，作，象凤鸟高冠修尾之形。后加凡为声，且增画凤尾之珠毛纹饰，写作。西周金文将凤尾纹饰与凤体分离，并移置声符“凡”之下，写作（《集成》二七五二。薛尚功《历代钟鼎彝器款识》卷十南宫中鼎三“風”字作，其左乃古“凤”字写讹，其右乃“”形写讹）。《碧落碑》作，《汗简》录《周礼》字作，皆以上甲金文之变体。形右旁之“”，为后代風字之滥觞。三个珠毛尾饰省其二，则作“”。《夏承碑》作，《孟孝琚碑》作，皆形之变。再省尾饰之下部，则成《说文》古文；其“凡”字右边旁出一笔，和楚帛书相同，是战国楚文字的特殊写法，在郭店简、包山简中很常见。古本《尚书》之凨，即是源自形。《隶辨》所载杨震碑阴之，《绥民校尉熊君碑》之，正显示出从到凨的隶变楷化轨迹。[①]“”形若省尾饰的上部，则成楚帛书之。形所从的尾饰下部，其形如古文“虫”字，《说文》小篆从虫，即是因此而误。此误积非而成是，经过隶变逐渐发展成楷书“風”。《说文》误认古文風从日，小篆風从虫，故综合两者而为之解曰：“風动虫生，故虫八日而化。”这显然是不足为据的。曾宪通师云：“越来越多的出土材料证明，汉以后传抄的古文一系资料，与出土的战国文字不但是‘一家之眷属’（王国维语），并且与商周文字也有一脉相承的联系。”[②]良非虚言。下图可以显示“風”字的演变轨迹：

---

① 《隶辨》中的“风”字，承张振林先生告知。

② 曾宪通：《释“风”、“凰”及其相关诸字》，《中国语言学报》第八期，北京语言文化大学出版社 1997 年版。

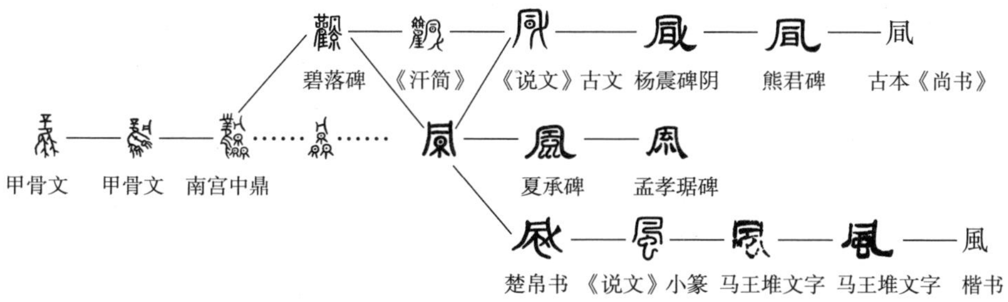

三、拜

"拜"字在古本《尚书》中的不同写法比较多，大致可分为两个系列：一系作"拜"，另一系作"𢷎"。"拜"系变体作"𢪀"、"拜"、"扌手"，所异在横画的多少和点笔的有无。此系之较特别的写法作"𢪀"，见于足利本和上〔影〕本，乃讹体，二本于此字旁常注"拜"字，说明读是书者亦以之为异，注以备忘。此系之较古老的写法为上〔影〕本《益稷》篇之"𢪀"，仅1见，为魏石经"𢪀"之隶变，其源头可追溯至郭店简之"𢪀"（《郭店楚简文字编》第166页）。《说文》引杨雄说"拜从两手下"，即此系列之构形理据也。《说文》所收之"𢪀"和"𢪀"①，亦同属此系。另一系之"𢷎"，见于敦煌本伯3315《舜典释文》，《书古文训》作"𢷎"、"𢷎"，亦属同类。此系来源于秦篆之"𢷎"和金文之"𢪀"、"𢪀"（《金文编》第775—776页）等形，所不同者为"𢷎"字左边"手"旁的写法。按"𢷎"字之"手"旁的写法虽然特殊，但在隶古定文字中也有一定的规律可循。如"扭"字《类篇》作"𣝉"，《集韵》作"𣝉"，"搜"字《玉篇》、《类篇》、《集韵》等书作"𣝉"，"折"字《集韵》作"𣝉"，其"手"旁的变写都与𢷎字"手"旁相同或相似。徐在国先生认为这种写法可能受《说文》"折"字籀文"𣂚"的影响，其说可从②。另外，"𢷎"字右边"山"下所从之二"巾"，乃二"中"之变，古本《尚书》"闘"（鬭）字又写作"𨶹"，可以比勘。

① 敦煌本伯3315《舜典释文》"𢷎"下注文云："古拜字。《说文》以为今字，云古文作𢪀，又作𢪀，今本止作拜字。"其中之𢪀和𢪀，即𢪀、𢪀二形之讹变。

② 徐在国：《隶定古文疏证》，安徽大学出版社2002年版，第250页。

当然，“拜”的这两个系列，从更远的源头来说，仍是一字之分化。“拜”本从手从𠦪，由于“手”、“𠦪”二旁的古文写法比较容易接近趋同，如善夫山鼎作“𢪒”，字两边的写法就比较相近[1]，终于形成郭店简的写法“𢪒”和三体石经的写法“𢪒”，也即所谓“拜从两手下”也。

四、美

“美”字敦煌本伯2643和《书古文训》作“媺”、伯2516作“媺”、上图本（元亨本）作“媺”，颇存古形。按“媺”形来源于战国古文，上海博物馆藏战国楚简《缁衣》作“𩒨”，郭店楚简《缁衣》作“𣌭”、《老子》作“𣌭”、“𣌭”，皆“媺”之源头。所不同者，上博简从“页”，郭店简或从“女”，或从“攵”，“媺”则弃“页”而并取“女”、“攵”。“媺”、“媺”二形，其“𢼸”旁写异，而追溯其源，也并非无据：远则可追至郭店楚简，近则可联系马王堆文字。郭店简《老子》丙简七之“美”字作“𢼸”形，其左旁与“敢”字所从相同，乃上举“媺”、“媺”二形中“𡭴”、“耳”的源头所在，而马王堆简帛文字的“微”字作“微”、“微”、“微”、“微”等形（《马王堆简帛文字编》第76页），所从“𢼸”旁与“媺”、“媺”二形所从酷似[2]。武荣碑“微”字作微，《老子铭》、《白石神君碑》、《北海相景君铭》等皆类似[3]，亦资佐证。敦煌本斯799《牧誓》篇“微”字作“微”，应该也是由马王堆“微”字变化而来。《立政》篇“予旦已受[4]人之徽言”的“徽”字，汉石经（《隶释》）作“微”，当是借“微”字为之，其写法即与马王堆文字相同。由此可见，古本《尚书》所见的古字，渊源甚早，变化有据，非向壁虚造者所能为也。

---

① 参见黄锡全：《〈汗简〉、〈古文四声韵〉中之石经、〈说文〉古文的研究》，《古文字研究》第十九辑，中华书局1992年版。

② 参见黄德宽：《隶定古文疏证·序》，徐在国《隶定古文疏证》，安徽大学出版社2002年版，第82—83页。

③ 参见顾蔼吉：《隶辨》，中国书店1982年版，第66页。

④ “受”字汉石经作“前”，见《隶释》，《尚书文字合编》，上海古籍出版社1996年版，第2491页。

"美"字古本《尚书》除古文写法外，还有俗体作"美"，见于岩崎本、内野本、足利本、上〔影〕本、上〔八〕本等。唐·张守节《史记正义·论字例》谓"美"下为"火"，直是讹字。马王堆帛书《战国纵横家书》8作"美"（《马王堆简帛文字编》第146页），下亦从"火"，《衡方碑》、《曹全碑》、《夏承碑》"美"字皆从"火"作①，可资比勘。可见此类俗体也自有渊源。从文字演变的角度看，"美"下之"火"其实是"大"形的割裂讹变②，固定为从"火"，实是以讹传讹。

五、聖

"聖"字《尚书》共22见。《说文·耳部》："聖，通也。从耳，呈声。"按许氏字形分析有误。"聖"字甲骨文作"聖"或"聖"（《甲骨文字典》第1287页），从人而突出其耳，或加口，则所谓聖者，耳聪之谓也。文献中"聖"、"聽"每互作，如《尚书·无逸》"此厥不聽"，《隶释》所录汉石经作"不聖"，《礼记·乐记》"小人以聽过"，《释文》云："'以聽过'，本或作'以聖过'。"《史记·秦始皇本纪》"皇帝躬聖"，泰山刻石拓本作"皇帝躬聽"③，此亦可证"聖"、"聽"形义相因，"聖"以耳聪为其本义。"聖"字金文作"聖"、"聖"、"聖"（《金文编》第771—772页），郭店楚简作"聖"（《郭店楚简文字编》第165页），可以看出此字"耳"下之"人"逐渐变为"壬（他鼎切）"，"壬"又与"口"合而为"呈"的过程，是为《说文》所说之"呈"声也。此字《尚书》古写本有"聖"、"**聖**"、"垩"、"**垩**"四种写法。第二种是第一种的结构移位，变上下结构为左右结构，第四种是第三种的省笔写法。值得注意的是第三、第四两种写法。这显然是"聖"字的俗字，《宋元以来俗字谱》中所收《古今杂剧》、《三国志平话》等也作"垩"，与"堊"的简化字恰成同形。此种写法见于足利本、上〔影〕本、上〔八〕本，以前二本居多。也常见于眉批等处。"聖"的俗字为什么是这样写，笔者颇

① 参见顾蔼吉：《隶辨》，中国书店1982年版，第341页。

② 承陈炜湛师垂教。

③ 参见王彦坤：《古籍异文研究》，广东高教出版社1993年版，第90—91页。

费思索，《龙龛手鉴》收“聖”之俗字多达九文①，作[illegible]、[illegible]等形，皆与“垩”、“垩”不类，查其他有关字书，亦无收获。后来从草书楷化的角度进行思考，问题才得以解决。原来“聖”字草书作[illegible]、[illegible]、[illegible]等形②，“垩”、“垩”就是从这类草书楷化而成的俗字。

“垩”字，《汉语大字典》注明“同‘聖’”③，是；《中华字海》只注明“‘堊’的简化字”④。应当补上“同‘聖’”或“‘聖’的俗字”。作为收字最多的大型字典，“垩”形似乎也应该收入。

附记：本文是从作者博士学位论文《古本〈尚书〉文字研究》中节选出来并略加修订而成的。所选之例或是承曾师之说而稍加补缀，或是申时贤之论而略明己意，或是借新出材料而提出愚见，以此明学术之传承创新，生生不息，以此祝吾师之德业相继，眉寿无疆！

原载《康乐集》，中山大学出版社 2006 年版

---

① 据潘重规《〈龙龛手鉴〉及其引用古文之研究》统计，《中国语文研究》1986 年第 8 期。

② 参见书学会编纂：《行草大字典·申集·耳部》，北京出版社 1992 年版，第 515 页。

③ 见汉语大字典编辑委员会：《汉语大字典》（缩印本），湖北辞书出版社、四川辞书出版社 1992 年版，第 184 页。

④ 见冷玉龙、韦一心等：《中华字海》，中华书局、中国友谊出版公司 1994 年版，第 224 页。

《文源》字学疏证

《文源》取材三题①

林义光《文源》写定于民国九年（1920）②，距今已九十多年。在近百年的历史中，《文源》一书颇受关注，然称引者多，而研究者少，对其人其书尚缺乏全面准确的认识。近年来笔者因项目研究的需要，正在对《文源》进行逐条评注，评其得失，注其未备。在这个过程中，笔者对《文源》的文本进行了较为全面的研读，因而也有一些不成熟的意见和看法，拟梳理出来就正于大雅方家。本文就《文源》取材的三个问题做一粗浅探讨。

一、关于《文源》采用古文字资料的范围

林义光在《文源》卷首《叙》中述其著书之由，从中可以看出，他认为《说文》虽然“叙篆文，合古籀”，但由于“壁经彝器传习盖寡”“亦不能无失其真”，故许氏对于“古籀造字之原，多阙不论，但就秦篆立说，而遂多不可通”，而林义光所处的时代，乃是“宝器咸觌”的时候，因此他想通过“掇采遗文，以定文字之本形；审六书，窥制作之源，以定文字之本义”，但“金刻不备之文，仍取足于小篆”。学者们大概是根据这些文字，通常认为《文源》

① 基金项目：国家社科基金项目“从郑樵到林义光：区域文字学研究案例考察”，项目编号：12BYY068；全国高校古籍整理项目“《文源》的疏证与研究”，批准编号0914。

② 见林义光：《文源·叙》，中西书局2012年版，第5页。

是全面利用金文（兼取小篆）材料来疏证《说文》、提出自己见解的溯源之作。[①] 但是通过《文源》文本的全面考察，我们发现这个主流看法还是不够准确的。下面用具体材料进行说明：

（一）采用石鼓文

据统计，《文源》引石鼓文为字头或用石鼓字形为证明材料的，有20多条，如卷一“鹿”字条引石鼓文、二形，“蜀”字条引“石鼓作”[②]，“虫”字条引石鼓文“蜀”字偏旁，“肩”字条引石鼓文“豣”字偏旁，“氐”字条引“石鼓作”，“渊”字条引“石鼓作”；卷三“区”字条引石鼓“歐”字偏旁；卷四“夋”字条引石鼓文“椶”字偏旁；卷六“与”字条引石鼓文“鱮”字偏旁，“渔”字条引“石鼓文作”，“建”字条引石鼓文“鞬”字偏旁，“丞”字条引“石鼓作”，“𤔲”字条引“石鼓作”，“胃”字条引石鼓文“谓”字偏旁，“囿”字条引“石鼓作”；卷九“卂”字条引石鼓文“迅”字偏旁；卷十“秀”字条引“石鼓作”，“麀”字条引“石鼓作”，“栗”字条引“石鼓作”；卷十一“游”字条引“石鼓作”；卷十二“秋”字条引石鼓“字作”。

（二）采用绎山碑

《文源》各卷引绎山碑文字为字头或证明材料者有七八见，如卷三“白”字条引绎山碑“白作”，卷六“长”字条引“秦绎山碑作”，“建”字引

---

① 如詹鄞鑫云：“《文源》用甲骨金文兼取篆文以定文字之本形，审六书，窥造字之源，以求文字之本义。”（《汉字说略》，辽宁教育出版社1991年版，第17页。按“甲骨”二字当删）刘钊、叶玉英认为，“《文源》是一部运用金文以定文字本形、本义的字书……一改《说文解字》以小篆为字头之例，而以金文为字头（金文所无的字才取小篆）……所引古文字字形皆为金文，因此《文源》成为第一部系统运用古文字纠正《说文》的字书。”（影印本《文源·导论·林义光及其〈文源〉》，中西书局2012年版，第2—3页）田胜男也说：“林义光所说的‘遗文’，即不为《说文》所载的金文。利用金文材料来系统地印证《说文》，并从中总结出古文字构型演变规律，是《文源》一书的最大特色。”（《林义光及其〈文源〉》，《福建师范大学学报》2012年增刊）

② 田胜男硕士学位论文已经注意到这个问题，她说：“金文没有‘蜀’字，但林义光没有取小篆为字头，而是采用石刻文字材料石鼓文。”见《〈文源〉疏证——以甲骨文为中心》，福建师范大学2010年硕士学位论文。

石鼓文为证，又云“秦绎山碑亦同，”“娄”字引绎山碑“数”字偏旁；卷七“上”“下”两字均引绎山碑；卷十“暴”字条引“秦绎山碑作”，“辛”字条下引“绎山碑‘逆’作”。秦绎山碑为小篆，与《说文》小篆或异，故林氏引以为证。

（三）采用汉魏金石材料

如卷一“中”字条引高彪碑，卷六“兵”字条引孔宙碑，“犾”字条引华山碑，“娄”字条引娄寿碑，卷八“竞”字条引魏郑文公碑等皆是引碑刻材料；卷一“斗”字条引“汉平阳甗作，永初鋗作，皆象斗形”，“升”字条引“汉临菑鼎作”，卷八“昌”字条引“汉洗文‘富贵昌’皆作”，则皆是引用汉金文材料。卷十一“更”字条注云：“隶书有甚合古意者，如韩敕碑之，娄寿碑之，刘熊碑之，皆历世相传如是。《说文》每字必推原‘六书’，则有穿凿旧文以求通其说者。”这种认识，应该就是林氏选用隶书来印证汉字本形本义的理由。

除以上所列三种金石材料外，《文源》还偶用货币文字材料，如卷四“匕”字条引用齐货“化”字偏旁，虽其说未恰，但从选用材料的角度说，则属可嘉。

以上情况可以看出，林义光所谓的“掇采遗文”，眼光是比较开阔的，不局限在商周金文范围之内。他说“金刻不备之文，仍取足于小篆”，如果把“金”和“刻”分开理解，“金”指“金文”，“刻”指“石刻文字”，那么他用“金刻”二字还是很准确地概括了《文源》一书的取材范围。人们以前注意到了他所说的“金”，而忽略了他所说的“刻”，所以才有上述的不是特别准确的说法。鉴于以上分析，关于《文源》取用古文字的问题，这样表述应该更为准确：《文源》作者运用他当时所能采集到的商周秦汉金文和石刻文字等材料来研究汉字的本形本义，这些材料中未见的字形，则仍取用小篆。

当然，林氏虽然强调“金刻不备之文，仍取足于小篆”，但在具体材料的使用上仍然存在较多的用偏旁推写古字的现象，虽然凭借其对古文字的熟悉和对汉字结构的了解，用偏旁推写的古字也有与古暗合的情况，如卷二“质”

字条的字头作，未标出处，当系林氏据偏旁推写，然与井人妄钟作者近同；同卷“风”的字头作“”，亦当林氏依例推写，然与秦简作（日甲79）者亦近同。但这种做法严格来讲还是不够严谨的，而且他的推写，有的其实就是出于想象而臆造，更是不可信据，比如：

卷一“角”字条，以为“制字之始本当作，方象角形，后变为耳”。

卷一“瓜”字条，以为“象瓜形，当如，变作”。

卷二“巤”字条，以为“巤”字“当作，如人戴脑，于象形方合”。

卷二“乳”字条，以为“以孔字义推之，乳本义当为人乳，象抚子就乳形”。于是据“孔”字作而推出“乳”字作。

卷二“畀”字条，以为其“本义当为蔽甑底之箅。象甑，底下基属也”。故其字头作。

卷三“丸”字条，认为“丸”字“疑先作，形变乃作。象抟物为丸，中有凹痕未合形”。

卷四“秋”字条，所拟古字把“火”形与“禾”形相连作，谓“象禾穗成实可收之形”。

以上这些字形，根据目前的古文字资料，皆于古无征，属林氏杜撰之形，以之为证据，显然是不合适的。所以，在“金刻不备之文，仍取足于小篆”的问题上，我们还要进行细致的辨析。

二、关于《文源》不用甲骨文的推测

《文源》不用甲骨文材料的问题，也是《文源》的取材之谜。以前有学者在介绍《文源》时，说“《文源》用甲骨金文兼取篆文以定文字之本形”①，想当然地把甲骨文也囊括进去，虽然是误说，但可能也是事出有因，是一种惯性思维，因为《文源》出版之时，甲骨文已出土多年。胡朴安在《中国文字学史》中认为：“林义光之《文源》，以六书解说古文字，此实为研究古文字之要。惜其书不甚善，颇望继起者有人，合甲骨文、金文、篆文，为有

---

① 詹鄞鑫：《汉字说略》，辽宁教育出版社1991年版，第17页。

统系之研究，以识文字变迁之迹。”[①] 他说“其书不甚善”，从后半句所说的意思看，主要大概就是指没有使用甲骨文材料，故未能“为有统系之研究”。黄德宽、陈秉新《汉语文字学史》也指出：“民国初年，林义光有《文源》之作，其时甲骨文已发现，林氏犹据金文以定文字之本形、本义，实已落后于时代。”[②]《汉字源流》在介绍《文源》时，也特别提到“《文源》主要采集钟鼎文字……但不及甲骨文”[③]，这些介绍从正面和反面都反映了一个潜在的认识问题，即讲《文源》似乎不应绕开甲骨文，也就是说，《文源》作为一部探求文字本形本义之书，在甲骨学已经形成的年代里，它的内容不应该不涉及甲骨文，所以田胜男说：“《文源》成书之时，甲骨文已出土多年，且不乏相关专著，况且林义光本人也是当时研究甲骨文的名家。然为何《文源》谈字源却不求证于甲骨文，着实令人费解。”[④] 斯人已逝，对这个问题的解释，我们没有确切的答案。但“迷”之未解，总觉是一种遗憾。思之再三，拟作如下的推想：

首先，在《文源》写定时的 1920 年，甲骨文虽然已发现二十余年，但研究还属于初步阶段，其影响力应该还没有完全显现。据胡厚宣《五十年甲骨学论著目》的统计，1920 年之前的甲骨学论著共有 45 种[⑤]，其中有一半是日本、英国、美国、法国的学者所写；45 种论著中涉及甲骨文文字材料的传播和研究的论著约 20 种，也有接近一半是外国学者所著，国内学者的著作如刘鹗的《铁云藏龟》（1903）、孙诒让的《契文举例》（1904）[⑥]、《名原》（1905）、罗振玉的《殷商贞卜文字考》（1910）、《殷虚书契考释》（1914）、《殷虚书契菁华》（1914）、王国维的《殷卜辞中所见先公先王考》、《续考》（1917）等虽然都很著名，但限于当时条件，估计流传也不够广泛和快捷，林义光是否看到，不得而知。

---

① 胡朴安：《中国文字学史》，上海书店 1984 年据商务印书馆 1937 年版复印，第 612 页。

② 黄德宽、陈秉新：《汉语文字学史》（增订本），安徽教育出版社 2006 年第 2 版，第 190 页。

③ 曾宪通、林志强：《汉字源流》，中山大学出版社 2011 年版，第 3 页。

④ 田胜男：《林义光及其〈文源〉》，《福建师范大学学报》2012 年增刊。

⑤ 胡厚宣：《五十年甲骨学论著目》，中华书局 1952 年版，第 11—12、15 页。

⑥ 胡厚宣记录的是 1917 年吉金盦丛书本一册和 1927 年上海蟫隐庐石印本二册。见《五十年甲骨学论著目》，中华书局 1952 年版，第 44 页。

其次，林义光写作《文源》的准备工作应该很早就开始了，他在《文源·叙》中说："余既致力于是，其辨正彝器释文及训释诸经，以积稿繁多，不易写定，乃作《文源》以发其凡。"说明他在写作《文源》之前，先在做辨正彝器释文的工作，而且这些工作是长期投入的，故有"积稿繁多"之说[①]。由于时间早于1920年，甲骨学的影响也自然更小，他没有注意和利用甲骨文的资料，也是在情理之中；再者，古人写书，较之如今电脑操作，其繁难程度何啻天壤，假设《文源》写定时，即使想到要添加甲骨文资料，又谈何容易！

再次，从林义光本人研究甲骨文的情况看，他应该是在《文源》写定之后才开始的。现在可以看到他的四篇研究甲骨文的文章，即《鬼方黎国并见卜辞说》、《释栽畜》、《卜辞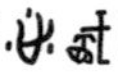即荧惑说》、《论殷人祖妣之称》，均载于北平中国大学的《国学丛编》，前三篇发表于1931年，后一篇发表于1932年[②]，这个时间距离《文源》写定已经超过十年了。由这个情况可以推定，林义光在写作《文源》时，应该对甲骨文还缺少关注或没有研究，果真如此，他自然是不可能使用甲骨文来讨论文字的本形本义的。

从以上三点的推想看，《文源》不用甲骨文资料应属正常，似乎没什么可奇怪的。

三、关于《文源》引用传统"说文学"材料的问题

《文源》一书，除了大量引用商周金文等出土文献材料外，还大量引用传世文献，涉及面颇为广泛，除《周易》、《诗经》、《尚书》、《周礼》、《仪礼》、《礼记》、《公羊传》、《谷梁传》、《左传》、《尔雅》、《论语》、《孟子》、《孝经》等传统十三经外，还有《老子》、《庄子》、《墨子》、《韩非子》、《荀子》、《列子》、《国语》、《楚辞》、《吕览》、《山海经》、《晏子春秋》、《史记》、《汉书》、《方言》、《释名》、《淮南子》、《说苑》、《白虎通》、《酒箴》、《春秋元命苞》、

---

① 从《文源》内容来看，林氏对金文材料非常熟悉，没有长期的研究，是不可能做到的。

② 见胡厚宣：《五十年甲骨学论著目》，中华书局1952年版。

《古今通议》、《文选》、《广雅》、《后汉书》、《经典释文》、《一切经音义》、《九经字样》、《小尔雅》、《御览》、《通志》等经典，另外还引用了一些汉赋作品，可谓搜罗众多。林氏在《文源·叙》中谓其致力于辨正彝器释文及训释诸经，以致积稿繁多，实非虚言。本节以下所论者，拟专门就林氏引《说文》及段玉裁、朱骏声、王筠诸氏之说，来讨论林氏对传统"说文学"材料的引用情况，并观察林氏文字学的学术取向。

《文源》的体例是先节引《说文》，如有可说者，则加注按语。从其所录《说文》和加注按语的情况来看，林氏所据最多者，当为段玉裁之《说文解字注》及朱骏声之《说文通训定声》。下面的情况可以说明这一点：

《文源》所录《说文》，凡与大徐本不同者，则多本段注本，此种情况甚多，不能一一说明。从引用的情况看，《文源》全书明引者段玉裁说者共有18次，其中卷末附录1次，其余皆在正文；正文除卷四"叐"字篆文注明"依段氏订"、卷十一"朕"字条标明"段氏玉裁以为"外，其余皆标明"段氏玉裁云"，分别见于卷二"迺"字条，卷六"鬥""鬮""困"字条，卷七"罶"字条，卷八"箠"字条，卷十"觋""吝""暴""衔""忍""褎""羸"字条，卷十一"晐""太"字条。如卷二"迺"字条引段氏玉裁云："《尔雅·释诂》：仍、迺、侯，乃也。以乃释迺，则本非一字可知。"卷十"吝"字条引段氏玉裁云："凡吝惜多以口文之。"当然，古人引书多引其意，此类引用虽标明"段氏玉裁云"，但与原作仍有出入①，不宜以现在的学术规范来看待。除了明引，亦有暗引。如卷十"觋"字条云："《说文》云：'觋，能齊肃事神明者。在男曰觋，在女曰巫。从巫、见。'"按"齊肃"之"齊"，大徐本作"齋"，段注以为非②，林氏从之，即为暗引。又如同卷"告"字条，林氏按语曰："'牛

① 上述两条引文，前者"《尔雅·释诂》"，段注作"《释诂》曰"，另"知"后有"矣"字。见《说文解字注》，上海书店1992年版，第203页；后者段注原作"凡恨惜者多文之以口"。见《说文解字注》，上海书店1992年版，第61页。

② 参见《说文解字注》，上海书店1992年版，第202页。按朱氏亦作"齊"（见《说文通训定声·解部第十一》"觋"字条），故此条亦可视为暗引朱氏说。又卷十"宕"字条亦为林氏暗引段、朱说之例。林氏以"洞屋"为"宕"之本义，云："'石'为'砀'省不显。洞屋，石洞如屋者，从石、宀。洞屋前后通，故引伸为'过'。"其说可从，然亦有所本。段氏云："洞屋谓通迥之屋，四围无障蔽也。"（见《说文解字注》，上海书店1992年版，第342页）朱氏云："宕，按字从宀，洞屋当为本训。洞屋者，四围无障蔽之谓。"（见《说文通训定声·状部》"宕"字条）皆与林氏说有共通之处。

口’为文,未见‘告’义。”此语出段注①而未注明,亦为暗引。

《文源》全书明引朱骏声说者共有22次,其中卷首《六书通义》1次,卷末附录1次,正文除卷十二“鼪”字条云“朱氏骏声订‘纩’为‘絖’之误字”外,明引“朱氏骏声云”者达19次,分别见于卷一“旻”“丁”字条,卷二“夬”“癸”字条,卷三“希”字条,卷四“夏”字条,卷六“叐”“变”“表”字条,卷八“妃”字条,卷十“某”“杀”“需”“知”“征”字条,卷十一“嚭”“疾”“句”“鳏”字条。如卷一“旻”字条引朱氏骏声云:“当为豩之古文。”“丁”字条引朱氏骏声云:“镨也。象形。今俗以钉为之。”卷二“夬”字条引朱氏骏声云:“引弦彄也。从又,⊃象彄,丨象弦。”与引段氏说一样,《文源》引朱氏亦有明有暗。如卷一“萬”字条,《文源》曰:“《说文》云:……‘萬,萬虫也。蠆属,从蠆省,从内,象形,蠆亦声。’按萬虫他书无考……”此条“按”字之前,依常例皆《说文》语,而大徐本作“萬,虫也。从厹,象形。”段注本同,皆与《文源》相异。经查证,其实此条林氏乃依据朱骏声说,见《说文通训定声·泰部第十三》“萬”字条;同卷“宁”字条的按语“与贮略同”,其实亦来自《说文通训定声·豫部第九》该字条朱氏按语;又如卷三“羊”字条“从二,从倒入”五字,大徐本及段注本皆无之,乃林氏据朱说补入,见《说文通训定声·临部第三》“羊”字条。卷十“緜”字条,《文源》作“緜联,散也。”大小徐本作“联微也。”段注本作“联散也”。朱骏声《说文通训定声·乾部第十四》“緜”字条云:“緜联,微也。从系,从帛,会意。緜联,迭韵连语。许以‘微’训‘緜联’也。”可见林氏实从朱氏说,只是“散”字用段注本。

《文源》全书还明引戴震说者2次②,王筠说者1次③,徐锴说者1次④,

---

① 见《说文解字注》,上海书店1992年版,第53页。

② 《六书通义》1次,卷十一“朕”字条1次:“戴氏震云:‘舟之缝理曰朕,故札续之缝亦谓之朕。’”

③ 见于卷二“韭”字条:“王氏筠云:‘韭叶整齐,字中两直即其状,本是八直并列,以象其多,其六画曲而附于旁,为其成文耳。’”按,王筠《说文释例·卷二》云:“韭则茎短叶长,纷纭满畦,如剪斯齐,故字之中两直,正其状也,旁出之六笔,亦非岐枝也,象其多耳……韭无不齐也,故其字直是八直并列,以况其多耳,其六画曲而附于旁,为其成文也。”(见《说文释例》,中华书局1987年版,第40—41页)林氏只是节引其意。

④ 见于卷八“置”字条:“徐锴云:‘与“罢”同意。’”

揆之以常理，其暗引诸家说者亦当有之[①]，但总量皆不及引用《段注》与《通训定声》之繁。总体看来，《文源》所据《说文》本及有关按断意见，主要参考段氏玉裁及朱氏骏声，其学术渊源和学术取向由此可见。

综上所述，从取材的角度看，《文源》是一部继承传统“说文学”特别是清代“说文学”的成就，同时又结合古文字资料特别是商周秦汉金石文字资料来探讨汉字本形本义的承前启后的著作，它虽然还没来得及用上甲骨文的资料，但已经充分展示了古文字资料和传统文字学相结合给汉字学研究所带来的新认识和新气象。

---

① 如卷十“粦”字条，徐锴云：“舛者人足也，言光行著人。”（《说文解字系传》，中华书局1987年版，第202页）林氏谓“‘舛’象二足迹形。鬼火宵行逐人，故从、。”当本小徐而未说明。同卷“䍃”字条，徐锴《系传》云：“眔弟为䍃，会意。”（《说文解字系传》，中华书局1987年版，第104页）王筠《释例》云：“眔，及也。凡言及者，必自后及之，是从兄之义也。弟之所眔，是为䍃矣。”（《说文释例》，中华书局1987年版，第397页）林氏云：“眔，及也。兄弟相及，故眔弟为‘䍃’。”当本徐锴、王筠而未说明。

试论林义光的“声借”说[①]

一、引言

闽籍学者林义光所著《文源》,运用他当时所能采集到的金文和一部分秦汉金石文字资料来研究汉字的本形本义,对《说文》之说多有补正。其书分为十二卷,前附《撰书人启》[②]、《叙》、《文源目录》、《六书通义》、《古音略说》、《凡例》,后缀《通检》、《引用彝器异名笺》。《文源》一书,不仅“比较集中地反映了宋至清代利用金文探求字源的成果”[③],也包含着作者对文字学理论的许多思考。全书以《六书通义》为总纲,以1500余字本形本义的探索为实证,在语言与文字的关系、六书理论、汉字演变、汉字结构等方面都进行了有益的探索,其中有些成果已经得到了学者的肯定和阐扬[④],有些仍然有待进一步发现和研究。本文尝试对《文源》中的“声借”说进行评述,请方家指正。

---

① 基金项目:国家社科基金项目“从郑樵到林义光:区域文字学研究案例考察”,项目编号:12BYY068;全国高校古籍整理项目“《文源》的疏证与研究”,批准编号:0914。

② 中西书局2012年影印出版的《文源》没有收录《撰书人启》,福建师大图书馆藏本有之。

③ 李学勤:《字源·序》,天津古籍出版社、辽宁人民出版社2012年版,第1页。

④ 刘钊、叶玉英为中西书局影印本《文源》所撰写的导论《林义光及其〈文源〉》,比较集中反映了目前学术界对《文源》的认识和评价。文中对林义光的文字学思想和文字学理论,如六书理论、古今字、同字分化、讹变、二重形声等问题都有较全面的论述。参见《文源·导论·林义光及其〈文源〉》,中西书局2012年版,第1—13页。

二、《文源》“声借”之例证

《文源》一书，提及“声借”的共有12例，分别是卷七“表象指事”1例（“𨗨”字条），卷十“会意”8例（“悉”“咸”“囍”“寀”“散”“奏”“粪”“穆”字条），卷十一“转注兼形声”2例（“帑”“艰”字条），卷十二“二重形声”1例（“咅”字条）。这里先逐条简要分析如下：

（一）卷七“𨗨”字条

> 《说文》云：“𨗨，进也。从夲，从屮，允声。”按，古作，从。，“奔”之声借。从允。①

笔者按，林氏据金文字从，字《文源》释为“𠦬”②，故以“奔”之声借说“𨗨”字之“进”义。“奔”“进”义近。

（二）卷十“悉”字条

> 《说文》云：“悉，详尽也。从心、釆。”按，“釆”者，“辨”之声借。

笔者按，林氏谓“‘釆’者，‘辨’之声借”，就是说“悉”字“从心、釆”相当于“从心、辨”，以“心辨”来会“详尽”之意。其实“釆”本来就有“辨别”之义。“釆”本象兽爪之形，引申而有辨别义。《说文》云：“釆，辨别也。象兽指爪分别也。读若辨。”也许因为“釆”比“辨”罕用，其义不显，故林氏以“声借”方式解之。

（三）卷十“咸”字条

> 《说文》云：“咸，皆也。从口、戌。戌，悉也。”按，从“口”与

---

① 为便印刷和节省篇幅，《文源》原文所书古文，如非必要，径用楷书；字形出处和有关注释，无关论旨者，亦不录。下同。

② 参见《文源》卷三“𠦬”字条。

“佥”“皆”同意。戌，“悉”之声借。

笔者按，林氏谓“戌”为“悉”之声借，就是说“咸”字“从口、戌”相当于“从口、悉”，以“口悉”会“详尽周遍”之意。其实，“戌”象斧钺之形，“咸”之本义为以斧钺杀戮，如《书·君奭》：“咸刘厥敌。”《逸周书·克殷》：“则咸刘商纣王。”“咸刘”同义，都是“杀戮”的意思。《说文》释为“皆”，当是其假借之义。林氏从《说文》以“皆”为本义，用声借之说，能很好地解释其形义关系。

（四）卷十“囏”字条

《说文》云：“囏，籀文艱从喜。”按，从堇、喜，即“勤饎”之声借（诸彝器“勤”皆作“堇”，“喜”亦古“饎”字）。饮食，勤乃得之，故“堇喜”为“囏”。

笔者按，“囏”即“艱”字，甲骨文作（《合》6057 正）、（《合》24206）、（《合》24204）等形，从女或堇，从壴。“壴”为“鼓”之初文，在此疑为“艰”之迭加声符，与“艰”同属牙音见纽①。从女从壴者后世无传，从堇从壴者即演变为《说文》籀文“囏”。按“堇”字甲骨文作（《合》1103）、（《合》9815）。省体从口从黑（“墨”本字，本义为受墨刑之人），会受墨刑之人叹息之意；繁体益“火”作，为迭加意符，表示灾难、苦困之意。故“堇”乃“艱”之本字。② 林氏以字“从堇、喜，即‘勤饎’之声借。饮食，勤乃得之，故‘堇喜’为‘囏’”。乃是以后来演变之字形而另寻别解，且其“勤饎”为“囏”的道理，迂曲难通，其说当不可据。

（五）卷十“宷”字条

《说文》云：“宷，悉也。知悉谛也③。从宀、釆。審，篆文从宀，从

---

① 参见黄德宽主编：《古文字谱系疏证》，商务印书馆 2007 年版，第 3661 页。

② 同上书，第 3655 页。

③ “知悉谛也”，大徐本作“知宷谛也”，段注本同，《文源》或承上而误。

番。”按，宀者深象，辨宀为审。“釆”“番”皆“辨”之声借。

笔者按，“釆”“番”同字，故“宷”又作“審”。林氏谓：“宀者深象，辨宀为审。‘釆’‘番’皆‘辨’之声借。”大徐本引徐锴曰：“宀，覆也；釆，别也。包覆而深别之，宷悉也。”两说各有千秋。

（六）卷十“㱿”字条

《说文》云：“㱿，眇也。从人，从攴，岂省声。”按，从攸，从“耑”（端）省。“攸”者“修”之古文，治也。凡微妙者得其端而后可治。“攸”与“抽”古同音，疑亦“抽”之声借。古作。

笔者按，“㱿”字甲骨文作（《合》27996），金文承之。左边所从的字形，象人长发之形，或释“岂”，或释“髟”。释“岂”者着眼于发丝细微，释“髟”者着眼于长发飘飘，当是同象异字的现象。“㱿”字从岂，从攴，会断发而微眇之意。①《说文》分析为“从人，从攴，岂省声”，林氏分析为“从攸，从‘耑’省”，恐皆非确解；林氏以“声借”说之，亦不可据。徐铉按曰：“岂字从㱿省，㱿不应从岂省，盖传写之误。疑从耑省。耑，物初生之题，尚㱿也。”林氏从“耑”之说，当本此。

（七）卷十“奏”字条

《说文》云：“奏，进也。从，从夲，从屮。屮，上进之义。”按，“夲”字说解不可据。从，即“奔”之声借，从。与“奏”同音之字，如“走，趋也”，“趋，走也”，“趣，疾也”，皆与奔赴义近；“凑，会也”，“聚，会也”，亦奔赴之义引伸。

笔者按，“奏”字甲骨文作（《合》937正）、（《合》14606）、（《合补》7237正），象双手持一有枝叶根须的植物以舞蹈，与“無（舞）”字构

① 高鸿缙云：“发既细小矣，攴之则断而更㱿也。”《散盘集释》，转引自季旭昇《说文新证》，福建人民出版社2010年版，第656页。

形表意相类似。甲骨文多用为祭名,本义当为进奉祭品。春秋时期的秦公磬作,从廾、从,本于甲骨文,唯下部增一短横;《说文》小篆作,又本于形而有所讹变,其所从之“夲”,当是从形析出,故上部变为从中从廾。“奏”字的演变过程还有一些疑问,秦汉篆隶资料里的“奏”字,其下部不从“夲”,如睡虎地秦简作,马王堆文字作,汉印作,皆从“矢”作,这些字形中的“矢”形是否由“夲”形讹变,待考。从“矢”的“奏”再变而从“夫”,如石门颂作。这样看来,后世“奏”字下部从“天”,很可能是从“矢”到“夫”再到“天”演变过来的。① 至于其上部所从之“𡗗”,从上引字形中可以看出,乃是“中”和“廾”在增笔、黏合的过程中逐步形成的。林氏指出字不从“夲”而从,其说是;其以即“奔”之声借,与上述卷七“靴”字条所论相同,虽不合古形,但“奔”“进”义近,对形义关系的解释,也还颇有理趣。他从语音的角度论证“奏”有奔赴之义,也可与之互相印证。

(八)卷十“粪”字条

《说文》云:“粪,赋事也。从芺、八。八,分之也。八亦声。读若颁。一曰读若非。”按,从八,“僕”省。八,分也。僕,“付”之声借。(《诗》“景命有僕”,“僕”亦“付”也)

笔者按,“粪”字先秦出土文献似未见之,传世文献亦罕见其用。林氏以声借之说解其会意之旨,有一定道理。“八”“仆”者,“分”“付”也,即所谓“赋事”也。段注云:“赋者,布也。”则“赋事”犹今之“布置工作”之意。

(九)卷十“穆”字条

《说文》云:“穆,禾也。从禾,㣎声。”“㣎,细文也。从彡,㑹省声。”按,“穆”为“禾”无考,经传无“㣎”字。“穆”当训为“细文”。古作、作,从禾。“禾”为“龢”之声借。从“㑹”省,从彡。“㑹”者

① 参见林志强:《古本〈尚书〉文字研究》,中山大学出版社 2009 年版,第 47—48 页。

“细”意，“彡”者“文”意。

笔者按，“穆”字甲骨文（《屯》4451）、（《合》28400），象禾穗下垂有芒颖之形。金文加“彡”符。所以“穆”字当把“彡”独立切分出来，象禾穗下垂部分为其初文。《说文》切分为“从禾，㣎声”，林氏切分为“从禾，从‘㬎’省，从彡”，都不符合“穆”字的本形。其本义当为禾的某种状态，《说文》训为“禾也”，倒是不离本义范畴。林氏以为当训为“细文”，“㬎”者“细”意，“彡”者“文”意。其说非是。“禾”为“穌”之声借，似乎与“细文”之义也不相涉。

（十）卷十一“帑”字条

《说文》云：“帑，金币所藏也。从巾，奴声。”按，从“巾”非义。古作，从“才”省（番生敦以“”为“在”，实“才”字），奴声。“才”者，“在”之声借。

笔者按，“帑”的本义为藏金帛的府库。段注云：“以币帛所藏，故从巾。”林氏据金文从“才”，故以“在”之声借说之，其所谓“在”者，当与“金币所藏”之“藏”的意义相当。

（十一）卷十一“艱”字条

《说文》云：“艱，土难治也。从堇，艮声。”按，难也。从堇，为“勤”之声借，诸彝器“勤”字皆以“堇”为之。

笔者按，“艱”字源流演变，已见上述“囏”字条。林氏前以“从堇、喜，即‘勤饎’之声借”说“囏”字，迂曲难通；此以“‘堇’为‘勤’之声借”说“艱”字，大意是事情困难，故需勤，其说亦颇为勉强。

（十二）卷十二“哿”字条

《说文》云：“哿，可也。从可，加声。”按，《诗》“哿矣富人”，传云：“可也。”此“可”之声借，“哿”“可”同音。既非同字，则当别有本义。"加""可"皆声也。("加"古音亦如"可")

笔者按,此条比较费解。林氏以《诗》传为例,其意似在说明"哿""可"只是同音关系,在"哿"字中,"加""可"都是声符,即林氏所说的"二重形声",今人多谓之"两声字"或"双声符字"①。按照林氏的说法,"哿"字别有本义,其本义不是"可",而是借"可"之声来表示,故云"此'可'之声借"也。按以上各条,声借之字,与偏旁不同字,如"堇"为"勤"之声借,"才"为"在"之声借,而此条"可"之声借,与"哿"所从之"可"相同,故本条与上述各条当非一类。

三、林义光"声借"说之探讨

从以上"声借"之例来看,除末条外,林义光的所谓"声借",是指在对汉字形义关系进行分析时,对某一偏旁的表意功能的说明,不是从本形出发,而是借用它的音同音近字来解释构形理据的方法。简单地说,"声借"就是借用与偏旁音同音近的字来解释形义关系的方法。这种方法,以前似乎未闻,当是林氏的发明。不过,它的道理还是明白的,其实就是根据传统假借和声训的原理。只不过假借是整字独立的运用,"声借"是构字偏旁的分析;假借在乎音同音近,"声借"在注重音同音近的同时更兼顾意义相通。段玉裁在《说文》"咸"字"戌,悉也"下注云:"戌为悉者,同音假借之理。"已经道出了林氏"声借"的原理所在。段氏之说,基于《说文》;林氏之说,又脱胎于段注,可谓渊源有自。然林氏冠以"声借",且多有运用,故亦不乏其独特之处,我们研究《文源》,自然不应避而不谈。

我们觉得,林义光能够创造"声借"之法来解释汉字的形义关系,跟他比较重视语音在汉字研究中的重要作用有密切关系。刘钊、叶玉英指出,林义光"对'音'在文字产生、构成、演变中的重要性有着充分的认识。林义光古音学修养相当精深,撰有《古音略说》。他……把古音作为古文字研究

① "二重形声"指的是两个偏旁都是声符的字,从名实关系看,现代学者称为"两声字"或"双声符字"更为合适。

的钥匙，因此在很多问题上都能有所突破。如同字分化是文字发展演变的一个重要现象，原字与从其分化出来的字之间不仅在字形上有某种联系，而且在字音上往往也关系密切，所以林义光在确定几个字形具有同字分化关系时常常从音的联系上寻找线索，并获得成功。”① “声借”法突破构字偏旁之形的束缚，用音同音近的其他偏旁来分析汉字理据，显然与林义光古音修养和古音意识相关联。

从《文源》所列 12 个“声借”之例来看，“声借”手法在对汉字形义关系的解释方面，其有效度是有限的。根据以上的分析，在 12 个例子中，声借之说能比较圆通晓畅地解释汉字形义关系的，有“靴”“悉”“咸”“宷”“奏”“龚”“帑”等 7字②，其余 5 字的解释都比较勉强；而且对那 7 个字所作的解释，虽然理据可通，也不一定符合造字本意。就是说，声借法在汉字形义解释中所能发挥的作用，大概只局限于对部分汉字的理据重解，造字时是否运用声借之法，还有待具体例证的研究。朱骏声就不同意造字时有声借方法，他在《说文通训定声·临部第三》“咸”字条下说：“此字许意以戌为悉，谓造字之叚借。愚按，造字有省文之叚借，无声近之叚借。”③ 总之，从有限的例子来看，“声借”法应该是汉字理据重解的手段，虽然不是一种可以普遍使用的有效方法，但也体现了林氏在汉字解释方法论上的努力思考和积极创新，是对传统假借和声训的拓展，从这一点来说，“声借”还是值得肯定的。

原载《古文字研究》第三十辑
中华书局 2014 年版

① 刘钊、叶玉英：《林义光及其〈文源〉》，载《文源》，中西书局 2012 年版，第 5 页。

② 可以用声借之法来阐释形义关系的字应该还有，但由于《文源》收字有限，故未能全面展示声借法的作用。比如“袭”字古从“龖”声，《说文》“龖”“读若沓。”疑“龖”有“沓”义，“沓”又有“多、重”之义。如果在“袭”字的解释中说“龖”为“沓”之声借，对说明“袭”的衣上加衣、重叠、因袭等意义也是很合适的。

③ 朱骏声：《说文通训定声》，中华书局 1984 年版，第 103 页。

《文源》卷一选评[①]

闽籍学者林义光所著《文源》,运用有关古文字(商周金文、小篆和秦汉金石文字等)资料研究汉字本形本义,自20世纪20年代面世以来,颇得学者重视。本人从21世纪初开始关注《文源》的研究,曾指导研究生叶玉英、田胜男分别完成硕士论文《〈文源〉的文字学理论研究》和《〈文源〉疏证——以甲骨文为中心》,两篇论文皆获得福建师大优秀硕士学位论文一等奖。本人又以《文源》为题申请福建省古籍整理研究项目进行研究,2009年,经全国高校古籍整理研究工作委员会项目专家评议组评议,"《文源》的疏证与研究"获得全国高校古委会直接资助,说明本课题的研究已引起学界关注;同时,林义光作为闽籍学者,对其文字学著作的研究,自然也列入福建省高校服务海西建设重点项目《海峡西岸濒危语言学文献及资料的挖掘、整理与研究》的研究计划[②]。这些项目的立项,都非常有力地推动了《文源》的研究工作。2012年3月,中西书局影印出版了《文源》,上海古籍出版社也与笔者签订了出版《文源》标点本的合同[③],说明《文源》的价值确实受到了学术界的肯定。为了项目研究的顺利开展,本人拟定了具体的研究计

---

① 基金项目:国家社科基金项目"从郑樵到林义光:区域文字学研究案例考察",项目编号:12BYY068;全国高校古籍整理项目"《文源》的疏证与研究",批准编号:0914。

② 该项目由马重奇教授主持负责,本人为文字学方向的主持人。

③ 标点本已在出版社,待出。

划，主要是对《文源》进行逐条评注，评其得失，注其未备，是其所当是，非其所当非。我们从评注的过程中可以发现，《文源》确实有许多珍贵的地方值得我们挖掘，目前学界对《文源》的认识还不够全面，甚至还有些误解。在评注的基础上来评价《文源》，将会更加全面和准确。评注的工作目前正在进行，下面拟先从第一卷中选出评注若干则予以刊登，请方家指正。

人、儿、卩，臻韵，尼寅切

《说文》云：“，象臂胫之形。”按，古作师酉敦簋、作寰尊彝，象人侧立形，有头、背、臂、胫也。《说文》云：“，古文奇字也。象形。孔子曰：人在下，故诘诎。”按，此非孔子语。古与人同作宗周钟见字、曾伯霥匿元字偏旁，不诘诎。《说文》云：“，瑞信也谓符节之本字，象相合之形。”按，古作番生敦令字偏旁、作太保彝令字偏旁、作洹子器命字偏旁，皆于节形不类，与形近，凡从之字，皆以人为义详见各条，实即人字，屈下体象跽伏形。《说文》云：“，卩也。阙。”按，即“卩”之反文，不为字。

评注：从古文字取象角度而言，儿、卩及卩之反文皆人形变体。此将人、儿、卩及卩之反文归为一类，可从。《六书故·人一》：“人、儿非二字，特因所合而稍变其势。合于左者，若‘伯’若‘仲’，则不变其本文而为人；合于下者，若‘儿’若‘见’，则微变其本文而为儿。”

大，泰韵，音太

《说文》云：“，天大、地大、人亦大，象人形。”按，象侧立，象正立，古作太保铸器、作番生敦，亦象躯体硕大形，古今相承以为大小之大，惟为偏旁或与人同义详见各条。《说文》云：“，籀文大，改古文，亦象人形。”按，《说文》从之字，与从不容相混，而古无别。如奚字《说文》从，古作南亚彝癸，从。

评注：、皆取象于正面而立之人，《说文》分而为二，此合并为一，可从。“大”字“古今相承以为大小之大，惟为偏旁或与人同义”，所云甚是。作偏旁与人同义者，如夹、乘、夷等字皆是。“夹”字小篆作，《说文》云：“持也，从大人夹二人。”“乘”字古作、，从“大”在“木”上，表示一人乘树登高。“夷”字从大从弓，小篆作。应该指出，《说文》云“天大地大人亦大，故大象人形”，其实道出了大小之“大”与大人之“大”的关系。

包，幽韵，布周切

《说文》:“，妊也。象人裹妊。在中，象子未成形也。”按，古作包君鼎，象子未成形在裹中，而非人裹之形，当即胞之古文，胎衣也。

评注：“包”即“胞”之古文，其说可从。然以为“包”字，恐不可信。按《金文编·附录下》作、[1]，为未识字。

为，歌韵，音吪

《说文》云：“，母猴也。其为禽，好爪，下腹为母猴形。”按，古作𪔂鼎，上其手，故爪在头上，或作郘讨鼎，象形，不从爪。或讹作楚公钟。

评注：“为”字甲骨文作（《合》15179），罗振玉《增订殷虚书契考释》曰，“为”字“从爪，从象，绝不见母猴之状，卜辞作手牵象形……意古者役象以助劳，其事或尚在服牛乘马以前。”《文源》所引“郘讨鼎”，《金文编》作“郘鼎”，字作，有所不同[2]。楚公钟之，《金文编》作，乃字，音义同“嫁”，用作人名[3]。

禺，遇韵

《说文》云：“，母猴属，头似由鬼头也，从由从内。”按，象头、足、尾之形，古作史颂𪔂彝字偏旁。

评注：《说文·由部》作“”，小异。字下部所从之，乃由饰笔逐渐演变而成。如“萬”字本作（《前》三·三〇·五），在末笔上加横作（仲卣），横上又加短竖作（史宜父鼎），再演变为（颂鼎），最后诘诎笔画而成。从内之字皆类此，下不一一注出[4]。

尨，东韵，音蒙

《说文》云：“，犬之多毛者，从犬、彡。”按，象犬多毛形。

---

① 见容庚：《金文编》，中华书局 1985 年版，第 1237 页。

② 同上书，第 176 页。

③ 同上书，第 177 页。

④ 参见刘钊：《古文字构形学》，福建人民出版社 2006 年版。

评注：甲骨文作（《合》4652），象形。“彡”非部件，林义光云“象犬多毛形”，较《说文》为确。

莧，寒韵，音宽

《说文》云：“，山羊细角者，从兔足，从苜声。”按，苜非声。此象形字，象角，象首，象尾、足之形。

评注：林氏以此字为象形，可从。《说文》该字下徐铉按语云：“臣铉等曰，苜，徒结切，非声。疑象形。”王筠《说文解字句读》：“其角也，其首也，则足与尾也，似通体象形。”甲骨文有字（《合》14801），辞作“十羊”，当即“莧”字。

能，之韵，音怡

《说文》云：“，熊属，足似鹿，从肉，㠯声。能兽坚中，故称贤能，而强壮称能杰也。”按，《尔雅》：“鳖三足，能。”（释鱼）此当为能之本义。古作（毛公鼎），正象三足形。《汉书·天文志》：“魁下六星，两两相比者曰三能。”能亦取三足之象。小篆与古文形近，故以能为熊属也。

评注：“能”即“熊”之本字。本作（《屯》2169）、（毛公鼎）、（番生簋），比较形象。后变作，首足分离而并列，小篆进一步把并列的两足变为上下排列，象形意味已完全丧失。徐灏注笺：“能，古熊字……假借为贤能之‘能’，后为借义所专，遂以火光之‘熊’为兽名之‘能’，久而昧其本义矣。”林氏所引毛公鼎“能”字作“”，实系“”之误摹，无三足之象。《汉书·天文志》之“三能”，裴骃集解引苏林曰：“能音台。”亦与“三足”无关。至于古文“”，乃为“”字。

𣎆，歌韵

《说文》云：“，或曰嘼（兽）名，象形。阙。”按，《考工记》云：“厚唇弇口，出目短耳，大胷耀后，大体短脰，若是者谓之𣎆属。”则𣎆为虎豹貔螭之属浅毛者之总名，古作（庚嬴尊彝嬴字偏旁）、作（鄦子妆匠嬴字偏旁），象骨节裸露之形，从能省转注。从能者，取其坚中多肉，嬴为财有余，而从贝𣎆，则𣎆有坚中多肉之象，经传以嬴为之，果声。

评注:甲骨文作（《合》32705),象蜗牛之形,乃"赢"之初文。金文作,为其头部,与"能"(熊)字相同,则为其身、足之形。《说文》:"赢,螺赢也。从虫,𣎆声。一曰虒蝓。"亦作螺、蜗,皆一声之转。朱骏声《说文通训定声》:"虒蝓,俗字作螺。……后人别水生可食者为螺,陆生不可食者为蜗牛。"林氏据《考工记》谓𣎆为虎豹貔貙之属浅毛者之总名,殆非。

乌、於,模韵

《说文》云:"，孝乌也。象形。，古文乌,象形。，象古文乌省。"按,古作毛公鼎、作效尊彝、作齐侯镈、作𠑗儿钟、作县妃彝。

评注:《说文》古文，林氏从段注本,大徐本作，写异。"𠑗儿钟"《金文编》作"𠐱儿钟",其字《金文编》摹作，略异。乌、於本一字而分化。乌,象形。於,由乌逐渐省变而成,大约在秦汉之际完成分化。

舄,模韵,音庶

《说文》云:"，䧿鹊也。象形。，篆文舄,从隹昔。"按,古作师虎敦,象张两翼形,变作吴尊彝、作盂鼎。

评注:林氏所摹师虎敦(簋)之，不确,当作，张两翼之形更为显著。盂鼎之等,皆此之变,为小篆形体所由来,然象形意味已失。"舄"也隶定为"舃",除用为"鹊"外,经典还用为履舄字。段玉裁注云:"古文作舄,小篆作䧿……舄本䧿字,自经典借为履舄字,而本义废矣。"师虎簋"赤舄",即用为鞋履义。

鸡,微韵,居非切

《说文》云:"，从隹,奚声。"按,古作史颂将彝彝字偏旁,象形,系声古系只作糸,见孙字条。系与奚古同音,或作庚赢尊彝彝字偏旁,变为，犹孙字古亦从幺也见孙字条。又作戒尊彝彝字偏旁,以在中,故变为，或作父丁彝,借为彝字,象形系虽谐声,亦疑象缚鸡形,鸡常系缚之鸟也。

评注:"鸡"字甲骨文作(《合》13342),本为象形字,又作(《合》29033),加奚为声。金文"彝"字所从之"鸡",声符有所省变,林氏以为"系虽谐声,亦疑象缚鸡形,鸡常系缚之鸟也",乃据金文重解,然亦可备一说。

龙，东韵

《说文》云："，从肉，象飞之形，童省声。"按，童省存，于形不显。古作颂鼎彝字偏旁，象龙飞形，从，者屰之省，屰逆上，龙飞之象也此象形兼会意。

评注：大徐本作"从肉飞之形，童省声。"段注本作"从肉，肉飞之形。"林氏据段注本而有所改动。甲骨文"龙"字作（《合》6634）、（《合》6476）、（西周甲骨文，H 11：92），乃全体象形字。篆文中之，实为龙角之变；所从之肉，则为龙口之变；则龙身之变。林氏正确指出"童省声"于形不显，然依金文分析，以为字从"逆上"，为"龙飞之象"，亦不可据。

龟，之韵，音基

《说文》云："，从它蛇，龟头与蛇头同，天地之性生，广肩无雄。龟鳖之类，以它为雄。象足甲尾之形。"按，古作叔龟器丙，象形。

评注："象足甲尾之形"句，大徐本无""符，此从段注本。段注云："从它者，象它头而已。左象足，右象背甲，曳者象尾。"甲骨文作（《合》27428）、（《合》18363），象龟之形，前者正面形象，后者侧面形象。后世从侧面之龟而演化，篆文从"它"，乃是线条化、偏旁化的结果。林氏据古金文以龟为象形，是。

巴，模韵，音逋

《说文》云："，虫也，或曰食象蛇。象形。"按，《山海经》："巴蛇食象，三岁而出其骨。"海内南经

评注：甲骨文"巴"字作（《合》8411）、（《合》6480）、（《合》6469正），象人伸手杷土之形，或附以小点表示土粒，或无之，亦可理解为伸手爬梳。甲骨文用为地名。"巴"殆形讹变。

《山海经·海内南经》"巴蛇食象，三岁而出其骨"句，当以"巴蛇"为词，"巴"当为地名，巴蛇者，巴地之蛇也，以其修长，故又称"修蛇"（见《淮南子·本经训》）、"大蛇"（见李周翰《文选·吴都赋》注）。左思《吴都赋》云："屠巴虵，出象骼。"《浔江记》："羿屠巴蛇于洞庭，其骨为陵，世称

巴陵。”皆以“巴蛇”为词。袁珂《山海经校释》亦以“巴蛇食象”为句。然《说文》以“食象蛇”释“巴”,宋·罗愿《尔雅翼·释鱼》亦云:“巴者,食象之蛇。”应该是把“巴蛇食象”读为“巴,蛇食象”而导致的解释。当以连读“巴蛇”为是。

禹,模韵,王古切

《说文》云:“,禹虫也。从内,象形。”按,古作、叔向父敦、作寰鼎寰字偏旁,皆象头足尾之形。

评注:林氏引《说文》“禹虫也”,衍一“禹”字。所引金文之,当系禹鼎之文,《金文编》作,略异;叔向父之,《金文编》作,林氏摹误。“禹”字鼎文作,秦公簋作,所从之“内”,乃字之竖笔与饰笔糅合而成。详参“禺”字条。

单,寒韵

《说文》云:“,大也,从吅,,吅亦声。阙。”按,古作伐郘钟、作散氏器,不从吅,当为蝉之古文,象形。象双目,下象腹尾也。单为蝉,故有薄义,言如蝉翼单薄也。又有变蜕之义。《尔雅》:“在卯曰单阏”释天,孙炎本作“蝉焉”,言如蝉蜕蝉嫣不绝也。禅让之“禅”,贾谊《鹏赋》“变化而嬗”之“嬗”,古皆与单同音,亦并有变蜕义。

评注:甲骨文“单”字作(《合》137 正)、(《合》21457),象猎具之形,然有繁简之别;“兽”字甲骨文作(《甲》181)、(《合》10599)、(《铁》10·3),所从猎具,亦或繁或简,繁者从“单”,简者从“干”,可见“单”即“干”,后世才分化为二字。林氏以单为“蝉”之古文,又以单薄、变蜕之义说之,恐皆附会之说,不可信。所录散盘之“”字,亦作“”,《金文编》入“𠷎”字下。“𠷎”本“单”字繁化,详“𠷎”字条。

易,蟹韵,羊蟹切

《说文》云:“,蜥蜴、蝘蜓、守宫一物三名也。象形。”按,古作虢叔钟、作邿遣敦。

评注:“易”字本作(《合集》8253),象两酒器相倾注承受之形,故会赐予之义,引申而有更易之义。其演变过程的逻辑顺序应是:省为(德鼎)、(吊德簋),两器变一器;再省为,只截取酒器的一部分和表示液体的三点。移位变写为、,最后形成小篆的。其省体,在甲骨文中已经很常见了。林氏引金文而无说,殆从《说文》以"易"为蜥蜴。

首、百,幽韵

《说文》云:",头也,象形。"",古文百也。巛象发,发谓之鬊,鬊即巛也。"按,巛取形,非川字,发谓之鬊,音偶同川耳川古音春,非谓川有发义也。古作召伯虎敦、亦作归夆敦,不象带发形。

评注:"首"字殷墟甲骨文作(《合》6032正),花东甲骨文作(304)、(446)等形,或侧面,或正面,皆象人首并有头发之形。林氏谓古文之"巛"为发形,非"川"字,合并首、百为一字,可从。所引金文""字,标出召伯虎敦(簋),然检五年召伯虎簋及六年召伯虎簋,皆未见,或有误。

自、白,微韵,疾累切

《说文》云:",鼻也,象鼻形。"按,古作曾伯霥匿、作諆田鼎。自象鼻形,古今相承用鼻字,而以自为己为从,犹象人形,相承用为大小字也。《说文》云:",此亦自字也,省自者,詈言之气从鼻出,与口相助。"按,自字中画象鼻上腠理,本无定数。古有字王子吴鼎,亦与自同用,然则即自之异体者、嚋等字皆为詈言,篆从,古并从口。

评注:"自"字殷墟甲骨文作(《合》21734)、(《合》857)、(《合》23429),象鼻子之形,西周甲骨文作(H1:2),已近小篆写法。林氏合、为一字,是,后者即前者之省体。"自"作鼻义,见于甲骨文。"自"因借为己为从,故另造"鼻"字以当之;象人形而用为大小之大,然未造后起字以表示本义,故与"自"字情况并不完全相同。

𦣝,之韵

《说文》云:",顄颔也,象形。,篆文,右又从页。"按,古作伯壶姬字偏旁,作鲁大司徒匿姬字偏旁,象形,中象腠理。或作铸子叔匿,中加点者,犹或作见鲁字曹字各条、女或作

（陈侯鼎云作口，妫四母鼎以母为女字），非别有取象也。

评注：甲骨文《合》18743有字作，其形与“姬”字所从“𦣞”旁近同（《合》33291“姬”字作），或以为象梳比之形，乃“篦”之初文[①]，可从。金文作“”，所加之点乃饰笔。《说文》以𦣞为“颐”之本字，林氏从之，恐非。

函，谈韵

《说文》云：“，舌也，舌体马马，从马，象形，马亦声。”按，古作（不𢽾敦），中象舌理，象舌后县雍垂之形。

评注：“函”字甲骨文作（《合》28372）、（《合》18469），金文近同，象盛矢于箭袋之内，故有函纳之义。小篆作“”，变化较大，其上部之“”为囊之提手变形，框中之“”为倒矢之形。本当隶定为“圅”，隶变作“函”，后者更为通行。林氏引金文而据《说文》为说，非是。

止，之韵

《说文》云：“，象艸木出有址，故以止为足。”按，古作（虢季子伯盘正字偏旁）、作（太保彝征字偏旁），非艸木形，象人足，即趾之本字。《仪礼》“北止”（士昏礼）注：“足也。”《礼记》“奉席请何止”（内则）、《汉书》“四之日举止”（食货志），止皆为足。《汉书·刑法志》“当斩左止”，则为足之指。止本为足，引申为止息之义，足所至也。《说文》云：“，蹈也，从反止，读若挞。”（经传未见，疑即止之反文，不为字。）

评注：“止”字甲骨文作（《合》20221）、（《合》33139）、（《合》13686），象足掌足趾之形。金文线条化后，为小篆所本。林氏以为“非艸木形，象人足，即趾之本字”，又疑“”即“止之反文，不为字”，皆是。其“非艸木形”之说，亦有所本。郑樵《六书略》即已指出其形“象足趾”，徐灏《说文解字注笺》云：“凡从止之字，其义皆为足趾。许以为象艸木出有址，殆非也。……三趾者，与手之列多略不过三同例。”林氏所引《礼记·内则》“奉席请何止”，《十三经注疏》本作“奉席请何趾”，阮元《校勘记》

---

① 参见黄德宽主编：《古文字谱系疏证》，商务印书馆2007年版，第136页。

云:“各本同,石经同,《释文》出‘何止’,云‘本又作趾’。按,《说文》有止字,无趾字。”

菡,微韵,式垒切

《说文》云:“,粪也,从艸,胃省。”按,从艸转注,象形。

评注:此字甲金文未见,睡虎地秦简有之,作,句为“有失伍及菡不来者”,乃通假字,读为“迟”。《玉篇·艸部》:“菡,粪也。亦作‘矢’,俗为‘屎’。”钱坫《斠诠》云:“中之㐅,其形近于矢。”林氏以为菡字象形,殆从钱说。

釆、番,寒韵,音蹯

《说文》云:“,辨别也。象兽指爪分别也。读若辨。”按,象兽足之形。象其掌,象其爪,当即蹯之本字。古作鲁侯鬲番字偏旁。《说文》云:“,兽足谓之番,从釆,田象其掌。”按,古作鲁侯鬲,已掌指爪,其下不当复象掌形,从田者,兽足所践处也,与畽字从田同意《说文》云:“畽,禽兽所践处也。”。番实与釆同字。

评注:“釆”字甲骨文作(《合》4211反)、(《合》10061),金文承之,为“番”之本字,后又有益“足”作“蹯”者。《左传·宣公二年》:“宰夫胹熊蹯不孰。”林氏合“釆”、“番”为一字,是,诸家多有从之者。“已掌指爪”句,当作“已象掌指爪”,脱一“象”字。

叒,模韵,乃暮切

《说文》云:“,日初出东方汤谷,所登榑扶桑,叒若木也。象形。”按,古作师嫠敦,象枝叶之形。《离骚》“折若木以拂日”,以若为之。

评注:“叒(若)”字甲骨文作(《合》818)、(《合》891正)、(《合》20261),象人跪跽并以双手顺发之形,与《尔雅·释言》“若,顺也”之训相同。卜辞每有“上下若”、“上下弗若”之语,“若”即“顺”也。后世文字或因跪形不显,发形讹变而与手形混同,故小篆承之作;或加“口”符以为饰,如毛公鼎作,进一步讹变为从艸从又从口,即《说文·艸部》之“若”。林氏虽知“叒”即“若”字,然以象枝叶之形,非是。

桑，阳韵

《说文》云："，蚕所食叶木，从叒、木。"按，象叶形叶字古以世为之，与形近，从木多其叶，象形所贵在叶，故象其叶。

评注："桑"字甲骨文作（《合》10058）、（《合》6959）、（《合》37562），象桑木之形，因所象枝叶之形与"又"形相近，后遂讹为从叒从木。林氏以象叶形，故解为"从木多其叶"，亦非是。其字头作""，未明所出，殆由叒、木拼合而成。

瓜，模韵，音孤

《说文》云："，象形。"按，象瓜形，当如，变作。

评注："瓜"象瓜生藤蔓之形，甲骨文未见，战国令狐君壶作，象形。林氏作""者，想象之形也。其字头""，亦未注明所出。

乂、艾，泰韵

《说文》云："，从艸乂声。""，芟艸也。从丿乀相交。"按，相交非芟艸之义。古艾字作盂鼎、作弖姜艾敦，非从艸乂。艾乂当同字盂鼎：近余唯命女盂绍艾，艾即乂字。象艾二本之形，篆省作乂耳。变作寽仲艾匜。

评注："乂"字甲骨文作（《合》822 正）、（《合》20786），殆象割艸工具之形，"刈"之初文。大徐本作"从丿从乀相交"，林氏从段注本。"艾"字甲骨文作（《合》8315）、（《合》31267），象以工具割艸。"乂"、"刈"、"艾"皆一字分化，《诗·周南·葛覃》"是刈是濩"，《释文》"是刈"作"是艾"，注云："本亦作刈。鱼废反。韩诗云：'刈，取也。'"林氏所引形，当为""（荧）字。

舜，文韵

《说文》云："，艸也。楚谓之葍，秦谓之藑。蔓地连华。象形。从舛，舛亦声。"按，象形，舛声。

评注："舜"字战国文字作（郭店·穷达2）、（郭店·唐虞6），与《说文》古文作者形近，构形不明，形义关系待考。小篆字形本隶定为"舜"，作"舜"者，乃隶省讹变而成。汉印作（赵舜之印）、（张舜私印），武梁祠画象题字作，可参。林氏以此字为舛声，亦与本卷专论"全体象形"之例有出入。

氒，泰韵，音侩

《说文》云："，木本也。从氏大于末，读若厥。"按，古作盂鼎、作司徒司尊彝、作邾公钊钟，象木始生根形，●亦象种。

评注：大徐本作"木本，从氏，大于末，读若厥。"林氏从段注本，然有脱漏。"从氏大于末"句，段注本作"从氏丁下，本大于末也。"按，大徐本篆作，段氏改篆作，分为"氏""丁"两个部件，故云"从氏下"，非是。"氒"字甲骨文作（《合》10405正）、（《合》10406正），金文竖笔或加点，或加横，皆为饰笔，不从丁。或认为氒为矢桰之"桰"的初文，或认为氒为"久"之古体，氒、久乃一字分化。林氏以为象木始生根形，乃因氏字为说，待考。

民，臻韵

《说文》云："，众萌氓也。从古文之象，，古文民。"按，古作齐侯镈、作洹子器，象草芽之形，当为萌之古文，音转如萠，故复制萌字。草芽蕃生，引伸为人民之民，其转音则别为氓字萌氓古同音，然亦假萌为氓。《史记》"奸巧邉萌"三王世家、《上林赋》"以赡萌隶"，皆是。

评注：《说文》小篆作，古文作，略异。甲骨文"民"字作（《合》13629）、（《合》18272），从目，金文亦有从目作者，例如何尊"民"字作。"民"字古形象以锐器刺目，使之致盲，以为奴隶。古代之民，本指奴隶。林氏以为象草芽之形，当为"萌"之古文，人民义乃其引申，似不可据。

不、丕，之韵，音鄙

《说文》云："，鸟飞上翔不下来也。从一，一犹天也。象形。"按，与鸟形不类。周伯琦云："鄂萼足也。"萼足谓之柎《补亡诗》"白华绛柎"。不之韵、柎遇韵，双声旁转。

《诗》“鄂不韡韡”常棣，笺云：“不当作柎。柎，萼足也。”《左传》“三周华不注”成二年，山名华不注，亦取义于华柎。古作叔家父匡、作邾公华钟，象形。《说文》云：“，大也。从一不声。”按，从一无大义。不字古或作不隆矛，丕字隶亦作，当即字，变●为一，或移置“不”下，丕、不实同字也。凡“丕显”字，经传多作“不显”，诸彝器亦皆以不为之。

评注：“不”字殷墟甲骨文作（《合》20572）、（《合》6834 正）、（《合补》38 正），西周甲骨文作（H1：84）。本只作，下引三曲笔，象根须之形，后增形作、，为后世所承。诸家多以为“不”乃萼足即“柎”之初文，可从。《通志·六书略》：“不，音跗。象华萼蒂之形。”王国维《观堂集林》：“不者，柎也。”高鸿缙《中国字例》云：“不，原意为鄂足，象形字，名词。后借用为否定副词，日久而为借意所专，乃另造柎字以还其原。”“不”、“丕”一字分化，林氏所论亦可从。

广，谈韵

《说文》云：“广，因广为屋也，象对刺高屋之形，读若俨然之俨。”按，古作伯要敦府字偏旁、作虢季子伯盘廟字偏旁，∩象交覆，广象半覆。广即檐之古文。广、檐古同音。

评注：甲骨文作（《合》1899 正“庞”字偏旁），未见单独使用。后世有些从“广”的字，甲骨文写作从“厂”，如“庶”字西周甲骨文作（H1：74）。“广”“厂”二者表意相同。徐灏《注笺》云：“因广为屋，犹言傍岩架屋。此上古初有宫室之为也。”林氏以为“∩象交覆，广象半覆”，可从。

屋，遇韵，音欲

《说文》云：“，居也。从尸，尸所主也。一曰尸象屋形，从至，至所止也。屋室皆从至。”按，所主之尸，古作，此象屋形，当与不同字，下从至兼殷列指事。

评注：“屋”字所从之尸，林氏从《说文》一曰之义，以为象屋形。其说是，然有未尽。按此“尸”当为讹变而来。战国文字“屋”字作（《玺汇》3143）、（《望山》2·15），与《说文》古文近同。其上所从，与西周金文“斁”字（《斁父甗》作、《召卣》作）所从相同，都是“青”字。“青”

字从丰从宀,会以草苫盖屋顶之意,为“屋”之初文。① 这个“青”字在金文中或省为,如《儹匜》字作,其上之,可讹变为,故《说文》“屋”字籀文作,小篆再省籀文之“厂”符,遂成字。云梦秦简“屋”字作(《日乙》112),即此省略之形,与小篆相同。要之,“屋”字所从之“尸”,乃“青”形之讹变,“青”即“屋”之初文。“青”、“屋”实一字之孳乳。②

亘,寒韵

《说文》云:“,求也。回,古文,象回之形,上下,所求物也。”按,亘训辗转求物,说无他证。古作洹子器洹字偏旁、作尌仲敦趄字偏旁,当为垣之古文,象垣墙缭绕之形。亦作、虢季子伯盘宣字及趄字偏旁。

评注:按,“亘”字小篆作,大小徐及段注本皆同。大徐本云:“求也。从二从。,古文回,象回形。”小徐本“古文回”前少一“”字,余同;段注本“求也”作“求回也”,“象回形”作“象回回之形”,余同。林氏改篆作,故说解中将“”作隶作“”,“回,古文”亦承前句“”形而来,然以“回”为古、“”为今,实则本末倒置了。“亘”字甲骨文作(《合》7076 正)、(《合》12050),象回转之形,或加横笔为饰,作(《合》6949 正)、(《合》23431)、(《合》20985)等,结合金文字形笔势来看,小篆作,当为有据,林氏改篆作,似不可从。其形所象,乃回转之形,然是否象水中漩涡回转之形,抑或如林氏所云“象垣墙缭绕之形”,实难以确定也。

原载《福建师范大学学报》2012 年增刊

① 参见黄德宽主编:《古文字谱系疏证》,商务印书馆 2007 年版,第 957 页。
② 同上书,第 961—963 页。

《文源》卷二选评①

闽籍学者林义光所著《文源》,运用商周金文、小篆和秦汉金石文字等资料研究汉字本形本义,自 20 世纪 20 年代面世以来,颇得学界重视。全国高校古籍整理项目及国家社科基金项目都有课题涉及《文源》研究, 2012 年 3 月,中西书局影印出版了《文源》,上海古籍出版社也与笔者签订了出版《文源》标点本的合同,说明《文源》的价值确实受到了学术界的肯定。但从具体涉及《文源》评价的有关论著来看,目前学界对《文源》的认识还不够全面,甚至还有些误解。为了全面考察《文源》的价值,首先必须对《文源》进行逐条评注,评其得失,注其未备,是其所当是,非其所当非。在评注的基础上来评价《文源》,将会更加全面和准确。下面从《文源》第二卷中选出若干条目予以评注,主要运用出土古文字资料,对林氏之说进行疏证。条例是先录原文,后加评注。学识所限,不当之处,请方家不吝赐正。

身，臻韵，音信

《说文》云:"身,从人,申省声。"按,"申"古作叔鼎,"身"古作通禄钟、作邾公牼钟,不从"申"省。象人腹,即象身形,一,地也。或作楚公镈,不兼象

① 基金项目:国家社科基金项目"从郑樵到林义光:区域文字学研究案例考察",项目编号:12BYY068;全国高校古籍整理项目"《文源》的疏证与研究",批准编号:0914。

地。亦变作禹敦、作檀伯器乙。

评注：林氏引《说文》从段注本。“身”字甲骨文作（《合》822 正）、（《合》13713 正）、（西周 H1:64），象人身而大其腹，乃怀孕之形。《诗·大雅·大明》：“大任有身，生此文王。”毛传：“身，重也。”郑笺：“重谓怀孕也。”林氏以为“身”字不从申省，是也。

千，臻韵，音亲

《说文》云：“，十百也。从十，人声。”按，从“十”则十百之义未显。“十”古作，“千”古作多父盘、作盂鼎，不从“十”。“千”“身”古音近，当即“身”之省形。“”亦象人形，固可省为“”也。

评注：“千”字甲骨文作（《合》11473）、（《合》32008），从人而加一横画以为别，并因人以为声[①]。林氏以为千从身省，非是。

页，幽韵，音首

《说文》云：“，头也。从百，从儿，古文䭫稽首如此。”按，古䭫首字彝器屡见，皆作“首”，不作“页”。页，偏旁所用，亦以头为义。字作静敦“显”字偏旁，象人形，象其首。或作舀鼎“䭫”字偏旁，从“首”。

评注：“页”字甲骨文作（《合》22215）、（《合》22215），象人跪跽之形而突出其首。林氏云“古䭫首字彝器屡见，皆作首，不作页”，当是，然就偏旁而言，首、页则可通用，故云：“页，偏旁所用，亦以头为义。”

𡿺，宵韵

《说文》云：“，头䯏髓也。从匕。匕，相匕比箸著也。巛以象发，囟象𡿺脑形。”按，相比于脑义不切。“”即“”之反文，犹艮、印、顷皆以“匕”为“人”字，当作，如人戴脑，于象形方合。

评注：“𡿺”字古文字材料未见之，所从之“匕”，或以为乃“刀”形，作

---

① 参见于省吾：《释古文字中附划因声指事字的一例》，《甲骨文字释林》，中华书局 1979 年版，第 451 页。

声符用。林氏以为"匕"即"人"之反文,可备一说。然谓字当作,如人戴脑,则于古无征。

亹,微韵,音眉,又文韵,音门

《说文》云:"亹,血祭也。象祭灶也。从爨省,从酉,酉所以祭也。从分,分亦声。"按,"亹"为祭灶无他证,此依小篆从"爨"说之,恐非古义。古作邾公钊钟,象人面上眉下须之形。诸彝器眉寿字皆以"亹"为之,实与"眉"同字,借义乃为血祭耳。"亹"古音如"门"《诗》"凫鹥在亹"("亹"即"亹"字),笺云:"亹之言删门也"。《汉书·景武功臣表》"先登石亹",即"石门",与"眉"双声对转。亹亹之"亹",音"尾"。《周礼》"共其亹鬯"鬯人,郑司农读"亹"为"徽""徽"从"微"得声,古与"微"同音。"尾"与"徽"即"亹"对转之音,古与"眉"同音。"亹"或作都公諴簠,省作郑友父鬲。从,形近于"皿",因讹从"皿",作铸子叔簠。"皿"与"血"古通用"盉"字古或从"血";"监"字古或从"皿",亦与血祭之义相应,故变作杞伯敏壶、作无叀鼎,移血于下此从"血","亹"省声,与"亹"分为两字。或作脖侯盘。

评注:林氏所举金文字形,皆"湏(沬)"(大徐本《说文》荒内切,《集韵》呼内切,音 huì)字,非"亹"字,林氏误。《说文》云:"沬,洒面也。从水,未声。湏,古文沬从页。"甲骨文作(《合》31951),象人散发而伸手就皿洗面之形,金文繁简不一,其作者,乃其繁文,字从双手持倒皿洒水,从页,会倒水洗面之意。诸彝器用为眉寿字,乃音近假借也。

须,遇韵

《说文》云:"须,颐下毛也。从页、彡。"按,古作易叔盨,象面有须形。

评注:甲骨文作(《合》17931)、(《合》816反)、(《合》35302),象人面有胡须之形。胡须本与头部(页)相连,小篆割裂,变从页、彡。

齿,之韵

《说文》云:"齿,象口齿之形。止声。"

评注:"齿"字甲骨文作(《合》3523)、(《合》13649),战国中山王壶作,上部加"止"为声。林氏无说,殆从《说文》。

辰，文韵

《说文》云："，震也。三月昜阳气动，靁电振，民农时也，物皆生。从乙、匕，厂声。辰，房星，天时也。从二，二，古文上字。"按，古作大敦"侲"字偏旁，实"唇"之古文，象上下唇及齿形。又作肆叀彝乙、作寠友辰尊彝乙。

评注："辰"字甲骨文作（《合》13262）、（《合》20896）、（《花东》379反），金文承袭甲骨文，象蜃之形，乃"蜃"之初文。"蜃"在古代用为耕器，《淮南子》云："古时剡（音 yǎn，削）耜而耕，摩蜃而耨（音 nòu，除草）"，"农"字亦从辰，皆可证。《说文》以"震"释之，乃属声训。林氏以为"唇"之古文，象上下唇及齿形，非是。

舌，泰韵，所害切

《说文》云："，从干、口，干亦声。"按，干口为舌，非义，"干"亦非声。"函"为舌，象舌形，而中从"干"见"函"字条，则亦象口上舌形。古作盂鼎"𩡧"字偏旁。

评注：甲骨文"舌"字作（《合》14949）、（《合》15154正）、（《合》2201）、（《合》9472），象口吐舌形，旁点为唾液，所从之"干"乃增笔而成，可见本非从干。林氏以为"干口为舌，非义，干亦非声"，字"象口上舌形"，皆是，然以"函"字为证，则非。"函"象纳矢于箭袋之形，与"舌"无关。

㔾，谈韵，音范

《说文》云："，嘾也，艸木之𠌶未发函然。象形，读若含。"按，与艸木花形不类。""函"同音，疑与"函"同字，舌也。象伸舌，象颐连颈之形。"马"象舌又象颐，故"颐"谓之"颔"，与"马"同音，恐古文亦为"马"也。

评注："㔾"亦书作"马"，似未见于商周古文字。在战国文字中，多作声符用。如"犯"字云梦秦简作（日乙142），"笵"字秦印作（珍秦127）、（珍秦115）。上部多为填实，以别于卩；偶为框廓，为小篆所本。关于"马"之本义，《说文》以为象艸木之花未发，林氏以为与函同字，舌也。按卷一"函"字条，林氏引不𡢁簋之以证"函"象舌形，谓"中象舌理，象舌后县雍垂之形"，与本条"象伸舌，象颐连颈之形"不同，然皆不可信。又因“马”字写法特殊，故又有以为“构形不明”者。[1] 今按“圅”字甲骨文作（《合》28372）、（《合》18469），象盛矢于箭袋之内，故有函纳之义。小篆作“”，其上部之“”为囊之提手变形，框中之“”为倒矢之形，演变的轨迹十分清楚。以此观之，则“马”乃“圅”之简省分化，犹如“虍”为“虎”之简省分化一样，故《说文》、《文源》所解皆非。

孔，东韵

《说文》云：“，通也。从乙、子。乙，请子之候鸟也，乙至而得子，嘉美之也，故古人名嘉，字子孔。”按，以乙至得子为嘉美，说已迂曲，且非“孔”字本义。孔，通也，古作曾伯簠匿，本义当为乳穴，引申为凡穴之称，象乳形见“乳”字条，就之，以明乳有孔也。

评注：“孔”字甲骨文未见，金文从子，右上为指事符号，后演变为乙。郭沫若《金文丛考》云：“乃指示小儿头角上有孔也。故孔之本义当为囟，囟者象形文，孔则指事字。引申之，则凡空皆有孔，有孔则可通，故有通义。”其所可从。《说文》释“通”为引申义。林氏以为本义当为乳穴，“象乳形，就之，以明乳有孔也”，联系“乳”字，亦有一定理据，可备一说。

乳，遇韵，尼愈切

《说文》云：“，人及鸟生子曰乳，兽曰产。从孚、乙，乙者乙鸟。《明堂》、《月令》：乙鸟至之日，祠于高禖以请子，故乳从乙。”按，以“孔”字义推之，“乳”本义当为人乳，象抚子就乳形。

评注：大徐本“乙鸟”作“玄鸟”，林从段注本；未引古文字，其字头作者，乃据“孔”字作而推出。按甲骨文作（《合》22246），象怀子哺乳之形。林氏谓乳字“象抚子就乳形”，其意与甲骨文暗合，然以“人乳”为本义，则转为名词，似歉周密。

---

① 参见黄德宽主编：《古文字谱系疏证》，商务印书馆 2007 年版，第 3909 页。

要，宵韵

《说文》云：“，身中也，象人要（腰）自臼之形。从臼。，古文。”按，古作（伯要簋）、作（洹子器“寠”字偏旁），象女自约两手于腰之形，卣声。“卣”（幽韵）“要”（宵韵）双声旁转（《诗·七月》篇以“葽”与“蜩”为韵，则“要”音转如“卣”）。

评注：大徐本小篆作“”，林氏所书略异。按段注本改篆作“”，林氏未从之；“古文”之“”，亦林氏所隶定，与大徐本、段注本皆不同。可见个别情况下，林氏亦有不从段注者。林氏所录伯要簋等字形，学界多以为“娄”字，非“要”字。根据现有资料，《说文》标为古文的“”（林氏作，略异），与睡虎地秦简（日甲73反）之构形相同，亦见于马王堆简帛文字[①]，颇有踪迹可寻。小篆作者，来源不明，故段注本改篆作“”，并云：“按各本篆作……浅人所妄改也。今依《玉篇》、《九经字样》订，顾氏、唐氏所据《说文》未误也……上象人首，下象人足，中象人腰而自臼持之，故从臼。必从臼者，象形犹未显人多护惜其腰故也。”如段说不误，顾氏、唐氏所据《说文》“要”作“”形，则与汉碑《斥彰长田君断碑》之“”字的构形相同，区别只在篆隶笔势不同而已，移用段氏的形义分析，也完全适合。据段注，《汉书·地理志》有这种写法的“要”字，汉碑又见此字，说明《说文》成书前后都有这样的“要”字。汉人有以隶作篆者[②]，则大徐本小篆或为“”之转写，乃为汉篆也[③]。

寅，臻韵

《说文》云：“，髌也。正月昜（阳）气动，去黄泉，欲上出，侌（阴）尚强也。象宀不达，髌寅于下也。”按，“寅”无黄泉上出之象。古作（师䍙父鼎）、又作（史僰壶），即“胂”之古文，夹脊肉也。“胂”古音如“寅”，故《易》“列其夤”（《艮卦》，马注：“夹脊肉也”），以“夤”为“胂”。象肩髆脊胫之形，两手自约于胂，与“”（要）字同意。形变作（陈猷釜）、作（陈逆簋）。

---

① 见陈松长编著：《马王堆简帛文字编》，文物出版社2001年版，第108—109页。

② 参见赵平安：《〈说文〉小篆研究》，广西教育出版社1999年版，第2页。

③ 参见林志强：《汉碑俗字缀述》，《中国文字学报》第二辑，商务印书馆2008年版。

评注:"寅"字甲骨文作（《合》8085）、（《合》35726）、（《合》37992）、（《合》35575）等形,初作矢,或在矢形上加指事符号。朱芳圃《殷周文字释丛》云:"寅甲文早期作,晚期作,口为附加之形符,所以别兵器之矢于干支之寅也。间有作两手奉矢者。入周以后字形顿异,要皆两手奉矢形之演变也。由音言之,古矢与寅读同纽双声,脂真对转。"于省吾认为"寅"亦附划因声指事字,"寅字的初文,系借用弓矢的矢字,所谓造字假借……古音矢与寅双声,矢属审纽三等,寅属喻纽四等,并读为舌头"。"寅字的造字由来,假借弓矢之矢以为寅。后来因为矢与寅用各有当,故于矢字的中部加一方框,作为指事字的标志,以别于矢,而仍因矢字以为声。当然,寅字后来讹化滋甚,与矢字大有出入,已脱离了指事字的范畴。"[①] 按朱、于二说,最为近是。林氏以为"胂"字古文,非是。所录陈逆簠字作,林氏所摹略异。

脊,蟹韵,咨夷切

《说文》云:",背吕脊也。从𠬝、从肉。"按,象脊肋之形,从肉兼转注。《说文》云:",背吕也。象胁肋形,读若乖。"经传未见

评注:"脊"字商周古文字未见。睡虎地秦简作（法律答问 75）、（日甲 80 背）,与小篆近同。古玺有字作（《玺汇》1730）,从肉,朿声,或以为即"脊"字,秦简、《说文》"脊"之上部皆"朿"之讹变[②],若是,视为声符意化可也。《文源》字头之,乃林氏以古文字之笔势书之,当不可据。"𠬝"字条"读若乖"三字大徐本无,林氏从段注本。

叉、丑,幽韵,音丑

《说文》云:",手足甲也。从又,象叉形。"按,古作叉彝,象手有指爪形。《说文》云:",纽也。十二月万物动,用事。象手之形。日加丑,亦举手时也。"按,古作庚嬴尊彝,与"叉"同形,即"叉"字。"丑""叉"古同音。

---

① 于省吾:《释古文字中附划因声指事字的一例》,《甲骨文字释林》,中华书局 1979 年版,第 453 页。

② 参见黄德宽主编:《古文字谱系疏证》,商务印书馆 2007 年版,第 2074 页。

或作 貉子尊彝癸，省 。

评注：甲骨文“叉”字作（《合》36902）、（《英》2562 正），从又而加点；“丑”字作（《合》32320）、（《合》34931）、（《合》20400），突出其手指之弯曲，似用力折扭状，学者多以为“扭”字初文。叉、丑皆取象于手形，以其情状之异而为不同之字，当属“同象异字”之例。林氏以为叉、丑同字，后则分化，可备一说。“日加丑”大徐本作“时加丑”。

骨，微韵，音贵

《说文》云：“，肉中核也。从冎有肉。”按，者，骨形，象肉附于。

评注：“冎”为“骨”之初文，甲骨文作（《合》18837）、（《合》3236），象骨架之形，林氏谓“者，骨形”，可谓暗合。战国时加肉作（《玺汇》1672）、（睡虎地秦简·日甲 55 背），《文源》字头乃林氏据“肉”字古形而推出，与古不类。

肎，蒸韵

《说文》云：“，骨间肉肎肎箸著也。从肉，从冎省。”按，肉附，象骨肉之间。

评注：“肎”即“肯”字。西周早期的仲肯父鼎作（《商周金文资料通鉴》02390），战国楚简作（清华大学藏竹简《皇门》）（参见陈斯鹏、石小力、苏清芳《新见金文字编》131 页），战国玺印文字作（《玺汇》1473），从肉，从冎。或省作（《玺汇》3963）、（睡虎地秦简·封诊式 92），为小篆所本。为冎之省，林氏谓象骨肉之间，非是。其字头亦据“肉”字古写法而推出。

尾，微韵

《说文》云：“，微也。从到倒毛在尸后，古人或饰系尾，西南夷皆然。”按，古作 犀伯鱼父鼎“犀”字偏旁，从“尸”犹从“人”，“”象体后系尾形。

评注：“尾”字甲骨文作（《合》136 正），象人后饰系尾形，林氏谓“从尸犹从人，象体后系尾形”，可从。

也，歌韵，音它

《说文》云：“，女阴也。从乀，象形，乀亦声。”按，“也”为女阴无所据。当为首施之“施”本字（“施”从“也”得声，古与“也”同音）。《后汉书·邓训传》“首施两端”，施，尾也。《通志·氏族略》“鲁公子尾字施父”。又曳谓之“拕”，马尾鞔谓之“鞔”，皆与“施”同音而有尾义。古作（归夆敦），象兽尻后着尾形，象尻，与（諆田鼎“驭”字）从同意。象手持鞭，亦马后也。或作（聊也人鼎）、作（齐侯匜）。

评注：“也”字的问题，历来聚讼纷纭，《说文》释为“女阴”，或以为“匜”字之变，或以为“它”字之变，林氏则以为“施”之本字，迄无定说。今赖有战国时期古文字材料的大量发现，始有理据较强之新论。按晚周栾书缶作，楚简文字作（郭店楚简·语丛三），与《说文》所录秦刻石“”字同构。其形体演变自而而而而，环环相扣而皆有文字材料可证，翔实可信；其结构可分析为从“口”，另一曲笔为指事符号，当与口气之意有关，为表语气停顿之专字。有关论著可参考黄德宽《说“也”》①、何琳仪、房振三《“也”、“只”考辨》②、黄德宽主编《古文字谱系疏证》等③。《文源》“从乀，乀亦声”五字大徐本无，林氏从段注本。所引古字及其变体，乃“它”或“匜”字，林氏释为“象兽尻后着尾形”，可商。

異，之韵

《说文》云：“，分也。从廾、畀。畀，予也。”按，“予”与“异”义无涉。古作（归夆敦）、作（趩尊彝“趩”字偏旁），变作（邾公华钟），不从“畀”，当为“翼”之古文，象头、颈、身、尾（枝尾）及两翼形。

评注：“異”字甲骨文作（《合》2274正）、（《合》27349），杨树达《积微居金文说》云：“甲文異字作人头上戴物，两手奉之之形，異盖戴之初字。戴从 者，加声旁耳。”罗振玉《增订殷虚书契考释》谓“異”字古金文

---

① 香港中文大学中国文化研究所、中国语言及文学系编：《第三届国际中国古文字研讨会论文集》，问学社有限公司1997年版。

② 北京师范大学民俗典籍文字中心编：《民俗典籍文字研究》第三辑，商务印书馆2006年版。

③ 见该书第2304页。

"象人举手自翼蔽形"。按杨、罗两说相较,杨说为优,可从,林殆据罗说。所录邾公华钟之,为"畢"之异文。

風,侵韵,音品

《说文》云"，八风也。东风曰明庶风,东南曰清明风,南方曰景风,西南曰凉风,西方曰阊阖风,西北曰不周风,北方曰广莫风,东北曰融风。风动虫生,故虫八日而化。从虫,凡声。"按,从"虫"于风义不切。,象形,非"虫"字犹"臼"象儿头、"田"象木果之例。""象穴"泉"小篆作""，""亦穴形,""象风出穴形宋玉《风赋》云:"空穴来风",与""云""雷同意,凡声。

评注:"风"字乃由"凤"字分化讹变而来,林氏以"风"所从之""象风出穴形,非是。按甲骨文原以"凤"为"风",作(《合》34036)、(《合》133339)、(《合》21019)等形,象凤鸟高冠修尾之形,后加"凡"为声,作(《合》30258),其中或有增画凤尾之珠毛纹饰者。西周金文将凤尾纹饰与凤体分离,并移置声符"凡"之下,写作""(《集成》2752)。""形右旁之"",为后代"风"字之滥觞。三个珠毛尾饰省其二,则作""。""再省尾饰之下部,则成《说文》古文之"";其"凡"字右边旁出一笔,乃战国楚文字之特殊写法,楚简文字常见之。楷书之"凬",即是源自""形。""形若省尾饰之上部,则成楚帛书之""。""形所从之尾饰下部,其形如古文"虫"字,《说文》"风"字小篆从"虫",即因此而误。此误积非而成是,经过隶变逐渐发展成楷书繁体之"風"。《说文》误认古文"凬"从"日",小篆"風"从"虫",故综合两者而解为"风动虫生,故虫八日而化。"其说不足为据。[①]《文源》字头之"",当林氏依例推写,然与秦简作(日甲79)者结构近同。

保,幽韵,音裒

《说文》云:"，善也。从人,采省。采,古文孚。"按,古作克鼎彝,即

① 参见曾宪通:《释"凤"、"凰"及其相关诸字》,《中国语言学报》第八期,北京语言文化大学出版社1997年版;林志强:《古本〈尚书〉文字研究》,中山大学出版社2009年版,第30—31页。

"緥"之古文,小儿大藉也。象緥形,子在其上,人襁负之。或作 遣尊彝,从任转注,或增作 司寇良父壶,或省作 保林父敦。《诗》"佛时仔肩"敬之,"仔"当作,即"保"字,故训为"任"。《说文》谓"仔"从人,子声,于古无征,恐无其字。

评注:"保"字本作大人背负小孩之形,商代甲金文作(《合》18970)、(保父己斝)、、(保鼎),负子之意显豁。简省作(癸爵)、(且辛父庚鼎)、(《合》16431),省手臂之形;或作(西周 H1:50),手臂只作一撇;或又增繁作(西周 H1:16),增加"玉"旁,林氏引遣尊彝之,解为从"任",非是。后世则在手臂为一撇的基础上加"子"之左边一笔以求对称。林氏推测的"(仔)",当以作为是。

质,微韵,之费切

《说文》云:",以物相质。从贝,从所。阙。"按,本义当为椹质之"质"。贝古作,象椹形,二斤并运于上也。"鼎"古作"鼑",上象鼎耳及鼎腹,亦非"贝"字,而形同"贝"。

评注:"质"字西周井人妄钟作,古玺作(《玺汇》1044),侯马盟书作、,诅楚文作,秦简作(云梦·法律答问 148),上从"所"或""。或以为所从之乃"折"字省体,如"悊(哲)"字古玺多作(见《古玺文编》二·四),所从之"折"正作,其作"所"者乃误左边之省体符号为重文符号而成,"质"字实为从贝折声之字(参见张桂光《古文字考释四则》,《华南师院学报》1982 年第 4 期)。又或以为左边二笔仍为重文符号,"质"为会意字,以贝币、斧斤为抵押之意。就文字材料而言,当以前说为长。林氏以为椹质之"质",殆本朱骏声《说文通训定声》。字头未列出处,然与井人妄钟作者近同,可谓暗合。

主,遇韵,知庾切

《说文》云:",镫中火主也。,象形,从,亦声。"按,象镫形,象火形。《说文》云:",有所绝止,丶而识之也。"按,此"主"之偏旁,不为字。

评注:"主"字商周文字未见,战国文字作(《上海博物馆藏印选》28)、(云梦·效律 17),与小篆同。《说文》灯炷之说,其形近之。或谓主为“示”之分化字,则其形可追溯至甲骨文。[①]

業业,叶韵

《说文》云:“業,大版也,所以饰县钟鼓〔“饰”谓“饰于栒”。《诗·有瞽》篇“设业设簴”,传云:“大版也,所以饰栒为县也。”〕,捷业如锯齿,以白画之,象其鉏铻相承也。从丵,从巾,巾象版。”按,晋公盦“業”字,当即“业”之繁文。“業”象全虡上有饰版之形。“業”字象鼓鼙在虡上形,亦以木为簴足,则“业”下当非“巾”字。

评注:根据出土实物和文献记载,“虡”和“业”皆为古代钟架的主要构件,用以悬鼓磬,其竖者曰虡,横者曰栒,栒上加大版曰业,上有参差不齐的崇牙,以为悬挂钟鼓之用。小篆之“業”,上体是形如锯齿的大版,下体是人形的省变,仍是虡上着版之象。《尔雅·释诂》:“大版谓之业。”《释名·释乐器》:“筍上之版为业,刻为牙,捷业如锯齿也。”因知“业”字的古训与形义完全密合。林氏以为业象虡上有饰版,业下非“巾”字,皆甚确。[②]

由以上数例可知,林义光《文源》取材古文字资料来疏证《说文》,其思路和做法是很正确的。就其具体结论而言,以现在的眼光来看,有许多地方仍然颇具卓见,当然也不能超越时代的限制,留下可商榷的地方。我们对于前人的态度,应该一分为二,是其是而非其非,客观辩证地予以评价。

原载《中国文字博物馆馆刊》2012年第2期

① 参见黄德宽主编:《古文字谱系疏证》,商务印书馆2007年版,第982页。

② 参见曾宪通:《从曾侯乙编钟之钟虡铜人说“虡”与“业”》,《曾侯乙编钟研究》,湖北人民出版社1992年版;又见《古文字与出土文献研究丛考》,中山大学出版社2005年版。

《文源》卷三选评[①]

一

闽籍学者林义光所著《文源》,运用当时所能采集到的金文和一部分秦汉金石文字资料研究汉字的本形本义,对《说文》之说多有补正。其书自20世纪20年代面世以来,颇得学界重视,常被称引,说明《文源》的价值确实受到了学术界的肯定。但从具体涉及《文源》评价的有关论著来看,目前学界对《文源》的认识还不够全面和准确。我们认为,为了全面准确考察《文源》的价值,首先必须对《文源》进行逐条评注,评其得失,注其未备,是其所当是,非其所当非。只有这样,才能有根有据地评价《文源》。本文从《文源》卷三中选出若干条目予以评注,主要运用出土古文字资料,对林氏之说进行疏证。条例是先录原文[②],后加评注。学识所限,不当之处,请方家不吝赐正。

---

① 基金项目:国家社科基金项目"从郑樵到林义光:区域文字学研究案例考察",项目编号:12BYY068;全国高校古籍整理项目"《文源》的疏证与研究",批准编号:0914。

② 为省篇幅,省去《文源》原文所标注的文献和古文字的出处以及作者的注释说明,读者可参看《文源》原文;为便印刷,把写法特别的字替换为常见写法。

二

乃，蒸韵，音仍

《说文》云："，曳句，词之难也。象气之出难。"按，"乃"本义为"曳"，假借为词之难，象曳引之形。《广雅》："仍，引也。"《老子》"则攘臂而扔之"，《释文》"引也"，以"扔"为之。古作、作、作。

评注："乃"字甲骨文作（《合》8986反）、（《合》16949反），构形不明，或谓象绳索抛出之形，从"乃"得声之"仍"、"扔"皆有"因仍"之义，或与绳索牵系之义相关。林氏谓"乃"象曳引之形，近之。

竺，幽韵，张肉切

《说文》云："，厚也。从二，竹声。"按，象厚形。

评注："竺"字战国文字有之，作（侯马盟书）、（郭店楚简）。《说文》、《文源》皆以"二"为形符，恐非是。按"竺"可能是"竹"的分化字，"二"为分化符号。盗壶"竹"作（《金文编》第295页），"二"为饰画，可能即以此为分化符号而形成出"竺"。

之，之韵

《说文》云："，出也。象艸过中，枝茎渐益大，有所之也。一者，地也。"按，象上出形。古作、作、作、作。

评注："之"字甲骨文作（《合》2498正）、（《合》12955）、（《花东》7），罗振玉《增订殷虚书契考释》："卜辞从止，从一。人所之也。《尔雅·释诂》：'之，往也。'当为'之'之初谊。"其说可从。林氏谓"之"象上出形，其实同《说文》，乃据后出字形释之，非是。

而，之韵，尼怡切

《说文》云："，须也。《周礼》曰：作其鳞之而。"按，"需""耎"从"而"，皆有下垂之义。菌属之"芝栭"，屋櫋栌之"芝栭"，皆以仰者为"芝"，覆者为“栭”，则“而”者下垂也。古作，象下垂之形。须亦下垂，故引申为“须”。

评注：甲骨文有（《合》412 正）、（《合》10201），或以为即“而”字，象颔下胡须之形，借用为连词，本义罕用。大徐本《说文》释为“颊毛也，象毛之形。”段注本改为“须也，象形。”林氏从之。然林氏又以“下垂”义为本义，“须”为引申义，则本末倒置矣。

耑，寒韵

《说文》云：“，物初生之题也。上象生形，下象根也。”按，古作、作，象两端之形，上即“之”字，下即“而”字。“之”上出也，“而”下垂也。

评注：“耑”字甲骨文作（《合》20070）、（《合》6843），象草木初生，上象枝叶，其形近“之”，下象根须，其形近“而”，林氏以为“上即‘之’字，下即‘而’字。‘之’上出也，‘而’下垂也”，说形近似，然谓字“象两端之形”，反不如《说文》之确。

屰，模韵，音午

《说文》云：“，不顺也。从干下凵，屰逆之也。”按，古作，象逆上之形。

评注：“屰”字甲骨文作（《合》21627）、（《合》20427），象人形之倒逆，前者尤其形象。引申为不顺。林氏谓象逆上之形，非是。

白，模韵，音溥

《说文》云：“，西方色也。侌用事，物色白。从入合二，二，侌数。”按，入二非义。古作，秦刻“因明白矣”，“白”作“”，皆不从“入”“二”。《说文》：“霏，雨濡革也。读若膊。”“白”实与“霏”同字，象物遇湿，魄然虚起之形。

评注：“白”字甲骨文作（《合》20076）、（《合》34103）、（西周 H1:84），构形有多说。郭沫若《金文丛考》云：“此实拇指之象形……拇为将指，在手足中俱居首位，故白引伸为伯仲之伯，又引申为王伯之伯，其用为白色字者乃叚借也。”其说可参。《说文》释形不确，林氏谓“入二非义”，是，然谓“白”与“霏”同字，象物遇湿，魄然虚起之形，似较玄虚，恐非是。

此条用秦石刻文字，可见林氏取材，不限金文，则值得注意。

百，模韵，音溥

《说文》云："，十十也。从一、白。数十十为一百。百，白也，十百为一贯，贯，章也。"按，从一非百之义。古作，当为"白"之或体。、皆象薄膜虚起形。变作、作。

评注："百"字甲骨文作（《合》21247）、（《合》1042）、（《合》34674 正），乃是由"白"加笔而分化的一个字。于省吾《甲骨文字释林》云："百字的造字本义，系于白字中部附加一个折角形的曲划，作为指事字的标志，以别于白，而仍因白字以为声。"其说可从。甲骨文亦有以"白"为"百"者，如"三白羌"即"三百羌"（《合集》293），亦可见"白"、"百"之关系。林氏谓"象薄膜虚起形"，非是。

示，微韵，士配切

《说文》云："，天垂象，见吉凶，所以示人也。从二上，三垂日月星也。观乎天文，以察时变，示神事也。"按，古作、作，三垂，象垂示之多，非日月星。神垂象示人者，故神事从"示"。

评注："示"字甲骨文作（《合》22062 正）、（《合》21405），象神主之形，省作（《合》296），又赘加饰笔作（《合》32086）、（《合》36482）、（《合》27306）等。《说文》日月星之义乃据后起字为说，林氏非之，然又谓象垂示之多，亦非是。

幻，寒韵

《说文》云："，相诈惑也。从反予。"按，反予非义。""象变幻无穷如环相连之形，""与"予"从""同意。予者莫知其所终极，故""在下；幻莫知其所自来，故""在上。

评注："幻"金文作、（孟□父簋），战国文字作（《玺汇》3372），本从"幺"。"幺""玄"本一字，由丝线之细小、色黑引申为悠远、玄妙之义，与幻惑之义相关联，故"幻"当为由"幺"（玄）分化出来的一个字，以加一曲笔为区别。小篆之从□者，当为讹变之形。林氏以“予”之反文为说，谓“予者莫知其所终极，故‘□’在下；幻者莫知其所自来，故‘□’在上”，过于玄虚，不可信。

□㠯，之韵

《说文》云：“□，用也。从反巳。贾侍中说：□，意薏㠯苡实也。象形。”按，反巳无用义。㠯古作□、作□，亦不象薏苡实。□即“始”之本字，象物上端之形。“始”从“台”得声，“台”从“㠯”得声，故“始”与“㠯”同音。始，《说文》云“女之初也。”女实无所谓初。颂鼎“皇母龚始”，“始”即“姒”之本字。古今相承训为“初”，乃假为“□”字也。

评注：“㠯”字又隶定为“目”，后作“以”。甲骨文作□（《合》1024）、□（《合》26）、□（《合》20439）、□（《合》26992），构形有多说。或以为□象耕地之农具，即“耜”之本字，作□者象人用耜形，故训为“用”[①]；或以为□象人手提物之形[②]。前说似较合理。林氏以为□象物上端之形，为“始”之本字，其说过于抽象，当不可从。然以“始”为“姒”之本字，则可备一说。

□巳，之韵

《说文》云：“□，巳也。四月昜气巳出，侌气巳臧藏，万物见，成彣彰，故巳为它蛇，象形。”按，“巳”与“蛇”不同义。“□”本义为“已”，假借以纪月，“□”与“□”古同音，□，尽也，古作□、作□、作□，象物下端之形。经传假“㠯”字为之。

评注：甲骨文“巳”字作□（《合》27650）、□（《合》5874）、□（《合》20810）、□（《合》30761），或以“子”字为之。“巳”、“子”实为同源分化之字，皆象婴儿之形。《说文》云：“包，象人裹妊，巳在中，象子未成形也。”朱骏声《说文通训定声·颐部》“巳”字条下曰：“巳，似也。象子在包中形，包字从之。孺子为儿，襁褓为子，方生顺出为㐬，未生在腹为巳。”林氏以为巳与蛇不同义，是，然以巳之本义为已，象物下端之形，亦流于抽象，当不可从。

---

① 见徐中舒主编：《甲骨文字典》，四川辞书出版社1989年版，第1592页。

② 见黄德宽主编：《古文字谱系疏证》，商务印书馆2007年版，第123页。

𢦔我，歌韵

《说文》云："我，施$_{句}$，身自谓也。或说，我，顷顿也。从戈、𠂹。𠂹，古文垂也。一曰古文杀字。"按"𠂹"为古文"垂"无考。我古作𢦔、作我、作我、作我，义当为"施"。《广雅》："羲，施也"，以"羲"为之。"施"犹"加"也。象交加之形，戈声。"加"与"戈"古亦同音。"加"为口语相加，"我"为凡物相交加，因"我"为借义所专，故通用"加"字耳。

评注："我"字甲骨文作我（《合》21253）、我（《合》6091）、我（《合》26039）、我（《合》36754），象刃部有齿之斧类武器，借为第一人称代词，本义废而借义行。其字形金文以下一脉相承，本为整体象形，《说文》误析为从戈、从𠂹。林氏以为象交加之形，戈声，义当为施，不确。

乍作，模韵，音诅

《说文》云："乍，止亡詈也。从亡、一。一，有所碍也。"按："乍"为"止亡"，其义未闻。古作乍、作乍、作乍、作乍，皆以为"作"字，即"作"之古文，象兴构之形。

评注：大徐本作"乍，止也，一曰亡也。"此据段注本。"乍"乃"作"之初文。甲骨文作乍（《合》20193）、乍（《合》32 正）、乍（《合》13927），变作乍（西周 H1:14），后世相承。其字象以耒起土，其上所从之弯笔，象所起之土块。"作"字古义为耕作，如《周礼·地官·稻人》："掌稼下地，以潴畜水，以防止水，……以浍写水，以涉扬其芟，作田。"郑注"作田"为"治田种稻"，正是"作"之本义，可与卜辞"作田"印证。又如，《易·益卦》："利用为大作"，虞注："大作谓耕播耒耨之利。"《尚书·尧典》："寅宾出日，平秩东作"，注："东作之事，以务农也。"此外，今粤、闽方言，仍把起土、犁地、种植等农活称为"作田"，正是古语之残留，亦可资佐证。[①] 林氏以为即"作"之古文，其说是，然谓"象兴构之形"，则不确。

---

① 参见曾宪通：《"作"字探源》，《古文字研究》第十九辑，中华书局 1992 年版；又见《古文字与出土文献丛考》，中山大学出版社 2005 年版。

帀，叶韵

《说文》云："，匊也。从反㞢而帀也。" 按，"反之" 无 "周匝" 之义。古作、作。匝者，集也。象群集之形。，三面各集于一也。

评注："帀" 字甲骨文作（《合》27894）、（《合》27736），"之" 字甲骨文作，"帀" 非 "反之" 之形，《说文》析形不确。按 "帀" 之构形不明，"师" 字从之，西周甲骨文 "师" 字作（西周 H1：4）可证。周金文多以 "帀" 为 "师"（商代甲骨文则以 "𠂤" 为 "师"），后世则以 "帀" 为周匝义，或一字而分用，或竟是师旅义与周匝义有内在关系，亦未可知。林氏以帀象群集之形，象三面各集于一也，其说虽有玄虚之嫌，然与师旅之群集特征（师者众也）亦有一定关系。待考。段注本 "匊"，大徐本作 "周"；"㞢"，大徐本作 "之"。

求，幽韵

《说文》云："，古文裘。" 按，"裘" "求" 古不同音。"求" 古作、作、作，与 "裘" 作形亦不近。《诗》："熊罴是裘。" 笺云："裘当作求。" 是不以 "裘" "求" 为一字也。"求" 当与 "九" 同字，屈曲也，象揉曲之形。

评注：甲骨文 "求" 字作（《合》14353）、（《合》14350），象多足虫之形，"蠹" 之初文。《说文》"蠹，多足虫也。" 也作 "蛪" 或 "蛷"。甲骨文又简作（《合》28266）、（《合》6057 正），为后世所承。林氏以形、音之异及古籍笺注论求、裘不同字，当是。按 "裘" 字甲骨文作（《合》7922），象裘衣之形，金文加 "求" 或 "又" 为声。古文以 "求" 为 "裘"，当为假借。《说文》以 "求" 为 "裘" 之省，非是。

申，臻韵

《说文》云："，神也。七月侌气成体，自申束。从臼，自持之也。吏以晡时听事，申旦政也。" 按，古作，不象人体，实即 "伸" 之古文，象诘诎将伸之形。

评注："申" 字大徐本小篆作，籀文作，段注本同。林氏以籀文为篆文，殆为从古。甲骨文作（《合》137 反）、（《合》9933）、（《花东》437），象电光闪烁伸屈之形，乃"电"之初文，"神"为其引申义。林氏所说不确。

小，宵韵

《说文》云："，物之微也。从八，丨见而八分之。"按，古作、作，象物少之形。"小"与"少"古同字，故师嫠敦以"小辅"为"少傅"。年稚谓之"少"，实亦"小"义也。亦作。

评注："小"字甲骨文作（《合》19025 正）、（《合》23712），以小点表示微小之意，小点延长为线条，故《说文》有"丨见而八分之"之说。林氏以"小"象物少之形，亦未确。然以"小""少"古同字，则是。

少，宵韵

《说文》："，不多也。从小，丿声。"按，"丿"非声。古作，象物少形，抽去之，则犹少也。《说文》云："，少也。从小，乀声。读若辍。"按，即"少"之反文。"少""尐"亦双声旁转，当与"少"同字。

评注："少"从"小"字分化而来。甲骨文作（《合》21021）、（《合》20948），以四个小点表示，与"小"字一样，后来小点延长为线条。林氏以为"象物少形，抽去之，则犹少也。"乃求之过深。以"少"之"丿非声"，以"尐"即"少"之反文，则皆可从。"尐"音 jié，王筠《说文解字句读》云："沙亦作沚。沚，水少沙见也。是尐与少同义。"章炳麟《新方言·释言》："今惠、潮、嘉应之客籍谓少为尐，读若屑。"

十甲，叶韵

《说文》云："，东方之孟，昜气萌动，从木戴孚甲之象。大一经曰：人头空为甲。"按，古作十，不象人头。甲者，皮开裂也。十象其裂文。《易》："百果草木皆甲宅。"郑注："皮曰甲，根曰宅。"《史记·历书》："甲者，言万物剖符甲而出也。"

评注："甲"字甲骨文作十《合》1079、田（《合》19809），林氏以甲象皮开裂，可备一说。于省吾承朱骏声甲“象戴甲于首之形”为说，证以伯妇簋中右手执戈、左手执盾、首戴盔甲之形的字等材料[①]，似较旧说为优。

刅，阳韵

《说文》云：“，伤也。从刃，从一。，刅或从仓。”按，古作，从刀，象伤痕。变作。

评注：“刅”字甲骨文未见，金文作（刅壶）、（刅觯），从“刃”加一点表示创伤之义，作“创”者为形声结构。中山王壶“创辟封疆”之创作，赘加“立”符。林氏所举字头之，或以为乃“荆”字初文。《说文》“荆”字古文作，其下部之，为形写讹。

只，蟹韵，诸解切

《说文》云：“，语已詈也。从口，象气下引之形。”按，“语止”气不下引。“只”为“歧”之本字。古作，从，象物形，象分歧形。《尔雅》：“中有枳首蛇焉。”《庄子》：“骈拇枝指。”《说文》：“跂，足多指也。”“枝，木别生条也。”《尔雅》：“二达谓之歧。”“枳”“枝”“跂”“歧”并与“只”同音，而由“只”字孳乳。《诗》：“跂彼织女。”传云：“跂，隅貌。”亦取“只”字之形。织女三星，其位恰如“”字也。

评注：“只”字甲骨文未见。根据对战国文字的研究，栾书缶的“也”字作，楚简的“只”字作（郭店简《尊德义》14）、（郭店简《唐虞之道》26“枳”字偏旁），“只”当是从“也”分化而来的一个字[②]。秦系文字作（睡虎地秦简《法律答问》“疻”字偏旁）、（睡虎地秦简《日甲》153背“枳”字偏旁），下部写法更加对称，后世承之。“也”“只”均为语气词，“也”字作“”，从口加一曲笔，象语气下引之形，《说文》释“只”为“从

---

① 参见《释甲》，《甲骨文字释林》，中华书局 1979 年版，第 347—350 页。

② 参见黄德宽：《说“也”》，香港中文大学中国文化研究所、中国语言及文学系编《第三届国际中国古文字研讨会论文集》，问学社有限公司 1997 年版；何琳仪、房振三：《“也”、“只”考辨》，北京师范大学民俗典籍文字中心编《民俗典籍文字研究》第三辑，商务印书馆 2006 年版；赵平安：《对上古汉语语气词“只”的新认识》，2001 年中国社会科学院语言研究所“海峡两岸汉语史研讨会”论文，收入《新出简帛与古文字古文献研究》，商务印书馆 2009 年版。

口，象气下引之形”，故其释形可从。林氏以为“只”乃“歧”之本字，上“口”象物形，下“八”象分歧形。其说恐非，当不可从。

)(八，微韵，音辈

《说文》云：“八，别也。象分别相背之形。”按，古作)(、丿乚。《说文》“平”下、“龚”下、“介”下并云：“八，分也。”“八”“分”双声对转，实本同字。

评注：“八”字甲骨文作)(（《合》14206正）、八（《合》27459）、八（《合》26508），后世相承。字形以两笔相分以示分别之意，林氏以为与“分”同字，当可从。高鸿缙《中国字例》云：“林说是也。八之本意为分，取假象分背之形，指事字，动词。后世（殷代已然）借用为数目八九之八，久而不返，乃加刀为意符（言刀所以分也）作分，以还其原。殷以来两字分行，鲜知其本为一字矣。”

别，泰韵，音拜

《说文》云：“𠛬，分解也。从冎，从刀。”按，古作、作，从斤，象分别形。《说文》云：“八，分也。从重八。《孝经说》曰：‘故上下有八’。”按，经传以“别”为之。疑“”亦有作“”者，形讹为“八”耳。

评注：秦简“别”字作（睡虎地秦简《法律答问》1），与小篆结构相同。甲骨文有（《合》17230正）字，从冎，从刀，结构亦同于“别”。“八”“别”亦同源，故《说文》以重八为“别”。林氏所举吴尊彝及仲尊之偏旁“”，或以为乃“斮”之初文，“斤”为叠加声符[①]。待考。

散，寒韵

《说文》云：“𢿘，杂肉也。从肉，㪚声。”按，“散”为“杂”，无“杂肉”之义。古作、作、作、，从“月”，不从“肉”。“月”即“夕”字，象物形。从支。林象分散形，本义当为分散之“散”。《说文》云：“㪚，分离也。从林，从支。林，分散之义也。”按，经传皆用“散”字。“㪚”即“散”之偏旁，不为字。

---

① 参见黄德宽主编：《古文字谱系疏证》，商务印书馆2007年版，第3632、3646页。

评注:从汉字源流来看,“㪔”字先出,“散”为后起。林氏以“㪔”乃偏旁,不为字,非是。甲骨文有“㪔”字,作(《合》31786)、(《合》29092)、(《合》8183)等,象以手持棍棒扑打树木使分离散落之意,之小点正表示散落。金文作(散车父壶)、(散伯车父鼎)等,树木之形有所讹变,小篆更讹为“𣏟”,故徐锴《系传》解为“象麻之分散也”。金文从肉之“散”,上部所从之,亦当是树木之省。林氏以为所从之肉乃“月”即“夕”字,象物形,恐非是。又林氏所摹陈散戈之,或有讹误,又兼印刷不清,不易辨识。该字《金文编》作(283页)。

丸,寒韵

《说文》云:“,圜圆也。倾侧而转者。从反仄。”按,丸,反仄,非谓“仄”之反,不得作“仄”字反文。本象丸形。疑先作,形变乃作。象抟物为丸,中有凹痕未合形。

评注:“丸”字未见于商周出土古文字。段注:“圜则不能平立,故从反仄以象之。仄而反复,是为丸也。”其说亦嫌迂曲。林氏“疑先作,形变乃作”,则于古无征。或疑“丸”与“夗”为一字分化[①]。待考。大徐本作“圜倾侧而转者”,无“也”字,林氏据段注本。

昆,文韵

《说文》云:“,同也。从日,从比。”按,从比,象浑沌之形,非“日”字。今字以“混”为之。古有,疑即“昆”字。象相混合形。

评注:“昆”字战国文字作(《玺汇》5311)、(睡虎地秦简《为吏之道》25),从“日”无误。段注云:“从日者明之义也,亦同之义也;从比者,同之义。”或谓从日从比,会日日比同之义。[②]说从“日”之义似皆有未恰。林氏以义推之,谓字不从“日”,象相混合形,亦不足信。所录昆疕钟之字,《金文编》作,略异。另出土楚简用“”(郭店·六德28)为“昆”,

---

① 参见刘钊:《古文字构形学》,福建人民出版社2006年版,第126—128页。

② 参见黄德宽主编:《古文字谱系疏证》,商务印书馆2007年版,第3652页。

字从曰，云声，云、昆音近，当是假借字。这种假借用法，亦见于后世传抄古文，参《汗简》。

周，幽韵

《说文》云："，密也。从用、口。"按，"用口"非义。古作、作，从，象物形，、象周匝形。省作，亦作，讹从"用"。

评注："周"字甲骨文作（《合》590 正）、（《合》1086 正）、（《合》6822），象周匝之形。或谓象方格内有刻画之形，乃"雕"之初文。西周时下部增"口"为饰，作（西周 H11：82），上部或讹为"用"，为小篆所本。林氏以有"口"作者为古，以无"口"作者为省，并谓"口"象物形，皆不确。谓从"用"为讹变，可从。

网、两，阳韵

《说文》云："，再也。从冂、从㒳、从丨。"按，古作、作，从二丙相合，象二物相合，各有边际也。或作，误以"丙"为之。《说文》云："，二十四铢为两。从一、网。网，平分也。网亦声。"按，即"网"字，上加"一"者，犹""作""，""作""，""作""，非字有异也。古作。

评注：林氏以为"网"从二丙相合，非是。古代"车"作（吊车觚）形，"网"即取象于车衡缚双轭之形，引申为成双之意。网、两同字，"两"上之"一"为饰笔，《说文》误分为二[①]。林氏以"不""辛""百"等字证"两"上之"一"为赘加，故合网、两为一，是。朱芳圃《殷周文字释丛》云："两，即一网之合文，结构与一白为百相同。《广雅·释诂》：'两，二也。'此本义也。""合文"之说，不若林氏说确切。

丽，歌韵，音罗

《说文》"丽"下云："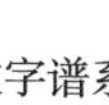，古文。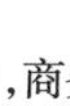，篆文丽字。"按，古作、作，象两

① 参见黄德宽主编：《古文字谱系疏证》，商务印书馆 2007 年版，第 1885 页。

两相附之形。《方言》:"丽,耦也。"此当为"丽"之本义,与"麗"不同字。

评注:"麗"字西周甲骨文作(西周 H11:123),金文作(元年师旋簋,《集成》4279·1)、(《商周金文资料通鉴》05966,《新见金文编》299 页),象鹿角上附有两饰物,故有附丽、丽偶、华丽诸义。"丽"当是从"麗"分化出来的一个字,犹"虍"由"虎"分化之类。林氏谓字象两两相附之形,可从。

三

《文源》卷三为林氏"六书"之"分理象形",共列 82 个字头。以上选择其中的 30 个字头进行评注,可以得出以下几个方面的看法:一是林氏选用古文字材料,不独限于商周金文,亦有取资秦石刻文字者,如"白"字条所论即是;以往学界大多以为《文源》全面使用金文材料疏证《说文》,这种看法是不够准确的。二是林氏根据古文字材料推究汉字之形义关系、字际关系及演变过程,多有可信之说,如谓"丽"象两两相附之形,"小"与"少"、"八"与"分"、"网"与"两"古为一字,"乍"为"作"之古文,"裘"与"求"非一字,又谓"周"从"用"为讹变,其说皆有理据,并可从。三是林氏所论,亦有不少可商榷乃至错误者,如谓"之"象上出之形,"屰"象逆上之形,"示"象垂示之多,"我"象交加之形,"乍"象兴构之形,"只"乃"歧"之本字,上"口"象物形,下"∧"象分歧形,等等,皆不确。又谓"白"与"霏"同字,象物遇湿,魄然虚起之形,"百"象薄膜虚起形,"予者莫知其所终极,故'⺄'在下;幻者莫知其所自来,故'⺁'在上",皆过于玄虚,恐不可信。又如,从汉字源流来看,"㪔"字先出,甲骨文有之,"散"为后起。林氏以"㪔"乃偏旁,不为字,非是。又疑"丸"字"先作◐,形变乃作ᘉ",则于古无征。以"而"的本义为"下垂",引申义为"须",则本末倒置矣。当然,前人的这些缺点,是时代的局限,我们不应苛求。

原载《汉字文化》2013 年第 2 期

字林漫步心得

说“信”

许慎在《说文解字·叙》中说:“会意者,比类合谊,以见指撝,武信是也。”南唐徐锴撰《说文解字系传》,云:“信,诚也。从人言。”并在“信”的两个古文形体后解释说:“三字皆会意也。”可见许、徐二人皆明确地把“信”看成会意字。徐锴之兄徐铉校订本《说文》云:“信,诚也,从人从言,会意。”比小徐本多出“会意”二字。或以为加此二字与《说文》之释会意字只言“从某从某”的通例不合,乃徐铉承其弟之说而加补①,如此说可信,说明徐铉也特别强调“信”为会意字。此后,有关研究《说文》的权威著作,如段玉裁的《说文解字注》、桂馥的《说文解字义证》、王筠的《说文句读》、朱骏声的《说文通训定声》,对“信”字的会意之说均无异议,可见这是一种传统的相当普遍的看法。

会意字通过比合偏旁而成新义。“信”字既为会意字,其字形又以人、言构成,则其形义关系就是“人言为信”。可是从人从言何以产生“信”的意义,许慎没有加以说明,后人予以诠释者,有徐锴和段玉裁两人。徐锴在《说文解字系传·通论》中说:“君子先行其言,然后从之……鹦狌能言,不离禽

① 王筠《说文系传校录》卷五:“案,凡两言‘从’者即会意字,似可不必标题。又𧦒下《系传》云:‘三字皆会意’,或大徐即取以人之信下矣。”(《续修四库全书影印本·经部·小学类》,第470页)桂馥《说文解字义证》“信”字条下云:“会意者,徐铉据徐锴语加之。”(中华书局1987年版,第197页)

兽,言而不信,非为人也。故于文人言为信。”段玉裁则于《说文解字注》中说:“人言则无不信者,故从人言。”徐锴的说法应该更为精到,可惜没被普遍采纳。而段玉裁的话则可能代表了人们对“人言为信”的最一般理解。但只要从一般的逻辑事理来略加推究,就可发现段说在事理上很难自圆其说,因为人有高尚卑劣之分,人言未必都可信。段氏的话疏于深虑,不能很好地解释“信”字的构形理据。

为了避免段氏似的理解在逻辑事理上的漏洞,而徐氏之说或未深入人心,于是人们就另寻出路,因而“信”字又产生了两种新的形义解释:

一、“信”之构造为“形声”说

宋末元初的戴侗在《六书故》中说“信”字“盖从言人声”。清代苗夔《说文声订》云:“信,诚也。从人言。夔按:‘言’下当补‘言亦声’。”则又改为从言声。唐兰可能本此二说,先在《古文字学导论》中把“信”看成从人言声[①],后在《中国文字学》里又改成从言人声[②]。信为心母真部字,言为疑母元部字,人为日母真部字。以信为从言声或从人声之字,在音理上均无大碍。比较而言,从人声似乎更为融通,因为信、人二字声母均为齿音,韵母又相同。而以“信”为形声字,可避“人言则无不信”说的尴尬。

二、“信”之本义为“信使”说

宋代黄伯思和袁文分别在《东观余论》和《瓮牖闲评》中强调“信”为“使人”之意,即今之所谓“信使”。清代徐灏通过字形分析,把“信使”作为“信”的本义。他在《说文解字注笺》中说道:“使人传言,故从人言会意。信使既通,然后知其事实,因有诚信之义。又因之信使所赍之书谓之信也。”这种说法从逻辑事理方面考虑,可以说比“人言则无不信”更为合理,

① 见《古文字学导论》(增订本),齐鲁书社 1981 年版,第 263 页。

② 见《中国文字学》,上海古籍出版社 1979 年版,第 71 页。

可惜此说的文献证据均偏晚。黄伯思所引多为魏晋间碑帖及史书。袁文所引为唐代颜真卿《麻姑仙坛碑》:“有顷信还,但闻其语。”徐灏所引为《魏志·武帝纪》、《公孙瓒传》、《晋书·王濬传》、《毛宝传》等,均非先秦旧典。按“信”字作为“信使”义,当始于汉代。《史记·司马相如传·喻巴蜀檄》云:“故遣信使,晓喻百姓以发卒之事。”又《史记·韩世家》:“陈轸说楚王发信臣。”均为其证。但“信”字在先秦时期早就有之,都没有“信使”之义,所以“使人传言”以会“人言”之意,于字形结构虽为无碍,事理上也算畅达,但于先秦文献无征,不足以说明“信使”可为“信”之本义。〔编按:顾炎武《日知录·卷三十二》有论“信”字意义一条,证“信使”之义非古义,黄汝成集释亦有补说,上文失引,录此以备参:《东观余论》引晋武帝、王右军、陶隐居帖及《谢宣城传》,谓“凡言‘信’者,皆谓‘使人’”。杨用修又引《古乐府》“有信数寄书,无信长相忆”为证,良是。然此语起于东汉以下。杨太尉夫人袁氏《答曹公卞夫人书》云:“辄付往信。”《古诗为焦仲卿妻作》:“自可断来信,徐徐更谓之。”魏杜挚《赠毌丘俭诗》:“闻有韩众药,信来给一丸。”以使人为信,始见于此。[钱氏曰]《晋阳秋》:“胡威后因他信,具以白质。”《三国志·胡质传》注。[汝成案]司马相如《喻巴蜀檄》云:“故遣信使。”是西汉已然。若古人所谓“信”者,乃符验之别名。《墨子》:“大将使人行守,操信符。”《史记·刺客列传》:“今行而无信,则秦未可亲也。”《汉书·石显传》:“乃时归诚,取一信以为验。”《西域传》:“匈奴使持单于一信到国,国传送食。”《后汉书·齐武王传》:“得司徒刘公一信,愿先下。”《周礼·掌节》注:“节,犹信也。”行者所执之信,此如今人言“印信”、“信牌”之信,不得谓为使人也,故梁武帝《赐到溉连珠》曰:“研磨墨以腾文,笔飞豪以书信。”而今人遂有书信之名。(见黄汝成集释、秦克诚点校:《日知录集释》,岳麓书社1994年版,第1144页)〕

以上二说,提供了两种“信”字的形义解释,自有其存在价值。但形声说是对传统会意说的简单否定,信使说又有以今律古之嫌,所以二者都无法从根本上解决“信”字的形义关系问题。

那么,如果仍以“信”为会意字,而其本义仍然是“诚信”,那又如何解释“人言为信”呢?

《老子》云:“信言不美,美言不信。”《谷梁传·僖公二十二年》云:“言之所以为言者,信也。言而不信,何以为言?”《左传·襄公九年》云:“信者,言之瑞也。”又《左传·襄公二十七年》云:“志以发言,言以出信,信以立志。”《论语·子路》云:“言必信,行必果。”这些言论都是从语言的角度来说“信”的,从中可见“信”字从言之理据,其意即指言语不虚妄。由言语之不虚妄,进而可上升为一种道德要求,即“诚实不欺”。《礼记·礼器》云:“忠信,礼之本也。”《论语·学而》云:“信近于义。”《左传·僖公七年》云:“守命共时之谓信。”又《哀公十六年》云:“周仁之谓信。”又《文公元年》云:“信,德之固也。”这些言论又是从道德规范的角度来阐释“信”字之义的,而所谓道德规范,无疑是对人而言的,故“信”字又从人。徐锴说:“鹦猩能言,不离禽兽,言而不信,非为人也。”正道出此中道理。把徐锴所说与上引《谷梁传》“言而不信,何以为言”和《论语》“言必信,行必果”结合起来看,所谓诚信指的就是一种道德标准和要求,因此“信”字从人从言就必须从道德规范的角度来会意,即人言必须诚信,否则就跟禽兽差不多了。“信”字后来成为“仁义礼智信”五常之一,也正是因为它本属于道德的范畴。

“信”字甲骨文未见〔编按:花东甲骨文 61(H3:212 反)有一字作“”,西周㝬叔鼎有“”字,都与《说文》“信”古文“”同构,当是古“信”字〕,大量出现于战国时期,其时的铜器铭文和玺印文字中常可见到,典籍之中就更多了。众所周知,战国时期诸侯力征,不统于王,尔虞我诈,钩心斗角。这是一个丧失了“诚实不欺”等道德要求的社会,其大背景便是“不信”。在这样一个社会里,强调人言必须诚信无疑是一个必然出现的道德理想和要求。一种道德的沦丧必然要呼唤这种道德的振兴,这也许就是社会发展的辩证法吧。“信”字在战国时期大量出现,应该也与此有关。

战国时期,言语异声,文字异形,“信”字也有许多异构。除了从人从言之外,还有从言从身(见中山王方壶铭文等处)、从身从心(见罗福颐《古玺汇编》四六五三)、从人从心(见陈介祺《十钟山房印举》)、从人从口和从言从心(《说文解字》“信”字古文)等不同写法。这些异构可以分为两个系列:从人从言、从言从身、从身从心〔编按,据楚简,从身从心者乃“仁”字,旧误释为“信”〕、从人从心和从人从口可为一列,从言从心另为一列。根据文字意符意义相近可以互换的原则,从身与从人可以互换,从心从口与从言亦可互换，则上述之前一系列的异构可以归并为从人从言。这样，“信”字的主要异构实际上只有两类：从人从言和从言从心。若“信”字只是单表言语不虚妄之意，则其字作从言从心最为恰切，因为心中之言即所谓肺腑之言，以此来表示“诚信”之义，自然明白而无疑义。可是流传下来的正字却是从人从言，这正是因为从人从言更能表达此字所必须包含的属于人的道德内涵。从这里也可以看出，要正确理解“信”的形义关系，就必须考虑“信”字从人的道德原因。

由上可见，“信”字是在一种道德要求的驱动下产生的。古人对“信”字的理解和运用，也主要着眼于道德方面，因而对“信”字形义关系的解释也必须从道德的角度入手，“人言为信”应该理解为一种道德的要求，即人言必须诚信。这样，既可保留“信”字传统的会意之说，又可避免段氏“人言则无不信”的窒碍不通，可谓两全其美。

从“信”字这个例子，我们知道会意方法或角度的不同，造成了会意字形义解释的复杂化，而如能结合会意字产生和存在的历史背景来考察其形义关系，可以纠正一些非字源学的或者其他错误的解释，对汉字学的进一步科学化颇有益处。

原载《福建师范大学学报》1997 年第 2 期

“㚔”字义证

《说文》:“㚔,所以惊人也。从大从羊。一曰大声也。凡㚔之属皆从㚔。一曰读若瓠。一曰俗语以盗不止为㚔。㚔读若籋。”清代《说文》诸大家如段玉裁、桂馥等对此条内容都作过考订,但限于当时条件,所论或有未臻至善之处。今借助前辈时贤之说,对此作进一步梳理探研,冀或有一得之愚。

一

“㚔”字甲骨文作、、等形(《甲骨文编》第424页),起先孙诒让疑为“食”字[①],郭沫若“疑即工若攻之初字”[②],朱芳圃承叶玉森之说,认为是“梏”字,并证以殷墟出土的双手被械之陶俑[③],其他学者,如王襄、董作宾、孙海波、屈万里、张秉权、胡厚宣、于省吾、陈炜湛、赵诚、张桂光等都释为“㚔”(或写作“幸”)。此字在金文材料里写作“”(召伯簋“报”字所从)、“”(师同簋“执”字所从)、“”(中山王壶铭文)等形,在简牍材料中写作“”(郭店楚简“执”字所从)、“”(包山简“罿”字所从)

① 《契文举例》(蟫隐庐印行)下第24页下。

② 郭沫若:《甲骨文字研究上册·释工》(1931年版)。1952年人民出版社印行的改订本已删去。

③ 《殷周文字释丛·卷下》,中华书局1962年版,第154页。

等,因此从字形来看,释“圶”是完全正确的;写作“幸”也未尝不可,但为了与幸福之“幸”相区别,还是写作“圶”为好。

朱芳圃最早提到的殷墟出土之双手被械陶俑,其刑具的正面形象作“”形(见附图),与甲骨文“圶”字的形状正相同。从“圶”的取象来看,其本义即指拘禁罪人之刑具,《说文》云“所以惊人也”,意指使人惊惧之物件(刑具),所解正是本义。可惜在出土文献和传世文献中均未发现“圶”字用作本义的例子。

“圶”字由拘禁罪人之刑具,可以引申为被拘禁的罪人(名词)和抓捕罪人(动词)两个基本义项。这两个基本义项在甲骨文材料中都可得到证明。例如:

丙子卜,今日杀召方圶?(《甲骨文合集》33026)

丙子贞,令众御召方圶?(《小屯南地甲骨》38)

丙子卜,今日杀召方圶?(《小屯南地甲骨》190)

“召方圶”指的是“召方之俘虏”[①],“圶”指披枷带锁之罪隶无疑。“圶”作动词,表示抓捕、捕获之义,这从下列卜辞材料中可以看得很明白:

己巳贞,执井方?弗圶?(《殷契粹编》1163)

贞:亘不果隹执?贞:亘其果隹执?庚午卜,争贞:亘圶?庚午卜,争贞:亘不其 ?贞:亘圶?贞:亘不其圶?(《殷虚文字丙编》304)

“执”字甲骨文作、诸形(《甲骨文编》第424—425页),字形正象以圶钳制罪隶之手,作为动词,即是抓捕之义。《说文》云:“执,捕罪人也。”说的正是本义。以上二例,前者二辞对贞,一正一反,一称“执”,一称“圶”;后者“执”与“圶”共见于一版之中,均可证明“执”、“圶”意义相同或相近[②]。又如:

其圶,允弗及。(《甲骨文合集》5873)

庚辰卜,王弗其圶豕?允弗圶。(《甲骨文合集》10297)

---

① 参见《小屯南地甲骨》,中华书局1983年版,第838页。

② 参见陈炜湛师:《甲骨文同义词研究》,载《古文字学论集初编》,香港中文大学中国文化研究所、吴多泰中国语文研究中心1983年版。

上举《合集》5873“𡴘”与“及”相呼应,其“允弗及”与下句“允弗𡴘”句法亦相同,可见“𡴘”犹“及”也。“及”为会意字,即赶上抓住之义,“𡴘”也是此义。此二例还说明“𡴘”之对象除了人以外,还可引申而及于动物。卜辞还有如下之例:

癸酉卜,亘贞:臣得?王占曰:其得隹甲、乙。甲戌,臣涉舟,延臽(?),弗告。旬有五日丁亥,𡴘。十二月。(《甲骨文合集》641 正)

癸巳卜,宾贞:臣𡴘?王占曰:吉,其𡴘隹乙、丁、甲日[1]。丁亥,既𡴘。(《甲骨文合集》643 正丙)

以上二例大意相同,只是后者较为简略而已。前辞的大意是说:癸酉日占卜,贞问逃亡的臣是否可以抓到?王占卜说:可以抓到,要在甲日或乙日。到甲戌这一天,臣乘船过河,仓促之间,陷在河里,好久也没有人报告。到第十五天丁亥,就把他抓住了[2]。此二例中,前者“𡴘”、“得”前后呼应,后者“臣𡴘”、“其𡴘”的位置与前者的“臣得”、“其得”正相当,综观二者,“𡴘”为“得”,“捕获”之意十分显豁。

《说文》里有几个从“𡴘”之字,与“𡴘”字义有相因,能互相阐发,可以作为“𡴘”字意义的补证。现论列如下:

(一)睪

《说文》云:“睪,目视也。从横目,从𡴘。令吏将目捕罪人也。”据此,睪字的意义就是跟踪追捕罪犯。睪、皋古通,如《战国策·秦策三》“则成睪之路不通”,《史记·范雎蔡泽列传》“睪”作“皋”。《荀子·王霸》“睪牢天下而制之”,《后汉书·马融传》李注亦引“睪”作“皋”[3]。古书中“皋”又与“咎”通。如《左传·哀公二十一年》:“鲁人之皋,数年不觉,使我高蹈。”王引之《经义述闻》:“‘皋’当读为‘咎’,言鲁人不答稽首之咎,数年而犹不自觉,故使我高蹈而来也。古声‘皋’与‘咎’同,故字亦相

① 按,此处“甲日”或释“七日”,恐非。因为癸巳后七日为己亥,非丁亥。

② 参见孙淼:《夏商史稿》,文物出版社 1987 年版,第 507 页。

③ 参看高亨纂著、董治安整理:《古字通假会典》,齐鲁书社 1989 年版,第 710 页。

通。”“睪”、“皋”、“咎”相通,因此舜的臣子“睪陶”,古书又写作“皋陶”和“咎陶”。皋陶之“陶”,魏石经和《尚书》古写本内野本、足利本、上图本(影天正本)和《书古文训》均作“繇”[①]。《尔雅·释诂下》:“繇,道也。”若以“咎繇”之名言之,其意就是“责罚之所由”,亦即“刑狱之道”。这与《尚书》中“皋陶(睪陶)”之掌管刑罚狱讼的身份是相适应的。“睪陶”之得名,即来源于其功能义。[②] 于此亦可见睪字从“㚔”之缘由。

(二)执

《说文》云:“执,捕罪人也。从丮从㚔,㚔亦声。”“执”字字形已见上引,正是将罪人加上手铐的表意字。有关“执”字的讨论,下文还将涉及。

(三)圉

《说文》云:“圉,囹圄,所以拘罪人。从㚔从囗。一曰圉垂也。一曰圉人,掌马者。”按,“圉”字甲骨文既从“㚔”(见《殷虚书契前编》四·四·一),也从“执”(见《铁云藏龟》七六·一),可证“㚔”、“执”同源。

(四)盩

《说文》云:“盩,引击也。从㚔,攴见血也。扶风有盩至县。”按此字见于史颂簋等器,从㚔从攴从血,㚔代表被枷带锁的奴隶,攴为手持鞭杖作敲击状。挞而见血,故有引击意。[③]

(五)报

《说文》云:“报,当罪人也。从㚔,从𠬝。𠬝,服罪也。”吴善述《广义校订》:“从㚔,罪人也。从𠬝,古服字。服其罪曰报。服其罪者,当其罪以定刑也。”《韩非子·五蠹》:“楚之有直躬,其父窃羊而谒之吏,令尹曰:‘杀之!’以为直于君而曲于父,报而罪之。”此“报”字即用其本义。

① 见顾颉刚、顾廷龙辑:《尚书文字合编》,上海古籍出版社1996年版。

② 参见臧克和:《尚书文字校诂》,上海教育出版社1999年版,第583—584页。

③ 参见张亚初:《甲骨金文零释》,《古文字研究》第六辑,中华书局1981年版,第160—161页。

（六）籀

《说文》云："籀，穷理罪人也。从㚔，从人，从言，竹声。"《说文通训定声》："即《周礼》之'读书用法'，今之勘供拟罪也。"《说文解字注》云："按鞫者俗籀字，讹作鞫。古言鞫，今言供，语之转也。今法具犯人口供于前，具勘语拟罪于后，即周之'读书用法'，汉之'以辞决罪'也。"

《说文》所收从"㚔"之字共以上六个，都与抓捕罪人、刑狱诉讼有关，说明"㚔"字的意义确实集中在这一方面，正如徐灏在《说文解字注笺》中所说："㚔之本义，盖谓拘摄罪人，故所属之字，多捕亡讯囚之类。"

随着语言文字的发展，"㚔"字作为独立的文字在后世的书面语中极少使用，只是作为构字偏旁保留在合体字中。然而在某些方言中，"㚔"字似乎还活着，可以为论定"㚔"字的意义提供佐证，很值得注意。比如在闽方言中，表示抓捕罪人意义的动词，福州话读 nieʔ（阳入）、古田、宁德读 niaʔ（阳入）、周宁读 naʔ（阳入）、福鼎读 ŋia（阳入）、莆田读 tiaʔ（阳入）、厦门、泉州、永春、漳州读 liaʔ（阳入）、龙岩读 nie（阳上）、大田读 lia（阳平）、尤溪读 na（平声）、永安读 lɒ（阳上）、沙县读 nã（阳上）、建瓯、建阳读 na（阳入）、松溪读 nɒ（阳入）[①]。这些音读与"㚔"字之音"尼辄切"相比较，有的完全相合，有的虽有所不同，但也基本符合语音演变规律。因此笔者以为闽方言表示抓捕罪人和动物意义的动词，其本字就是这个"㚔"字；"㚔"字的音义完全保留在闽方言中，是一个显然的事实[②]。以前在研究闽方言的著作中，一般用"搦"或"拿"字记录此动词，看来并不确切，应该改为"㚔"。

二

在《说文》所列的"㚔"字的义项中，"一曰读若瓠"一条，诸家多有辨证。段玉裁注曰："五字未详。疑当作'一曰读若执'，在'读若籋'之

① 参见陈章太、李如龙：《闽语研究》，语文出版社 1991 年版，第 116 页。

② 此问题曾请教过陈泽平教授，得到肯定。又承曾宪通、黄光武先生垂告，潮州话表示抓捕罪人及捕猎动物意义的动词亦读 liaʔ（入声）。

下。”徐灏注笺亦以为“读若瓠,当是瓡字之讹”。并引《汉书·地理志》颜师古注曰:“瓡,即执字。”王念孙也对“瓠”、“瓡”、“执”相讹混的情况作了详细的分析。他在《读书杂志·志四之二》中说:

《地理志》北海郡,瓡,师古曰,瓡即执字……韦昭以瓡为诸蜇反。念孙案,瓡与报,皆执字之讹也。隶书执字或作執(见汉淳于长夏承碑),故讹为瓡……《地理志》之瓡,师古以为即执字,正与诸蜇之音相合。而《说文》、《玉篇》皆有执无瓡。隶书执字又与瓡相似,则瓡为执之讹明矣。凡执持之执,《史》、《汉》中无作瓡者,惟县名之执作此字。盖执持之执,隶书作瓡者,人皆知其为执字之讹,故随处改正。惟县名之瓡,不敢辄改,遂相沿至今……又案《说文》羍字,注云读若瓠,一曰读若籥。瓠亦瓡之讹也。隶书瓠或作瓠,执或作執,二形相似,故执讹为瓠①。

何琳仪先生在《战国兵器铭文选释》一文中认为“王氏分析‘执’讹变为‘瓡’的论证,详审可信。除王氏引隶书汉淳于长夏承碑‘执’作‘執’(《隶篇》十·二十)之外,还可用战国文字证明之。战国文字‘丮’或作‘[illegible]’形,与‘瓜’或作‘[illegible]’形(《玺汇》三九八七‘狐’)十分相似,遂使后人误认‘执’从‘瓜’,进而与‘瓡’混淆。”②

要之,诸家以“一曰读若瓠”乃“一曰读若执”之讹,是完全有理由的。上引《殷契粹编》1163和《殷虚文字丙编》304已经证明“执”、“羍”意义相同或相近,“执”的“捕罪人”之义就是“羍”的主要用法。而执“从丮从羍,羍亦声”,说明“执”的读音与“羍”的读音也相同或相近。“羍”为泥纽叶部,“执”为章纽缉部,而从“执”得声之字如讋、褺等亦在叶部。《说文通训定声》云:“凡羍之派皆衍羍声。”书中收列十二个从“羍”声之字,其中就有“执”字。其他古书材料亦可证明“执”、“羍”音同或音近。如《仪礼·士冠礼》:“再醴摄酒。”郑注:“今文摄为聂。”“摄”从“聂”声,二者音同,故可通用;而聂音“尼辄切”,与“羍”字读音亦同:因此“摄”、

① 王念孙:《读书杂志》,江苏古籍出版社2000年版,第195页。

② 何琳仪:《战国兵器铭文选释》,《古文字研究》第二十辑,中华书局2000年版,第110—111页;又见中国人民大学复印报刊资料《语言文字学》2000年第2期。

“㚔”二者亦同音。《老子》五十章“盖闻善摄生者”,汉帛书《老子》甲本、乙本“摄”皆作“执”。“摄”、“㚔”同音,“摄”可作“执”,可证“㚔”与“执”音同或音近。由此可见,《说文》说“㚔读若执”,正可与“执”之“从丮从㚔,㚔亦声”互证。“执”、“㚔”既是同源词,又是同源字。后世典籍中“㚔”字罕见其用,大约正是因为它的动词功能完全可以由“执”字取代的缘故。饶炯在《说文解字部首订》中说“幸(㚔)”字经典皆以“执”为之,当是确论。①

甲骨文的“㚔”字,王襄较早释为“㚔”,叶玉森谓“象梏形”。《说文·木部》:“梏,手械也。”实即“㚔”的本义。但就字形而言,直接释“㚔”为“梏”,义虽有据,形则不合,似有未恰。李孝定曰:“朱芳圃氏引王襄、叶玉森二氏之说,而以王说为非,实则二说并是。王氏释其字,叶氏但说其意,王说实犹确也……字当释‘㚔’,确无可易。‘执、圉、报、籒、睪、盩’诸字均以此为偏旁可证。”② 所论甚是。“㚔”之与“梏”,古音虽隔,但二者在表意上具有密切关系是可以肯定的,后者在使用中也有替代前者的迹象,这从下面的材料中可以加以证明:

《郭店楚墓竹简·缁衣》:“《寺(诗)》员(云):‘又(有)悳(德)行,四方(顺)之。”其中字不识。上海博物馆藏竹简《缁衣》此字同。吴辛丑认为此字象双手加梏之形,字上部之圆点(或圆圈)即刑具之象。③从其构形来看,当即㚔字。甲骨文“㚔”字异构有作(《甲骨文合集》5721)、(《殷虚文字乙编》5224)者,当即楚简字之所本。此字今本《缁衣》正作“梏”④,是以后起形声字代替之。

上海博物馆藏楚简《周易·大畜》:“六四,僮牛之桻,元(吉)”,其中“桻”字从木从夆。甲骨文执、圉二字既从“㚔”,也从“夆”(参看《甲骨文编》第425页),“夆”与“㚔”当为异构。《甲骨文合集》139正辞云:“……夆六人。”其义亦与“㚔”相近。马王堆汉墓帛书《周易·大畜》此条作:

① 见丁福保:《说文解字诂林》,中华书局1988年版,第10161页。

② 李孝定、周法高等:《金文诂林附录》,香港中文大学1980年版,第1031—1032页。

③ 吴辛丑:《简帛典籍异文研究》,中山大学出版社2002年版,第28页。

④ 此字《诗·大雅·抑》作“觉”,“觉”、“梏”相通。

"六四,童牛之鞫,元吉。""鞫"即"籀",经典通用,其义与"夲"亦相关[①]。以上两条材料中的"棒"字与"鞫"字,《周礼·秋官·大司寇》贾疏引作"梏",今本《周易》作"牿"[②]。"牿"即"梏"的后起区别字,专用于"牛"。

以上二例可以看出,出土古文字文献中的"夲"字,在后世的传本中的确有被"梏(牿)"字代替的现象。这可能是"夲"字在后世不见踪迹的另一个主要原因,也说明了二者之间的密切关系。

三

关于"夲"字的用法,还有两个例子值得注意。

一是在出土文献中,中山王嚳壶铭文有"氏(是)以身蒙夲胄,以诛不顺"之语。此中"夲"字,诸家多有考证。朱德熙、裘锡圭二先生在《平山中山王墓铜器铭文的初步研究》中说:

> "幸"(按即"夲",下同)象梏形,即"梏"之表意初文,古音与"皋"字相近。"睪"、"皋"古通。跟"皋"字相通的"睪"就是从"幸"演变出来的。小盂鼎铭以"画虢一"与"贝胄一"并举,孙诒让谓"虢"为"皋"之古文,"皋胄"犹言"甲胄",甚是(参看《两周金文辞大系》38页)。但孙以"皋胄"之"皋"为包甲之"櫜"则非,"皋"字本当有"甲"义[③]。

张政烺先生在《中山王嚳壶及鼎铭考释》中主张"夲读为虢",他据孙诒让"虢"即"皋"之说,认为字亦以"櫜"为之,"夲即櫜,是弢甲衣,故可代甲之称,夲胄即甲胄。"[④]

赵诚先生在《〈中山壶〉〈中山鼎〉铭文试释》中则认为夲"借作介,音近而通。《礼记·曲礼》:'介胄则有不可犯之色',介为兵甲。或读为皋,音

---

① 以上所引用的上海博物馆藏简等材料由曾宪通师提供,谨此致谢。

② 此字《说文》引作"告"。"告"是"梏"的声符,假借为"梏"。

③ 见《文物》1979年第1期。

④ 《古文字研究》第一辑,中华书局1979年版,第218页。

近而借。《左传》庄公十年:‘蒙皋比而先犯之’,皋比为虎皮。单言皋,从本铭看,应为虎皮制作的铠甲,与言介胄同。读介、读皋皆可通。”① 但周法高认为:“赵氏夲读为介,音理不近……按‘夲’与‘甲’同隶古音叶部,惟声纽不近(夲为 n-,甲为 k-),不知‘夲’是否可读为‘甲’。”②

《战国古文字典》“夲”字下亦论及中山王方壶的“夲胄”,云:

> 夲读若瓠,即柙之初文。《诗·卫风·硕人》:“齿如瓠犀”,阜阳简瓠作会。合、会一字分化。《庄子·天运》:“柙而藏之”,《玉篇》引柙作柗。故夲读柙……中山王方壶“夲胄”读“甲胄”③。

作者何琳仪先生对“夲读若瓠”的考证又见于前面所引之《战国兵器铭文选释》一文,与此说完全不同,可见他对用来证明“夲胄”读“甲胄”的逻辑起点“夲读若瓠”的认识是有矛盾的,当以前说为是。

李零先生在《古文字杂识(两篇)》中认为《小盂鼎》、《伯晨鼎》、《中山王礨方壶》、包山简等处“夲”或从“夲”诸字不读皋,为“押”的本字,虩为“柙”的本字,上述诸器“夲”或从“夲”诸字为甲胄之“甲”,乃假古“押”或“柙”字为之④。

以上诸家都在试图证明“夲”通“甲”,“夲胄”即“甲胄”。虽然各家考释途径、立说证据各不相同,但此结论应该是可信的。因为《中山王礨方壶》、《伯晨鼎》分别是“夲胄”、“虩胄”连言,《小盂鼎》则“虩”、“胄”并举,包山简 18 还有从夲之字作“𢊁”,辞谓“兵𢊁”,郭店简《穷达以时》有从木从𢊁之字,或读为械柙之“柙”⑤。这些“夲”或从“夲”之字皆与兵胄器械相连属,以义言之,读为甲(或柙)是合乎情理的。

---

① 《古文字研究》第一辑,中华书局 1979 年版,第 251—252 页。

② 周法高:《金文诂林补·卷十》,台湾历史语言研究所出版编辑委员会 1983 年版,第 2746—2747 页。

③ 何琳仪:《战国古文字典》,中华书局 1998 年版,第 1380 页。

④ 李零:《古文字杂识(两篇)》,载《于省吾教授百年诞辰纪念文集》,吉林大学出版社 1996 年版。

⑤ 参看李零:《郭店楚简校读记》,载《道家文化研究》第十七辑(“郭店楚简”专号),生活·读书·新知三联书店 1999 年版,第 494—495 页;李家浩:《读〈郭店楚墓竹简〉琐议》,载《郭店楚简研究》(《中国哲学》第二十辑),辽宁教育出版社 2000 年第 2 版,第 350—353 页。

第二个例子见诸传世文献,即《左传·宣公十六年》:“善人在上,则国无幸民。谚曰:‘民之多幸,则国之不幸也。’”清代学者苗夔和承培元都曾指出前二“幸”字是“牵”字之讹。如承培元在《说文引经证例》中说:“《左传》曰‘则国无牵民。谚曰:民之多牵’,两牵字今皆讹‘幸’。左氏云‘谚’,鄦(许)云‘俗语’,可证也。传上言‘晋盗逃秦’,故云‘无牵民’,犹言‘无盗民’也。多盗民,国之不幸也。今皆作幸,讲说迂曲且与上文所言不洽。太史公谓左氏好用古文古义,此其一也。”此将“国无幸民”和“民之多幸”之“幸”指为“牵”字之讹,且为古文古义,至确。否则,《左传》之文就很难讲通。又说“多盗民,国之不幸也”,则以“盗”解“牵”字之义,可证明《说文》“一曰俗语以盗不止为牵”之说。“牵”之“盗”(不断作恶)义,盖“牵”之反向引申,所谓义之双边——“牵”为抓捕罪人,而作恶之人应牵之,故亦称“牵”。

上述两个例子中的“牵”字,一用的是它的假借义,一用的是它的引申义。这对于缺乏语言例证的“牵”字的研究,是弥足珍贵的。

附图:殷墟出土双手被械之陶俑(录自《殷周文字释丛·卷下》)

附记:本文蒙曾宪通师审阅教正,并提供有关材料,谨此申谢!

原载《福建师范大学学报》2002年第4期

字说三则

一、说"貴"

郭店楚简《老子》甲简36:"名与身孰亲,身与货孰多,貴与亡孰病。"貴字从贝之声[①],研究者有"得"、"持"两说。整理者隶定为"貴",以音近通假读为"得"[②],刘钊先生从之,并进一步论证云:"古音'之'在章纽之部,'得'在端纽职部,声为一系,韵为通转,于音可通。"[③]陈伟先生认为此字更可能是"寺"、"持"而定为"持","持"有与"得"相近、与"亡"相反的意思[④]。李零先生先读为"得",但说"读'持'亦通。"[⑤]后则进一步改读为"持"[⑥]。从简文意思看,"貴"字读"得"读"持"均有道理,文义讲得通,且各有所长:读"得"者应于传世本及帛书本,给人以经典相承、变不离宗之感;读"持"者字形更加接近,特别是声符更为契合,"持"从"寺"声,

---

① 字亦见于新蔡葛陵楚墓竹简乙四·106,句作"八月又(有)女子之貴"。

② 荆州市博物馆:《郭店楚墓竹简》,文物出版社1998年版,第117页。

③ 刘钊:《郭店楚简校释》,福建人民出版社2003年版,第25页。

④ 陈伟:《郭店楚简别释》,《江汉考古》1998年第4期;又《郭店楚简别释》,湖北教育出版社2003年版,第22页。藤壬生《楚系简帛文字编》(增订本)亦读为"持",湖北长江出版集团、湖北教育出版社2008年版,第608页。

⑤ 《郭店楚简校读记》,《道家文化研究》,三联书店1999年版,第467页。

⑥ 《郭店楚简校读记》(增订本),北京大学出版社2002年版,第11页。

"寺"从"之"声,与"⿱之贝"从"之"声相同。但是从楚简用字来看,此处之"⿱之贝"与"亡"以及后文的"费"与"藏"皆从贝作,显然具有专用字的性质,义符"贝"的意义应该需要特别关注,读"得"读"持"不仅要乞灵于音韵通转,且都忽略了义符的表意作用,似乎都不能更精准地解读其用字的深意①。

李守奎先生《楚文字编》该字下注云:"读得。疑与賘为一字异体。"②"賘"字见于包山楚简180,作"⿰贝寺",用作人名。从文字学的原则来看,"⿱之贝"与"⿰贝寺"为一字异体的意见是十分可取的,这就像"旹"与"時"是异体关系一样。值得注意的是,"賘"字后世有传,见于《玉篇》和《集韵》等字书。《玉篇·贝部》云:"賘,或作庤。"《集韵·止韵》云:"賘,畜财也。或作䞶。"其异体"庤"字见于《说文·广部》:"庤,储置屋下也。""䞶"又见于《篇海类编·珍宝类·贝部》:"䞶,畜财也。同賘。"从字书所作解释来看,诸字都是存储财物之义,与贝符密切相关,形义关系明确,当皆可信。

这样看来,郭店简之"⿱之贝"字,当是包山简"⿰贝寺"之省体或异体,可隶定为"⿱止贝"或"⿱之贝"。据《集韵》"賘,畜(蓄)财"之说,则郭店简用为本义,无需辗转通假。"⿱止贝与亡孰病"即"畜财"与"亡财"哪一种情况更有害之意,与后文"厚藏必多亡"正相对应。《集韵》之释义有助于简文之解读,而根据简牍新出此字,字书中"賘"之或体除庤、䞶之外,尚可增加"⿱止贝"字一形。其从"广"者,秦系文字也;从"贝"者,楚系文字也。

二、说"赛"

"赛"字不见于《说文》,《新附》有之,云:"赛,报也。从贝,塞省声。"根据前人的研究,传世的先秦和秦汉时期的古籍,用作报神意义的"赛"字,都是写作"塞",个别写作"赛"的,大都是后人改动的结果。由于这种情况,前人在注释报赛义的"塞"字时,多认为塞、赛为古今字或通用字的关

① 郭店简37有从木之声之字,整理者疑读为"殖"(见《郭店楚墓竹简》第117页),李零先生认为即"持"字(见《郭店楚简校读记》增订本第11页),若李说可信,既有"持"字,则"⿱之贝"就不必读"持"了。

② 李守奎:《楚文字编》,华东师范大学出版社2003年版,第387页。

系[①];同时又进一步认为,先秦及秦汉时期没有“赛”字,报神之义的“赛”只作“塞”。如王念孙《读书杂志·史记第二》“赛”字条云:

> “冬赛祷祠”,念孙案,“赛”本作“塞”。古无“赛”字,借“塞”为之。《索引》本出“冬塞”二字,注云:“塞音先代反,与赛同。赛,今报神福也。”今本正文俱改为“赛”,又删去“与赛同”三字,其失甚矣。[②]

《管子·小问》“令釁社塞祷”集校引丁士涵云:“塞即赛字。古无赛字,假塞为之。”[③] 可见这个看法还比较流行。

郑珍《说文新附考》进一步认为“赛”字“盖出六朝俗制”,云:

> 按,古止借“塞”。《急就篇》“谒裼塞祷鬼神宠”(依皇象碑本),《周官·都宗人》注“祭谓报塞”,《汉·郊祀志》“冬塞祷祠”、“春秋泮涸祷塞”,《武五子传》“杀牛祷塞”,《韩非子·外储说右下》同,《无极山碑》“白羊塞神”。盖自汉已前例作“塞”字。祀神字从贝,于义为远,盖出六朝俗制。[④]

现在看来,古无“赛”字,或“赛”字出于六朝的看法是不符合实际情况的。随着战国出土文字材料的增多,“赛”字已大量出现于楚系简牍文献中,包山简、望山简、天星观简、秦家嘴简、葛陵简、郭店简、上博简皆可见之[⑤],其中屡见“赛祷”之词,即传世文献之“塞祷”。由楚系简牍之“赛”字,还可推知汉印中的、(《汉印文字徵》卷六)及汉代金文中的(《金文续编》附录)等也是“赛”字[⑥]。虽然就目前的材料而言,“赛”字只见于

---

① 如《周礼·春官·都宗人》“则令祷祠”,郑玄注:“祭谓报塞也。”孙诒让正义:“塞、赛古今字。”《后汉书·曹节传》:“诏令太官给塞具”李贤注:“塞,报祠也。字当为赛。通用。”参见宗邦福、陈世铙、萧海波主编:《故训汇纂》,商务印书馆2003年版,第439页。

② 王念孙:《读书杂志》,江苏古籍出版社2000年版,第97页。

③ 宗邦福、陈世铙、萧海波主编:《故训汇纂》,商务印书馆2003年版,第439页。

④ 王瑛、袁本良点校:《郑珍集·小学》,贵州人民出版社2002年版,第289页。上述引文中,《汉·郊祀志》当作《汉书·郊祀志》;《无极山碑》“白羊塞神”,宋·洪适《隶释》、清·顾蔼吉《隶辨》及王念孙《读书杂志》均引作“白羊塞神山”。参见《隶释》,中华书局1986年版,第45页;《隶辨》,中华书局1986年版,第138页;《读书杂志》,江苏古籍出版社2000年版,第97页。

⑤ 参见滕壬生:《楚系简帛文字编》(增订本),湖北长江出版集团、湖北教育出版社2008年版,第606—608页。

⑥ 参见中山大学古文字研究室楚简整理小组:《战国楚简研究》1977年第3期;朱德熙、裘锡圭、李家浩:《望山楚简》,中华书局1995年版,第91、97页。

楚系简牍文献及汉代金石文字，但已足以证明古无“赛”字之说是不能成立的，郑氏以“祀神字从贝，于义为远，盖出六朝俗制”更是推测之辞。当然前人的这些看法，主要是由于材料所限而造成的错觉，所谓“说有易，说无难”，我们不必过于苛求。下面让我们进一步分析“赛”字的构形及源流情况。

根据楚系出土文献中的“赛”字，除所从之“宀”或加饰笔作“”及“収”符之有无外，可以归纳出以下四种写法：

A. 郭店老乙 13　B. 包山 208　C. 包山 213　D. 郭店老甲 27

上举汉代金石材料中的“赛”字，显然继承了楚系文字的写法，也不出楚简四种写法的范围。这四种写法的区别是从一“工”（下文作“工”）还是从二“工”，从一“王”（下文作“玉”）还是从二“玉”（其中都有连笔现象）。由于作一“工”和一“玉”者比较少见，可以认为其一“工”乃是二“工”之省，一“玉”乃是二“玉”之省；至于“工”和“玉”之间的关系，可以有两种不同的理解，即“工”为“玉”之省，或“玉”为“工”之繁。到底是省略还是增繁，光从“赛”字构形本身是说不清楚的，我们需要从汉字源流和构形系统的角度加以解决。

按甲骨文有字作（《合》29365），从宀，从二“工”，从収，金文二“工”变为四“工”，作（《集成》10276），即《说文·珏部》“寒”字所本。《说文》说寒字“从珏从廾窒宀中”，即段玉裁所说“竦手举物填屋中”[①]的意思，故训“窒也”。因此“寒”实即填塞之“塞”的本字，睡虎地秦简“塞”字即作“”，增“土”以足义，可谓一脉相承[②]。从源流角度看，楚文字中“赛”字所从之“工”符，应该来源于甲金文，那么其所从之“玉”符，则是由“工”符增笔繁化而来。另一方面，由于我们在先秦古文字系统中没有发现玉及从玉之字的“玉”符有简省为“工”形的情况[③]，因此把楚系“赛”字所从的“工”看成是“玉”的省略，甚至由此逆推上举甲骨文和金文中的

① 段玉裁：《说文解字注》，上海书店 1992 年版，第 201 页。

② 参看黄德宽主编：《古文字谱系疏证》，商务印书馆 2007 年版，第 274 页。睡虎地秦简“塞”字三见，《为吏之道》简 17：“听间（谏）勿塞。”义为“堵塞”。《秦律杂抄》简 41：“乃令增塞埤塞。”义为“要塞”，意思是“命令把要塞增高加厚”。参见睡虎地秦墓竹简整理小组：《睡虎地秦墓竹简》，文物出版社 1990 年版，第 90 页。

③ 这方面的例子可参看《甲骨文编》、《金文编》、《战国文字编》等。

“[illegible]”和“[illegible]”也是从“玉”的说法①,都是不符合汉字构形系统特征的。所以我们认为楚简中“赛”字所从之“玉”乃是“工”符繁化的结果。这种繁化如果是有意的,可以认为是一种“义化”的现象,也就是说,“赛”字本来是从贝寋声的形声字②,“义化”后可以解释为以玉、贝礼神的会意字。《战国楚简研究》中所说的赛字“上从宀,中从双玉,下从贝”,“赛字本从宀从珏从贝”③,都是根据楚文字所作的理据重解。

根据以上情况,“赛”字是由“寋”增“贝”符分化而来,就如“塞”是由“寋”增“土”符分化而来一样,不同的是,“赛”在战国楚系文字中,还将“工”符义化为“玉”,并在汉代金石文字中得到继承。“塞”字见于秦简,“赛”字见于楚简,或是区域用字的不同表现。早期传世文献有“塞”而无“赛”,可能与秦灭六国和秦国“书同文”的政策有关。

三、说“枭”

王念孙《读书杂志·汉隶拾遗》“北海相景君铭”条下云:

右北海相景君铭……弟九行“鸮梟不鸣”……“梟”字上从鸟,《隶释》、《隶辨》从俗作“枭”,误也。《说文》:“[illegible],不孝鸟也。日至捕梟磔之。从鸟在木上。”俗省作“枭”(俗书“凫”字作“凫”,“島”字作“岛”,误与此同)。传写《说文》者因误为“[illegible]”,后人不知,又改其注为“从鸟头在木上”,以牵合已误之篆文,谬矣。俗书“枭”字,其上半鸟形已具,但无足耳,何云“鸟头在木上”乎?《说文》“梟”字在“木”

---

① 如黄德宽主编《古文字谱系疏证》云:“赛,从贝,寋省声。寋所从珏,或省作工工形。”(商务印书馆 2007 年版,第 275 页)何琳仪《战国古文字典》云:“寋,甲骨文作[illegible](粹九四五)。从宀,从珏,从収,会双手持双玉报赛于宗庙神祇之意。赛之初文。春秋金文作[illegible](寋公孙𢋈父匜),从四玉。”(中华书局 1998 年版,第 115 页)《汉语大字典》“寋”字下加按语云:“工古玉字,代表珍宝,两手奉二玉或四玉,是塞窒的初文,隶省作寋。”(缩印本,湖北辞书出版社、四川辞书出版社 1992 年版,第 402 页)季旭升《说文新证》认为“工”形从战国文字逆推可能是“玉”省,但同时也承认“只是甲金文玉形未见这么写的”(福建人民出版社 2010 年版,第 393 页)。

② 《说文·新附》以“赛”为“塞省声”,孔广居《说文疑疑》云:“赛谐寋声,不必塞省。”其说是。何琳仪亦以“赛”从寋声,见《战国古文字典》,中华书局 1998 年版,第 115 页。

③ 中山大学古文字研究室楚简整理小组:《战国楚简研究》1977 年第 3 期。

部，《玉篇》以梟是鸟名，遂改入“鸟”部。是《玉篇》“梟”字亦从鸟也，而今本《玉篇》亦误为“枭”（《广韵》以下并同）。张参《五经文字》说此字云：“从鸟在木上，隶省。”据此，则《说文》“梟”字本从鸟，而注内本无“头”字，明矣。今经传中“梟”字皆从俗作“枭”，唯此碑作“梟”[①]，中间四点分明，与《说文》“从鸟在木上”之解相合，足证《五经文字》之不谬，而《隶释》、《隶辨》复误作“枭”，若非此碑至今尚在，谁能正其失乎？〔阳湖孙氏渊如云：县（悬）首于木上谓之枭首，故枭字从鸟头在木上。念孙案，梟首字本作“県”，从到（倒）首，今借梟鸟字为之，非其本字也。日至捕梟磔之木上，故其字从鸟在木上，非谓县其首于木上也，何得云鸟头在木上乎？孙又谓从鸟在木上则是“巢”字，非“枭”字。案《说文》“鸟在木上曰巢，在穴曰窠”，此释其义，非释其字也。若释其字，则下从木而上象巢形，故《说文》云：“巢，从木，象形。”谓象鸟巢在木上之形，非谓从鸟在木上也。且“巢”为象形之字，故云“从木，象形”；“梟”为会意之字，故云“从鸟在木上”，岂得谓从鸟在木上即是巢字乎？〕[②]

作者在本条材料中力辩枭字本从鸟作“梟”，字形应解释为“从鸟在木上”，作“枭”为俗字，今本《说文》作“枭”，解为“从鸟头在木上”，亦后人传写之误。其主要根据是：①俗书“枭”字，其上半鸟形已具，但无足耳，不得云“鸟头在木上”；②《玉篇》梟字入“鸟”部，说明原本《玉篇》“梟”字亦从鸟；③张参《五经文字》说此字云：“从鸟在木上，隶省。”④北海相景君碑作“梟”，中间四点分明。王念孙考证的这个字，被作为汉碑文字可以纠正今本《说文》传写错误的“典型例子”，“纠正了《说文解字》中沿袭多年的讹误，令人称绝。”[③]

按，段注本小篆亦从鸟不省，当属段氏改篆一例。注云：“《五经文字》曰：‘从

① 按，《北海相景君铭》“枭”字作“梟”，《汉语大字典》已收录，另见徐无闻主编：《甲金篆隶大字典》，四川辞书出版社 1991 年版，第 387 页。

② 王念孙：《读书杂志卷十·汉隶拾遗》，江苏古籍出版社 2000 年版，第 987—988 页。括号内的文字为其自注。

③ 高文：《汉碑集释·前言》（修订本），河南大学出版社 1997 年版，第 5 页；陈淑梅：《东汉碑隶构形系统研究》，上海世纪出版集团、上海教育出版社 2005 年版，第 134 页。

鸟在木上,隶省作枭。’然则《说文》本作‘梟’甚明。今各本云‘从鸟头在木上’而改篆作‘枭’,非也。此篆不入鸟部而入木部者,重磔之于木也。”[①] 可见王、段的观点是一致的,只是王念孙根据汉碑文字和有关字书,做了进一步的论证。

诚然,从汉碑及后世有关字书来看,王念孙、段玉裁的看法是有道理的。但我们把眼光扩大到“枭”字的整个历史,特别是从古文字材料来看,问题还可以进一步讨论和推进。

现已出土的战国楚系文字材料中,有下列字形:

帛书丙　包山 258

上引帛书丙的那个字,李学勤、饶宗颐、曾宪通、何琳仪等先生均释“枭”[②],包山简 258 那个字,结构与楚帛书同,亦为“枭”字,整理小组隶作㬥而释为棋[③],诸家已指出其误[④]。字可分析为从木从,曾宪通先生指出为鸟头之形,他说:“楚文字中鸟形的变化比较复杂。过去由于作偏旁用的鸟形不易辨认,以致有关的简帛文一直未获得确解。近年来由于楚文字出土日多,为我们提供了相互参证的有利条件。金文鸣字鸟旁蔡侯钟作、王孙真钟作,王孙遗者钟作,而曾侯乙编钟鴃字鸟旁作,包山楚简鸡字鸟旁作,更与楚帛书鸟旁如出一辙。”[⑤] 因此“”字构形为从鸟头在木上。何琳仪先生则把字看成有借笔的字形,认为此字从“”,从“”,并借用部分笔

---

① 段玉裁:《说文解字注》,上海书店 1992 年版,第 271 页。

② 参看李学勤:《再论帛书十二神》,《湖南考古集刊》第四辑,岳麓书社 1987 年版,第 111 页;饶宗颐:《楚帛书新证》,《饶宗颐二十世纪学术文集·卷三·简帛学》,中国人民大学出版社 2009 年版,第 284—285 页;曾宪通:《长沙楚帛书文字编》,中华书局 1993 年版,第 75 页;《楚文字释丛》,《中山大学学报》1996 年第 3 期;又《古文字与出土文献丛考》,中山大学出版社 2005 年版,第 46 页;何琳仪:《长沙帛书通释校补》,《江汉考古》1989 年第 4 期。

③ 湖北省荆沙铁路考古队:《包山楚简》,文物出版社 1991 年版,第 37、60 页。

④ 何琳仪:《包山竹简选释》,《江汉考古》1993 年第 4 期;曾宪通:《楚文字释丛》,《中山大学学报》1996 年第 3 期;收入《古文字与出土文献丛考》,中山大学出版社 2005 年版,第 46 页。刘信芳:《包山楚简解诂》,台北艺文印书馆 2003 年版,第 265 页。

⑤ 曾宪通:《楚文字释丛》,《中山大学学报》1996 年第 3 期;又《古文字与出土文献丛考》,中山大学出版社 2005 年版,第 46 页。除曾先生所举外,后出的楚系出土文字,还有更多的例证,如郭店简《老》甲 33“鸟”字作,《性自命出》7“鴈”字鸟旁作,天星观简“鶇”字鸟旁作,其鸟头的写法都相近,皆可为证。

画（借用竖笔和右斜笔）[①]，字形结构为从鸟省足，从木。他在《战国古文字典》中进一步追溯“枭”字的来源，指出商代金文作（篡），从鸟，从木。商代金文或作（父癸爵），上从，省鸟足，为小篆所本[②]。由此看来，“枭”字的写法，应有两个传统：一从全鸟，一从省略之鸟。省略之鸟或为鸟头，或为鸟省足，不尽相同。王念孙认为“枭”字上本从鸟，当为有据，然谓《说文》篆文作“枭”为谬误，验之楚文字，则恐未必。以篆文及后世之隶楷“枭”字论，王氏谓“枭”字“上半鸟形已具，但无足耳”，不得称“鸟‘头’在木上”，并谓《说文》“从鸟头在木上”之“头”字为后人所改，其说亦当有据，但从楚文字来看，“枭”字也有从鸟头者，则王氏之论亦有失偏颇。

从文字演变的角度说，像“枭”字这样上下结构的从鸟之字，为了字形更加紧凑，书写更加便捷，从全形之鸟变为从省略之鸟，也是情理中事。相同的情况尚有几例，如王氏已经指出的，“俗书‘鳧’字作‘凫’，‘㠀’字作‘島’”，就是同类的现象[③]。又“鸭”字从全鸟，其异体作“鴨”，见于《玉篇·鸟部》、《广韵·狎韵》，亦从省足之鸟[④]，虽不流行，足可比勘。

附记：本文为国家社科基金项目“战国出土文献字词集释”（批准号：03BYY023）的后续成果，经曾宪通先生审阅，谨致谢忱！

原载《古文字研究》第二十九辑
中华书局2012年版

① 何琳仪：《长沙帛书通释校补》，《江汉考古》1989年第4期；《战国古文字典》，中华书局1998年版，第297页。

② 何琳仪：《战国古文字典》，中华书局1998年版，第297页。商代金文和，容庚《金文编》（中华书局1985年版）入“集”字下（见第264页），黄德宽主编之《古文字谱系疏证》（商务印书馆2007年版）既归为“集”字（见第3897页），又以为“枭”字（见804页），处理上有矛盾。何琳仪归为“枭”字，其理由是“集，从隹，从木，与枭不尽相同”。今暂从之。不管是“集”还是“枭”，就其“鸟”旁而言，一为全形之鸟，一为省足之鸟，则无疑也。

③ “岛”字小篆作，从鸟不省，甲骨文作（《合》5497）、（《屯》4565），似也在省与不省之间。

④ 《汉语大字典》及《甲金篆隶大字典》收有“鴨”字。

“贞鼎”、“贝鼎”、“则鼎”疏释

一

《说文》大徐本:“鼎,三足两耳,和五味之宝器也。……籀文以鼎为贞字。”末句小徐本作“古文以贞为鼎,籀文以鼎为贞。”郭忠恕《佩觿》作“古文以贞为鼎,籀文以鼎为则”。段注本作“古文以贝为鼎,籀文以鼎为贝。”各家之说,互有差异。

段玉裁对这些不同的记载做了比较详细的辨析,《段注》“鼎”下注云:“二‘贝’字小徐皆作‘贞’。郭忠恕《佩觿》云:‘古文以贞为鼎,籀文以鼎为则’,亦误,今正。京房说‘贞字鼎声’,此古文以贝为鼎之证也。许说𠟭、鼎、⿱雨鼎、⿰鼎攵者,籀文之则、员、霣、妘,此籀文以鼎为贝之证也。”显然,段氏认为各本皆误,而以“古文以贝为鼎,籀文以鼎为贝”为正,并举例进行了论证说明。

桂馥也以“贝鼎”对举为正,《说文解字义证》“鼎”字条下说:“‘籀文以贞为鼎字’者,徐锴本‘从贞省声,古文以贞为鼎,籀文以鼎为贞。’馥案:‘贞’当为‘贝’。本书‘员’字籀文作鼎,‘则’字籀文作𠟭,此皆籀文以鼎为贝之证。盖因‘贞’下有‘一曰鼎省声’之文,遂以为‘贞’字,不知‘鼎省声’当作‘鼎声’,后人妄加‘省’字也。”

那么,古文和籀文有无如此整齐的对应情况?贞与鼎、贝与鼎、则与鼎的关系如何？是字书记载有误还是另有缘由？清儒的看法是否完全正确？这些都是值得我们探讨的问题。下面试结合有关材料对这些问题进行疏释辨析。

二

"古文"的概念有广狭之分，"籀文"的概念也多有分歧，小徐本、《佩觿》和段注本皆以"古文"、"籀文"相对举，段氏更以具体例子证明了"古文"、"籀文"异字的事实，因此首先要分析一下"古文"和"籀文"的概念。段氏及其前的"古文"、"籀文"的概念，可以从段氏在《说文解字·叙》的注文中看得很清楚。

《说文解字·叙》："及宣王大史籀著大篆十五篇，与古文或异。"段注："孟康云'史籀所作十五篇，古文书也。'此'古文'二字，当易为'大篆'，大篆与仓颉古文或异，见于许书十四篇中者备矣，凡云'籀文作某'者是也。'或'之云者，不必尽异也，盖多不改古文者矣……大篆之名，上别乎古文，下别乎小篆，而为言曰'史篇'者，以官名之，曰'籀篇''籀文'者，以人名之，而张怀瓘《书断》乃分大篆及籀文为二体，尤为非是。"据此，段玉裁所谓籀文即大篆，是《史籀》篇中的文字，上有别于古文，下有别于小篆。

《说文解字·叙》："至孔子书《六经》，左丘明述《春秋》，皆以古文。"段注："'孔子书《六经》以古文'者，以壁中经知之。'左氏述《春秋传》以古文'者，于张苍所献知之，皆见下文。古文大篆二者错见，此云'皆以古文'，兼大篆言之，《六经》《左传》不必有古文而无籀文也。下文云'取史籀大篆，或颇省改'，兼古文言之，不必所省改皆大篆而无古文也。秦书八体，一曰大篆，二曰小篆，不言古文，知古文已包于大篆中也。王莽改定古文，有六书，一曰古文，二曰奇字，即古文而异者，三曰篆书，即小篆，不言大篆，知古文奇字二者内已包大篆也。《吕氏春秋》云'仓颉造大篆'，是古文亦可称大篆之证。"

《说文解字·叙》："皆取史籀大篆，或颇省改。"段注："言史籀大篆，则古文在其中，大篆既或改古文，小篆复或改古文大篆，'或'之云者，不尽省改也。不改者多，则许所列小篆，固皆古文大篆，其不云'古文作某'、'籀文作某’者,古、籀同小篆也;其既出小篆,又云‘古文作某’、‘籀文作某’者,则所谓‘或颇省改’者也。”

根据以上材料,段玉裁所谓“古文”,是“籀文”、“小篆”之前的文字,非特指后来之狭义的“战国时期六国文字”。根据他所认定的文字发展序列,汉字是先有古文,然后是大篆(籀文)、小篆。这其实也是许慎以来对“古文”含义的通常理解。段玉裁认为,因为大篆承古文而来,但不能尽改古文,因此小篆之前的有关文献在描述用字情况的时候,称古文者兼大篆言之,称大篆者兼古文言之,所以,小篆虽是“取史籀大篆,或颇省改”而成,其实也包含古文在内。也就是说,古文、大篆、小篆的流变关系是“大篆既或改古文,小篆复或改古文大篆”,改而未能尽改,后者都包含着前者。因此小篆中没有标明“古文作某”、“籀文作某”者,说明古文、大篆、小篆同形;标明“古文作某”、“籀文作某”者,则是属于省改之列。下面以这样的概念来分析段氏为证明“古文以贝为鼎,籀文以鼎为贝”所举的有关例子。

(一)“贞”字属于“古文以贝为鼎”之证

《说文·卜部》:“贞,卜问也。从卜,贝以为贽。[1] 一曰,鼎省声。京房所说。”此即段注“京房说‘贞字鼎声’”之出处。段注云:“许说从贝,故鼎下曰贞省声,京说古文以贝为鼎,故云从卜鼎声也。”按段氏以此为“古文以贝为鼎”之证,其实颇难令人信服。他说:“许所列小篆,固皆古文大篆,其不云‘古文作某’、‘籀文作某’者,古、籀同小篆也。”据此,“贞”字下未列古文及籀文之形,则“贞”字实是古文、籀文和小篆同形,视之为古文籀文均可。若视之为古文,以京房说为准,固可说明“古文以贝为鼎”;若视之为籀文,不就成了“籀文以鼎为贝”的反证了吗?

(二)“⿰鼎刂、⿱口鼎、⿱雨鼎、⿰鼎攴”属于“籀文以鼎为贝”之证

《说文·刀部》:“则,等画物也。从刀,从贝,贝,古之物货也。⿰貝彡,古文则。⿰鼎彡,亦古文则。⿰鼎彡,籀文则从鼎。”段注:“鼎部曰籀文以鼎为贝,故员作

① 段注本作“从卜、贝,贝,以为贽”。补一“贝”字。

⿱口鼎,娟作⿰鼎女,霣作⿱雨鼎,则作⿰鼎刂。"

《说文·员部》:"员,物数也,从贝口声。凡员之属皆从员。⿱口鼎,籀文从鼎。"段注:"鼎下曰籀文以鼎为贝,故员作⿱口鼎,则作⿰鼎刂。"

《说文·雨部》:"霣,雨也。齐人谓雷为霣。从雨员声。⿱雨鼎,古文霣。"段注:"'古'当作'籀'。'员'下云籀文作'⿱口鼎','鼎'下云'籀文以鼎为贝'是也。⿰鼎女者籀文妘,⿰鼎刂者籀文则,皆是以鼎为贝。"

《说文·女部》:"妘,祝融之后姓也。从女,云声。⿰鼎女,籀文妘从员。"段注:"员,籀文作'⿱口鼎',古音同'云'。小徐本篆作⿰女鼎。"按照段氏自己的划分,若小篆下不云'古文作某'、'籀文作某'者,则古、籀同小篆。此条只列籀文作"⿰鼎女",则小徐之作"⿰女鼎"者,既是小篆,也属古文(其实与籀文也只是偏旁位置不同),其从"鼎"作,实与"古文以贝为鼎"之说相悖。

段氏为说明"古文以贝为鼎,籀文以鼎为贝",在以上各条注释中,前后兼顾,互为阐发,可谓殚精竭虑。在《说文》的材料范围内,在段氏所理解的古文、籀文的概念里,其说似乎颇有理据。但段氏为了使"古文以贝为鼎,籀文以鼎为贝"成为一条规则,有些地方又有臆改之嫌。比如《说文》"霣"下录古文,从鼎,段氏却说:"'古'当作'籀'。"其说证据不足,不能令人信服。而"妘"字小徐本的材料,也与段氏之说相悖。可见即使以段氏的设定为前提,"古文以贝为鼎,籀文以鼎为贝"的条例还不能完全成立。

王国维在《史籀篇疏证·序》及《战国时秦用籀文六国用古文说》中首次明确指出许书所录之古文,实即战国时期东土六国之文字,已被学界证明是正确的。以这样的概念来考察"古文以贝为鼎",其说就更不能成立了。首先,段氏作为"古文以贝为鼎"之证的"贞"字,就必须被排除掉,因为"贞"字为小篆,不是"古文",失去了立论的基础。其次,段氏改"霣"字古文为籀文,没有事实根据;我们遵从《说文》之实,"霣"古文从鼎,显然就是"古文以贝为鼎"的反证。

综上所述,段氏所举"籀文以鼎为贝"的例证虽较"古文以贝为鼎"的例证充实,但还难以完全证明其说之准确性及可靠性,至于"古文以贝为鼎"之说,不仅例证少,且解释也十分牵强,不管视古文为殷周之古文还是六国之古文,都难以成立。然则"古文以贝为鼎,籀文以鼎为贝"是否汉字演变之通例，就值得再进一步检验了。从下面的研究中可以看出，鼎、贝之交混，乃是古文字演变过程之常见现象，实无古文、籀文之分，更无“古文以贝为鼎，籀文以鼎为贝”之整齐对应关系。小徐本、《佩觿》所言之“古文”、“籀文”的对应格局，也是不符合古文字实际情况的。

三

我们先根据古文字材料来看看“贞”与“鼎”的关系。“贞”字甲骨文本借“鼎”字为之，作[①]，周原甲骨加卜作（H11:1）、（H11:10）[②]，金文亦有作（散盘）[③]者，都成为形声字。其所从之“鼎”，有省讹为“贝”者，如冲子鼎作“”，为后世所承。这是“贞”、“鼎”二字在字形上的联系。《说文》引京房说“贞”字“鼎省声”，释其从“贝”之缘由，是符合“贞”字的源流情况的。从文字使用的角度看，甲骨文“贞”字本借“鼎”形来用，加卜形成“贞”字后，从卜从不省之鼎的“贞”字（如中山王鼎的“”字）和从卜从省略之鼎的“贞”字（如冲子鼎的“”字），金文皆习用为“鼎”字，若撇开古文、籀文之拘，大徐本的“籀文以鼎为贞字”，小徐本的“古文以贞为鼎，籀文以鼎为贞”，《佩觿》的“古文以贞为鼎”等记载，其实是很符合古文字的贞、鼎互用之情形的。王筠《说文句读》“鼎”下引严可均说云：“鼎，彝器铭有鼑体，鼑得鼎、贞两读，与小徐本合。”甚是。刘心源指出：“今审古文以贞为鼎，是也。”[④]王国维在《史籀篇疏证》中除了引用甲金文证明贞、鼎互作外，又云：“《书·洛诰》：‘我二人共贞。’马融注：‘贞，当也。’（见《释文》）‘贞’无‘当’训，马融知‘贞’即‘鼎’字，故训为‘当’，此以贞为鼎者也。盖贞、鼎二字形既相似，声又全同，故自古通用。许

① 孙海波：《甲骨文编》，中华书局 1965 年版，第 148 页。本文所引甲骨文字形，除特别说明外，皆见《甲骨文编》，下不一一说明。

② 曹玮：《周原甲骨文》，世界图书出版公司 2002 年版，第 1、10 页。

③ 容庚：《金文编》，中华书局 1985 年版，第 225 页。本文所引金文字形，除特别注明外，皆见《金文编》，下不一一说明。

④ 见《古文审》卷八，转引自《古文字诂林》第三册，上海世纪出版集团、上海教育出版社 2001 年版，第 728 页。

君见壁中书有贞无鼎,史篇有鼎无贞,故为此说,实则自殷周以来已然,不限古文籀文也。"[①] 朱德熙、裘锡圭、李家浩等先生指出鼎"实即'贞'字古体。'贞'、'鼎'音近,春秋、战国时人多以'贞'为'鼎'。"[②] 这些意见都很正确。要之,贞、鼎之互作,渊源古远,乃形、音交缠之故,无古、籀彼此之分,大小徐及郭忠恕所记,有其合理因素,未必如段、桂所言,以为"贞"乃"贝"字之误也。故刘心源指出:"古文以贞为鼎者……则郭说是,段说非也。"[③]

上述"贞"字所从之"贝"乃是"鼎"之省讹,则贝、鼎相混渊源亦甚古,"则"字中的"贝"也是因"鼎"而来,因此贞鼎、则鼎、贝鼎之相混,应该是一个问题的不同表现,其中贝与鼎的关系是一个基础,清儒以"古文以贝为鼎,籀文以鼎为贝"为诸说之正,也有其必然因素。下面试为疏释。

"贝"字甲骨文作、等形,后者近似于鼎字简体。金文作、等形,本与鼎形有别,但也作(臣辰卣)、(师遽簋)等形,后者与鼎形接近。

"鼎"字甲骨文作、等形,金文作、等形,皆象鼎之形。商代鼎文作形,更加形象。亦偶见其简体作(昶仲鬲),类似从贝。一类的写法省去左右的笔画 ><,就是贝形了。这是"鼎"容易变为"贝"的主要原因。

可见贝、鼎构形本来就存在混作的基础,尤其在充当合体字偏旁的时候,混作的可能性会更大。从古文字的情况看,贝、鼎混作应该可以分为两种情况:一是当意符可互换,二是因形近而相混。

但意符互换不能否认可能也是由于形近相混造成的,分开讲只是为了说明的方便。

意符互换的例子也可追溯到甲骨文。甲骨文"败"字作(前三·二七·五),从贝;又作(乙七七〇五),从鼎。就败字意义而言,从攴击贝与从攴击鼎一样都可表示毁坏。因此这里的贝、鼎可以看成作意符互换。

"宝"字古文字多是从宀从玉从贝,缶声,但也有一些宝字贝符写作鼎,如(同簋)、(徲盨)、(無男鼎)、(邾讨鼎)等。从数量来看,宝字

---

① 转引自《古文字诂林》第六册,上海世纪出版集团、上海教育出版社 2003 年版,第 579 页。

② 《望山楚简》,中华书局 1995 年版,第 124 页。

③ 见《古文审》卷八,转引自《古文字诂林》第三册,上海世纪出版集团、上海教育出版社 2001 年版,第 728 页。

之鼎似乎应是贝之偶然的讹混，但从文字形义关系看，鼎亦宝器，宝字从鼎，正当其义，因此也可看作意符互换。

贝、鼎相混的情况要比互换的情况多。段玉裁举了“　、　、　、　”四个“以鼎为贝”的例子，从古文字情况看，除“賔”字不见于目前所发现的古文字材料之外，其他三个都是成立的。下面先对此“则、员、妘”三字进行疏释。

“则”字段簋作　，当是最完整的字形，表示仿照一鼎刻画另一鼎之意，西周金文二鼎多省为一鼎。从鼎作的“则”字直到汉碑还都保留着，如《孔宙碑》“则”字就作　[①]。战国时期或省鼎为贝，如《行气玉铭》作　，为小篆及后世文字所继承。

“员”字乃圆之初文，甲骨文作　（中大一〇七）、　（佚一一）等形，金文作　（员父尊）、　（员壶）等形。字皆以鼎口之圆表示方圆之圆。郭店简作　（缁衣 18）[②]，仍从鼎作，楚简读“云”或“损”。以目前材料看，只有小篆讹省为“贝”，后世文字承之。

“妘”字辅伯鼎作　，从贝，仲皇父盉同；函皇父簋作　，从鼎，函皇父匜、䍙生盨、周棘生簋、吊上匜等皆同，其贝、鼎相混，为时已久。

除段氏所举外，我们再举一些例子：

“勋”字中山王壶作　，“陨”字中山王鼎作　，从鼎，《集韵》之“萛”金文作　，亦从鼎，皆可与上述“员”字情况互为证明。

“鼏”字秦公簋作　，从鼎，国差𦉜作　，从贝，亦鼎、贝互作。

“　（将）”字常形作　，史颂簋和史颂鼎分别作　、　，一从鼎，一从贝，正可比照。

“宾”字金文作　（史颂簋），亦偶见作　（郑井吊钟），亦贝、鼎相混。

“具”字甲骨文作　、　，皆从鼎。“具”的本义是备办好饭菜，故从鼎。㝬钟作　，变从贝。曾伯簠作　，当为小篆　所本。《说文》以为从贝省。所以“具”字在演变过程中，实际经历了两次省略：从鼎省为贝，又有贝之省。

“贸”字公贸鼎作　，货币文字作　（货系 479），皆从贝，亦偶有从鼎作

① 顾蔼吉：《隶辨》，中国书店 1982 年版，第 757 页。
② 荆门市博物馆：《郭店楚墓竹简》，文物出版社 1998 年版，第 18 页。

者,如仲𧫷父簋作𩂀①。

以上表明,贝、鼎互混是古文字比较常见的现象,但它们的互混并不完全平等,就古文字材料观察,本从鼎讹为贝的情况要比本从贝讹为鼎的情况要多,主要的原因大概是贝比鼎写起来更为简单。

综上所述,在古文字里,贞与鼎、贝与鼎都有密切的关系,清儒以"贝鼎"对举为正,固有道理,但否定贞与鼎的关系,则是错误的。桂馥解释"贝"字作"贞"的缘由是"盖因'贞'下有'一曰鼎省声'之文,遂以为'贞'字,不知'鼎省声'当作'鼎声',后人妄加'省'字也。"其实,不管是"鼎省声"还是"鼎声",对于解释为什么"贝"字误作"贞",都没有什么说服力。至于则与鼎的问题,虽然"则"字之"贝"符也是由"鼎"省讹而来的,不能说它们没有关系,但段玉裁把《佩觿》所言"古文以贞为鼎,籀文以鼎为则"与小徐本的"古文以贞为鼎,籀文以鼎为贞"和段注本的"古文以贝为鼎,籀文以鼎为贝"合起来作为一组异文来看待,可能并不合适。因为《佩觿》卷一云:"有以冰为凝,有以渴为竭,古文以贞为鼎,籀文以鼎为则,其矛楯有如此者。"可见《佩觿》所论乃是以甲字为乙字的所谓"矛盾"的文字现象②,并非甲乙对举互用,与小徐本及段注本要么贞与鼎对举,要么贝与鼎对举其实并不相类。2009年,张光裕先生发表《乐从堂藏𤞟簋及新见卫簋三器铭文小记》一文③,认为𤞟簋"祀于其百神,亡不鼎"之"鼎"当读为"则",如其说可信,可以说为《佩觿》所言找到了一个证据。

---

① 见董珊:《侯马、温县盟书中"明殛视之"的句法分析》,《复旦大学出土文献与古文字研究中心网》2008年1月15日。http://www.gwz.fudan.edu.cn/.

② 其中"冰"与"凝","渴"与"竭"其实是古本字与后起字的关系。

③ 载《中山大学学报》2009年第5期。

《说文解字》省形省声例证[①]

一

汉字形体的二维结构，使得汉字部件只能在左右或上下方向放置；古文字的外观，基本上属于方块形状，现代汉字则完全是方块汉字了，这种外观形式，不允许汉字部件向上下或左右方向无限制地延伸，限制了某些部件的放置空间；另外，汉字的书写既有速度的要求，还有审美的要求，也使得汉字的结构必须紧凑、简洁、平衡。这些因素综合起来，就使得人们在安排汉字部件时，会根据需要有所省略。所以省形省声[②]是汉字构形的需要，也是先民创造汉字的智慧表现，古文字材料中不乏其例，现代汉字也有继承和发展。因此说，省形省声的理论，确实揭示了一部分汉字结构的特点，符合汉字构形的实际情况。

汉字结构上的省形省声问题，汉代的学者就有清楚的认识，如京房说"贞"是"鼎省声"，杜林认为"耿"是"聖省"或"聖省声"，卫宏认为"黺"是"粉省"或"粉省声"[③]，就是例子。到了许慎，更是在其所著的《说文解

① 本文是提交第二届许慎文化国际研讨会（2010年10月·河南·漯河）的论文。

② "省形"包括会意字意符和形声字形符的省略，"省声"则专指形声字声符的省略。

③ 分别见《说文解字·卜部》"贞"字、《说文解字·耳部》"耿"字、《说文解字·黹部》"黺"字。"耿"字大徐本作"聖省"，小徐本作"聖省声"；"黺"字大徐本作"粉省"，小徐本作"粉省声"，此综合大小徐而言之。

字》中大量使用省形省声来说明汉字的结构问题。[1]而对省形省声问题的研究，整理《说文》的二徐，就已经开始了端绪，清代《说文》学兴盛，对省形省声的研究就更加深入了。综观学界的看法，对省形省声问题，赞同者有之，质疑者亦有之，涉及具体字例，更是各有说法，不能一致。其所以纷乱如此者，殆因标准有别，角度不同。时有古今，地有南北，字有更革，音有转移，论其一点，不及其余，必然众说纷纭，莫衷一是。笔者以为，省形省声问题，若要确凿可信，当有与省形省声之字对应之不省字形作为对照（即“省体”可与“全形”对照比勘[2]），如能兼顾古今顺序及文字系统，则更为完善。准此原则，本文拟对《说文》系统的省形省声之字做一番初步的整理分类，并利用有关材料，对《说文》本身不能对照的若干字例作简要疏证，最后谈谈对《说文》省形省声问题的看法。

二

《说文解字》中的省形省声之字，《说文》本身可以证明者已有不少。《说文》所载古字类型，有篆文及其异体，有籀文，有古文，互相之间，其有繁简之别者，往往即有全形省体之异。其全形与省体，可以从不同角度进行分类，为方便计，本文仅从所用术语进行类聚，可分为“省”、“或省”、“不省”和“其他”四类，现分列如下：

（一）《说文》言“省”类，正篆为全形，列省体与之对应

1. 瑁:珇

《玉部》:“瑁，诸侯执圭朝天子，天子执玉以冒之，似犁冠。《周礼》曰：天子执瑁四寸。从玉、冒，冒亦声。珇，古文省。”

2. 薇:蘝

《艸部》:“薇，菜也，似藿。从艸、微声。蘝，籀文薇省。”

---

① 由于《说文解字》在流传的过程中产生了一些讹误，又由于统计口径和个人判断的不同，关于《说文解字》中的省形省声的数量，互相之间有较大的差异。本文综合大小徐本进行统计，包括校订者的意见在内，《说文》中省形省声的文字约630例。

② 本文所谓“全形”，即指不省之完整字形，所谓“省体”，即指省形或省声之字。之所以不用“省形”与“全形”对举，是为了避免与“省形省声”之“省形”混淆。

3. 蓬：莑

《艸部》："蓬，蒿也。从艸、逢声。莑，籀文蓬省。"

4. 薅：蒣

《蓐部》："薅，拔去田艸也。从蓐、好省声。蒣，籀文薅省。"

5. 斄：厤

《犛部》："斄，彊曲毛，可以箸起衣。从犛省、来声。厤，古文斄省。"

6. 歸：埽

《止部》："歸，女嫁也。从止、从婦省，𠂤声。埽，籀文省。"

7. 得：㝵

《彳部》："得（㝵），行有所得也。从彳、㝵声。㝵，古文省彳。"

8. 詩：䛊

《言部》："詩，志也。从言、寺声。䛊，古文詩省。"

9. 信：㐰

《言部》："信，诚也。从人、从言，會意。㐰，古文从言省。"

10. 誕：这

《言部》："誕，词诞也。从言、延聲。这，籀文誕省㐅。"

11. 爨：𤇾

《爨部》："爨，齐谓之炊爨。𦥑象持甑，冂为灶口，収推林内火。凡爨之属皆从爨。𤇾，籀文爨省。"

12. 畫：𦘠

《畫部》："畫，界也。象田四界，聿所以画之。凡画之属皆从画。𦘠，古文畫省。"

13. 斆：學

《教部》："斆，觉悟也。从教、从冖。冖，尚矇也。𦥑声。學，篆文斆省。"

14. 兆：兆

《卜部》："𣅀，灼龟坼也。从卜、兆，象形。兆，古文𣅀省①。"

15. 𥳑：䈬

《竹部》："𥳑，竹也。从竹、微声。䈬，籀文从微省。"

---

① 大徐本作“古文兆省”，此从小徐本。

16. 箕:𠀠

《箕部》:"箕,簸也。从竹、𠀠,象形。下其丌也。凡箕之属皆从箕。𠀠,古文箕省。"

17. 虡:虞

《虍部》:"虡,钟鼓之柎也,饰为猛兽。从虍、異,象其下足。虞,篆文虡省。"

18. 𣍰:覃

《㫗部》:"𣍰(覃),长味也。从㫗、鹹省声。《诗》曰:实覃实吁。覃,篆文覃省。"

19. 𨞰:巷

《𨛜部》:"𨞰,里中道。从𨛜、从共,皆在邑中所共也。巷(巷),篆文从𨛜省。"

20. 稷:稅

《禾部》:"稷,齋也,五谷之长。从禾、畟聲。稅,古文稷省。"

21. 稯:稅

《禾部》:"稯,布之八十缕为稯。从禾、㚇聲。稅,籀文稯省。"

22. 寶:寚

《宀部》:"寶,珍也。从宀、从王(玉)、从貝,缶聲。寚,古文寶省貝。"

23. 寑:㝲

《宀部》:"寑,卧也。从宀、侵声。㝲,籀文寑省。"

24. 癃:㾶

《疒部》:"癃,罷病也。从疒、隆声。㾶,籀文癃省。"

25. 朢:𦣠

《壬部》:"朢,月满,与日相望以朝君也。从月、从臣、从壬。壬,朝廷也。𦣠,古文朢省。"

26. 裘:求

《裘部》:"裘,皮衣也。从衣、求声。一曰:象形,与衰同意。凡裘之属皆从裘。求,古文省衣。"

27. 畏:㽮

《甶部》:"畏(畏),恶也。从甶、虎省。鬼頭而虎爪,可畏也。㽮,古文省。"

28. 灋:法

《廌部》:“灋,刑也。平之如水,从水,廌,所以觸不直者去之,从去。法,今文省。”

29. 鼨:𪕊

《鼠部》:“鼨,豹文鼠也。从鼠、冬声。𪕊,籀文省。”

30. 恕:忞

《心部》:“恕,仁也。从心、如声。忞,古文省。”

31. 意:𢝊

《心部》:“意,满也。从心、音声。一曰:十万曰意。𢝊,籀文省。”

32. 漿:牀

《水部》:“漿(漿),酢漿也。从水、將省声。牀,古文漿省。”

33. 厵:原

《灥部》:“厵,水泉本也。从灥,出厂下。原(原),篆文厵省[①]。”

34. 霚:雺

《雨部》:“霚,地气发,天不應。从雨、敄声。雺,籀文省。”

35. 雲:云

《雲部》:“雲,山川气也。从雨、云,象雲回转形。凡雲之属皆从雲。云,古文省雨。”

36. 妣:妣

《女部》:“妣,殁母也。从女、比声。妣,籀文妣省。”

37. 螽:蠭

《蚰部》:“螽,飞虫螫人者。从蚰、逢声。蠭(蜂),古文省。”

39. 封:㞷

《土部》:“封,爵诸矦之土也。从之、从土、从寸,守其制度也。公矦百里,伯七十里,子、男五十里。㞷,古文封省。”

40. 壞:敷

《土部》:“壞,败也。从土、褱声。敷,古文壞省。”

---

① 大徐本作“篆文从泉”,此从小徐本。

41. 陳:阵

《𨸏部》:"陳,宛丘,舜后妫满之所封。从𨸏、从木,申声。阵,古文陳省木[①]。"

42. 𤎩:燧

《𨺅部》:"𤎩,塞上亭守烽火者。从𨺅、从火,遂声。燧,篆文省。"

(二)《说文》言"或省"之例,正篆亦为全形,举省体与之对应

1. 禱:祷

《示部》:"禱,告事求福也。从示、壽声。祷,禱或省。"

2. 蘜:蓻

《艸部》:"蘜,日精也,以秋华。从艸、𥻆省声。蓻,蘜或省。"

3. 菑:甾

《艸部》:"菑,不耕田也。从艸、甾。《易》曰:不菑畬。甾,菑或省艸。"

4. 蒸:𦮼

《艸部》:"蒸,折麻中榦也。从艸、烝聲。𦮼,蒸或省火。"

5. 囂:[illegible]

《㗊部》:"囂,声也。气出头上。从㗊、从頁。頁,首也。[illegible],囂或省。"

6. 讇:谄

《言部》:"讇,谀也。从言、閻声。谄,讇或省。"

7. 詾:訩

《言部》:"詾,说也。从言、匈声。訩,或省。"

8. 鬻:羮

《䰜部》:"鬻,五味盉羹也。从䰜、从羔。《詩》曰:亦有和鬻。羮,鬻或省。"

9. 羍:羊

《羊部》:"羍,小羊也。从羊、大声。读若达。羊,羍或省。"

10. 雧:集

《雥部》:"雧,群鸟在木上也。从雥、从木。集,雧或省。"

---

① 大徐本作"古文陈",此从小徐本。

11. 筋:肑

《筋部》:"筋,手足指节鸣也。从筋省、勺声。肑,筋或省竹。"

12. 籗:篧

《竹部》:"籗,罩鱼者也。从竹、靃声。篧,籗或省。"

13. 笸:互

《竹部》:"笸,可以收绳也。从竹,象形。中象人手所推握也。互,笸或省。"

14. 郢:邛

《邑部》:"郢,故楚都,在南郡江陵北十里。从邑、呈声。邛,郢或省。"

15. 曐:星

《晶部》:"曐,万物之精,上为列星。从晶、生声。星,曐或省。"

16. 曑:曑

《晶部》:"曑,曑商,星也。从晶、㐱声。曑(参),曑或省。"

17. 曟:晨

《晶部》:"曟,房星为民田时者。从晶、辰声。晨,曟或省。"

18. 秫:朮

《禾部》:"秫,稷之黏者。从禾、朮,象形。朮(术),秫或省禾。"

19. 穅:康

《禾部》:"穅,谷皮也。从禾、从米,庚声。穅(康),穅或省。"

20. 瘚:欮

《疒部》:"瘚,屰气也。从疒、从屰、从欠。欮,瘚或省疒。"

21. 鬆:髳

《髟部》:"鬆,发至眉也。从髟、敄声。《诗》曰:紞彼两鬆。髳,鬆或省。"

22. 復:复

《勹部》:"復,重也。从勹、復声。复,或省彳。"

23. 陵:峻

《山部》:"陵,高也。从山、陵声。峻,陵或省。"

24. 爑:焦

《火部》:"爑,火所伤也。从火、雥声。焦(焦),或省。"

25. 籀:䈞

《㚔部》:"籀,穷理罪人也。从㚔、从人、言,竹声。䈞,或省言。"

26. 懋:忞

《心部》:"懋,勉也。从心、楙声。《虞书》曰:时惟懋哉。忞,或省。"

27. 憜:惰

《心部》:"憜,不敬也。从心、从𡐦省。《春秋传》曰:执玉憜。惰,憜或省𠂤。"

28. 淵:𣶒

《水部》:"淵,回水也。从水、象形,左右岸也,中象水皃。𣶒,淵或省水。"

29. 霒:侌

《雲部》:"霒,雲覆日也。从雲今声。侌,古文或省。"

30. 䵵:綽

《素部》:"䵵,𦃃也。从素、卓声。綽,䵵或省。"

31. 𦃃:緩

《素部》:"𦃃,䵵也。从素、爰声。緩,𦃃或省。"

32. 蜙:蚣

《虫部》:"蜙,蜙蝑,以股鸣者。从虫、松聲。蚣,蜙或省。"

33. 𤰝:𠃬

《田部》:"𤰝(疇),耕治之田也。从田,象耕屈之形。㽬(𠃬),𤰝或省。"

34. 鐵:銕

《金部》:"鐵,黑金也。从金、𢧜聲。銕,鐵或省。"

35. 鐂:𠷎

《金部》:"鐂,酒器也。从金、𠷎,象器形。𠷎,𠷎或省金。"

(三)《说文》言"不省"之例,正篆为省体,列全形之字与之对应

1. 邁:蘧

《辵部》:"邁,远行也。从辵、蠆省聲。蘧,邁或不省。"

2. 送:𨗨

《辵部》:"送,遣也。从辵、倂省。𨗨,籀文不省。"

3. 訇:訇

《言部》:"訇,騃言声。从言、匀省声。汉中西城有訇乡。又读若玄。訇,籀文不省。"

4. 讋:讋

《言部》:"讋,失气言。一曰:不止也。从言、龖省声。傅毅读若慑。讋,籀文讋不省。"

5. 讄:讄

《言部》:"讄,祷也,累功德以求福。《论语》云:讄曰:祷尔于上下神祇。从言、纍省声。讄,或不省。"

6. 融:融

《鬲部》:"融,炊气上出也。从鬲、蟲省聲。融,籀文融不省。"

7. 閵:閵

《隹部》:"閵,今閵似鸲鹆而黄。从隹、両省聲。閵,籀文不省。"

8. 卤:卤

《乃部》:"卤,惊声也。从乃、卤省声[①]。籀文卤不省。"

9. 鼖:鞼

《鼓部》:"鼖,大鼓谓之鼖。鼖八尺而两面,以鼓军事。从鼓、賁省声。鞼,鼖或从革、賁不省。"

10. 梓:梓

《木部》:"梓,楸也。从木、宰省声。梓,或不省。"

11. 秋:龝

《禾部》:"秋,禾谷孰也。从禾、𪛁省声。龝,籀文不省。"

12. 竈:竈

《穴部》:"竈,炊竈也。从穴、鼀省聲。竈,或不省。"

13. 保:倸

《人部》:"保,养也。从人、从采省。倸(𠊷),古文保不省。"

---

① 大徐本作"从乃省,西声"。徐炫按:"西非声,未详。"此从小徐本。

14. 襄:𧞻

《衣部》:"襄,左衽袍。从衣、𦦏省声。𧞻,籀文襄不省。"

15. 歎:𦑝

《欠部》:"歎,吟也。从欠、鷬省声。𦑝,籀文歎不省。"

16. 茍:𦍌

《茍部》:"茍,自急敕也。从羊省、从包省、从口。口,犹慎言也。从羊,羊与义、善、美同意。凡茍之属皆从茍。𦍌,古文羊不省。"

17. 厲:蠆

《厂部》:"厲,旱石也。从厂、蠆省声。蠆,或不省。"

18. 驘:騾

《马部》:"驘,驴父马母。从马、羸省声。騾,或不省。[1]"

19. 麇:麕

《鹿部》:"麇,麞也。从鹿、囷省声。麕,籀文不省。"

20. 熇:𤎅

《火部》:"熇,以火干肉。从火、稫声。(臣铉等案:《说文》无稫字,当从𤎅省,疑传写之误。)𤎅,籀文不省。"

21. 淖:潮

《水部》:"淖(潮),水朝宗于海。从水、朝省。(臣铉等曰:隶书不省。)"

22. 澩:澩

《水部》:"澩,夏有水冬无水曰澩。从水、學省声。读若学。澩,澩或不省。"

23. 巠:巠

《川部》:"巠,水脈也。从川在一下。一,地也。壬省声。一曰:水冥巠也。巠,古文巠不省。"

(四)"其他"类是指《说文》省形省声的字例中,虽无"省"、"或省"、"不省"等术语标明,但亦属全形省体之可对应者

1. 叡:睿

《𣦼部》:"叡,深明也。通也。从𣦼、从目、从谷省。睿,古文叡。"

① 大徐本作"从马,赢声。騾,或从赢"。此从小徐本。

按，“睿”即“叡”之省。

2. 宐:㝖:𡧪

《宀部》:“宐（宜），所安也。从宀之下、一之上，多省声。㝖，古文宜。𡧪，亦古文宜。”

按，“宐（宜）”即“㝖”、“𡧪”之省。

3. 堂:坣

《土部》:“堂，殿也。从土、尚声。坣，古文堂。”

按，“坣”即“堂”之省。

三

以上所列《说文》103 条全形省体之字，单纯从结构上看，基本上都是对应的，省形省声确实都是偏旁的简省。但如果从字际关系看，涉及具体的例子，需要讨论的问题还比较多，比如“云”和“雲”、“其”和“箕”，作为古今字来看，就不是结构省略的问题了；从文字源流的角度看，是先有“云”后才有“雲”，先有“其”后才有“箕”，把“云”和“其”作为“雲”和“箕”的省体，也把本末倒置了。当然，如果“云”和“雲”、“其”和“箕”仅就它们的本义来说，字形有繁简之别，全形省体相对应，也是无可厚非的。因此，上列四类《说文》本身可以证明之全形省体对应之字，基本上是可以成立的，从文字材料来看，除了《说文》本身可以证明之外，还有不少可以从古文字材料中得到证实，如“法”字原作“灋”，金文作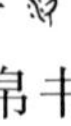、小篆作，一脉相承，此字战国时期或省作，小篆作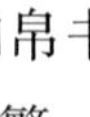，后世承之，如帛书作、汉简作，《说文》言“法”为“今文省”，虽不甚准确，但一繁一简，源远流长，确是不争的事实。

《说文》中存在省形省声之字，共约 630 例，除上列 100 多例外，其他都是不能直接获得全形字进行对照的文字，它们有无省略，或是何字之省，引起比较大的争议，其中省声的问题又特别突出。段玉裁在《说文解字注》中说:“《说文》言省声，多有可疑者。取一偏旁，不载全字，指为某字之省，若家之为豭省、哭之从狱省，皆不可信。”① 于省吾曰：“《说文》有从𤇾之字而无𤇾字。从𤇾之字凡二十三见。或曰瑩省声，或曰熒省声，或曰榮省声，或曰營省声，均不可据。”② 由于文字材料的限制，《说文》省形省声的解释或有主观臆说之处，这是不可避免的。现在要解决“取一偏旁，不载全字”的历史局限，只有依靠新发现的材料，才能获得新的认识。随着古文字材料的不断发现和深入研究，《说文》省形省声问题大致可分为两种情况：一是得到纠正，如“龍”为“童省声”、“皮”为“为省声”、“监”为“峪省声”、“奔”为“贲省声”等等说法，《说文》只据小篆字形立说，与这些字的演变源流情况不符，应该得到纠正；二是得到证实，即随着古文字材料的发现，获得了新的证据，《说文》省形省声之说，可以得到证实。这几年笔者因奉业师曾宪通先生之命，参与编写国家十一五规划教材《汉字源流》③，其中涉及省形省声字例若干，可以证明《说文》的说法是正确的。下面从书中抽选 10 例，略加改写，罗列如次：

1. 秦

《说文・禾部》：“秦，伯益之后所封国，地宜禾。从禾、舂省。一曰：秦，禾名。𥢶，籀文秦从秝。”按，根据《说文》所列籀文，可以证明小篆省“秝”为“禾”，但还不能说明小篆从“舂”省。现据《首阳吉金》所载的秦公鼎和秦公簋④，铭文的“秦”字皆作，字本从舂从秝，知《说文》以为“秦”字从舂省是可信的。

2. 耋

《说文・老部》：“耋，年八十曰耋。从老省，从至。”按，《甲骨文合集》17938 作⑤，从老，不省。现作“耊”，亦不省。

3. 孝

《说文・老部》：“孝，善事父母者。从老省，从子。子承老也。”按，金文

① 《说文解字注》“哭”字条下。《说文解字注》，上海书店 1992 年版，第 63 页。

② 于省吾：《双剑誃古文杂释・释𤇾》，转引自《古文字诂林》第五册，上海教育出版社 2002 年版，第 804 页。

③ 曾宪通、林志强：《汉字源流》，中山大学出版社 2011 年版。

④ 首阳斋、上海博物馆、香港中文大学文物馆：《首阳吉金》，上海古籍出版社 2008 年版，第 45—49 页。

⑤ 参见刘钊、洪飏、张新俊：《新甲骨文编》，福建人民出版社 2009 年版，第 483 页。

或作①,上为“老”,下为“子”,整字象小孩搀扶老人之形,即《说文》“子承老”之意。

4. 具

《说文·廾部》:“具,共置也。从廾从貝省。古以貝为货。”按“具”字甲骨文作或②,金文函皇父簋作,皆从双手捧鼎之形,本义是备办好饭菜。㝬钟作,双手所捧之鼎形已与貝形混同。古文字从鼎之字,其鼎形与货貝之貝形近易混,“鼎”省写为“貝”是常见的现象,如“則”、“員”二字原皆从鼎,后变从貝。曾伯簠作③,“貝”符下的两笔已与“廾”符的两笔相连,鼎形已完全写作“貝”了。此字可视作是⟷的中间桥梁。小篆作,则“貝”又省写为“目”。《说文》所谓“从貝省”者,乃指小篆之“目”并非眼睛,而是“貝”形的省写。其实,从古文字演变源流来看,“具”字在演变过程中实际经历了两次省变,既有“鼎”之变“貝”,又有“貝”之变“目”。

5. 慶

《说文·心部》:“慶,行贺人也。从心,从夊,吉礼以鹿皮为贽,故从鹿省。”按慶字古或从“文”作,如伯其父簠作,秦公簋作,或从“心”作,如陈公子中慶簠作④,后世则以从“心”作者行而从“文”作者废。从“文”作的古“慶”字,鹿形头角四肢俱全,是比较完整的,故《说文》认为“慶”字从鹿省是可信的。

6. 隶

《说文·隶部》:“隶,及也。从又,从尾省。又持尾者,从后及之也。”按此“隶”字非“隸”字之简体,而是“逮”的古字。“隶”字《古玺汇编》2411 作⑤,小篆作,二者结构相同,组合略有变化。“尾”字甲骨文作,小篆作,其省体即。“隶”字从又持尾以会逮及之意,形义清楚,故《说文》以为“隶”从尾省是可信的。

---

① 见容庚:《金文编》,中华书局 1985 年版,第 600 页。

② 参见刘钊、洪飏、张新俊:《新甲骨文编》,福建人民出版社 2009 年版,第 140 页。

③ 以上金文字形参看容庚:《金文编》,中华书局 1985 年版,第 162 页。

④ 同上书,第 716 页。

⑤ 罗福颐主编:《古玺汇编》,文物出版社 1981 年版,第 245 页。

7. 家

《说文·宀部》:"居也。从宀、豭省聲。"《说文》以家为省声字,是一个备受争议的例子。段玉裁注:"按此字为一大疑案。豭省声读家,学者但见从豕而已。从豕之字多矣,安见其为豭省耶? 何以不云叚声,而纡回至此耶?"考《甲骨文合集》3522 正"家"字作,《合集》13586、13593、《合集补编》1265、《花东》236、490 等皆如此作[①],从宀、豰(音 xiā)声。按豰象牡豕(腹下有生殖器之形),甲骨文作(《合集》900 正),小篆作,《说文》"读若瑕",乃豭(牡豕)之初文。古文字豰旁或省生殖器作豕形,为小篆所承袭,并为《说文》之所本。许慎以"豭省声"说之,犹存古谊,当是可信的。[②]

8. 漢

《说文·水部》:"漢,漾也,东为沧浪水。从水,難省声。"段玉裁以为"難省声"是"浅人所改"。但根据古文字材料,早期的"漢"字确是从難得声的。现在所能看到的最早的"漢"字,是战国时期的鄂君启节。节铭云:"自鄂往,逾湖,上灘……逾灘,就郢。"其中之"灘",同"漢",指漢水,字作"",上下结构,正是从水難声,可见许说不误,当非"浅人所改"[③]。

9. 產

《说文·生部》:"產,生也。从生,彥省声。"《古玺汇编》3661"產"作,从彥不省;另外,"顏"字马王堆《老子》甲本和扶风出土汉印都作从"產"从"頁",也说明"彥"、"產"关系密切。因此,"產"从"彥"省声也是有根据的。

10. 夜

《说文·夕部》:"舍也。天下休舍也。从夕,亦省声。"古文字材料中,也有不省的"夜"字,如夜君鼎作[④],从"亦",不省;郭店·老甲 8"夜"字作[⑤],从亦从夕,只不过写成了上下结构,包山简 113、206 也是如此[⑥],

① 参见刘钊、洪飏、张新俊:《新甲骨文编》,福建人民出版社 2009 年版,第 424 页。
② 参见黄德宽主编:《古文字谱系疏证》,商务印书馆 2007 年版,第 1357—1359 页。
③ 参见陈炜湛:《"汉"字漫议》,《汉字古今谈·续编》,语文出版社 1993 年版。
④ 容庚:《金文编》,中华书局 1985 年版,第 483 页。
⑤ 张守中、张小沧、郝建文撰集:《郭店楚简文字编》,文物出版社 2000 年版,第 105 页。
⑥ 张守中撰集:《包山楚简文字编》,文物出版社 1996 年版,第 117 页。

说明“夜”从“亦”声是完全有根据的。其实,从古文字的构形来说,像师酉簋“夜”作[1],包山简 200“夜”作[2],睡虎地秦简“夜”作[3],都可把“夕”字的末笔看成“亦”和“夕”共有的部件,其从“亦”声也是很显然的。

新的发现带来新的学问,新的材料带来新的认识,《说文》所列省形省声之字,将随着古文字材料的更多发现,会得到进一步的证明,或证其是,或证其非,因此,我们对于《说文》所载的省形省声之字,要本着实事求是的态度,历史地、辩证地认真加以对待。

---

① 容庚:《金文编》,中华书局 1985 年版,第 483 页。

② 张守中撰集:《包山楚简文字编》,文物出版社 1996 年版,第 117 页。

③ 张守中撰集:《睡虎地秦简文字编》,文物出版社 1994 年版,第 106 页。

字学著述选评

战国玉石文字研究述评

战国玉石文字包括石鼓文、诅楚文、盟书、行气玉铭和守丘石刻等。关于这类文字的研究状况及其问题，下面分别加以综述、评论。

一、石鼓文

石鼓是唐朝时在今陕西凤翔县境内发现的，其数有十，状似鼓形，石上所刻文字称石鼓文。石鼓文自发现以来，有关石鼓文的年代问题一直争论不休，总共有周、秦、汉、后魏、北周五说。现在看来，以“主秦说”最为可信。《古文苑·石鼓文》后所录王厚之之跋辞有云：

> 南渡之后有郑樵作《释音》，且为之序，乃摘丞、殹二字，以为见于秦斤秦权而指为秦鼓。……

则郑樵为“主秦说”之第一人。近人马衡《石鼓为秦刻石考》一文，指出石鼓出于秦国雍地，石鼓文所见之水名“汧”正在雍地，为“主秦说”提供了地理学上的科学根据，至此，文字学和地理学两方面的相互证明，石鼓为秦国之物这一说法终成定论。但是，石鼓文究属秦国哪一代王，至今却尚无统一意见。马叙伦主文公说，有《石鼓为秦文公时物考》一文以论证之；唐兰主灵公说，认为石鼓为秦灵公三年即周威烈王四年（前 422）之物，主要根据是石鼓文中“四字”作“四”而不是写成四笔横线,又屡见“避”字,即第一人称之“吾”字,字法均不古[①]。郭沫若既反对文公说,也反对灵公说而主襄公说,认为石鼓为秦襄公八年即周平王元年(前770)之物。郭氏认为唐氏二理由均不成立。他说:“石鼓文四字均驷字之省文,《秦风》襄公时诗有‘驷驖’,春秋齐灵公时之《庚壶》铭已有驷字。驷省为四而不作亖,不足为异。……石鼓中有避字,并不足以证明石鼓之晚,倒反足以证明自我称吾之古。”他进一步指出,石鼓文“称天子为‘嗣王’,乃周王初即位时之称,秦灵公三年周威烈王已即位四年,殊属不合。又全诗格调与《诗经》中‘秦风’及西周末年之‘二雅’甚为接近。”[②]在《石鼓之年代》、《再论石鼓文之年代》中,郭氏从各方面力证其襄公之说,成一家之言。此外,还有马衡主缪公说,根据是石鼓文字与“秦公毁”相近,而据罗振玉的说法,“秦公毁”当作于缪公。以上四家,唐、郭二家较为流行。因石鼓剥泐太甚,且其文为诗而非记事,于石鼓本身,无从深究其确切年代;又缺乏其他更为有力的旁证,所以关于石鼓的年代,即使于郭、唐之间,亦颇难取舍;二家之间三百多年的差距,不管是对石鼓文本身的研究,还是对与石鼓文有关的《诗经》和古史的研究,都可能带来混乱和分歧。因此,关于石鼓的年代问题,仍是石鼓文研究中必须加以进一步探讨的问题。〔编按:徐宝贵《石鼓文年代考辨》把石鼓文的文字放在整个秦系文字中加以比较,认为其年代在春秋中晚期之际的秦景公时期,与秦公磬、秦公簋为同时所作。此说较具说服力。北京大学中国传统文化研究中心《国学研究》第四卷,北京大学出版社1997年版。〕

石鼓文的拓本,以明代人安国所收藏的先锋、后劲、中权三种北宋拓本最为有名。这三种拓本在抗战期间流入日本。郭沫若从日本复制了拓本照片,保存了这份珍贵资料,其功甚伟。石鼓年深日久,受风雨侵蚀,字多不存;拓本之字,亦多剪夺,这给石鼓文内容的研究,带来很大困难。不少学者只凭只言片语,猜度大意,难免有所偏颇,引起分歧。就如十石之次第,自宋以来,薛尚功、郑樵、王厚之诸家各不相同,于石鼓诗之理解亦多歧异。郭沫若本其襄

① 见《石鼓文年代考》,载《故宫博物院院刊》1958年第1期。

② 见《石鼓文研究·重版弁言》,《郭沫若全集·考古编·第九卷》,科学出版社1982年版,第11—13页。

公之说,根据史实对十鼓重新编次,较为合理。另一方面,对石鼓文现存文字的考证和解释的不同,也影响了对石鼓诗本身的研究。如在“其𥳑氏鲜”句中,释“𥳑”为“菹”、“筵”、“涎”,整句诗就变为描写食鱼之乐,与其他诗句所写不类。郭昌宗释为“盗”,诗句就变成描写游鱼之乐,始得确解。总之,由于客观条件的限制,对石鼓文的深入研究碰到了不少困难,近年来单独对石鼓文进行深究的著作和文章比较少,其原因大概就在此。今后的路子,一是靠新材料的发现,二是注意方法的更新和视野的拓展,比如把石鼓文放到整个秦系文字中去加以比较分析,或许能取得新的进展。

对于较少涉及史实的石鼓诗价值的认识,郭沫若的观点可以作为代表。在《石鼓文研究·重版弁言》中,郭沫若指出:“石鼓文是诗,两千六七百年前古人所写所刻的诗遗留到现在,这样的例子在别的国家并不多见。它在诗的形式上每句是四言,遣词用韵、情调风格都和《诗经》中先后时代的诗相吻合。这就足以证明:尽管《诗经》可能经过删改润色,但在基本上是原始资料。因此,我们对于《诗经》的文学价值和史料价值,便有了坚实的凭证。……故从文学史的观点来看,石鼓诗不仅直接提供了一部分古代文学作品的宝贵资料,而且更重要的贡献是保证了民族古典文学的一部极丰富的宝藏《诗经》的真实性。”确实,石鼓诗对《诗经》真实性的证明就如同殷墟甲骨卜辞对《史记·殷本纪》可靠性的证明一样确凿有力、不可动摇。郭沫若对石鼓诗的价值的论述,学术界均无异议。

二、诅楚文

相传在北宋年间出土的三块石头,上刻有秦王诅楚王背盟弃信,因而祈求天神制克楚兵,复其边城的文字,世称诅楚文。以所祀之神名不同,分别名之曰巫咸文、大沈厥湫文、亚驼文。南渡之后,三石不知所在,只有各种拓本流传至今。在容庚先生的《古石刻拾零》中,收了绛贴本、汝贴本二种拓本,郑振铎《中国历史参考图谱》第五册收录的吴公望氏的《秦诅楚文》为元至正中吴刊本,据郭沫若推究,是宋拓。此三种拓本,均非原拓,而是摹刻的拓本,字体风格,或有失于原来风貌。正因为无法看到原石原拓,研究者只以摹刻的拓本为依据,或证其真,或以为伪,引起了诅楚文研究中最为棘手、最为热门的问题:真伪之辨。宋代诸公,多信其真。唯苏轼云:“秦之不道,诸侯诅之,盖有不胜其罪者;楚不诅秦而秦反诅之,凡数其罪,考其世家,亦无其实。”① 东坡之意,或谓秦人奸诈,无中生有(东坡《诅楚文诗》有“吾闻古秦俗,面诈背不汗”之句),本无疑于诅楚文本身。然而他的“考其世家,亦无其实”一语也确实启发后人对诅楚文本身的真实性加以怀疑。从有关讨论诅楚文真伪的文章来看,根据史实以证诅楚文之伪确实成了一条说服力较强的理由。所以,说对诅楚文真实性的怀疑当从宋代开始也不无道理。元人吾丘衍在《学古编》中从文字的角度认为诅楚文为伪刻,他说:“以先秦古器,比较其篆,全不相类,其伪明矣。”明人都穆在《金薤琳琅》中从情理的角度疑其为伪,他说:“予特疑其秦至宋千有余年,尝沉之于水,瘗之于地,其字画纤细,理难完好。”近人欧阳辅在《集古求真续编》中则直指其为“唐人所作而宋人刻文”。郭沫若在《诅楚文考释》中,根据董逌《广川书跋》所引王存乂之“亚驼即滹沱”之说,认为滹沱在晋境北部,与周伯琦《音释》中所说“告亚驼文出于洛”相矛盾;又文中五个“驼”字所从之“马”字旁与“它”字旁不相协调,除第四个“驼”字所从之“马”字外,其余四个“驼”字所从之“马”字的写法均与古文不合,因此断定亚驼文为伪刻,但对其他二石,则深信不疑。陈炜湛先生《诅楚文献疑》一文,从文字、词语史实等多种角度对之做了综合考察,认为诅楚文三石都大有可疑。② 综合起来看,诅楚文在文字和史实两方面的舛误可能是其真实性的最大障碍。史实的舛误可以从诅文允许浮词不实,或从秦人奸诈等方面作出解释,而文字的舛误则只有等原石或原拓的出现才有可能作出判别。如果确有诅楚三石,秦至宋千有余年岿然面世,则今后也有可能重新出现,这种希望比起郭沫若希望石鼓文的残石碎片重新被发现来,其实现的可能性还要大些。

在认定诅楚文为真品的前提下,学者们对诅楚文作了各种研究,其中分歧较大者,就是诅楚文的年代问题。引起分歧的主要原因是从楚世系进行推算还是从秦世系进行推算。诅楚文云:“昔我先君穆公及楚成王,是僇力同心,

---

① 见王鲁斋:《诅楚文辞·序》。

② 见《古文字研究》第十四辑,中华书局1986年版。

两邦若壹，绊以婚姻，袗以斋盟，曰万世子孙，毋相为不利。……今楚王熊相，……倍十八世之诅盟，率诸侯之兵以临加我。”数楚世者，从楚成王下推十八世而至顷襄王，而顷襄王名横不名相，则以传写之误来解释。此说以欧阳修、董逌等人为主（但欧阳修在《真迹跋尾》中改为怀王）。数秦世时，以为秦人之文不应数楚世，从秦穆公下推十八世而至秦惠文王，惠文王与楚怀王同时，因此认为所诅者乃楚怀王，此说较合情理，以王厚之、王鲁斋等人为主。郭沫若在《诅楚文考释》中也以楚怀王之说为是，并考证出诅楚文是秦惠文王后元十三年亦即楚怀王十七年（前 312）的作品，证成了清人王澍的说法。楚怀王名愧，与熊相之名不符，郭的解释是，愧为字，相为名，秦人称名以轻之。

诅楚文中，有些文字现象比较有趣。比如“将之以自救也”的“也”字，巫咸文、亚驼文作，与石鼓文“汧也沔沔”、新郪虎符“虽毋会符行也”的“也”字写法全同，可见秦系文字的一些特色。因此，从文字学的观点来看，现在所看到的诅楚文拓本仍有它自身的价值。

对于诅楚文字的考释，因其可认性较强，除个别字外，意见分歧不大。这方面的主要论著有《古石刻拾零·诅楚文考释》（容庚）、《诅楚文考释》（郭沫若）、《诅楚文补释》（陈世辉）①。

三、盟书

盟书已发现过四批，其中以侯马盟书和温县盟书数量最大。特别是温县盟书，出土的玉石片达万余，超过侯马盟书一倍以上。但温县盟书晚于侯马盟书出土，目前还没有专书出版，《文物》1983 年 3 月发表的《河南温县东周盟誓遗址一号坎发掘简报》一文，对出土的基本情况和初步研究成果作了报道。对侯马盟书的研究则比较深入，成果显著。山西文物工作委员会所出的《侯马盟书》一书，根据盟辞内容把盟书归纳为“宗盟”、“委质”、“纳室”、“诅咒”、“卜筮”和“其他”六类，并对盟书材料进行了摹录和整理，书末还附有《侯马盟书字表》，为研究工作提供了完整的材料。除此之外，在《文

① 陈文载《古文字研究》第十二辑，中华书局 1985 年版。

物》、《考古》、《考古学报》以及《古文字研究》等刊物上还发表了不少文章,解决了不少问题,但关于盟书的主盟人究竟是谁,以及由此引发的关于盟书的时代、举行这次盟誓的具体历史背景等问题至今尚未取得统一意见,需要进一步加以探讨。

在侯马盟书中,对主盟人的称谓有三种:一是“嘉”,二是“某”,三是“子赵孟”。由于在有关春秋战国时期的历史记载中,称“赵孟”者有五人之多,且都在晋国,因此盟书中“子赵孟”究竟指哪一个便引起了争论,李裕民认为是文子赵武①,张颔认为是简子赵鞅②,唐兰认为是桓子赵嘉③,郭沫若认为是敬侯赵章④。唐兰的说法得到高明等人的支持,与张颔的说法相抗衡。其他二说影响不大。

在词语方面,侯马盟书争议最多者当推“麻夷非是”一语⑤。“麻夷非是”一语在盟书中有时写作“亡夷非是”,偶尔还在“麻夷”和“非是”之间加“之”字。对这句话的解释,戚桂宴认为,“麻夷”是河伯名,“非是”为动宾词组。从“麻夷”和“非是”之间可加“之”字来看,这种解释显然不对,因为在这种情况下,“之”字起了破坏这句话的独立性的作用,使整句话由主谓词组变成偏正词组,而这句话在盟辞中本来应该是独立的一句话。而且,按照戚桂宴的解释,“是”是作为“非”的宾语,但在先秦古汉语中,以代词“是”为宾语者均前置,他的解释不符合古汉语语法。朱德熙、裘锡圭在《战国文字研究(六种)》⑥中,认为“麻夷非是”即“灭彼族氏”,郭沫若的解释更通俗,他认为“麻夷非是”即“灭彼族氏——就是断子绝孙。”他们的看法得到了学术界的认可。其具体理由是,麻、亡二字,同属明母,音理相近,义类相通。《广韵》:“亡,灭也。”故麻、亡二字均可训“灭”义。《广雅·释诂》:“夷,灭也”。“麻夷”或“亡夷”为同义词连用,表示“消灭”

---

① 见《我对侯马盟书的看法》,载《考古》1973年第3期。

② 见《侯马盟书丛考·子赵孟考》,原载《文物》1975年第5期,收入《侯马盟书》,文物出版社1976年版。

③ 见《侯马盟书晋国赵嘉之盟载书新释》,载《文物》1972年第8期。

④ 见《侯马盟书试探》,载《文物》1966年第2期。

⑤ 盟书中“夷”字下部尚有“土”字,从“夷”从“土”实即“夷”之繁体。为印刷方便起见,文中一律写作“夷”。

⑥ 载《考古学报》1972年第1期。

之意。"非"通"彼"，"是"通"氏"。

侯马盟书数量多,文字材料很丰富。因所记者为内容相差不远的盟誓文辞,同一字往往在不同的玉石片上重复出现,且字形极富变化,繁简并存。据统计,单"嘉"字就有一百多种写法,"敢"字有九十多种写法。这种情况在盟书单字的考释中,一方面可资互相比证,另一方面,由于文字变化太甚,也容易引起分歧。实际上,有关盟书主要问题的争议,还是由单字的不同考释引起的。如盟书中被指斥的对象之名,字形同中有异,作等形,张颔等人释"尼",并认为"赵尼"即"赵稷",而赵稷是当时赵鞅的首要政敌,因此这条线索成为他们确定盟书主盟人"子赵孟"即"赵鞅"的主要理由之一。[①] 高明等人则释为"化"字,指出盟书中指斥的对象是献侯赵化,"化"、"浣"双声,古相通假,因此"赵化"即"赵浣";而在史籍记载中,同桓子赵嘉争夺政权,并被桓子驱逐出境者就是献侯赵浣,因此盟书主盟者应是赵嘉,并进而指出,盟书称主盟者为"嘉",是主盟人自称而非别人对他的美称或尊称。李学勤、裘锡圭、郝本性等人则释为"弧"或"伛",郝本性并以郑韩古城出土兵器中"狐"的字形作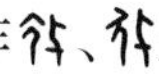来相印证,"弧"亦通"浣",所得结论与高明同。又如高明等人认为张颔所释的"丕显晋公大冢"实为"丕显出公大冢",即指晋出公之庙,并以之为判断侯马盟书的主盟人为桓子赵嘉的一个有力旁证。这个问题的争端也是由于字形的省变。在侯马盟书中,"晋"字作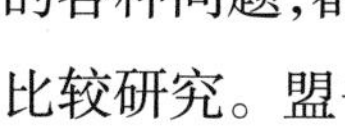,繁简之形相差很大,其省形与"出"字易混。由此可见,对侯马盟书一些字的考释对解决有关盟书的重要问题将起决定性的作用。将侯马盟书讹变字形加以排列组合,并与温县盟书以及其他各类文字进行比较、分析,对于考释文字,探索文字发展变化规律,了解晋国文字特点,解决盟书中的各种问题,都极有价值。此外,盟书字形笔势与楚帛书亦有相似处,也可作比较研究。盟书中发现的句标和帛书中的红色方框以及其他古文材料中所发现的各种指示性符号,它们的性质怎样、功能如何,也是一个很有趣的值得探讨的问题。

---

① 参见《侯马盟书丛考·子赵孟考》(《文物》1975年第5期)和《侯马盟书丛考续》(《古文字研究》第一辑,中华书局1979年版)。

四、行气玉铭、守丘石刻及其他

行气玉铭过去称玉刀珌、剑珌、玉佩等，其形状为楞柱状，中空，顶端未透。铭文四十五字，字体精美。一般认为，玉铭所言，乃古之“导引”，亦即后世所谓气功，是养生健身之法。与此相关，也有人认为，“气”通“精”，铭文所言，乃古之行房之术，亦属古气功之一派。[①] 在文字考释方面，有陈邦怀的《战国〈行气玉铭〉考释》[②]，文章兼谈及铭文的韵读问题，比较全面。行气玉铭字数虽少，其文字学价值仍不可忽视。如第三字从宀从天作，不见于字书和其他古籍，有各种不同解释，陈邦怀释“吞”，似较合适。又如“”字，又见于战国铜器铭文和古玺，可资比较。又如有一字作，从本从臼，于省吾、郭沫若释“春”，陈邦怀释“本”。陈释是。“本”《说文》古文作，木下从三口，段注云：“木，象形也，根多窾，似口，故从三口。”《庄子·齐物论》中说：“大木百围之窾穴，似鼻，似口，似耳，似枅，似圈，似臼，似洼者，似污者。”古多大木，“本”之本字当作“木”下从三“口”之形，后为简省起见，去掉下部之“口”，而在“木”下加一小横以示根本之所在。行气玉铭中的“本”字，是综合繁体和省体而成的。这个字揭示了“本”字的源流，很有价值。以上可知，行气玉铭中的古文奇字，丰富了人们对战国时期古文字的认识。

20 世纪 30 年代发现于河北平山县战国中山国故城附近的守丘石刻，只有 19 个字。《文物》1979 年第 1 期有文章介绍，并有李学勤的释文。由于少数字不易确认，在铭文释读、刻石者为谁、为什么要刻石等等问题上引起了争论。黄盛璋《平山战国中山石刻初步研究》[③] 对守丘石刻进行了较全面的探讨，基本上解决了守丘石刻的有关问题。据他的研究，此石刻为战国中山国一个临罟之臣姓公乘名得的官吏所立，他的职责是守护丘墓。石刻文字的大意是：柩棺将溃坏，敢告请先后一切的贤者们（对此丘墓予以保护）。石刻年代应在公元前 4 世纪前半期。

---

① 何新：《诸神的起源》，三联书店 1986 年版，第 139 页。

② 载《古文字研究》第七辑，中华书局 1982 年版。

③ 载《古文字研究》第八辑，中华书局 1983 年版。

在文字方面，寥寥 19 字亦颇有特色。如“先”字作，所从之“人”，两旁有饰画。又如“公乘”二字作，“敢”字作，“有”字作，都很有地方特点，对辨别中山国文字都有参考价值。

除以上所述外，玉石文字材料还有博塞和遟石以及中山王墓葬出土的玉器如玉环、玉璧、玉璜、玉板、玉片等，均不失为研究战国文字有价值的材料。

与货币文字、兵器文字、陶玺文字等相比，玉石文字的材料比较集中，为研究工作提供了方便。整个看来，依靠现有材料能够解决的问题基本上已得到解决，那些悬而未决的问题一般都是因为缺乏新的有力证据。今后对玉石文字的研究，在发现原材料（如石鼓之残石碎片，诅楚文原石原拓）的希望比较渺茫的情况下，则需要拓展新的思路，比如把这些材料放到石刻碑铭或书法艺术的历史长河中对之进行全新的考察，或许更有意义。在现有材料还未充分利用的情况下（如温县盟书），整理和公布这些材料以利研究乃是当务之急。对盟书的研究，还可从古代法律、逻辑、文法等方面进行探讨。此外，对玉石文字中有争议的单字的考释，可与其他各类文字进行合证，以期取得正确的解释。

总之，玉石文字是战国文字的一大类别，对它的任何一方面的深入研究，都有助于丰富战国文字的研究成果，有助于推动古文字学的发展。

原载《中山大学研究生学刊》1990 年第 4 期

赵明诚、李清照与古文字学

《金石录》一书，集录和考订北宋以前传世的古器物碑版铭文，是有宋一代金石研究的集大成之作，在金石学史上赫赫有名。此书虽题赵明诚著，实是赵明诚、李清照夫妇共同的心血结晶。我们从《金石录后序》中可以看到，李清照和赵明诚一样，对金石之学有着强烈的兴趣，她和赵明诚一起搜求古物奇器、摹写传拓，颇费苦心；她也和赵明诚一起对古物奇器"摩玩舒卷，指摘疵病"①，讨论研究。赵明诚死后，李清照携带《金石录》书稿到处奔波。绍兴二年（1132），李清照寓居临安，开始对《金石录》进行整理，表上于朝，并写了著名的《金石录后序》。宋人张端义在《贵耳集·卷二》中说，清照之于《金石录》，"亦笔削其间"，可谓言符其实。《四库全书总目提要·金石录》也同意此说，曰"理或然也"。清人王士禛在《池北偶谈·卷十四》中说："赵明诚与其妇李易安撰《金石录》，其书最传。"则干脆把《金石录》看成赵李的合著。金文明的《赵明诚和他的〈金石录〉》一文，也同意王说。② 既如此，把《金石录》一书所反映的古文字学水平及其对古文字学的贡献看成赵李所共有的，理应不成问题。

众所周知，赵明诚是宋代的金石学家，对中国的金石学贡献很大，在金石学史上颇有名声。其妻李清照，是中国文学史上独树一帜的文学家，她在

① 见李清照：《金石录后序》。

② 见《〈金石录〉校正》，上海书画出版社 1985 年版。

宋词这一园地里所栽培的一朵艺术奇葩,摇曳八九百年依然芳香不减、韵味弥深。把赵明诚作为金石学家来研究和把李清照作为文学家来研究,从宋至今,论者颇多,而把他们放在古文字学史上来讨论,则为数甚少。笔者以为,赵李二人古文字学虽非显著,然其治此学之精神可嘉、方法可鉴、成就之不可没者,亦有归纳总结的必要,故不揣浅陋,作此小文,或许可对全面认识宋代的古文字学、更好地了解中国古文字学的发展过程提供一点方便。

一

赵明诚、李清照一生与金石古器结下了深远姻缘。他们对古文字学的贡献,首先表现在搜求和保存古文字学材料上。赵明诚在《金石录序》中说:"余自少时,喜从当世学士大夫访问前代金石刻词,以广异闻……访求藏蓄,凡二十年而后粗备。上自三代,下讫隋、唐、五季;内自京师,达于四方遐邦绝域夷狄,所传仓史以来古文奇字、大小二篆、分隶行草之书,钟鼎、簠簋、尊敦、甗鬲、盘杅之铭……凡古物奇器、丰碑巨刻所载,与夫残章断画、磨灭而仅存者,略无遗矣……余之致力于斯,可谓勤且久矣,非特区区为玩好之具而已也。"李清照与赵明诚志趣相投,"有饭疏衣綀、穷遐方绝域、尽天下古文奇字之志"。夫妇二人努力搜求,"日将月就,渐益堆积","几案罗列,枕席枕藉"①,可见他们搜求古物之勤且富。他们还从所藏三代秦汉器中挑选出三百多种刻画完好的作品,摹刻于石,其规模之大,冠于当时;又取墨本联为四大轴,附入《录》中②。这对于保存当时出土或流传的古文字材料显然起了积极的作用。

宋人以好古博雅为高,像赵李一样不遗余力地搜求古器物之人,为数实不在少。但在北宋末年,金人南犯,战火连天,多少古物奇器成为灰烬。凭个人力量想以实物形式保存古器物,显然是不可想象的。赵明诚夫妇逃难时虽然作出了"先去辎重,次衣被,次书册卷轴,次古器"的选择③,竭力保护古

① 见李清照:《金石录后序》。

② 见《金石录》卷十三《石本古器物铭》跋尾。

③ 见李清照:《金石录后序》。

器物，最后仍免不了丧失无存；其摹刻于石者三百余铭，十有八九亦毁于兵燹。好在赵明诚李清照既是古物收藏家，又是学问渊博的学者，能够跳出一般古物收藏家仅以古物为玩好的圈子，著书立说，用文字记录的方式保存了一批古文字材料，多少弥补了实物尽失的缺憾。《金石录》一书继承欧阳修、曾巩等人或存其目、或作跋尾的体例，以岁月先后为次，集录先秦至唐五代传世的金石作品达两千卷，并作跋尾 502 篇，卷帙浩大。单就古文字材料而论，在今本《金石录》中，卷十一至卷十三所收录的都是三代秦汉古器物及石刻文字，共作 56 篇跋尾，其中 49 篇记述古器物，7 篇记述石刻文字。由于有些跋尾所记录的古器物非只一种，如卷十一《宝和钟铭》跋尾云："凡四钟，款识并同。"《簠铭》跋尾云："右《甗铭》，本两器。"《周姜敦铭》[1] 跋尾云："右《周姜敦铭》，本二器。" 卷十三《安州所献六器铭》跋尾云："凡方鼎三、圆鼎二、甗一。" 如把这些附记的器物也计算在内，则今本《金石录》所涉及的古器物可达八十种以上。在五十余篇跋尾中，基本上都为器物注明了出处、藏家，有的还说明了器物的出土情况、流传过程、铭文内容以及宋人对他们的研究情况，保存了许多重要材料。尤其是有些材料不见于他书，如卷十二之《宋穆公孙盘铭》、卷十三之《汉廪丘宫镫铭》，《考古图》、《博古图》、《集古录》、《历代钟鼎彝器款识法帖》诸书均未收录，类此者均极可贵。还有一些材料，虽见于他书，但也以此书为直接来源，如薛尚功《历代钟鼎彝器款识法帖》中有些材料即直接来自《金石录》[2]：薛书卷六之《楚公钟》和《曾侯钟》，分别即《金石录》卷十三之《楚钟》和卷十二之《楚钟》，薛书卷九之《宋右君田鼎》，即《金石录》卷十三之《田鼎》，薛书卷二十之《馆陶釜》和《武安侯钫》，分别即《金石录》卷十二之《铜釜》和《武安侯器》。此亦可见《金石录》的流布之功。此外，赵氏跋尾的一些记载，对我们判断宋代诸书之间同器而异名的情况亦有所帮助。如卷十二《鼎铭》跋尾记载了该鼎的一句铭文："王格大室，即立（位）。" 岑仲勉先生据此推知即薛尚

---

① 应为《周姜簋铭》，宋人误"簋（毁）"为"敦"。以下凡言"敦"者均为"簋"，不另注。

② 薛书称《古器物铭》者即《金石录》，岑仲勉先生有考证。此下所云两书所录器名之对应关系亦据岑说。参见《金石论丛 · 四库提要古器物铭非金石录辨》，上海古籍出版社 1981 年版。

功《款识》卷十之《伯姬鼎》[1];同卷《车敦铭》跋尾云:“其文云:‘作旅车敦’。”岑仲勉先生说:“其敦铭称‘旅车敦’者唯《博古》一七之《周虔敦》一及《周虔敦》二,亦见《薛识》一三,即此《车敦》也。”[2]可见这些记载亦不可忽视。至于7篇有关石刻文字的跋尾,《秦泰山刻石》跋尾最有意义。据《金石文字记》,泰山刻石所存之字,只有“臣斯臣去疾御史大臣昧死言臣请具刻诏书金石刻因明白矣臣昧死言”29字,而赵明诚在跋尾里用来校正《史记》之误的7处文辞(详下)中,有六处不在所存29字之内,颇为珍贵。以上这些,从材料学的角度看,都是很有价值的。

总而言之,赵李二人搜求古器不遗余力,摹刻传写亦费苦心,著书立说颇有价值,功劳苦劳兼而有之,对古文字材料的保存流布功不可没。

二

地下出土的金石材料功用至广,“可以证经典之同异,正诸史之谬误,补载籍之缺佚,考文字之变迁。宝藏无尽,取之不竭”[3]。这种认识现在看来几乎是常识,但在汉代和汉代以前,人们却想不到这些。汉武帝得古鼎以为祥瑞而至改元,汉宣帝得美阳鼎亦拟荐之于宗庙[4],今文经学家们对于鼎彝上的文字,更是“大共非訾”,认为它们是“鄉(向)壁虚造”的“不可知之书”[5],根本没有认识到铭文的证经订史的作用。这种情况到了三国魏时才略有改变。阎若璩《潜邱札记·卷二》记载:“魏太和中,鲁郡于地中得齐大夫送女器,有牺尊,王肃以证‘婆娑’旧说之非……汉章帝时,零陵文学奚景于舜祠下得白玉琯,乃以玉作,传至于魏,孟康以证《律历志》‘竹曰管’说之未尽。”可见当时已有人用地下出土材料和史籍记载相印证,可惜很零散,没有形成风气。而到了宋代,情况就完全不同了。宋人凡以金石名家者,无

① 岑仲勉:《金石论丛·四库提要古器物铭非金石录辨》,上海古籍出版社1981年版。
② 同上。
③ 见朱剑心:《金石学》,文物出版社1981年新1版,第4页。
④ 参见《史记·孝武本纪》和《汉书·郊祀志》。
⑤ 参见许慎:《说文解字·叙》。

不重视金石材料的史用价值,并自觉运用王国维所说的“二重证据法”①,创获颇丰。其第一人,当推《先秦古器记》的作者刘敞,之后,欧阳修、吕大临等人推波助澜,金石之学遂趋极盛。可以这样说,宋代金石学的空前繁荣,与人们对金石材料之证经订史的功用的认识是密切相关的;没有这种认识,金石材料出土再多,也只能停留在以之为玩好的水平之上,决不能堂而皇之地进入学术殿堂,发挥其巨大的作用。从这个意义上说,宋人是地下出土材料的真正“知己”,当非过誉。

把古物奇器从玩好祯祥变为学术研究的重要资料,从历史上看,也是宋人对中国古文字学和中国金石学的重大贡献。这种贡献,当然也有赵明诚、李清照的一份在内。《金石录序》明确指出:历代史籍有关人物事件的“岁月、地理、官爵、世次,以金石考之,其柢梧十常三四。盖史牒出于后人之手,不能无失;而刻石当时所立,可信不疑”。在卷十三《爵铭》跋尾中又说:“古器不独为玩好,又可以决经义之疑”,深刻地认识到古器物材料虽迹存片金,但价值连城。基于这种认识,《金石录》一书运用出土材料和史籍记载相印证,考其异同,多有创获。例如关于觚和爵的容量问题,历来就有异说。《周礼·考工记》云:“爵一升,觚三升。”而汉儒则以为“爵一升,觚二升”。赵氏以出土的爵觚相量,正好一觚等于三爵,证成了《考工记》的说法,解决了一个经义之疑②。又欧阳修《集古录》载,秘阁校理文同家有一铜环,其铭文循环刻之,不知为何器。赵明诚根据《汉书·律历志》的记载,证明古权亦有形如环者,为欧阳修解了一个谜③。又如以泰山刻石碑文与《史记·秦本纪》相印证:“《史》云‘亲巡远方黎民’,而《碑》作‘亲�远黎’;《史》云‘大义休明’,而《碑》作‘著明’;《史》云‘垂于后世’,而《碑》作‘陲于后嗣’;《史》云‘皇帝躬圣’,而《碑》作‘躬听’;《史》云‘男女礼顺’,而《碑》作‘体顺’;《史》云‘施于后嗣’,而《碑》作‘昆嗣’;《史》云‘具刻诏书刻石’,而《碑》作‘金石刻’”,对典籍异文的研究是很有价值

---

① “二重证据法”之名由王国维首先提出,但此法之实际运用,三国魏时已开始。王说此法“惟在今日始得为之”,不确。王说见《古史新证》(1927年《国学月报》“王静安先生专号”)。

② 见《金石录》卷十三《爵铭》跋尾。

③ 见《金石录》卷十二《秦权铭》跋尾。

的①。由上可见,赵氏对古器物证经订史之功用的阐述极为明确,而利用古器物与经籍相印证之例亦颇可观,承先启后,为古文字研究中所谓“二重证据法”提供了范例,是为赵氏夫妇对中国古文字学的第二个贡献。

三

古文字材料因时隔久远,在后人看来,文不可尽识,义不能全通,在古文字研究中就一定会有不可解之处,因此,采取阙疑待问的态度是一种实事求是的科学态度,是古文字研究乃至一切古代学问研究的优良传统。但是宋人治学,常有因好奇而喜附会的一面。有的地下出土材料所记载的人物事件确属史籍所缺载,但有的人却偏偏要在史籍中找个人物事件与之对号入座,言某人即某人,某事即某事,即所谓每事必征、无事不征,因而难免出现一些颇为牵强的结论。宋人陈振孙对此很有看法,他说:“本朝诸家蓄古器物款识,其考订详洽,如刘原父、吕与叔、黄长睿多矣,大抵好附会古人名字,如丁字即以为祖丁,举字即以为伍举,《方鼎》即以为子产,《仲吉匜》即偪姞之类。邃古以来,人之生世夥矣,而仅见于简册者几何?器物之用于人亦夥矣,而仅存于今世者几何?乃以其姓字、名物之偶同而实焉,余尝窃笑之。惟其附会之过,并与其详洽者皆不足取信矣。”② 在释字方面,宋人也有追求每字必释的弊端。王国维曾批评道:“自王楚、王俅、薛尚功之书出,每器必有释文,虽字之绝不可释者,亦必附会穿凿以释之,甚失古人阙疑之指。”③ 而在附会之风盛行之时,《金石录》的作者却表现得相当严谨务实,不苟且、不穿凿,尤其难能可贵。在《金石录》中,作者首先对每事必征、无字不释的流弊提出了批评。如卷十二《中姞匜铭》跋尾云:

初,伯时(按李公麟字伯时)得古方鼎,遂以为晋侯赐子产者;后得此匜,又以为晋襄公母偪姞器,殊可笑。凡三代以前诸器物,出于今者皆

① 见《金石录》卷十三《秦泰山刻石》跋尾。

② 陈振孙:《直斋书录解题》卷八。

③ 见容庚:《金文编·序》,中华书局1985年版,第7页。

可宝，何必区区附托书传所载然后为奇乎！此好古者之蔽也。

又如同卷《散季敦铭》跋尾云：

《考古图》以《太初历》推之，为武王时器，未知是否。又云“武王时，散氏惟有宜生，‘季’疑其字”者，亦何所据哉？士大夫于考正前代遗事，其失常在于好奇，故使学者难信。

其次，对于不可解或有疑问之处，跋尾中皆注明之，不强作解人，采取谨慎的态度，大力提倡阙疑待问的精神。如卷十二《井伯敦铭》跋尾云：

案《左氏春秋传》有井伯，然古人姓名或有同者，未可知也。

又如卷十一《宋公緣餗鼎铭》跋尾云：

案《史记》宋公无名“緣”者，莫知其为何人也。

同卷《商雒鼎铭》跋尾云：

右《鼎铭》，刘原父得于商雒。铭云“惟十有四月”，蔡君谟尝问原父：“‘十有四月’者何？”原父不能对。吕氏《考古图》云：“古器铭多有是语，或云十三月，或云十九月。疑人君即位，逾年未改元，故以月数。”余尝考之，古人君即位，明年称元年，盖无逾年不改元之事。又余所藏《牧敦铭》有云“惟王十年十有三月”，以此知吕氏之说非是。盖古语有不可晓者，阙之可也。

又同卷《大夫始鼎铭》跋尾云：

案《说文》“对”字本从“口”，汉文帝以为“责对而为言，多非诚对”，故去其“口”以从“士”。今验兹鼎铭及周以后诸款识，“对”字最多，皆无从“口”者。然则古文、大篆固已不从“口”矣。又疑李斯变古法作小篆，“对”字始从“口”，至文帝复改之耳。然书传不载，未敢遽以为然也。

此跋既考辨源流，大胆假设，启发来者；又无征不信，阙以待问，不妄下定论，很能表现此书“别白抵牾，实事求是，其言斤斤”[①] 的风格。正因为如此，《金石录》一书才能在众多的金石著作中独树一帜，颇受称许。陈振孙在批评了宋人无事不征、牵强附会之后说道：“惟此书（按即《金石录》）跋尾独不然，好古之通人也！”[②] 岑仲勉先生也评论道：“赵氏之学，虽未谓凌驾时人，然如《祖丁彝》之未必帝祖丁，张仲、弡仲之姑备两说，张伯为张仲兄之无据，散氏即宜生字之致疑，附托书传姓名为好古者之蔽，凡所持论，类皆出之慎重，不苟附会，诚有当乎陈振孙之誉；以视《博古》之杂言无章，薛、张（伦）之成说是袭，夫岂可同日语者。”[③] 其评价是很高的。

总而言之，《金石录》作者反对无所不征的流弊，提倡阙疑待问的精神，是把古文字学作为古代学问在研究态度上所应注意的基本问题提了出来并且作了示范，对古文字学是一门重视实证的科学这一观念的形成，显然起了积极的作用。这是赵氏夫妇对中国古文字学的第三个贡献。

四

除上述三点外，《金石录》一书与古文字学有关系者，尚有以下数事值得一提：

其一，宋人之断代方法，未臻科学严密，所论常失之空泛。《金石录》亦难免此缺陷。如卷十一《宝和钟铭》跋尾云：“今案此铭文字皆古文，为周以前所作无疑。”就不够具体明确。但也有一些跋尾在断代方面的论述颇为详密精当，最显著的例子是卷十一的《秦钟铭》跋尾。《秦钟铭》云：“丕显朕皇祖受天命，奄有下国，十有二公。”由于《史记·秦本纪》与《诸侯年表》的记载有出入，据《本纪》以襄公为始，至桓公为十二公，则作钟者为景公；据《年表》以秦仲为始，至康公为十二公，则作器者为共公。对此二说，欧阳修《集古录》及吕大临《考古图》所引杨南仲之说，均疑而未决。此钟

① （宋）刘跂：《金石录后序》。

② 陈振孙：《直斋书录解题》卷八。

③ 岑仲勉：《金石论丛·四库提要古器物铭非金石录辨》，上海古籍出版社 1981 年版。

之制作年代，遂成悬案。赵明诚据《秦本纪》对秦国历史作了一番考证，认为“秦仲初未尝称公；庄公虽追称公，然犹为西垂大夫，未立国；至襄公始国，为诸侯矣。则《铭》所谓‘奄有下国，十有二公’者，当自襄公为始。然则铭斯钟者，其景公欤！”否定了共公之说，作出了颇有说服力的论断①。其钻研精神，尤为可嘉。此跋所用之断代方法，是用铭文与史料相印证。此法虽非赵氏独创，然其运用得当，颇有创获，足资借鉴。又卷十二所收的《楚钟》，其铭文有“惟王五十六祀楚王酓章”一句，赵氏跋尾云：“案楚惟惠王在位五十七年，又其名为章”，遂断定此钟为惠王时器，所用的方法与《秦钟铭》跋尾颇相似，一并可观。

此外，卷十二《父丙彝铭》跋尾云：“此周器也，而犹称父丙者，当是周初接商时器。”卷十三《安州所献六器铭》跋尾云：“右六器铭……又称作父乙、父已宝彝，若非商末，即周初器也。”所用的断代方法，即罗振玉所说的“日名断代法”②，亦值一提。

其二，卷十三《石鼓文》跋尾云：“欧阳文忠公以谓‘今世所有汉桓、灵时碑往往而在，距今未及千载，大书深刻而摩灭者十犹八九；自宣王时至今，实千有九百余年，鼓文细而刻浅，理岂得存？’以此为可疑。余观秦以前碑刻，如此鼓文及《诅楚文》、泰山秦篆皆粗石，如今世以为碓臼者，石性既坚顽难坏，又不堪他用，故能存至今……况此文字画奇古，决非周以后人所能到。”案欧阳修在《集古录》中认为石鼓有四点可疑之处③，此跋只攻其一点，不及其余；但能从石质、文字两方面进行辩证，颇切情理；以石鼓为不可疑之真物，其结论则是完全正确的。

其三，卷十三《孟姜盥匜铭》跋尾云：“余所录古器款识有《叔匜铭》，‘匜’字作‘鉇’。后又得《伯公父匜铭》，字作‘盙’。今此铭作‘鍙’。盖古书不必同文，然三字意义皆通。”按，“匜”字从“金”，以匜为金属所

① 郭沫若在《两周金文辞大系图录考释·秦公毁考释》中以为秦公钟与齐之《叔夷鎛钟》的花纹形制如出一范，《叔夷鎛钟》作于齐灵公中年，秦景公以灵公六年即位，年代正相同，因而秦公钟为景公所作，结论与赵明诚同。

② 罗振玉《殷文存》序文说：“考殷人以日为名，通乎上下……日名之制，亦沿用于周初，要之不离殷文者近是”，把“以日为名”作为判别殷器的一个标准。

③ 参见欧阳修：《集古录·卷二》。

造也;从“皿”,以匜为器皿之用也;从“金”从“皿”,则综合前二者而成字也。三字意符不同、写法各异而音义一致,是一组异体字。此跋以为“古书不必同文,然三字意义皆通”,已认识到异体字的问题。这对正确对待古器物铭文中同义异形现象颇有启发。又此跋以不同器物铭文互相比较,是古文字研究方法的一个有益启示。

其四,卷十三《父乙彝铭》跋尾云:“右《父乙彝铭》,其器鼎也,而谓之彝者,案《说文》:‘彝,宗庙常器。’然以古器款识考之,商以前,凡器通谓之彝;至周以后,有六彝之名,于是直以盛郁鬯之尊为彝,其名与诸器始分矣。”案吕大临《考古图》中常常将器名上的共名作为专名,如卷四《单从彝》五器,乃方鼎、觚、簋、盉、甗五种不同器物而统称为彝[①],显然是不妥当的。此跋将彝作为共名而非专名的情况作了说明,对避免重犯吕氏似的错误颇有帮助,对古器物定名学的发展也是一个贡献。

最后需要说明的是,一个时代的学问有一个时代的水平。赵明诚、李清照的古文字学水平当然也不可能超越宋代。《金石录》中也有一些不尽如人意的地方。如卷十一《甗铭》跋尾批评句中正等人甗鼎不分是正确的,但以为古甗形制皆圆,则又囿于所见,论断不确。诸如此类的缺陷,我们不必为古人讳,亦不必苛求于古人。

本文蒙陈炜湛先生指教,特此致谢。

原载《中山大学学报》1994 年第 2 期

① 参见容庚、张维持:《殷周青铜器通论》,文物出版社 1984 年版,第 21 页。

郑樵的文字学研究

郑樵,字渔仲,宋兴化军莆田(今福建莆田)人。郑氏读书论学,涉猎极广,著述颇丰,博学多识。本文拟对他的文字学的研究略作评述。

郑樵研究文字的主要著作有《象类书》、《六书证篇》、《六书略》、《金石略》、《石鼓文考》等。前三种主要研究"六书",但《象类书》及《六书证篇》二书早已亡佚,其主要观点及成果保留在《六书略》[①] 中,《六书略》一书见其所撰的《通志》。后二种主要研究金石文字,《金石略》一书亦存《通志》中,《石鼓文考》也已散佚,其主要观点已见他书所引(详下)。另据《献皇帝书》,郑樵的字学著作尚有《续汗简》、《字始连环》、《梵书编》、《分音之类》等[②],但郑氏《上宰相书》又云:"观樵之《分音韵类》、《字始连环》之类,则知樵所作韵书非沈约之徒所得而闻。"[③] 可见上述《献皇帝书》中所列诸书,有一些是韵书。这些书都已亡佚,具体情况不得而知。

一

郑樵现存的字学著作中,最重要的是《六书略》,而《六书略》中最能

---

① 《六书略·六书序》云:"臣旧有《象类》之书,极深研几,尽制作之妙义……今取《象类》之义,约而归于《六书》。" 可见《象类书》等著作的精华保留在《六书略》中。

② 参见《夹漈遗稿·卷二》。

③ 参见《夹漈遗稿·卷三》。

体现郑氏字学研究成果的是对“六书”理论的研究。

《六书略》对“六书”的深入研究表现在下面几个方面：

第一，抛开许慎给“六书”所下的定义，对“六书”进行重新阐释，其中有些看法是比较新颖的，也包含许多正确的因素。比如他将指事与象形、会意进行比较来阐释“指事”字的特点，他说：“指事类乎象形：指事，事也；象形，形也。指事类乎会意：指事，文也；会意，字也。独体为文，合体为字。形可象者，曰象形，非形不可象者指其事，曰指事。”① 这比许慎的“视而可识，察而见意”无疑要明白清楚得多。他对“谐声”的认识也颇为精到，他说：“谐声与五书同出，五书有穷，谐声无穷；五书尚义，谐声尚声。天下有有穷之义，而有无穷之声……谐声者，触声成字，不可胜举。”② 这对人们认识形声造字法的优越性颇有帮助。

第二，提出“子母相生”说，发挥了“独体为文，合体为字”的观点。郑樵在《论子母》篇中立 330 母为形之主，870 子为声之主，合为 1200“文”，构成无穷之“字”。他又说：“象形、指事，文也；会意、谐声、转注，字也；假借，文字俱也……六书也者，象形为本，形不可象，则属诸事，事不可指，则属诸意，意不可会，则属诸声，声则无不谐矣，五不足而后假借生焉。”③ 此说明确了“六书”中的“文”、“字”之别，揭示了“六书”之间的排列顺序和相互关系，其中以“象形”为本，较之许慎把“指事”置于“象形”之前，无疑更容易为人们所接受。

第三，对“六书”中的每一书又进行了更为详细的分类，如象形分“正生、侧生、兼生”三科，再分为十八类；谐声分“正生、变生”两科，“变生”又分为六类等。这种分类先以图表形式列出，又在《六书序》中用文字加以说明，可谓纲目清楚，条理井然。

第四，《六书略》以“六书”统字，共分析象形字 608 个，指事字 107 个，会意字 740 个，谐声字 21810 个，转注字 372 个，假借字 598 个，总计 24235 字，彻底打破了《说文》以部首统字、据形系联的格局，是在实践上对其“六书”

---

① 《六书略·指事第二》。

② 《六书略·谐声第五》。

③ 《六书略·六书序》。

理论的进一步验证,其创新精神是值得肯定的。

郑樵对“六书”的重视和实际研究,奠定了他在文字学史上的地位,正如唐兰先生所评价的那样,郑樵是文字学史上“第一个撇开《说文》系统,专用六书来研究一切文字”的人。[①]他的研究使文字学结束了仅仅仿效《说文》编纂字书或为之作传的阶段而进入一个比较纯粹的理论探求阶段,从而使文字学的研究提高到了一个新的高度,在他的影响下,“六书”学成为郑氏以后至于元明时代汉语文字学研究的一个新领域,一个核心问题,出现了一大批以“六书”为名的文字学著作,提出了不少有价值的见解。“六书”学大放异彩,究其缘由,不能否认郑樵《六书略》在文字学研究方面的“转轨”之功。

二

郑樵的文字学研究,除了“六书”理论以外,还对字学的其他诸多问题进行了有益的探索。下面即根据《六书略》、《金石略》、《石鼓文考》诸书对其研究成果作简要归纳。

第一,他对文字的起源问题做了可贵的探索。首先,他阐明了“书画同源”的观点。他说:“书与画同出。画取形,书取象;画取多,书取少。凡象形者,皆可画也,不可画则无其书矣。然书穷能变,故画虽取多而得算常少,书虽取少而得算常多。六书也者,皆象形之变也。”[②]他认为书画同出,但又认为书画并不是一回事,可见他对文字和图画之关系的认识是比较透彻的。这种“书画同源”的观点与以往的八卦说、结绳说等汉字起源理论大相径庭,但却是一种很正确的看法。唐兰先生在《古文字学导论》中就曾明确提出“文字的起源是图画”的主张,现在“图画”已是为学术界所普遍接受的一种主要的汉字起源因素了。郑樵早论及此,是很了不起的。其次,他提出了“起一成文”说,认为汉字的基本笔画都是由“一”及其变化形体构成的。

---

① 《中国文字学》,上海古籍出版社 1979 年版,第 71 页。

② 《六书略·象形第一》。

这种说法是建立在“道生一,一生二,二生三,三生万物”和“一阴一阳之谓道”等古代哲学的基础之上的,主要是从楷书的形体线条上谈汉字的起源,与从性质和功用上谈文字的起源是显然不同的。“起一成文”说的局限性是很明显的,不用说它不能说明没有点画分别的古文字线条的变化,就是从楷书的结构来看,它也无法圆满解释各种笔画的形成。但郑樵此说,是把汉字的笔画变化与中国传统的哲学思想联系起来,从汉字文化学的角度看,也不失为一种富有特色的看法。

第二,针对《说文》五百四十部首的设置提出新的建设性的看法。他在《论子母》中说:“许氏作《说文》定五百四十类为字之母,然母能生而子不能生,今《说文》误以子为母者二百十类。”于是他又在《论子母所自》中提出部首删并的原则,主张从显隐、远近、约滋、同独、用与不用、得势与不得势等六个方面来考虑,把《说文》五百四十部归并为三百三十部首。过去论及部首简化,多认为始于明代梅膺柞所作《字汇》的二百一十四部。梅氏的部首是检字法的部首。郑氏三百三十部首虽然仍是文字学性质的部首,但毕竟早于梅氏。故部首简化创始之功,当推郑氏。只可惜《六书略》不以部首统字,看不出郑氏部首的具体设置情况,因而也降低了郑氏部首对后世的影响力。

第三,《六书略》中有《古今殊文图》、《一代殊文图》、《诸国殊文图》、《殊文总论》诸篇,讨论了有关异体字的问题。他指出字形因古今差异、方国不同而有所变化,同一时代可能也有不同写法,因此不能以义理说解文字,否则同一个词若有几个字形就要认为有几种义理,这是不符合实际情况的。他在《殊文总论》中说:“观古今殊文与一代殊文,则知先儒以义理说文字者,徒劳用心……大抵书以纪命为本,岂在文义!以义取文者,书之失也。”可见他已从文字的异体现象中认识到文字只是记录语言的符号,不宜寻求每一字形必有义理存乎其中。这种看法也有其深刻的一面。

第四,对比较文字学做了有益的尝试。《六书略》中有《论华梵》三篇,讨论汉字与梵文的差别,所见虽未必深刻,但也看到了华梵的不同特点。如《论华梵下》云:“梵人别音在音不在字,华人别字在字不在音,故梵书甚简,只是数个屈曲耳,差别不多,亦不成文理,而有无穷之音焉……华书制字极密，点画极多，梵书比之实相辽邈，故梵有无穷之音而华有无穷之字，梵则音有妙义而字无文彩，华则字有变通而音无锱铢。”郑氏的这项研究虽未深入，但把对汉字的研究延伸到与外域文字的比较中去，其视野是相当开阔的。

第五，郑樵对金石文字的研究也颇有成绩，主要著作有《金石略》和《石鼓文考》。《金石略》一书所收“上自苍颉石室之文，下逮唐人之书”[①]，保存了不少金石材料，但只录其名，不存其文，是一缺陷。在郑樵之前，欧阳修作《集古录跋尾》，已开始对金石材料加以简单的说明和考证，赵明诚的《金石录》在这一方面取得了很大成就，而郑樵没有继承这种做法，也失之简陋。但是，如果说《金石略》一书因略于考证而影响了它的价值，那么他的《石鼓文考》，以其精辟的考证，为石鼓是秦国之物提供了文字学上的根据，则倍受古今学者的称赞。

三

宋人为学以创新为特色，郑樵亦不例外，他的字学研究在创新的同时也不乏真知灼见，精彩之处随时可见，足以启人心智，值得继承发扬。郑氏之字学，亦难免其弊，约而言之，其主要缺点有：

一是对“六书”的分类过于繁琐，又随意兼类，实际上混淆了象形、指事、会意、形声的界限。《六书略》以“六书”统字，因各字归属不易掌握，故查检起来也颇不便。

二是对不少字的分析存在穿凿附会之处。比如他主张“起一成文”，因而认为“天、百、母、车、旦、丕”等字都是由“一”滋生出来的[②]，又承许慎之误而认为“为”是母猴的象形[③]，不同意韩非之说而认为“厶”象男子之势[④]，像此类臆说，书中尚多，皆不足取。

三是因反对义理之学而完全否认以义说字也过于偏激，没有充分认识到

---

① 《通志·总序》。
② 参见《六书略·论一二之所生》。
③ 参见《六书略·假借第六》。
④ 参见《六书略·论象形之惑》。

汉字的表意性质[①]。细分假借为十二项，又把假借与字义引申混为一谈，仍未明假借真义[②]。秦代“书同文”本是大势所趋，他却认为是“无知”之举[③]。这些也都是其理论所存在的误区。

清代复兴汉学，推崇《说文》，维护许学正统，而郑樵的字学研究却以突破《说文》自创新意为主要特色，又加上存在这样那样的缺点错误，故受到了清人的否定，被斥为异端邪说。现在看来，郑氏字学虽有缺陷，但也有其优点，一概否定是不甚公平的。正确的评价仍然应持一分为二的观点，取其精华，弃其不足，肯定他在文字学史上应有的地位。

原载《福建论坛》1998 年第 3 期

① 参见《六书略·殊文总论》。
② 参见《六书略·假借第六》。
③ 参见《六书略·殊文总论》。

《东观余论》中的语言文字研究缀述①

《东观余论》二卷,北宋黄伯思撰。黄伯思(1079—1118)字长睿,别字宵宾,自号云林子,福建邵武人。据史料记载,伯思幼时即聪敏喜读书,大略学问慕扬子云,文章学柳宗元,诗歌效李白。曾纵观册府藏书,至忘寝食。所学汪洋浩博,上自六经,下及诸子百家、历代史氏之书,天官地理、律历卜筮之说,无不精诣。故其年虽仅四十而没,而学问号称渊博淹通。其所著《东观余论》颇受称赞,即其学问之体现。黄伯思虽不以语言文字之学而名家,《东观余论》主要成就也只在于考证名物之精博,但此书中也零星涉及不少语言文字的问题,片纸只字,亦足珍贵,故缀而说之,或有补于语言文字学史的研究,亦不没黄氏对语言文字学之贡献。

其一,《东观余论》中的《法帖刊误》,在考证诸帖的同时,偶亦论及帖中出现的一些词语的意义,有裨于词义之训诂。如《第一帝王书》中云:

> 古者谓使为信,故逸少《帖》云:"信遂不取。"《答真诰》云:"公至山下,又遣一信见告。"《谢宣城传》云:"荆州信去。"《倚待陶隐居帖》云:"明旦信还,仍过取反。"凡言"信"者,皆谓使人也。近世犹有此语,故《虞永兴帖》云:"事已信人口具。"而今之流俗遂以遣书馈物为信,故谓之书信,而谓前人之语亦然,不复知魏晋以还,所谓信者乃使人

① 本文与龚雪梅合作。

之别名耳。

《第六王会稽书上》又云：

《朱处仁帖》在《十七帖》间，其中有云："往得其书，信遂不取。"答谓昔尝得其书而信人竟不取报书耳，而世遂误读为"往得其书信"，殊不知信者乃使人也，自连下语，非若今之所谓书信也。

黄伯思在这里对"信"字的一个后起义"信使"做了很充分的论证，其说影响颇大。其后的袁文在所著《瓮牖闲评》中即承其说而有所补充。他说："信者，使人也，今乃以为书信之信。《东观余论》引援古昔辨之为甚详，而独不记颜真卿《麻姑仙坛碑》云'有顷信还，但闻其语'一事，何也？则知信者果为使人矣。"[①] 到了清代，徐灏进一步从形义关系上论证"信"字的"信使"之义。他在《说文解字注笺》中说："谓使为信，盖古义也。使人传言，故从人言会意。信使既通，然后知其事实，因有诚信之义，又因之信使所赉之书谓之信也。"徐灏以"信"的本义为"信使"，于先秦典籍无征，未为确论[②]，但其说构成了又一种关于"信"字的形义解释，颇具理趣。要之，黄伯思的"信为信使"之说，最早揭示了"信"的一项重要的后起义，功不可没。

其二，除词义训诂之外，对个别文字的读音和形体亦有所辨正。如《跋钟繇贺捷表后》云：

其曰南蕃者，蕃音皮，谓南蕃郡也……或读为蕃镇之蕃，误矣。

按，"蕃"作地名或姓，《集韵》音为蒲糜切，可见伯思所说不误。

又如《第九王大令书上》云：

郗氏自太尉鉴后为江左名族，其姓读如絺绣之"絺"，而世人以俗书郗字作"郄"，因读为郤诜之"郤"，非也。郤诜乃春秋晋大夫郤縠（之后），郗鉴乃汉御史大夫郗虑之后，姓原即异，音读迥殊，后世因俗书

① 见袁文：《瓮牖闲评》卷四，上海古籍出版社 1985 年版，第 41 页。

② "信"之"信使"义约始于西汉。如《史记·韩世家》云："发信臣，多其车，重其币。"

相乱，郗、郄二姓遂不复辩，亦近代氏族及小学二家之学不讲故也。

黄氏此说颇精确，为明代张烈《正字通》所称引[①]。

其三，黄伯思对古文奇字颇有爱好，钟鼎彝器款识体制悉能了达辨正，《东观余论》中也多有古器考证方面的文字。其中，对一些古文字的考释提出了自己的看法，亦略有可观之处。如《周宝和钟说》云：

右二钟铭皆曰："走作朕皇祖文考宝和钟，走其万年子孙永宝用享。"……"走"之名于经传无见，盖昔人自以称谓，犹孤、寡、不谷、臣、仆、愚、鄙，皆谦损之辞。故司马迁自称曰"太史公牛马走"，班固自称曰"走亦不任厕技于彼列"，说者谓以犹今自称"下走"之类，此器所谓"走"者如此。然则"走"之号非独始于汉，盖亦上矣。

金文之"走"，或以为通"祖"。但从此器铭文来看，通"祖"之说难以成立。还是黄氏所解为是，值得肯定。

又如《弡仲医辨》云：

所谓"镳炉"，即《广雅》所载。此二字乃赵生所释，予亦然之。然赵初不知《广雅》有此语，乃观之，弥可信也。……弡字原父误释为张字，遂以为张仲之器，欧公从而文之以数百言，盖失之矣。

按，"弡"字当即"弭"字，黄氏认为非"张"字，所见至确。其不盲从别人的态度，也是值得肯定的。

其四，黄伯思善书法，篆、隶、正、行、草、章草、飞白诸体皆工妙，对书法研究也颇深，所著《法帖刊误》，辨论诸帖，洞察真赝，品藻高下，皆精确有据，对书法及书法发展史之研究，贡献极大。其中有些地方对汉字书体的论述也很精到，亦有裨于文字学。如《第一帝王书》云：

凡草书分波磔者名章草，非此者但谓之草，犹古隶之生今正书，故章草当在草书先。

---

① 见《正字通·邑部》"郗"字。

《记与刘无言论书》云：

> 予因言见汉魏间人章表亦多用章草书，今犹有存者，如司马孚、孙皓表奏，世或传之。

此辨析章草与草书之别，并讨论章草流行情况，对研究汉字书写体式的演变也有意义。

除上述几点外，黄伯思的文字学研究还体现在其所编的《古文韵》上。《古文韵》成书于公元1116年，是他晚年的一部作品，可惜书已不传。在《东观余论》中保留了一篇后跋，可窥其大概。跋云：

> 政和六年冬，以夏郑公《四声集古韵》及宗室克继所广本二书参写，并益以三代钟鼎款识及周鼓秦碑古文、古印章、碑首并诸字书所有合古者益之，比旧本殊广，以备遗忘。作隶字书者多有伪舛，亦姑藏之，以广异闻，观者其自辩之。十一月丙申于山阳栖凤堂亲写，十二日丙戌于广陵瓜步舟中记之。云林子书。

可见这是一部收集古文字字形的专书。收字范围及于碑碣印章，亦见其搜求之力，好古之诚。

当然，《东观余论》所论语言文字诸问题中，也有不尽如人意之处，如《第二汉魏吴晋人书》论《世将表》中“顿乏勿勿”云：

> 按《颜氏家训》云：“世中书翰，多称‘勿勿’，相承如此，莫原其由。或有妄言此‘忽忽’之残阙耳。《说文》：勿者，州里所建之旗，盖以趋民事，故悤遽者称‘勿勿’。”仆谓颜氏以《说文》证此字为长，而今流俗又妄于‘勿勿’字中斜益一点，读为‘悤’字，弥失真矣。按《祭义》云：“勿勿诸，其欲其饗之也。”注：“勿勿，犹勉勉也，悫爱之貌。”杜牧之诗：“浮生长勿勿。”是知“勿勿”出于《祭义》，唐人诗中用之，不特称于书翰耳。

此论“勿勿”之意义，出处及使用范围，均未为确论。楼钥《跋》中认为黄氏“引《颜氏家训》云：‘世中书翰，多称勿勿。’又引杜牧之诗：‘浮生长勿匆。’谓古人诗中用之，不特称于书翰。颜之推在牧之数百年之前，似难以此诗为证。”其说可从。[①] 另书翰中的“匆匆”，或指“匆忙、急遽”，或指“疲乏、困顿”[②]，而黄氏所引《祭义》中的“匆匆”，意指“殷切勤恳”，二者形同而义异，以《祭义》的“匆匆”为书翰的“匆匆”之源，似亦不妥。又以“匆匆”作“匆匆”为流俗妄改而失真，而又拘于正统，过于呆板。[③]

又如《周史伯硕父鼎说》中误“巳巳”之“巳”为“子”字，而为之说云：

> 以己配子，则于十日刚柔，疑若弗类。然三代鼎彝铭刻若此者，甚多有之。《兄癸彝》文曰“丁子”，《周戠敦》文曰“乙子”，今此鼎文曰“己子”是也。或曰戊与己同类，古尚未分，则所谓己子者乃戊子也。或曰《易》之五位相得而各有合，以配十日，若甲与己合，古亦未分，则所谓己子乃甲子也，丁子、乙子义亦如之。其说未知孰是。

按，古文字中“巳”字字形即为“子”字，宋人不辨，故有种种附会之说。黄伯思于此亦疑而不得其解，可见时代之局限，他也是不能避免的。

此外，《跋右军甘蔗帖后》认为蔗似竹，故字当从竹，以从草为非，不足为训；《第一帝王书》和《记与刘无言论书》中论章草之得名，前者谓章帝所好，后者谓上章用之，互相矛盾，其说不可信。诸如此类缺点，我们不必为古人讳，但也不必苛求于古人。

原载《福建电大学报》1999 年第 1 期

① 见《东观余论》邵武徐氏刊本附录。

② 如王羲之《章草帖》：“旨信送之，匆匆当付良信。”此“匆匆”意指“急忙、急遽”。王羲之《问尉诸帖》：“吾顷胸中恶，不欲食，积日匆匆，五六日来小差，尚甚虚劣。”此“匆匆”当指疲顿之意。参见郭在贻：《释“匆匆”、“无赖”》，《中国语文》1981 年第 1 期。

③ “匆匆”作“匆匆”，虽可能是流俗所改，但也是时俗所趋，只要约定俗成，就有存在的理由，不必拘泥于所谓正字。或以为“匆”本是“囱”的变体。参见裘锡圭：《文字学概要》，商务印书馆 1988 年版，第 208 页。

实证创新，超乎前人

——评赵平安博士《隶变研究》

现代科学已经证明，现代汉字在进行信息处理方面，具有神奇的适应能力，汉字在电脑中的输入、存储和自动识别等已达到了很高的水平。汉字是一种能够适应现代社会发展的富有科学性的符号体系，这已经成为大家的共识，“汉字落后论”不攻自破。现代汉字的这种科学性，是在汉字源远流长的历史演变中逐步形成和完善的。汉字史上的每一次改革，都对现代汉字的形成起了重要作用。其中，与现代汉字的形成尤为密切相关的，是发生在战国时代的隶变。隶变是汉字发展史上一个重要的里程碑，它标志着古文字时代的结束和现代汉字的开始。现代汉字的基本笔画都是在隶变中逐步形成的。所以，研究隶变对于了解现代汉字的形成及所包含的合乎科学发展的内在因素以及汉字今后的发展趋势都有深刻的历史意义、现实意义和理论价值。但是，偏偏就在这个关键的阶段，从前的研究者却寥寥无几，成就不大。河北大学中文系教授赵平安先生在中山大学攻读博士学位期间，很敏锐地抓住这个在汉字发展史具有重要意义的问题进行深入全面的研究，撰成《隶变研究》一书，于 1993 年 6 月由河北大学出版社出版发行，这是文字学界值得高兴的一件事情。此书材料广博翔实，方法新颖独特，观点多有创见，在整体水平上，表现出隶变研究的最新进展，其成就超乎前人，独步当代，不愧为文字学研究的一颗硕果。

文字学是一门实证的科学，它靠真实材料说话。隶变发生很早，而前人的研究无甚进展，重要的原因就是缺乏材料，没有条件进行研究。20 世纪 70 年代以来，秦汉时期的文字学材料大量出土，简帛文字、陶玺文字、玉石文字、货币文字、兵器文字、金文等纷纷面世，为研究这一时期的文字变化提供了许多前人做梦也想不到的宝贵资料。《隶变研究》一书正是在掌握了大量的原始资料的基础上进行研究而结出的一项硕果。作者的研究立足于真实，重视实证。他首先系统地整理了各类秦文资料和汉武帝以前的几种简帛资料计 53 种，做成单字卡片，分析出 90 个偏旁。由于掌握了大量的隶变材料，作者在描述具体文字的隶变过程中，如第 30—31 页讲到隶变的渐次性、连续性和阶段性时，所举之例皆能环环相扣，衔接自然，生动地展示了隶变过程的串串足迹，让我们看到古汉字走向现代汉字的成长过程。第五章阐述隶变的现象和规律，在讨论与表音表义无关的隶变时，总结出直、减、连、拆、添、移、曲、延、缩等九种隶变手段；在谈到有关表音表义的隶变时，又从省形、省声、换形、换声、增形、繁声、把象形表意部分改成声符、把象形部分改成表意偏旁等八个方面予以介绍。这些讨论，都以丰富的例证来说明问题。不是对隶变材料非常熟悉、了如指掌的人，是做不到这一点的。此外，第 12—30 页所谈的“隶变阶段汉字成分的复杂性”和“隶变阶段汉字演变的多向性”两个问题，也都是以丰富具体的材料来说话，不做空疏的说明。正因为如此，《隶变研究》一书较好地避免了从前古文字研究中常有的猜谜射覆式的通病，这是对古文字研究史上重视实证精神这一优良传统的继承和发展。

《隶变研究》一书以真实、具体的文字资料为铺垫，以从隶变过程中去整理隶变序列为基本方法，加上作者智慧思索和探讨，提出了一系列颇有新意的观点，令人耳目一新。例如，在谈到隶变的性质时，作者认为，隶变是对汉字书写性能的改革；由于隶变没有改变汉字的根本性质，所以隶变不是质变；由于隶变前后的古今汉字只是汉字历史长河中的不同阶段，隶变并未改变汉字的总方向，所以隶变不是古今汉字的分水岭或转折点；由于隶变过程连绵数百年，具有明显的连续性和阶段性，所以隶变是渐变而不是突变。在谈到对隶变名实问题的理解时，作者又提出了“隶变始于秦文字”、“隶变始于战国中期”、“隶变是小篆到隶书的演变”、“隶变的下限在今隶”等看法。这些观点中，有不少是与当今流行的看法有异，有些则与某些专家的说法不同，均可新人耳目。且作者论述简洁有序，不枝不蔓，都有较强的说服力。此外，作者提出的隶变所遵循的四条基本规律，即保留原有字的框架或特征部位、顺应书写的需要、体现汉字表音表义的特点和追求字势的匀称美观，也都是透过纷繁复杂的隶变现象而总结出来的基本原则，有根有据，令人信服。总而言之，在学术观点上，言此书多所发明，富于新意，当非过誉之辞。

《隶变研究》是一部第一次全面系统研究隶变问题的专书，这是此书的又一个新特点。关于隶变，可研究的问题相当多，以往的研究往往比较零星，攻其一点，不及其余。《隶变研究》一书则对隶变的有关问题都涉及到了。全书共分八章：一是隶变研究的简单回顾；二是对隶变和隶变阶段的基本看法；三是研究隶变的方法；四是隶变的必然性和可能性；五是隶变的现象和规律；六是隶变的巨大影响；七是隶变的性质；八是隶变阶段未识字考。此外，在书后还附了四篇与隶变研究相关的专论：一是汉字字体的名实及其演进序列的再认识；二是秦汉简帛通假字的文字学研究；三是诅楚文辨疑；四是试论秦国历史上的三次“书同文”。全书总共 13 万字，可谓隶变研究的鸿篇巨著。第八章运用隶变条例对 40 多个隶变阶段未识字进行了考释，藉、快、霸、前等 8 字的考释与刘钊、刘乐贤二先生所得结论相同（参见第 176 页作者附记），殊途而同归，令人叹服。第八章的考释，可以证明本书所概括总结的隶变的现象和规律、所探索出来的研究隶变的途径和方法，对考释文字具有实际的操作价值，可见本书在隶变理论研究方面的重大收获。

综上所述，作者对隶变诸问题的研究，既有理论方面的思考和建树，又有实践方面的考释和证明，覆盖面广而又不失深刻，绝非一般泛泛之作所可比拟。当然，隶变研究是汉字研究的重要问题，也是汉字文化研究的重要问题。隶变大大降低了汉字“近取诸身、远取诸物”而产生的对上古文化的“镜像”功能，隶变中的俗省字以及诸多异构、变形，均可作为汉字反映汉民族思维、心智特征的重要资料。诸如此类的问题，都值得进一步深究。本书在“隶变的巨大影响”一章里，对此类问题略有涉及，但未予进行专门探讨，是为一憾。此外，作者认为六国文字确曾对隶变产生过影响，部分六国文字还成为隶变阶段的通用文字（第 18、27 页），但又否认隶书和六国文字有直接的渊源关系，不同意“隶书是六国文字发展的共同倾向”这一观点（第 8 页）。从书中看，这种否定，论证稍嫌不足，显得过于简单，因而直接影响了作者自己“隶变始于秦文字”之说的说服力，是为二憾。

最后，谨引本书梁东汉、李学勤二先生的序语作为本文的结束。梁先生曰：赵平安“摒弃了用《说文》的小篆和汉碑隶或部分简书帛书的文字进行比较的陈旧方法，用丰富的出土材料诸如西周、秦、汉金文，秦至汉初的简帛文字，秦陶文，秦汉印文，秦汉石刻文字，秦货币文等来论证隶书产生在战国中期，还分析了隶变的外因、内因，阐述了隶变的现象和规律，多有发明，富于新意。无论在深度或广度方面都超过了前人，是这项研究的一次突破。”李先生曰：“河北大学中文系赵平安博士所著《隶变研究》一书，是对古文字研究的一项很有价值的贡献。……书中对‘隶变’性质和特点作了详密分析，对‘隶变’的现象和规律进行概括说明。同时，探索了研究‘隶变’的途径、方法，有裨于今后这一方面的研究。”

原载《河北科技图苑》1996 年第 3 期

现实问题思考

立足现实，沟通繁简[①]

随着电子中文信息技术的发展和汉字文化圈交流的增多，汉字繁简体之利弊优劣的问题，更引起了广泛的关注。近来既有“复繁”的呼声，也有“护简”的执著，既有心平气和的分析，亦有饱含意气的话语。依我们浅见，我们应该立足于汉字使用的现实，分析繁简各自的利弊，寻求对策，做好繁简体的沟通对应，使得繁简字各臻其美，各尽其用。下面试申论之。

一、繁体字的利弊

汉字是表意体系的文字，形体和意义有密切的关系，这是大家比较认同的一个观点。从文字学的专业角度看，楷书繁体字的一个优点是保留了较多的构形理据，形义关系有话可说，用传统的“六书”理论来分析，字形结构还是比较容易说得清楚。举例来说，“穀”字从禾，意属庄稼粮食，“發”字从弓，意属弓箭发射，意符用于表意的功能得以显现，写成“谷”和“发”，则混同于山谷之“谷”和毛发之“发”；“鳳”之从鸟凡声，“鄧”之从邑登声，其形声结构可以分析，写成“凤”、“邓”，其中之“又”符既非声符，也非意符，在构形上无法说明和归类。结构的可解释性和形义上的容易沟通，是教文字和学文字的有

① 本文与龚雪梅合作。

利条件，不至于使文字教学沦为死记硬背，用起来也可以触类旁通，减少错误。

繁体字作为汉字的一种体式，其使用时间之长和使用范围之广，在汉字发展史上都是无与伦比的。我们现在看到的传统经典十三经和其他大量古籍，都是靠繁体字传承下来的。繁体字作为古汉语的记录符号和中国传统文化的书面载体，以及繁体字构形所凝聚的稳固和谐的美感，都得到普遍的认同，中国人特别是知识分子对它怀有深厚的感情，这是完全可以理解的。

许慎在《说文解字·叙》中指出，汉字是“经艺之本，王政之始”，具有“前人所以垂后，后人所以识古”的功能，它们在记录了汉语的同时也记录了汉文化，它们是汉文化的主要根基，这主要表现在两个方面：第一，博大精深的中国文化，不管是刻铸于金甲、书写于简帛还是记载于书籍，都离不开汉字。汉字是中国文化的主要承载者。第二，汉字形体本身就是中国文化的一面镜子，反映着中国文化的古往今来、方方面面。有人认为，汉字具有镜像功能，“在静态形体中汩汩流淌着民族文化心理的潜流，映照着历史演进的浩浩雄姿，袒呈着先人智慧的灵光异采，在其深层的文化积淀中，既可折折射出政治、道德、宗教、艺术等多种文化外在因素，又能反映出不同时代人们的文化心理，它（们）自身宛若一颗颗历史的活化石，细加玩味，即可从静态的形体走入古人动态的文化意识圈中去”①。可见分析繁体字（这里应包括先秦古文字）可以窥见传统文化思想、民族思维模式和审美价值取向等，这也是繁体字常常被称道的一个原因。

但繁体字在存在种种优点的同时，我们也应看到另一方面的问题。首先繁体字只是汉字发展过程中的一个阶段，它所反映的构形理据，所蕴含的传统思想，都不是全面系统的，因为汉字在繁体字之前，还有殷商以来的一大段历史。自殷商以来的汉字流变的过程中，隶变是一个巨大的变革。隶变使得汉字的象形意味大为削弱，许多汉字的形义关系也变得隐晦。楷书繁体字是在隶变形成的隶书的基础上进一步楷化后形成的，在保留古文字构形理据方面业已大为逊色。如果说繁体字有利于保护中国传统文化，就应该把先秦古文字也包括在内，但通常所说的“繁体字”，并不能涵盖先秦古文字，这也是

① 詹绪左、朱良志：《汉字的文化功能》，《天津师大学报》1994年第1期。

为什么当“复繁”者强调繁体字有利于保护传统文化的时候，“护简”者并不认同的原因。他们常常反驳说，如果要保护传统文化，大家都要去写甲骨文和金文，甲金文才是真正的传统之源，对此“复繁”者似乎也不能作出有力的回应。我们认为，楷书繁体字较之简体字，虽然更多地保留了一部分汉字的构形理据，但繁体字本身也并不是十全十美的，隶变已经丧失了较多的理据内涵，楷书繁体字更是如此。

其次，繁体字在靠手写的时代，它的难写、难认、难记等缺点是客观存在的，特别在文化普及方面，有着较大的障碍。要说繁体字理据较强，这话不假，但也不是人人看到繁体字都能进行结构分析，并且能够根据形义分析掌握字义，解读经典。因为见形知义是文字学家训诂学家的本事，需要比较丰富的语言文字学知识，特别需要汉字源流演变的知识，没有这样的知识储备，一般人要说清某个繁体字的来龙去脉，弄懂这个形为什么表示这个义，是不容易做到的。上举“穀”字、“發”字，其结构切分与一般的形声字不同，它们的意符都居于字之左下角，不易析出，“鳳”字的“凡”声也不易看出，“鄧”字的“邑”旁又有变写，要讲清楚这些字的结构和形义关系，是需要下些功夫的。这也是为什么普通民众希望改革中国文字的原因之一吧。中国大陆推行简化字的初衷，就是为了减轻学习和使用繁体字的负担，以利于普及教育，提高全民族的文化水平。

二、简体字的优劣

从汉字历史上看，简化和繁化的趋势都存在，但相比较而言，简化的趋势更为明显。文字是用来记录语言的符号，以手写为主的时代，速度的要求是必然的，速度要快，简化则不可免。古文字的屈曲线条转变为平直笔画，是一种简化；古文字繁复的结构变为简单的字形，也是一种简化。汉字简化不是后来才有，每个时代都有简化。我们现行的简体字很多都是渊源有自的，如“從”之简体作“从”，“於”字简体作“于”，其来源可追溯到甲骨文；“灋”之简体作“法”，“禮”之简体作“礼”，都见于战国时期；“亂”字简体作“乱”，见于魏碑；“筆”字简体作“笔”，见于《集韵》，等等，都来源甚古。

对简体字研究的结果证实，现行简体字绝大多数来源于历代“俗字”和“手头字”，有一些来自草书和行书，还有一些就是“古本字”，比它们所对应的繁体的历史还要长，资格还要老[①]。对简体字不甚了解的人往往以为简体字都是解放后才“创造”出来的，才会生出种种误解，甚至闹出一些笑话。比如2005年9月21日某都市报头版以醒目标题写道：“平潭沉船清代瓷器竟有简体字”，导语称：“另一个巨大的谜团又让考古人员百思不得其解：明明是300多年前的清代沉船，但舱内一件器物上的‘双龙’两字，竟是建国后才有的简体字！”从报道中用的“竟”字、感叹号、问号以及整个叙述语气，都充满了作者的惊讶之情。其实“双龙”二字，决非建国以后才有。据张书岩等编著的《简化字溯源》，“雙”字作“双”，最早出现在唐代敦煌变文写本中。宋代刊行的《古列女传》和《大唐三藏取经诗话》中都有“双”字。明代字典《字汇》正式将“双”字收入。“龍”字作“龙”，该书指出隋代《龙藏寺碑》和唐代敦煌变文写本中作“龙”，元代还有一些近似的写法，清代有“龙”字，其实一点也不奇怪，把它拉到建国后反而觉得奇怪了[②]。所以，我们对于简体字，要有一个全面的认识，它不是与繁体字完全对立的新生事物，不要把简体字和繁体字看成水火不相容的对手。

从纯文字学的角度来看，不少简体字的构形并不比繁体字差，有的甚至优于繁体字。裘锡圭先生在一篇文章中谈到，简体“众”字、“尘”字都是很好理解的会意字，比“衆”字和“塵”字的构形更明白易晓；繁体“滅”的声符不易辨认，“竈”的结构难以说清，简体作“灭”和“灶”，都容易理解。有些字的繁简体都是形声字，但简体字声旁的表音作用明显优于所对应的繁体，如“肤”之于“膚”，“帮”之于“幫”，“达”之于“達”，“运”之于“運”等[③]。这表明，简体字在构形方面，也有它的优越性。从文字学的角度说，如果文字形体既

---

① 张书岩、王铁昆、李青梅、安宁：《简化字溯源》，语文出版社1997年版，第6页。

② 按，报道发表的第二天，记者又采访了两位收藏文化研究方面的专家，并以“专家释疑沉船瓷器出现简体字青瓷‘双龙’出自古人小写”为题进行报道。虽然专家的解释还不是很具体到位，但确实纠正了头一天报道中认为康熙年间不能出现简体字的错误。详见《海峡都市报》2005年9月22日A12版。

③ 裘锡圭：《从纯文字学角度看简化字》，载史定国编《简化字研究》，商务印书馆2004年版，第35—40页。

能简单，形义关系又很清楚，结构上有理据可说，应该就是一种最佳的状态。

当然如果认为简体字有一定的优点就主张汉字可以继续不断简化下去，则是不可取的。因为汉字是用来记录汉语的系统符号，其系统内至少有8万多个成员，通用字也在7000左右[①]。从系统性这个角度考虑，如果要使得每个汉字都能发挥其作用，就要保证各个成员都具有与其他成员区别开来的特征，而汉字的特征，就是由不同的笔画构成的。由于汉字字量大，要使得每个汉字都有自己的特征，就需要一定数量的笔画。笔画太少，必然会缩小符号形式上的区别，就不容易突出特征，就会导致不能在感觉上区别的状况，甚至互相混淆，这样，必然影响汉字功能的发挥。人们在学习和使用诸如"己"、"已"、"巳"，"戊"、"戌"、"戍"等汉字时觉得很不方便，甚至经常出错，就是因为它们的形式区别过于细微，不易掌握和记忆。太繁不利书写，太简则容易混淆，因此简化是必要的，但必须有一个度。简化只是简化字形的冗余笔画，而不是简化字形的区别性特征。如果一味追求简省，以为越简越好，必然使汉字最终变成一堆杂乱无章的、不易区别的东西，因此也就根本谈不上精确地记录语言，顺利地进行交际了。这样看来，把简化看成"规律"，是汉字最终的发展方向，认为汉字还必须毫无节制地简化下去，这显然是有问题的。[②]这种认识容易带来简单化倾向，把汉字改革简单等同于简省笔画，从而造成工作失误，这是有历史教训的。

简体字有优点，但并不是没有缺点。从现行简体字看，有些问题还是比较严重的。最受诟病的一点是，同音替代造成的非对称性繁简字，在繁简转换的过程中出现识别困难和使用错误，诸如"征"与"徵"、"后"与"後"、"余"与"餘"，"云"与"雲"、"发"与"髮""發"、"钟"与"鍾""鐘"、"干"与"乾""幹"之类，都非常容易用错，电脑不能识别，人力不能断定，导致用繁体印刷的文本错误百出，贻笑大方。简体字的另一个比较大的问题是较严重地破坏了汉字的构形理据。比如"仅"、"戏"、"观"、"难"等字的繁体都可分析为形声结构，而简体字则无法进行结构分析。"当"、

---

① 《中华字海》共收字8.5万字，是世界上迄今为止收汉字最多的字典，中华书局、中国友谊出版公司1994年版。《现代汉字通用字表》共收7000字，可作参考。

② 林志强：《汉字的阐释》，海峡文艺出版社2000年版，第62—63页。

"长"、"书"、"专"、"应"等由草书楷化而来的字形,也不能根据"六书"进行分析,成为必须死记硬背的硬性代码。另外,简体字简化的体例不一,偏旁类推的规定不明,如"脑"、"恼"的右边简化了,"瑙"的右边又不简化;从"軍"的偏旁简化为"军",可是"運"字却简化为"运";从"單"的偏旁简化为"单",可是"戰"字却简化为"战",等等,造成简体字的系统性矛盾,也是众人皆知的毛病和缺点。

三、立足现实,沟通繁简

以上对繁简字的利弊优劣的分析并不全面,但至少可以说明一个问题,即从不同角度看,繁简字各有利弊,各有优劣。我们论其优,不避其劣,说其利,不避其弊,方为周全。现实的情况是,随着电子中文信息技术的发展和海内外交流的增多,汉字使用上不仅存在繁简两套系统,还存在繁简转换的问题,繁简的优劣利弊在碰撞中更为突出。坚持使用简体字,反对使用繁体字,或者主张恢复繁体字,废除简体字,显然都不能完全解决问题。我们必须在两者之间寻求一个平衡点,借助政策措施和技术手段,给予沟通和解决,使得繁简字各臻其善,各尽其用,取长补短,相辅相成。

要做好繁简沟通的工作,首先要加强文字学的教学,普及科学的文字学知识。这起码要做两方面的工作:一是要在学校里开设与汉字知识有关的课程,让学生逐渐积累较为系统的汉字学的基本知识,对汉字的源流演变,汉字的形音义关系,汉字的书写与运用,都有一定的基础。这样对于汉字繁简的问题,就有了辨识的能力,在运用的过程中就能自觉加强判断,尽量减少错误。古者八岁入小学,教之以"六书",说明旧时学校教育,首重识字。这个传统,我们继承得不够,发扬得不好。二是要多出版一些由文字学家撰写的通俗性的汉字学论著,供有关的人员学习和参考。比如中山大学陈炜湛教授曾经撰有《古文字趣谈》、《汉字古今谈》等著作,他用散文的笔法、生动的语言把一些汉字的来龙去脉说得趣味横生,让人在轻松的阅读中获得科学的文字学知识。笔者曾经为《小学生周报·话说汉字》专栏写过介绍汉字学知识的文章,由福建师大文学院孙绍振等先生主编的中学语文课本,也收入由笔者撰写的介绍文字学知识的文章，也都是以轻松有趣的语言，并结合具体课文来讲述汉字，实际上也是汉字学知识的普及工作。[①] 目前坊间多有妄说文字之书，学者多有望形生训之说，表现在字形考证上的牵强附会，形义关系上的随意联想，语音通转上的主观臆测，也都以通俗有趣为特点，诱惑性大，对青年人的误导作用不可小觑。因此加强科学汉字学知识的普及，是亟须引起重视的一项文化工程。总之，作为汉字的故乡，我们对汉字的了解是不够的，我们的汉字学知识是缺乏的，这是导致汉字繁简不能沟通的关键，是教育的缺陷，应引起足够的重视。

要做好繁简体的沟通，在具体措施上，应区别对待。主要使用简体字的地区，应提倡"用简识繁"，主要使用繁体字的地区，应提倡"用繁识简"，这也离不开政府的倡导，学校的教育，社会的共同促进。

就汉字繁简二体的优劣而言，应该承认简体字的问题较多，因此在学术研究和技术手段上，要加强简体字的探讨和改进，进一步优化系统。比如上文提到的简体字的同音替代问题，可以通过社会调查和深入研究，恢复一部分繁体字，减少同音替代造成的繁简不对应现象。也可以通过技术手段的改进，在繁简转换时加强识别和提示，减少错误。偏旁类推问题，也要作出具体的规定。相信即将出台的《规范汉字表》会在简体字系统的科学性上有所改进，使得繁简沟通的障碍降到最低。

董琨先生在《电脑时代汉字的教学和应用》一文中认为，汉字的使用不宜扩大彼此间已然存在的歧异，文章引用台北舒啸先生《台湾人看繁简之争》的话说："繁简两体并无是非之分，怎么写都是中国字。繁体字的美丽，是历史的美丽；简体字的快捷，是时代的速度。若就国际全局来看，中文的竞争力亦显见上升趋势。无论简体还是繁体，都象征着中华文化的吸引力。"[②] 如果我们做好了繁简体的沟通，需繁则繁，需简则简，对应方便，转换快捷，那么，汉字的体系将更加完善，汉字的功能将更加强大，汉字的魅力将更加丰富，汉字的事业将更加辉煌！

原载《闽江学院学报》2009 年第 4 期

① 林志强：《走出误区：谈谈汉字学知识的运用问题》，《语文世界》2005 年第 1 期。
② 董琨：《电脑时代汉字的教学与应用》，《中国文字学报》第二辑，商务印书馆 2008 年版。

汉字知识的普及与传统文化的继承[①]

中国的传统文化博大精深，其中有很多精华值得我们继承发展，这是大家普遍认同的道理。但如何继承中国的传统文化，却是见仁见智，各不相同。有主张通过诵读经典来体味传统文化韵致的，有主张通过开展民俗活动来挖掘传统文化内涵的，有主张通过恢复繁体字来与传统文化接轨的，等等。应该承认，近年来所开展的有关继承传统文化的活动或提出的有关主张，对促进人们加深了解传统文化，或多或少都起了一定的作用，但与我们预期的目标还有不少差距。我们觉得，要真正继承中国的传统文化精华，不能急功近利，不能浮于表面，而是要沉潜其中，精微体察，凝神涵泳。要做到这一点，就必须静下心来，先从基础的修养做起，并推动普及工作，以求水到渠成之效。

文字是形音义的结合体，是记录语言的书面符号系统。文字学是传统"小学"的主要内容，是阅读和理解古代经典文献的基础学科。我们许多人天天面对汉字，以为平常，其实对文字之学所知甚少，以致有许多似是而非的认识，缺乏辨析是非的能力。本文想从汉字学的角度来谈谈汉字与中国传统文化的关系，希望推动普及汉字知识之重要性的认识。

---

① 基金项目：福建省社科规划项目"秦汉以后汉字的流变现象"，项目编号：2008B057。本文曾在"第三届中国文字发展论坛"（2011 年 10 月 15—16 日·河南安阳）上宣读。

一、汉字是中国传统文化的主要载体

传统文化的呈现方式很多，有寄寓于物质形态的，有相传于民俗风情的，有记载于经典文献的，等等，其中最为主要的、内容最为丰富的应该属于经典文献，而经典文献的记录符号，就是汉字，因此汉字是中国传统文化的主要承载者，这是毋庸置疑的。许慎在《说文解字·叙》中指出，汉字是“经艺之本，王政之始”，具有“前人所以垂后，后人所以识古”的功能，又有人认为，汉字具有镜像功能，既可折射出政治、道德、宗教、艺术等多种文化外在因素，又能反映出不同时代人们的文化心理①。我们通过阅读汉字记录的文化经典，来体味包含在经典中的各种文化信息及其意义，潜移默化传统文化的精髓，是系统继承传统文化的最佳途径。因此对于汉字的认知，即对汉字形、音、义的准确理解，是继承和发扬传统文化精华的必要前提。中国古代的学校教育，八岁入小学，教之六艺，礼、乐、射、驭、书、数，其中之“书”，即是文字之学②，故传统上以文字之学为“小学”，说明传统教育对于文字学之重视。后世学者亦多有主张由小学而通经学者，以小学为经学之根基也，根基固实，则对经义之理解既正确又有据，故其经解信实可从，所以汉字学又被誉为国学之根底。没有这样的根底，游谈无根，随意发挥，自然就容易出问题，更谈不上取其精华，发扬光大了。这是一个总的看法，也就是说，汉字是中国传统文化的主要载体，汉字学乃国学之根基，根基不实，枝叶果实就难免出现病态。强调汉字知识对于继承传统文化的重要性，从这一点来说，是不为过分的。

然而我们对于汉字学这样一种根基之学，在现有的教育体制和教学框架内，其实根本没有得到足够的重视。中小学语文老师的汉字学知识，难以完全胜任传播传统汉字文化的重任，大学文科也没有把汉字学作为必修课来

① 詹绪左、朱良志：《汉字的文化功能》，《天津师大学报》1994年第1期。

② 《周礼·地官·保氏》：“保氏掌谏王恶，而养国子以道。乃教之六艺：一曰五礼，二曰六乐，三曰五射，四曰五驭，五曰六书，六曰九数。”其中“六书”之所指，学界有不同意见，一般认为即写字认字之类的浅显实用之文字学。

开设，有的学校甚至还开不出这样的课程。随着电脑技术的广泛运用，键盘输入代替了人工书写，提笔忘字的现象越来越普遍；由于汉字学知识的缺失，判断是非的能力下降，随意解字的著作反而得以流行。至于汉字形音义之间的复杂关系和汉字流变的复杂现象，更是没有人去细心探究；面对古文如同天书，一知半解走上歧途的解读作品随处可见。在这样的情况下，国学成了曲高和寡的奢侈品，当人们注意到要重视国学的时候，似乎找不到一个恰当有效的途径去实现，各种流于表面的做法虽然热闹非凡，但收效甚微。面对现实的种种窘况，我们觉得汉字学知识的普及工作，值得我们花更多的功夫去做。其实，汉字学界的许多学者，早已意识到这个问题，并且有著作行世，堪为典范。比如李学勤先生说："为青年朋友们写一点东西，是我多年以来的心愿……这些书，必须充分反映学科的最新水平，同时要用现代语言编写，使这门学科的知识迅速普及开来。"① 陈炜湛先生说："由于多年来忽视普及工作，缺乏普及性的著作，能看懂有关甲骨文（及其他古文字）方面的论著的读者也就不多，它的'群众基础'远不如文学等学科的广博深厚……所以，日后如何做好甲骨文（及其他古文字）的普及性工作，把研究成果采取通俗易懂的形式，介绍给广大人民群众，从根本上培植基础、肥沃土壤，确实是颇关重要的问题。"② 李学勤先生的《古文字学初阶》，陈炜湛先生的《古文字趣谈》，早在20世纪80年代就出版了，对古文字学知识的普及，起了很好的作用。由曾宪通先生和笔者合作撰写的《汉字源流》③，有幸被列为普通高等教育"十一五"国家级规划教材，也将会对推动汉字学知识的普及起积极的作用。但从整体上看，这些努力所产生的影响还是有限的，还难以产生全民性的推动力，因此其他形式的普及工作仍需加大力度。令人高兴的是，国家在这一方面也很重视，有很多重要的举措，比如2009年经国务院批准而建成的中国文字博物馆就是重要的象征。该馆是国家级博物馆，集文物保护、陈列展示和科学研究功能为一体，通过现代化的技术手段，展示历代中国文

---

① 李学勤：《古文字学初阶·序》，中华书局1985年版。

② 陈炜湛：《甲骨文研究的过去、现在及今后的展望》，《古文字研究》第九辑，中华书局1984年版，第199页。

③ 曾宪通、林志强：《汉字源流》，中山大学出版社2011年版。

字样本精华，展现古汉字的构形特征和演化历程，同时坚持“贴近群众、贴近生活、贴近实际”的三贴近原则，增强参与性、趣味性、互动性，生动地阐述了中国文字的历史源流与现代价值，使每个参观者随着中国文字的发展步伐而前行，感受几千年来中国文字的魅力，展现中国文字的生命力、凝聚力和影响力，努力使中国文字博物馆成为汉字文化科普基地，其所产生的影响力无疑是巨大而深远的。[①]

二、汉字源流知识与繁体字功能论

如上所述，汉字是中国传统文化的主要承载者，这是肯定无疑的。但光有这样宽泛的认识，还是不够的，对有些具体问题的认识还可能不够准确和清晰。近年来社会上有通过恢复繁体字来继承中国传统文化的主张，就是一种比较典型的例子。

通过恢复繁体字来继承中国传统文化的主张，主要有两点理由：一是繁体字蕴含了中华文化的“全部信息”[②]，二是繁体字可以与中华传统文化“直接对接”[③]。我们从汉字源流的角度来说，这两点理由都需要一分为二地辨析。

汉字从成体系的商代甲骨文算起，已经走过了三千多年的历史。在这三千多年的漫漫岁月中，汉字经历了很多变化。从大的方面分，汉字有古文字阶段和今文字阶段。古文字阶段从商代、西周、春秋、战国直至秦汉，从载

---

① 参见《百度百科·中国文字博物馆》。http://baike.baidu.com/view/700401.htm.

② 2009年2月2日新浪网发表的老愚的博客《季羡林老人谈国学》：“读古文必须读繁体字，中国文化的信息都在那里面。”（http://blog.sina.com.cn/s/blog_46dedccd0100cljl.html？ tj=1）把季先生的这句话概况为“繁体字蕴含了中国文化的‘全部信息’”其实也是有失偏颇的，因为从整句话来看，他的“中国文化的信息都在那里面”所指的也可以是“古文”，至少是指“繁体字的古文”，不一定是仅指“繁体字”。不过把繁体字与中国传统文化联系在一起甚至混同起来的模糊认识还是比较常见的。上引网络文字，亦见费锦昌、徐莉莉：《简繁字与继承中华传统文化》，《中国文字学报》第三辑，商务印书馆2010年版。

③ 2009年4月15日《南方周末网》：《终将要回归繁体字？——专访〈汉字五千年〉总策划兼撰稿指导麦天枢》：“简体字与传统有距离，而繁体字与传统直接对接。”（http://www.infzm.com/content/26982）亦见费锦昌、徐莉莉：《简繁字与继承中华传统文化》一文所引，《中国文字学报》第三辑，商务印书馆2010年版。

体上看，有甲骨文字、钟鼎文字、简牍文字、玉石文字、货币文字、陶玺文字、绢帛文字等。古文字阶段的汉字，主要特点是线条弯曲圆转，但不同时期的文字也有不同的特点，不同载体的文字也有不同的风格，不仅有文字结构的变化，也有笔势特征的差别。今文字阶段从汉代开始直至现代，字体有隶书、草书、楷书、行书等。今文字阶段的汉字，主要特点是笔画平直方折，字形结构上仍有繁简的变化，字体风格也有新的发展。上文所指的“繁体字”，是指在今文字阶段与简体字相对应的一种笔画较多的字体，特别是指汉字简化后被简化字所代替的原来笔画较多的汉字。在这个意义上的繁体字，只是汉字源流演变过程中今文字阶段里的一种字体，不等于简化字之外的所有汉字（如甲骨文、金文等），这是我们从汉字源流的角度首先必须明确的一个理解。

在这个前提下，我们来看繁体字与中国传统文化的关系，就比较清楚了。上文说过，传统文化最集中的体现就是经典文献。传世文献中的汉字，就是通常所说的繁体字。上古时期流传下来的诗书礼乐、诸子百家，都是以繁体字作为记录符号。在这个角度看，认为繁体字是中国传统文化的载体，不能说完全没有道理。但如果联系中国汉字的源流演变过程，同时联系中国经典的流传方式，我们还要进一步分析繁体字与中国传统文化的关系。如上所述，繁体字只是汉字发展过程中的一种字体，是今文字阶段的产物，不能包括所有的古文字；上古的文献，是经过历代传抄传承下来的，以繁体字作为记录符号的上古时期的典籍，所呈现的是汉字发展到今文字阶段的面貌，不是真正的古书的原貌①。中国历史上有所谓今古文之争，撇开各种内在的因素（比如政治上的因素）不谈，表面上就是因使用文字的不同而发生争议。古文经用古文字，今文经用今文字，互相之间难免有古今字、通假字、正俗字的种种不同而引发对经文经义的不同理解，当然也包括对传统文化的不同解读。因此就传世文献而言，繁体字是不能代表所有典籍的记录符号，因而也不能代表典籍所传载的传统文化。随着地下考古资料的不断发现，我们的典籍又有与传世文献相对应的出土文献，汉代有孔子壁中书，魏晋有汲冢古书，现代有睡虎地秦简、郭店楚简、上海博物馆所藏战国楚竹书、清华大学所藏战

① 比如《尚书》，应先有古文字的写本，然后有隶古定的写本，后来又经过所谓的“改古从今”，才是现在的面貌。参见林志强：《古本〈尚书〉文字研究》的相关内容，中山大学出版社 2009 年版。

国竹简等，都是用先秦古文字书写的典籍，它们所传达的关于先秦时期的各种文化信息，都不是以后世的繁体字作为载体的。它们对于研究中国的传统文化，同样具有重要的价值，但却与繁体字没有关系。我们认为，繁体字所包含的传统文化的信息是很丰富的，但不可能包括全部信息；繁体字与传统文化的对接，最多也只是间接的对接，而不是直接的对接。因此把繁体字等同于中国传统文化，认为繁体字包含中国文化的全部信息，可以与中国传统文化直接对接，显然是一种以偏概全的说法，其根本的误区，在于把繁体字等同于全部汉字，对汉字的流变缺乏全面的认知，对古书的流传和文献的形态没有深刻的认识，对汉字如何承载传统文化的内涵没有真正的理解。

把繁体字与中国传统文化联系在一起探讨的时候，必然要涉及简化字与中国传统文化的关系问题，故一并在这里作简单讨论。如果只是简单地从笔画的多少来观察汉字的形体，那么在汉字发展的过程中，每一阶段都可以有繁体字和简体字，因为汉字的异体繁多，从结构或笔画数量上看，都会有繁简之别。但我们这里所说的简体字，与上文所说的繁体字一样，不是这个意义上的概念。这里的简体字，指的是大陆目前所推行和使用的简化字。总起来看，今文字阶段的繁体字和简体字，从不同的角度看，各有优缺点，平心而论，简体字的缺点比较明显比较多，是需要进一步改进的。在与传统文化的联系上，繁体字是古书抄写和印刷的常用正规字体，是我们进入古书世界、探究古代文化宝库必须跨入的一道门槛，因此繁体字与传统文化的关系，比起简化字来，要更加密切一些，这是肯定无疑的；繁体字的造字理据较强，所蕴涵的文化信息较多，这也是简化字难以做到的。但由于简化字有很多来源于更古老的古字和社会上曾经流行过的具有约定俗成意义上的俗体字，汉字的表意性质并未完全丧失，用简化字印刷古籍，并不影响我们的阅读和理解，因此简化字也并没有完全割断与传统文化的联系，说简化字割断了历史，其实也是一种偏见。也就是说，繁简汉字都能体现部分传统文化信息，我们不能以偏概全，偏执一方。如果要从文字的角度来讨论传统文化的问题，不是在繁简之间进行非此即彼的争论和选择，而是要从根本上去了解汉字的发展演变过程以及汉字与传统文化的内在关系，通过汉字形音义的深入研究，解读传统文化的深刻内涵，达到继承和发扬传统文化之精华的目的。

三、汉字源流知识与书法篆刻艺术

跟汉字知识联系紧密的书法篆刻是传统文化的典型表现形式之一，书法篆刻又与传统国画形影不离，所谓“书画同源”，相辅相成，相得益彰，历来颇受重视。毫无疑问，是否具备充分的汉字知识，特别是汉字源流演变的知识，直接影响到书法篆刻的艺术成就。

在《汉字源流》首发座谈会[①]上，中国书法家协会原副主席陈永正先生、广东省书法家协会主席张桂光先生都指出，书法界存在书法家写错字（特别是古文字），缺乏文化修养的问题。有的书法家认为书法是线条艺术，字写得对不对无关紧要，还有的书法篆刻家把不同时期的汉字混在一起，这些都是缺乏汉字源流知识的表现。陈炜湛先生曾经写过多篇有关这方面的文章，他在《请正确书写古文字——向书法家进一言》一文中，指出书法界存在随意书写古文字的倾向，表现在三个方面：一是不循规矩，以意为之；二是沿袭误说，以讹传讹；三是滥用通假，杜撰字形。其结果是不少标明“甲骨文”、“钟鼎文”、“大篆”的作品，连甲骨文专家、古文字学家也无法辨认，更不用说一般的读者和观众了。[②]为了避免这样的现象，作者提出了书家学者化的主张。所谓书家学者化，就是要求书法篆刻家们要加强理论研究，加强文史知识的学习，而不仅仅只停留在会写字的阶段。他说：“为了扭转书家非学者化倾向，可能做到也值得着重提倡的倒是，书家学者化，鼓励书法家们把临池实践与案头研究结合起来，除了书法之外，还能成为某一学科的学者。研究的方向、内容当然因各人志趣而异，不必求同。但对书法家或想当书法家的人来说，学习和研究文字学，对自己的书写对象——汉字做一番研究，以期‘明源流’，应该说是共同的，也是十分必要的。如能学点古文字学，对古文字作番研究，从中汲取营养，当然更好。这样的研究必能反过来促进临池

---

① 2011年5月14日在广州中山大学举行，由中山大学古文字研究所和广州美术学院书法篆刻研究室主办。

② 参见陈炜湛：《请正确书写古文字——向书法家进一言》，《书法》1988年第5期；收入《陈炜湛语言文字学论集》，上海古籍出版社2005年版。

实践。文字学、古文字学的修养如何,与书家的艺术水平有莫大的关系。古今许多书法家的成功经验业已证明了这一点。”① 他在《古文字与篆刻》一文中又说:“几乎可以这样说,一个人有无古文字修养,决定着他篆刻水平的高低……有了这方面的修养,起码可以做到:一、有鉴别能力,不刻错字,不会跟在别人后面将错就错,以讹传讹。二、文字结构匀称悦目,内部一致,不至于东拼西凑,杂乱无章。三、可以不落窠臼,逐渐形成自己的风格。书契书契,总是书佳契方妙,书拙契必劣。缺乏古文字修养,书法一塌糊涂而居然能成为篆刻家、有所成就者,古来无有,今后大概也不会有。”② 我们觉得,这些看法都是很切实际、很有道理的,文字学和古文字学的知识,确实与书法篆刻艺术互为表里,关系密切。

前文已指出,汉字从古到今走过了三千多年的历史,每个时期都有其特殊的风格和特点,又由于汉字是偏旁可分可合的表意体系的文字,在进行书法篆刻作品创作的时候,为作者提供了广阔的素材背景和思维空间,因此书法篆刻虽然延续千年,但代有创新,人富个性,具有永恒的生命力,成为最富特色的传统艺术样式之一。我们应该承认,书法篆刻的艺术与线条处理的艺术关系密切,通过线条的粗细、浓淡、疏密、正欹、刚柔等各种各样的表现力来体现个人的艺术个性和创造性思维,是书法篆刻家努力追求的艺术境界,认为书法篆刻是线条艺术本身并没有错,但是,书法篆刻的对象是汉字,如果缺乏汉字结构的知识、汉字形音义关系的知识以及汉字源流演变的知识,仅仅从线条上去考虑问题,就容易出现写错字、写别字、写不古不今风格杂糅之字等现象,割断了历史渊源,就会使作品的丰富蕴含消失殆尽。笔者观书,有一种非常明显的感觉,就是有些字初看起来,龙飞凤舞,确实给人一种新颖甚至震撼的感觉,但细观之,总觉得缺少了点什么,不耐看;而有些字,虽然中规中矩,但韵味隽永,久看不厌。其中缘由,我想就是所谓线条的意味吧。这意味包括文字内容、线条形态、结构安排、空间布局以及书家倾注在每个文字之中

---

① 陈炜湛:《书家与学者》,《中国书法》1989 年第 2 期;收入《陈炜湛语言文字论集》,上海古籍出版社 2005 年版,第 134—135 页。

② 陈炜湛:《古文字与篆刻》,《字词天地》1984 年第 4 期;收入《陈炜湛语言文字学论集》,上海古籍出版社 2005 年版,第 127—128 页。

的感情等等综合的因素，当然还包括不写错字别字，若有结构与众不同、形式有所创新之字，也必定渊源有自，是书家汉字知识的运用与表现。所以清代朱和羹《临池心解》云："学书须先明源流，次谙法度，次明传习之异同。"① 陈永正先生说："书法家如能懂汉字源流，则不但可避免错误，而且能使所写的字更含感情、更有生命。"② 可见书家学者化，除了要加强一般文史知识的修养外，特别要加强汉字学知识的修养，懂得汉字演变的来龙去脉，懂得汉字偏旁结构的合理布局，懂得省略穿插的恰当与否，懂得变异求新的学理依据，才能创造出既有内涵又富个性的艺术作品。

当然，上文所涉及的汉字知识，不是一朝一夕就可以学好的，因为有关的知识相当丰富，汉字学本身也还比较深奥，非有一段较长时间的研读并能持之以恒不断积累，是不能够奏效的。不过也不必过于畏难，只要我们有重视汉字学的思想，克服浮躁心理，从较好的普及性和通论性著作入手，日积月累，一定会不断提高自身的汉字学修养，继承和发扬优秀的传统文化。

原载《福建师范大学学报》2012 年第 4 期

---

① 转引自陈炜湛：《书法美学漫谈》，《陈炜湛语言文字论集》，上海古籍出版社 2005 年版，第 124 页。

② 2011 年 5 月 14 日陈永正先生在"《汉字源流》首发座谈会暨汉字 · 书法文化研讨会"上的发言，亦作为《汉字源流》之专家推荐语见于网络。http://book.ifeng.com/shuxun/detail_2011_05/25/6602441_0.shtml.

走出误区：谈谈汉字学知识的运用问题

一

2004年初冬，笔者参加了在上海华东师范大学召开的"'进入21世纪的中国文字学研究'国际学术研讨会暨中国文字学会第二届学术年会"，会议议题涉及文字学研究的方方面面，除了各种专业问题外，会上还有学者提出要注意文字学知识的普及问题，并举了一个例子说，有个老师教学生认识"园"字，说"园"字外围是公园的围墙，里面的"元"就是说公园的门票要一元钱。他举这个例子想说明的是，这样进行汉字教学的情况在语文学界比较多见，虽然新颖，但实际上是一种误导。由此笔者又想起此前不久在泉州举行的一次学术研讨会上看到的一些由中小学语文老师撰写的、内容涉及汉字认知的论文，他们所推崇的汉字教学的经验，大多也类似于上举"园"字的说解，基本上就是根据现有字形进行随意拆分，然后联系一些生活事理进行比附，比如说"金"字是"一个人本姓王，腰里藏着两块糖"等等。此外还有所谓"新会意析字法"，根据这种方法，"裕"字从衣从谷，便可理解为"丰衣（衤）足食（谷）是富裕"，"海"字从水从每，便可理解为"海很大，

‘每’个地方都是水（氵）”[①]这种情况，我曾经把它叫做“‘字说’现象”，得名于宋代王安石的《字说》一书。

这种随意解字的“字说”现象，不仅存在于中小学的汉字教学活动中，在更高层次的学术研究当中，特别是在有关汉字文化学的论著里面，也还相当多见。因为汉字既记录汉语，也记录汉文化，是一种特殊的活化石，包含着丰富的信息。汉字的形义关系是一种动态的结构，它不是一成不变的。时代的不同，思想的变化，或思维角度的差异，都可能导致对形义关系的不同理解。因此大凡跟汉字有关系的学问，多少都能从汉字的形义关系、形音关系或汉字所记录的词的音义关系中找到一些可以立说的根据，再加上联想和发挥，或证渊源，或明哲理，或立新论，也都能洋洋洒洒自成华章。这种研究如果做得好，在汉字文化学的层面上，自有其存在的价值和理由，但是这种研究最容易犯的毛病，就是走向空疏和随意，天马行空，信口开河。何九盈先生在《汉字文化学》里指出了这种研究的三种通病：一是字形考证上的牵强附会，二是语音通转上的主观随意，三是字形分析上的粗疏失据[②]，正是这种表现。

由上可见，在汉字教学和学术研究中，都存在着随意解字的“字说”现象，汉字学知识的运用都还存在一定的误区，需要我们加以重视。

二

笔者曾经在一篇文章中说：“‘字说’现象的存在规模可以反映一个时代字学研究的深入程度和字学知识的普及程度：字学研究越深入，字学知识越普及，“字说”现象就会相对减少；反之，就越多。而如果“字说”现象泛滥成灾，则又会加强对字学研究的重视。今文经学派的曲解，引出了许慎的《说文解字》，李阳冰的“妄说”，则遭到徐锴的驳斥，促进了《说文》学的发展；王安石说字的荒谬可笑也引起了人们对字学的注意，这都是最好的例子。可见，“字说”现象只是字学的“误区”，而不是“绝域”；踏入“误区”就

① 参见孙钧锡：《中国汉字学史》，学苑出版社 1991 年版，第 346—347 页。

② 何九盈：《汉字文化学》，辽宁人民出版社 2000 年版，第 117—125 页。

会促使人们思考如何摆脱困境,而走出“误区”则意味着进步。”[①] 为了要走出汉字学知识运用的误区,我们需要进行以下三个方面的工作：

第一,要加强对字源学的研究,了解汉字的源流演变历史。这样我们对汉字的解释,就能符合汉字学的原则,符合造字的本意。比如,根据古文字的研究,“武”字所从之“止”即“趾”的初文,字形表示荷戈行进以示勇武[②],并非如楚庄王所说的“止戈为武”[③]。“王”字原来是斧头的象形,以主刑杀之斧钺,象征王者之权威[④],后来才线条化为三横一竖,本无所谓天地人三才之义[⑤]。“笼”字是个形声字,不得以会意方法解释为“虚而有节,虽若龙者,亦可笼焉”[⑥],等等。当然正如上文所说,从汉字文化学的层面上看,“止戈为武”一类的说法并不是没有存在的价值或理由,但它不属于汉字学的本体范畴。

第二,要培养重视证据的意识。汉字学是一门实证的科学,对汉字的解释一定要重视证据。这种证据既包括字形分析上的证据,也包括文献语言的证据,两相证明,互为补充,才能做到言之有据。有了“无征不信”的思想和意识,就不至于胡思乱想,信口开河。

第三,要加强文字学知识的普及工作。这起码要做两方面的工作,一是要在大学里开设《文字学》的课程,这几年,福建师范大学文学院按照教育部的要求把《汉字学》作为必修课或选修课,这是完全必要的。通过这方面的教学,大学生具备了较为系统的汉字学的基本知识,毕业以后如果需要运用这方面的知识,就不至于无从下手了。二是要多出版一些由文字学家撰写的通俗性的汉字学文章或著作,供有关的人员学习和参考。比如笔者的硕士导师、中山大学的陈炜湛教授曾经写了《古文字趣谈》、《汉字古今谈》等著作,他用散文的笔法、生动的语言把一些汉字的来龙去脉说得趣味横生,让

---

① 林志强:《论“字说”现象》,《福建师大学报》1995 年第 2 期。

② 《中国文字学》,上海古籍出版社 1979 年版,第 71 页。

③ 见《左传·宣公十二年》

④ 徐中舒主编:《甲骨文字典》,四川辞书出版社 1989 年版,第 32 页。

⑤ 《说文解字》“王”字下引董仲舒说“古之造文者,三画而连其中谓之王,三者,天地人也,而参通之者,王也”。

⑥ 杨龟山:《字说辨》引,见林海权点校《杨时集》,福建人民出版社 1993 年版,第 133 页。

人在轻松的阅读中获得科学的文字学知识。笔者曾经为《小学生周报·话说汉字》专栏写过介绍汉字学知识的文章，由福建师大文学院孙绍振等先生主编的中学语文课本，也收入由我执笔的介绍文字学知识的文章，也都是以轻松有趣的语言，并结合具体课文来讲述汉字，实际上也是汉字学知识的普及工作。下面选三篇短文来看看：

（一）中学语文课本《有趣的汉字》

汉字中有一类文字叫“象形字”。象形字的“象”字古时候写作，你说它像不像一头大象？那修长而弯曲的鼻子，真给我们留下很深的印象。这个字后来写作，把大象给竖起来了，到了小篆里，它被写成，我们现在的“象”字就是从这里演变出来的：字的上部是象鼻，中间如象头，下部就是象的身子、脚和尾巴了。这样看来，现在的“象”字多少还是有点儿像大象。

鲁迅先生在《阿长与〈山海经〉》里描写长妈妈睡觉时伸开两脚两手，在床中间摆成一个“大”字。这个“大”字古时候写作“”，可正好就是一个人张开两脚两手的形象。如果在这个人形上特别描画出他的头部，就可写成；如果用一横画来代替圆圆的头部，那就是现在的“天”字了。可见“天”的本义原来是指脑袋，后来才用来表示头顶上的天空。《山海经》里那个没有脑袋而只好“以乳为目，以脐为口”的人之所以名叫“刑天”，就是因为他的头被砍掉的缘故。

本单元《从百草园到三味书屋》里写了捕鸟雀的事，是小朋友们觉得很好玩的。鸟雀的“鸟”字其实也是一个象形字。这个字以前写作、、，怎么看都像一只侧面而立的小鸟。繁体字的“鳥”和简化字的“鸟”，鸟的形象还依稀可辨。“鸟”的意思在英文里写作“bird”，我们就看不出“bird”能像鸟。这也可以比较出我们汉字的一个特点，那就是“以形表意”。我们看“山”（古文字写作）像山，看“水”（古文字写作）像水，看“牛”（古文字写作）像牛，看“羊”（古文字写作）像羊，形体和意义可以联系起来，还真有点儿看图识字的味道呢。

当我们面对汉字的时候，让我们张开想象的翅膀吧，那么，在一个个看似呆板的方块里面，日月星辰、山川草木、鸟兽虫鱼都可以找到它们自己的形象。我们面对汉字，就如同面对大自然中一群群活泼可爱的小精灵，我们跟它们说话，跟它们玩耍，那是多么快乐的事啊！

（二）中学语文课文《三口之家三个字：父、母、子》

第二单元学习的是有关父爱母爱的文章，现在让我们来谈谈一家三口中的三个字：父、母、子。

“父”字现在写作四笔，上面两点，下面一撇一捺，很难知道这个形体表示什么意思，若要理解它，需要看看它的原貌。这个字古文字写作，是一只手，是石斧——古代一种重要的生产工具和武器。男子主要从事生产和战斗，所以作为男子通称的“父”字就以手持石斧来表示。后来“父”字专指父亲，像石斧的也简化成一竖，写作，有人就以为“父”字表示手里拿着竹竿或木棍做成的“杖”，以象征父亲的威严。在传统的思想里，向来有“严父慈母”之说，《红楼梦》里贾政举杖痛打其子宝玉的故事，想必大家还有印象，那举杖教子的形象，大概就是所谓的“严父”吧。其实父爱是博大深沉的，“严”只是一个方面。《背影》里描写的父亲，完全是一个慈祥的父亲，没有一点“严父”的影子。他对“我”的关爱，感人至深，那可是确确实实的父爱啊。

“母”字的外框，是“女”字的变写；中间的两点，表示母亲的乳房。“母”字古文字写作，表示一个女子席地而坐，胸前两点，即为乳房。妇女除了从事采集和家务，还要生儿育女。我们每个人，都是吃母亲的乳汁长大的。没有母亲，就没有我们。“乳”字古文字作，像母亲怀抱小孩吃奶，非常形象。母爱的伟大，就在于她的无私奉献而不求回报。让我们记住这首古诗：“慈母手中线，游子身上衣。临行密密缝，意恐迟迟归。谁言寸草心，报得三春晖！”

“子”字也是一个象形字。古文字写作，是一个婴儿的形象：身子用衣服包裹起来，两只小手在外面挥舞。这个字小篆写作，隶书写作，

最后变成现在这个样子。因为“子”字的本义是小孩,不分性别,所以男孩女孩都可称“子”。《诗经》里说:“之子于归,宜其室家。”“于归”是女子出嫁的意思,诗句中的“子”,自然就是指女孩。“好”字由“子”和“女”组合而成,如果理解成有“子”有“女”就是“好”,其中的“子”旁,应该就是指男孩了。

我们现在大都是独生子女,一个小家庭就是由父亲、母亲和一个小孩组成。尊老爱幼是中华民族的传统美德,我们小的时候是在父母的呵护下成长起来的,长大了不要忘记报答父母的养育之恩。

(三)指着“鼻子”说“自己”(《小学生周报》1995年12月18日)

同学们也许觉得奇怪,“鼻”字和“自”字会有什么关系呢?

原来,“自己”的“自”字甲骨文写作,像人鼻子的形状。这是一个象形字,本来的意思就是“鼻子”。这么说来,“鼻子”的“鼻”字的老祖宗就是“自”字。“自”是“鼻”的本字,“鼻”是“自”的后起字,它们的关系就像长辈和晚辈的关系。

既然“自”字就是“鼻子”的意思,那么为什么不用“自”字来表示“鼻子”,而要用“鼻”字呢?这是因为,古人在表示“自己”这个意思的时候,没有造出专门的字来,就想了一个办法:向别人借。结果,表示“鼻子”的“自”字就被借去表示“自己”了。但这一借,就像黄鼠狼借鸡一样有借无还了。那么表示“鼻子”又该怎么办呢?聪明的古人又想出一个办法,即在表示“鼻子”的原字“自”下加一个声符“畀”,组成了“鼻”字,这就是我们现在表示鼻子的专用字。

有的同学写“鼻”字时,常少了一横,把上面的“自”写成“白”,这是错的。记住“自”字跟“鼻”字的关系,就不会把“鼻”字写错了。

记录汉语的文字叫“汉字”。因为汉字是由不同的笔画组合而成的方块,个个长着一张方方正正的脸,因此人们又管它们叫“方块汉字”。在这一个个方块里面,有许多很有趣的故事,一般人其实并不很熟悉。让我们走进汉字的世界,去领略它们那丰富的色彩吧。

从以上这些例子可以看出，遵照汉字学的原则来解释汉字，照样也可以做到生动有趣，寓教于乐。只要我们有真正的文字学知识，这是完全可以做得到的。这种做法可以避免胡乱说字给学生造成的不良影响，对传播汉字学知识和传统文化是大有益处的。

原载《语文世界》2005 年第 1 期

参考文献

一、资料与工具书类（以音序排列）

1. 曹玮:《周原甲骨文》,世界图书出版公司 2002 年版。

2. 陈松长:《马王堆简帛文字编》,文物出版社 2001 年版。

3. 丁度等:《集韵》,上海古籍出版社 1985 年版。

4. 丁福保:《说文解字诂林》,中华书局 1988 年版。

5. 高亨、董治安:《古字通假会典》,齐鲁书社 1989 年版。

6. 古文字诂林编纂委员会:《古文字诂林》,上海世纪出版集团、上海教育出版社 1999—2004 年版。

7. 顾蔼吉:《隶辨》,中国书店 1982 年版。

8. 顾颉刚、顾廷龙:《尚书文字合编》,上海古籍出版社 1996 年版。

9. 顾野王:《原本玉篇残卷》,中华书局 1985 年版。

10. 顾野王:《大广益会玉篇》,中华书局 1987 年版。

11. 郭沫若、胡厚宣:《甲骨文合集》,中华书局 1979—1982 年版。

12. 汉语大字典编辑委员会:《汉语大字典》(缩印本),湖北辞书出版社、四川辞书出版社 1992 年版。

13. 何琳仪:《战国古文字典》,中华书局 1998 年版。

14. 洪钧陶:《隶字编》,文物出版社 1991 年版。

15. 洪适:《隶释 隶续》,中华书局 1986 年版。

16. 湖北省荆沙铁路考古队:《包山楚简》,文物出版社 1991 年版。

17. 湖北省文物考古研究所、北京大学中文系编:《九店楚简》,中华书局 2000 年版。

18. 荆门市博物馆:《郭店楚墓竹简》,文物出版社 1998 年版。

19. 空海:《篆隶万象名义》,中华书局 1995 年版。

20. 冷玉龙、韦一心等:《中华字海》,中华书局、中国友谊出版公司 1994 年版。

21. 李守奎:《楚文字编》,华东师范大学出版社 2003 年版。

22. 李孝定、周法高等:《金文诂林附录》,香港中文大学 1980 年版。

23. 刘复、李家瑞:《宋元以来俗字谱》,文字改革出版社 1957 年版。

24. 刘球:《隶韵》,中华书局 1989 年版。

25. 刘钊、洪飏、张新俊:《新甲骨文编》,福建人民出版社 2009 年版。

26. 罗福颐:《古玺文编》,文物出版社 1981 年版。

27. 马承源:《上海博物馆藏战国楚竹书》(一),上海古籍出版社 2001 年版。

28. 梅膺祚等:《字汇 字汇补》,上海辞书出版社 1991 年版。

29. 孟世凯:《甲骨学小词典》,上海辞书出版社 1987 年版。

30. 秦公:《碑别字新编》,文物出版社 1985 年版。

31. 容庚:《金文编》,中华书局 1985 年版。

32. 阮元:《十三经注疏》,中华书局 1980 年版。

33. 首阳斋、上海博物馆、香港中文大学文物馆:《首阳吉金》,上海古籍出版社 2008 年版。

34. 书学会编纂:《行草大字典》,北京出版社 1992 年版。

35. 睡虎地秦墓竹简整理小组:《睡虎地秦墓竹简》,文物出版社 1990 年版。

36. 四部要籍注疏丛刊《尚书》(上中下),中华书局 1998 年版。

37. 孙海波:《甲骨文编》,中华书局 1965 年版。

38. 汤馀惠:《战国文字编》,福建人民出版社 2001 年版。

39. 滕壬生:《楚系简帛文字编》(增订本),湖北长江出版集团、湖北教育出版社 2008 年版。

40. 徐无闻:《甲金篆隶大字典》,四川辞书出版社 1991 年版。

41. 徐中舒:《甲骨文字典》,四川辞书出版社 1989 年版。

42. 许慎:《说文解字》,中华书局 1963 年版。

43. 严志斌:《四版〈金文编〉校补》,吉林大学出版社 2001 年版。

44. 曾宪通:《长沙楚帛书文字编》,中华书局 1993 年版。

45. 张守中:《中山王{嚳}器文字编》,中华书局 1981 年版

46. 张守中:《睡虎地秦简文字编》,文物出版社 1994 年版。

47. 张守中:《包山楚简文字编》,文物出版社 1996 年版。

48. 张守中:《郭店楚简文字编》,文物出版社 2000 年版。

49. 张玉书等:《康熙字典》,世纪出版集团、汉语大词典出版社 2002 年版。

50. 中国社会科学院考古研究所:《小屯南地甲骨》,中华书局 1983 年版。

51. 周法高:《金文诂林补》,台湾历史语言研究所出版编辑委员会 1983 年版。

52. 朱德熙、裘锡圭、李家浩:《望山楚简》,中华书局 1995 年版。

53. 宗邦福、陈世铙、萧海波:《故训汇纂》,商务印书馆 2003 年版。

二、著作类(以音序排列)

1. 岑仲勉:《金石论丛》,上海古籍出版社 1981 年版。

2. 常玉芝:《商代周祭制度》,中国社会科学出版社 1987 年版。

3. 陈梦家:《殷虚卜辞综述》,中华书局 1988 年版。

4. 陈淑梅:《东汉碑隶构形系统研究》,上海世纪出版集团、上海教育出版社 2005 年版。

5. 陈伟:《郭店楚简别释》,湖北教育出版社 2003 年版。

6. 陈炜湛:《甲骨文论集》,上海古籍出版社 2003 年版。

7. 陈炜湛:《陈炜湛语言文字论集》,上海古籍出版社 2005 年版。

8. 陈章太、李如龙:《闽语研究》,语文出版社 1991 年版。

9. 戴震:《戴震集》,上海古籍出版社 1980 年版。

10. 岛邦男:《殷墟卜辞研究》,鼎文书局 1975 年版。

11. 邓福星:《艺术前的艺术》,山东文艺出版社 1987 年第 2 版。

12. 丁山:《中国古代宗教与神话考》,上海文艺出版社 1988 年据龙门联合书局 1961 年版影印本。

13. 段玉裁:《说文解字注》,上海书店 1992 年版。

14. 高明:《中国古文字学通论》,文物出版社 1987 年版。

15. 高文:《汉碑集释》,河南大学出版社 1997 年版。

16. 桂馥:《说文解字义证》,中华书局 1987 年版。

17. 郭沫若:《郭沫若全集·考古编》,科学出版社 1983 年版。

18. 何九盈:《汉字文化学》,辽宁人民出版社 2000 年版。

19. 何琳仪:《战国文字通论》(订补),江苏教育出版社 2003 年版。

20. 何新:《诸神的起源》,三联书店 1986 年版。

21. 胡厚宣:《五十年甲骨学论著目》,中华书局 1952 年版。

22. 胡朴安:《中国文字学史》,上海书店 1984 年据商务印书馆 1937 年版复印。

23. 黄伯思:《东观余论》,邵武徐氏刊本。

24. 黄德宽、陈秉新:《汉语文字学史》(增订本),安徽教育出版社 2006 年第 2 版。

25. 黄德宽:《古文字谱系疏证》,商务印书馆 2007 年版。

26. 黄锡全:《汗简注释》,武汉大学出版社 1990 年版。

27. 季旭昇:《说文新证》,福建人民出版社 2010 年版。

28. 蒋善国:《汉字学》,上海教育出版社 1987 年版。

29. 金文明:《〈金石录〉校正》,上海书画出版社 1985 年版。

30. 柯斯文:《原始文化史纲》,人民出版社 1955 年版。

31. 李零:《郭店楚简校读记》(增订本),北京大学出版社 2002 年版。

32. 李民、王健:《〈尚书〉译注》,上海古籍出版社 2000 年版。

33. 李敏生:《汉字哲学初探》,社会科学文献出版社 1997 年版。

34. 李孝定:《汉字史话》,台北联经出版社 1997 年版。

35. 李学勤:《古文字学初阶》,中华书局 1985 年版。

36. 梁东汉:《汉字的结构及其流变》,上海教育出版社 1959 年版。

37. 梁启超:《清代学术概论》,上海古籍出版社 1998 年版。

38. 列维 – 布留尔:《原始思维》,商务印书馆 1981 年版。

39. 列维 – 斯特劳斯:《野性的思维》,商务印书馆 1987 年版。

40. 林义光:《文源》,中西书局 2012 年版。

41. 林澐:《古文字研究简论》,吉林大学出版社 1986 年版。

42. 刘信芳:《包山楚简解诂》,台北艺文印书馆 2003 年版。

43. 刘叶秋:《中国字典史略》,中华书局 1983 年版。

44. 刘钊:《郭店楚简校释》,福建人民出版社 2003 年版。

45. 刘钊:《古文字构形学》,福建人民出版社 2006 年版。

46. 罗君惕:《汉文字学要籍概述》,中华书局 1984 年版。

47. 皮锡瑞:《今文尚书考证》,中华书局 1989 年版。

48. 裘锡圭:《文字学概要》,商务印书馆 1988 年版。

49. 裘锡圭:《古文字论集》,中华书局 1992 年版。

50. 屈万里:《殷虚文字甲编考释》,台湾研究院历史语言研究所 1961 年版。

51. 饶宗颐:《法藏敦煌书苑精华》,广东人民出版社 1993 年版。

52. 饶宗颐:《符号、初文与字母——汉字树》,上海书店出版社 2000 年版。

53. 饶宗颐:《饶宗颐二十世纪学术文集・卷三・简帛学》,中国人民大学出版社 2009 年版。

54. 容庚、张维持:《殷周青铜器通论》,文物出版社 1984 年版。

55. 沙利・安什林:《宗教的起源》,生活・读书・新知三联书店 1964 年版。

56. 孙钧锡:《中国汉字学史》,学苑出版社 1991 年版。

57. 孙淼:《夏商史稿》,文物出版社 1987 年版。

58. 孙诒让:《契文举例》,蟫隐庐印行。

59. 唐兰:《中国文字学》,上海古籍出版社 1979 年新 1 版。

60. 唐兰:《古文字学导论》(增订本),齐鲁书社 1981 年版。

61. 王贵元:《汉字与文化》,中国人民大学出版社 2005 年版。

62. 王重民:《敦煌古籍叙录》,中华书局 1979 年版。

63. 王国维:《观堂集林》,中华书局 1959 年版。

64. 王国维:《古史新证——王国维最后的讲义》,清华大学出版社 1994 年版。

65. 王筠:《说文释例》,中华书局 1987 年版。

66. 王筠:《说文系传校录》,《续修四库全书》影印本。

67. 王力:《汉语语音史》,山东教育出版社 1987 年版。

68. 王念孙:《读书杂志》,江苏古籍出版社 2000 年版。

69. 王彦坤:《古籍异文研究》,广东高教出版社 1993 年版。

70. 王引之:《经义述闻》,江苏古籍出版社 2000 年版。

71. 王瑛、袁本良:《郑珍集·小学》,贵州人民出版社 2002 年版。

72. 闻一多:《闻一多全集》,三联书店 1982 年版。

73. 吴辛丑:《简帛典籍异文研究》,中山大学出版社 2002 年版。

74. 徐锴:《说文解字系传》,中华书局 1987 年版。

75. 徐在国:《隶定古文疏证》,安徽大学出版社 2002 年版。

76. 杨时著、林海权点校:《杨时集》,福建人民出版社 1993 年版。

77. 杨树达:《积微居甲文说》,上海古籍出版社 1986 年版。

78. 杨五铭:《文字学》,湖南人民出版社 1986 年版。

79. 叶大庆:《考古质疑》,中华书局 1985 年版。

80. 于省吾:《甲骨文字释林》,中华书局 1979 年版。

81. 于省吾:《双剑誃群经新证、双剑誃诸子新证》,上海书店出版社 1999 年版。

82. 袁文:《瓮牖闲评》,上海古籍出版社 1985 年版。

83. 臧克和:《尚书文字校诂》,上海教育出版社 1999 年版。

84. 曾宪通、林志强:《汉字源流》,中山大学出版社 2011 年版。

85. 詹鄞鑫:《汉字说略》,辽宁教育出版社 1991 年版。

86. 张光直:《中国青铜时代》,三联书店 1983 年版。

87. 张桂光:《古文字论集》,中华书局 2004 年版。

88. 张书岩、王铁昆、李青梅、安宁:《简化字溯源》,语文出版社 1997 年版。

89. 张涌泉:《汉语俗字研究》,岳麓书社 1995 年版。

90. 赵平安:《〈说文〉小篆研究》,广西教育出版社 1999 年版。

91. 中山大学古文字研究室楚简整理小组:《战国楚简研究》,1977 年。

92. 周秉钧译注:《尚书》,岳麓书社 2001 年版。

93. 朱芳圃:《殷周文字释丛》,中华书局 1962 年版。

94. 朱剑心:《金石学》,文物出版社 1981 年新 1 版。

95. 朱骏声:《说文通训定声》,中华书局 1984 年版。

96. 祝敏申:《〈说文解字〉与中国古文字学》,复旦大学出版社 1998 年版。

三、论文类(以音序排列)

1. 晁福林:《论殷代神权》,《中国社会科学》1990 年第 1 期。

2. 陈邦怀:《战国〈行气玉铭〉考释》,《古文字研究》第七辑,中华书局 1982 年版。

3. 陈秉新:《古文字考释三题》,《古文字研究》第二十一辑,中华书局 2001 年版。

4. 陈公柔:《评介〈尚书文字合编〉》,《燕京学报》新四期,北京大学出版社 1998 年版。

5. 陈世辉:《略论〈说文解字〉中的"省声"》,《古文字研究》第一辑,中华书局 1979 年版。

6. 陈伟:《郭店楚简别释》,《江汉考古》1998 年第 4 期。

7. 陈伟武:《〈古陶文字征〉订补》,《中山大学学报》1995 年第 1 期。

8. 陈炜湛:《甲骨文异字同形例》,《古文字研究》第六辑,中华书局 1981 年版。

9. 陈炜湛:《甲骨文同义词研究》,《古文字学论集初编》,香港中文大学中国文化研究所、吴多泰中国语文研究中心 1983 年版。

10. 陈炜湛:《古文字与篆刻》,《字词天地》1984 年第 4 期。

11. 陈炜湛:《甲骨文研究的过去、现在及今后的展望》,《古文字研究》第九辑,中华书局 1984 年版。

12. 陈炜湛:《诅楚文献疑》,《古文字研究》第十四辑,中华书局 1986 年版。

13. 陈炜湛:《请正确书写古文字——向书法家进一言》,《书法》1988年第5期。

14. 陈炜湛:《书家与学者》,《中国书法》1989年第2期。

15. 陈炜湛:《关于汉字的性质》,《汉字古今谈·续编》,语文出版社1993年版。

16. 陈炜湛:《“汉”字漫议》,《汉字古今谈·续编》,语文出版社1993年版。

17. 陈炜湛:《〈穆天子传〉疑难字句研究》,《中山大学学报》1996年第3期。

18. 丁山:《由陈侯因資錞铭黄帝论五帝》,前“中央研究院”《历史语言研究所集刊》第三本第四分。

19. 丁秀菊:《论汉字的构形理据及其演变》,《山东大学学报》2005年第1期。

20. 董琨:《电脑时代汉字的教学与应用》,《中国文字学报》第二辑,商务印书馆2008年版。

21. 董珊:《侯马、温县盟书中“明殛视之”的句法分析》,《复旦大学出土文献与古文字研究中心网》2008年1月15日。

22. 恩格斯:《反杜林论》,《马克思恩格斯选集》第三卷(上),人民出版社1972年版。

23. 费锦昌、徐莉莉:《简繁字与继承中华传统文化》,《中国文字学报》第三辑,商务印书馆2010年版。

24. 冯玉涛:《〈说文解字〉“省形”分析》,《宁夏大学学报》2005年第2期。

25. 冯玉涛:《〈说文解字〉省声字分析》,《宁夏大学学报》2006年第3期。

26. 龚道耕:《唐写残本〈尚书〉释文考证》,《〈尚书〉文字合编》第四册附录二,上海古籍出版社1996年版。

27. 郭沫若:《古代文字之辩证的发展》,《考古学报》1972年第1期。

28. 郭沫若:《石鼓文研究·重版弁言》,《郭沫若全集·考古编·第九卷》,科学出版社 1982 年版。

29. 郭在贻:《释“勿勿”、“无赖”》,《中国语文》1981 年第 1 期。

30. 何琳仪:《长沙帛书通释校补》,《江汉考古》1989 年第 4 期。

31. 何琳仪:《包山竹简选释》,《江汉考古》1993 年第 4 期。

32. 何琳仪:《战国兵器铭文选释》,《古文字研究》第二十辑,中华书局 2000 年版。

33. 何琳仪、房振三:《“也”、“只”考辨》,北京师范大学民俗典籍文字中心编《民俗典籍文字研究》第三辑,商务印书馆 2006 年版。

34. 胡光炜:《卜辞中之[illegible]即昌若说》,中央大学《文史哲季刊》第一卷第二期, 1943 年。

35. 黄德宽:《说“也”》,香港中文大学中国文化研究所、中国语言及文学系编《第三届国际中国古文字研讨会论文集》,问学社有限公司 1997 年版。

36. 黄德宽:《隶定古文疏证·序》,徐在国《隶定古文疏证》,安徽大学出版社 2002 年版。

37. 黄盛璋:《平山战国中山石刻初步研究》,《古文字研究》第八辑,中华书局 1983 年版。

38. 黄文杰:《说朋》,《古文字研究》第二十二辑,中华书局 2000 年版。

39. 黄锡全:《〈汗简〉、〈古文四声韵〉中之石经、〈说文〉古文的研究》,《古文字研究》第十九辑,中华书局 1992 年版。

40. 李家浩:《释“弁”》,《古文字研究》第一辑,中华书局 1979 年版。

41. 李家浩:《读〈郭店楚墓竹简〉琐议》,《郭店楚简研究》(《中国哲学》第二十辑,辽宁教育出版社 2000 年第 2 版。

42. 李零:《古文字杂识(两篇)》,《于省吾教授百年诞辰纪念文集》,吉林大学出版社 1996 年版。

43. 李零:《郭店楚简校读记》,《道家文化研究》第十七辑(“郭店楚简”专号),生活·读书·新知三联书店 1999 年版。

44. 李零:《〈长沙子弹库战国楚帛书研究〉补正》,《古文字研究》第二十辑,中华书局 2000 年版。

45. 李学勤:《再论帛书十二神》,《湖南考古集刊》第四辑,岳麓书社

1987 年版。

46. 李学勤:《出土文献与古代文明研究》(李学勤演讲,朱渊清笔记),《简帛研究网》2002 年 8 月 11 日。

47. 李学勤:《字源 · 序》,天津古籍出版社、辽宁人民出版社 2012 年版。

48. 李裕民:《我对侯马盟书的看法》,《考古》1973 年第 3 期。

49. 廖名春:《郭店楚简引〈书〉论〈书〉考》,武汉大学中国文化研究院《郭店楚简国际学术研讨会论文集》,湖北人民出版社 2000 年版。

50. 刘盼遂:《观堂学书记》,《古史新证——王国维最后的讲义》,清华大学出版社 1994 年版。

51. 刘起釪:《〈尚书〉的隶古定本、古写本》,《史学史资料》1980 年第 3 期。又收入《尚书源流及传本考》,辽宁大学出版社 1997 年第 2 版。

52. 刘信芳:《郭店简〈缁衣〉解诂》,《郭店楚简国际学术研讨会论文集》,湖北人民出版社 2000 年版。

53. 刘钊、叶玉英:《文源 · 导论 · 林义光及其〈文源〉》,中西书局 2012 年版。

54. 罗振玉:《古文间存于今隶说》,《辽东杂著丙编 · 车尘稿》。

55. 潘重规:《〈龙龛手鉴〉及其引用古文之研究》,《中国语文研究》1986 年第 8 期。

56. 彭裕商:《卜辞中的“土”、“河”、“岳”》,四川大学学报编辑部、四川大学古文字研究室编《四川大学学报》丛刊第十辑《古文字研究论文集》,四川人民出版社 1982 年版。

57. 亓瑶:《〈说文解字注〉行废字研究》,浙江大学 2007 年硕士学位论文。

58. 齐元涛、符渝:《汉字的理据缺失与重构》,《北京师范大学学报》2006 年第 1 期。

59. 裘锡圭:《史墙盘铭解释》,《文物》1979 第 3 期。

60. 裘锡圭、李家浩:《谈曾侯乙墓钟磬铭文中的几个字》,《曾侯乙编钟研究》,湖北人民出版社 1992 年版。

61. 裘锡圭:《谈谈清末学者利用金文校勘〈尚书〉的一个重要发现》,《古代文史研究新探》,江苏古籍出版社 1992 年版。

62. 裘锡圭:《考古发现的秦汉文字资料对于校读古籍的重要性》,《中国社会科学》1980 年第 5 期,收入《古代文史研究新探》,江苏古籍出版社 1992 年版。

63. 裘锡圭:《释“弘”“强”》,《古文字论集》,中华书局 1992 年版。

64. 裘锡圭:《从纯文字学角度看简化字》,《简化字研究》,商务印书馆 2004 年版。

65. 饶宗颐:《楚帛书新证》,《饶宗颐二十世纪学术文集·卷二·简帛学》,中国人民大学出版社 2009 年版。

66. 史文磊、金硕:《汉字理据重构及构形学、符号学阐释》,《柳州师专学报》2006 年第 1 期。

67. 汤馀惠:《释“旃”》,《吉林大学古籍整理研究所建所十五周年纪念文集》,吉林大学出版社 1998 年版。

68. 汤馀惠:《略论战国文字形体研究中的几个问题》,《古文字研究》第十五辑,中华书局 1986 年版。

69. 唐兰:《石鼓文年代考》,《故宫博物院院刊》1958 年第 1 期。

70. 唐兰:《侯马盟书晋国赵嘉之盟载书新释》,《文物》1972 年第 8 期。

71. 田胜男:《林义光及其〈文源〉》,《福建师范大学学报》2012 年增刊。

72. 田胜男:《〈文源〉疏证——以甲骨文为中心》,福建师范大学 2010 年硕士学位论文。

73. 王立军:《汉字形体变异与构形理据的相互影响》,《语言研究》2004 年第 3 期。

74. 王宁:《汉字构形理据与现代汉字部件拆分》,《语文建设》1997 年第 3 期。

75. 王乾荣:《钱学森造新词》,《群言》2010 年第 1 期。

76. 吴其昌:《王观堂先生尚书授课记》,《古史新证——王国维最后的讲义》,清华大学出版社 1994 年版。

77. 吴振武:《试说齐国陶文中的“钟”和“溢”》,《考古与文物》1991 年第 1 期。

78. 邢霞:《动态考察汉字理据的演变》,《胜利油田师范专科学校学报》2002 年第 1 期。

79. 徐宝贵:《古文字研究六则》,《松辽学刊》2001 年第 5 期。

80. 杨怀源:《〈段注〉行、废字研究——试探古汉语单音节词书写形式的更替》,广西师范大学 2003 年硕士学位论文。

81. 于省吾:《释古文字中附划因声指事字的一例》,《甲骨文字释林》,中华书局 1979 年版。

82. 于省吾:《论俗书每合于古文》,《中国语文研究》1984 年第 5 期。

83. 臧克和:《上海博物馆藏〈战国楚竹书·缁衣〉所引〈尚书〉文字考——兼释〈战国楚竹书·缁衣〉有关的几个字》,《古籍整理研究学刊》2003 年第 1 期。

84. 曾宪通:《三体石经古文与〈说文〉古文合证》,《古文字研究》第七辑,中华书局 1982 年版。

85. 曾宪通:《"作"字探源》,《古文字研究》第十九辑,中华书局 1992 年版。

86. 曾宪通:《从曾侯乙编钟之钟虡铜人说虡与业》,湖北省博物馆、美国聖迭各加州大学、湖北省对外文化交流协会编《曾侯乙编钟研究》,湖北人民出版社 1992 年版。

87. 曾宪通:《楚文字释丛》,《中山大学学报》1996 年第 3 期。

88. 曾宪通:《敦煌本〈古文尚书〉"三郊三逋"辨证——兼论遂、述二字之关系》,《于省吾教授百年诞辰纪念文集》,吉林大学出版社 1996 年版。

89. 曾宪通:《释"凤"、"凰"及其相关诸字》,《中国语言学报》第 8 期,北京语言文化大学出版社 1997 年版。

90. 曾宪通:《楚帛书文字新订》,《中国古文字研究》第一辑,吉林大学出版社 1999 年版。

91. 曾宪通:《论〈汗简〉古文之是非得失》,《曾宪通学术文集》,汕头大学出版社 2002 年版。

92. 曾宪通:《战国楚地简帛文字书法浅析》,《古文字与出土文献丛考》,中山大学出版社 2005 年版。

93. 詹绪左、朱良志:《汉字的文化功能》,《天津师大学报》1994 年第

1 期。

94. 张光裕:《乐从堂藏獄簋及新见卫簋三器铭文小记》,《中山大学学报》2009 年第 5 期。

95. 张桂光:《古文字中的形体讹变》,《古文字研究》第十五辑,中华书局 1986 年版。

96. 张颔:《侯马盟书丛考·子赵孟考》,《文物》1975 年第 5 期。

97. 张颔:《侯马盟书丛考续》,《古文字研究》第一辑,中华书局 1979 年版。

98. 张会:《古今汉字理据的差异》,《广西社会科学》2005 年第 11 期。

99. 张娟:《〈段注〉"通行字"与"废弃字"研究》,福建师范大学 2009 年硕士学位论文。

100.张亚初:《甲骨金文零释》,《古文字研究》第六辑,中华书局 1981 年版。

101.赵平安:《对上古汉语语气词"只"的新认识》,《新出简帛与古文字古文献研究》,商务印书馆 2009 年版。

102.周桂钿:《郭店楚简〈缁衣〉校读札记》,《郭店楚简研究》(《中国哲学》第二十辑),辽宁教育出版社 2000 年版。

103.朱德熙、裘锡圭:《战国文字研究(六种)》,《考古学报》1972 年第 1 期。

104.朱芳圃:《殷卜辞中所见先公先王再续考》,《新中华》复刊第五卷第四期,1947 年。

后 记

本人于1988年考入中山大学师从陈炜湛教授攻读硕士学位，复于2000年师从曾宪通教授攻读博士学位，与汉语文字学结下了不解之缘。本书收录本人文字学研究的有关论文，记录了我学习文字学的串串足迹。文章发表的时间跨度比较长，这次整理，大致以类相从，基本观点保留不变；有些文章由于主题相近，所用材料和叙述语言都难免有重复之处，今也一并保留；对一些明显的疏漏，以［编按］或增加注释的方式进行了修订；在不影响句意的情况下，对个别地方的表达做了修改，并且统一了注释体例。

学术研究，贤者识其大，不贤者识其小。本书收录有关汉字现象、汉字理论、甲骨卜辞、汉碑文字、古本《尚书》、《文源》等若干专题的研究论文，每个专题也只有若干篇文章，皆识其小者也，零碎而不成系统，勉强连缀结集，故以“缀言”名之。

本书之出，全赖福建师大文学院的大力支持，在此深表谢忱！本书有很多难以处理的古文字形，人民出版社的詹素娟女士，为此付出了艰辛的努力，也在此表示衷心的感谢！

林志强

2013年12月18日于福建师大寓所